栾志乾·著

决胜交易

股票和期货获利指南

成功财富管理的金钥匙

WINNING TRADE

中国经济出版社
CHINA ECONOMIC PUBLISHING HOUSE
·北京·

图书在版编目（CIP）数据

决胜交易：股票和期货获利指南/栾志乾著．
—北京：中国经济出版社，2018.10（2025.6 重印）
ISBN 978-7-5136-5356-5

Ⅰ.①决… Ⅱ.①栾… Ⅲ.①金融交易 Ⅳ.①F830.9

中国版本图书馆 CIP 数据核字（2018）第 209250 号

策划编辑 崔姜薇
责任编辑 陈 瑞
责任印制 马小宾
封面设计 任燕飞工作室

出版发行 中国经济出版社
印 刷 者 三河市同力彩印有限公司
经 销 者 各地新华书店
开　　本 710mm×1000mm 1/16
印　　张 23
字　　数 381 千字
版　　次 2018 年 10 月第 1 版
印　　次 2025 年 6 月第 2 次
定　　价 88.00 元
广告经营许可证 京西工商广字第 8179 号

中国经济出版社 **网址** www.economyph.com **社址** 北京市东城区安定门外大街 58 号 **邮编** 100011
本版图书如存在印装质量问题，请与本社销售中心联系调换（联系电话：010-57512564）

序 PREFACE

投资交易是门高深的学问，是一条极为孤独、极为艰险的路。即便读完所有经济学、投资学的书籍，仍然不能保证一个人能跨入赢家的行列。交易不同于上学，没有固定的升学或毕业路线，它是一个需要悟性、需要极其艰深努力的学科，仅有极少数的交易者能够保持在较长的时间持续盈利，这样的真相令人沮丧。

这些听起来都像是坏消息，但好消息是资本市场英才辈出，他们在市场中赚取了令人叹为观止的财富。这些赢家虽然各有其取胜之道，但追根溯源都遵循了成功交易的基本原则。《决胜交易》这本书恰好为有志于交易事业的您全面而又精到地阐述了成功交易的基本原则市场走势相对曲折这是广大交易者的福音。

约翰·迈吉的一句格言很精彩："当您走进股票市场，您是在进入一个充满竞争的领域，在这里您自己的评价和见解将会遇到行业中最敏锐的、最坚毅的头脑的挑战。您是处于一个高度专业化的行业之中，其中存在许多不同的部门，它们全都处于深入的研究之中——这些研究者在经济上的生存依赖于他们能做出的最好判断。您必然会被方方面面的劝告、建议或帮助所包围。除非您能够发展起您自己的一套市场哲学，否则您不能分清好与坏、真实与虚假。"成功的交易者都有适合自己的交易思想体系，而这需要有深厚的交易理论和可行的交易方法作为基础，本书结合实例阐述了资本市场几百年来的经典交易理论和相应的交易方法，引导交易者建立自己专属的交易思想体系。

顶尖的交易高手一定明白成功的交易一定是知行合一的，交易思想与理论固然重要，但执行力是取胜的关键。交易心理直接决定了具体的交易行为。真正能让交易者在残酷的市场搏杀中胜出的关键除了精到的技术、谨慎的风险控制和科学的资金管理，更重要的是拥有强大的交易心理，这一切构成了完整的交易系统。本书为所有志于从事交易的读者提供了一份详细的交易系统构建解决方案。

本书是为那些和作者一样、真正想以交易为生的人而写的。图书只是指向月亮的手指，要在交易中成道，更多的是要靠刻苦的努力、辛勤的汗水、百折不挠的信念以及勇于面对失败的勇气。现在您也许屡屡经历亏损和挫败、面对家人的不理解、旁观者的冷眼和嘲笑，这些都不重要，应该将其视作鞭策自己继续前进的动力。从现在起下定决心，彻底抛弃错误的交易理念和交易方法，清空自己，在阅读本书的同时开始重新思考和建立正确的交易思想体系以及相应的交易系统，恪守交易之道，坚定自己的信念，化繁为简，不断重复，您最终必将走向成功！

弘厚投资董事长

前　言 PREFACE

克服交易上的“唯物主义”

一位交易者不无苦恼地说：“近期市场实在是让他找不到感觉，他的交易模式在市场上备受考验。”我很惊讶，回想起这位交易者前不久才向我展示象征着他进步了的盈利单。怎么没过多少时间，他又被打回原形了呢？于是我问他，你之前盈利时的感觉呢？不提倒好，一提他一下上火了，他说这几天反复被市场折磨，起了情绪，最后胡乱的操作，把之前好不容易积攒的利润全部双手奉还了！我只好又连忙安慰了他几句，让他冷静下来。他于是将他所做的交易贴出来给我看，想让我帮忙找出问题。

在他的交易中，我发现，他的所谓“进步了”的操作，和之前没有太大的区别，只不过之前一段时间由于市场趋势相对比较明确，所以他的系统能够有所斩获，可是这段时间就不一样了，市场走势相对曲折，再加上他的心态有了较大的起伏，难怪他会遭遇回撤。

这位交易者并非是刚入市的新手，事实上，他已经有超过 3 年的交易经历。然而这么长时间的交易下来，他除了一开始无知无畏时期有所盈利，后面的时间里，他一直处于小赚大亏的下降状态中。他并非没有进行学习和研究，他常常去参加各类交易论坛，学习各种交易技术，可以说凡是市面上有的交易技术，他都涉猎过。相识的人私底下常调侃他说，Tom 技术理论真是好，可就是不能盈利。这个时候他总是说：交易是修行，是需要时间来提高的！假以时日，我一定会进步的！

是的，在他看来，交易的历程就像是上学读书，一级一级，假以时日，总有毕业的那一天。这个过程包含着学习技术，拜访名师，然后“顺其自然”，稳定盈利就不期而至。**如果天底下有这么方便的事情，那么市场上就不会有这么多人亏钱了！**

交易就其最本质来说，是一项孤独的事情，意味着在这个市场上，没有一个人能真正的帮到你。然而许多交易者不肯面对这个现实，他们始终要找到一些寄托。有的人，寄托于消息上，即所谓的内幕消息；有的人，寄托于所谓的高手上，即到处拜师求教；有的人，则寄托于各种技术上，他们总是在寻找那个终极的“技术”——交易圣杯。

当一个交易者否认自己在交易中的主动地位，而寄托于其他事物的时候，他就犯了交易上的唯物主义。

有的人沉迷于方法，这类人属于是有一定交易经验的人。他们意识到在市场上进行交易，没有一定的知识是不行的，因此他们把搜罗交易书籍当作了努力的方向。当一个人要去学习的时候，特别是学习市场的知识的时候，那可真是“学无止境”。渐渐的，他们懂得了一些知识，并根据这些知识进行操作。当然，结果是有盈有亏。在盈利的时候，他们几乎是欣喜若狂的，因为这表明他们学的“有用”，而当亏损来临的时候（通常很快），他们中的大多数会自然而然地认为是方法不对，而去寻找下一个“有效”的方法。很快，下一个“有效”的方法又被抛弃了……不久，他们会的东西越来越多，也越来越口若悬河，对于一个时点的一个交易机会，往往给出两种以上的观点。

一个时点的一个交易机会，对于一个交易者来说只应该有一种观点。两种观点只会导致矛盾和犹豫，两种以上观点会导致精神分裂和妄想症。当知识的累积变成一种逃避的借口，交易者就已经不知不觉陷入自我破坏的轮回之中。

而另一类人和上面这类人类似，不同的是，他们把不断地拜师学习当作了解决问题的根本办法。书本上的知识，可能是有误的，老师的知识，是经过实践验证的，所以显得可贵。我也跟随过许多成功交易者学习，自然而然地会有许多的同学。在与他们交流当中，我发现，大多数人并没有真正去深入了解老师所教的东西。当涉及每日的交易计划的时候，很少有人敢于把自己的计划贴出来给老师同学参考和批评。相反，大多数人都等着老师给一些机会，给一些观点来供自己操作。另一方面，有人的地方，就不可避免的有了江湖，当一些新人提出疑问的时候，总会有一些老资格的前辈善意地“指点”他：去好好回顾老师以前的言论，自然就能得到答案。久而久之，大多数人形成了这样一种想法：既然老师的方法正确，那么我只要在老师身边跟随的时间足够长，我就总能够成功！

如果是总能成功，那为什么不是尽快呢？说白了，这类交易者还是不肯自己面对市场，无端地浪费自己的时间。浪费吧，当痛苦足够多的时候，还是会不得不改变的。

最后一类人追逐消息，甚至不如前面两种人，将不劳而获的想法发挥到了极致，他们彻底地把账户的盈亏交给了别人，虽然最后埋单的还是他们自己，但是对于他们来说，这就好像是儿戏，下一次又去追逐各种消息。这类人完全是来消遣的，我对此没什么好说的。

所有的交易者来市场上交易，都带着一个目标，那就是最终在市场上实现盈利。能来参与市场的，往往又都是一些现实生活中的聪明人，能做成事的人。可是一旦进行交易，就莫名其妙地变成以上三种交易者中的一员，一年又一年地在一个虚幻的想法里绕圈。

试问我们自己，我们认真在做一件事情的时候，是不是都要确定目标，分清步骤，一步一步地往目标前进，这样才有可能成功？而我们又凭什么认为，交易这件事情能够例外？凭什么认为，一味地胡乱学习可以通往交易成功？凭什么认为，有高手依靠就可以成功？凭什么认为，消息一定可以带来盈利？

你真的有自己的系统吗？你的系统是能产生正的期望盈利的系统吗？经过三年以上的测试了吗？你的系统在实战中真实可行吗？

如果以上问题，一个交易者不能胸有成竹地面对，那么我想说，请你不要欺骗自己，请你尽快改变，否则市场将用十分痛苦的方式，逼迫你改变。

资深投资经理

（作者的一位朋友）

目录 CONTENTS

第 1 讲
交易的本质

开篇明义

兵者，国之大事，死生之地，存亡之道，不可不察也。

——《孙子兵法》

我很早就学到的一个教训，就是华尔街没有新事物。华尔街不可能有新事物，因为投机就像山岳那么古老。股市今天发生的事情以前发生过，以后会再度发生。我从来没有忘记这一点。我想我真正设法记住的就是何时和如何发生，我用这种方式记住的事实，就是我利用经验的方法。

——《股票大作手回忆录》

交易广泛存在于我们的日常生活之中，小到买菜大到公司并购，都可以称为交易。交易必然存在着至少两方：买方和卖方，并且买卖双方应该都是自愿的。买菜吃饭这样的交易太琐碎，而公司并购这样的交易专业性极强并且与行业、国家、文化等息息相关，因此难以用统一的体系进行概括和归纳。本书所研究的交易主要是金融市场中有连续的买卖报价和交投的交易，包括股票交易、期货交易、外汇交易、期权交易等。在多数投资学书籍中，这些不同的金融工具的估值和投资方法是各有不同的，这反映了不同金融工具个性的一面。然而股票、外汇、期货、期权等金融工具也是有着其共性的：在交易时间有着连续的报价，行情只有三种走势，上涨、下跌、横向波动，有相对的顶部和底部，也有顶部和底部之间流畅的涨跌，想要获利的主要方式为低买高卖或者高卖低买。正是因为这些共性，采用统一的方法进行交易成了一种可行方案，这也是国际资本市场中众多全球宏观对冲基金所采用的方案。

本章主要讲述资本市场的本质，进而阐述交易的本质，力求启迪读者，能够使之树立起正确的资本市场世界观。

1.1 自史而始

郁金香狂热

1637 年的荷兰爆发了郁金香狂热，这是近代史上最早的泡沫经济事件。当时由鄂图曼土耳其引进的郁金香球根异常得吸引人，引起大众抢购，导致价格疯狂飙高，在泡沫化过后，价格仅剩下泡沫时的百分之一，让荷兰各大都市陷入混乱。这个事件和英国的南海泡沫事件以及法国的密西西比公司并称为近代欧洲三大泡沫事件。

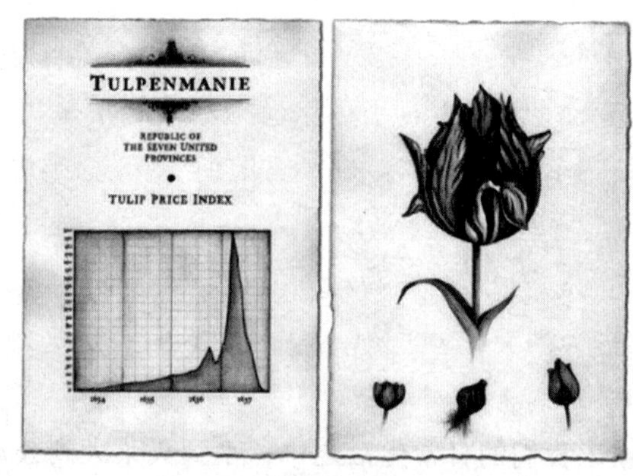

图1－1　郁金香狂热

由于郁金香毕竟不像粮食作物一样容易储藏和运输，为了解决郁金香的交易问题，不仅当时的证券交易所将郁金香作为可交易的标的物挂牌交易，街头巷尾的酒吧更是变成了郁金香“看涨期权”的交易场所。根据麦基在《非同寻常的大众幻想与群众性癫狂》中的说法，17 世纪早期郁金香的日益流行引起了整个国家的关注。“人们，即使是最底层的社会群体，也开始了郁金香交易。”到 1635 年，40 个球茎的销售被记录下来，售价 10 万荷兰盾。相比之下，一吨黄油的价格约为 100 荷兰盾，熟练工人一年可以赚 150 ~ 350 荷兰盾，而“8 个肥猪”则要花 240 荷兰盾。（根据国际社会历史研究所的数据，1637 年一个荷兰盾的购买力相当于 2016 年的 11.51 欧元。）许多人突然变得富有。一个诱饵在人们面前晃来晃去，他们一个接一个地冲到郁金香市场，就像蜜罐上的苍蝇一样。每个人都想象着郁金香的热情会永远持续下去，世界各地的富人会把钱送到荷兰去，并按要求支付任何价格。欧洲的财富将集中在须德海的海岸上，而贫困则从荷兰最受青睐的群体中消失。贵族、公民、农民、机械师、水手、仆役、女仆，甚至烟囱清洁工和旧衣人，都涉猎郁金香交易。1637 年 2 月，郁金香贸易商再也找不到愿意为其球茎支付日益膨胀价格的新买家了。随着这一认识的出现，公众对郁金香的需求暴跌，价格暴跌——投机泡沫破裂。投机盛宴的高潮过后剩下的是满目苍凉，但是世界资本市场上股票、期货、期权等金融工具却蓬勃发展了起来。

投机英文是 Speculate，原意为观察，引申为思索、推测、投机，从字面意思看是看准机会进行投资。投机在国外是个中性含义的词汇，然而在汉语体系中，不免有些负面意味。投机的目的是为了获利，当然，我们不能为了获利而不择手段，甚至违背法律。但是读者翻阅至此处，至少说明您也是为了获利而来的，长期投资的目的也不是为了奉献。无论哪种方式参与资本市场，终归是需要获利才能生存下去的。本书的主题是交易学，盈利是交易的最终目的之一。投机只是交易的另一种说法。在全书开始，我们先一起破除这种名相的执着，投资也好、投机也罢、交易也行，目的都是为了盈利。只要不违法、不违背道德规范，我们没必要执着于哪个名字好，哪个名字坏。

郁金香狂热这场投机盛宴到了末期，主要的特点是全民参与，全民仿佛都富贵了起来。然而结局则是大量荷兰人财富被洗劫，民众开始相互指责，控诉政府。对，这是不是和2015年曾经发生在A股市场中的那一幕幕那么的相似?

互联网泡沫

互联网泡沫是从1999年开始的，那时候美国处于一个相对低息的周期，只有4%左右的利率。流动性开始涌入以互联网企业为代表的新兴经济体，特别是在GDP增长，以及股市攀升带来的纸上富贵错觉影响下，居民被拉动的消费增长，极大地增加了企业营收，越来越多的企业愿意在这些互联网公司身上投放网络广告。网络广告是当时互联网企业唯一的能够盈利的商业模式。新经济概念+营收增长+新商业模式故事带来的预期增长引发了科技股的热潮，让所有的人都心潮澎湃。NASDAQ指数上涨的斜率陡然攀升，互联网大泡沫开始形成。很多企业在IPO的当天就享受了2~5倍的股价攀升，分析师、投资者、企业家、风投、银行全部都陷入狂热的情绪当中，仿佛everybody is winner，no loser.

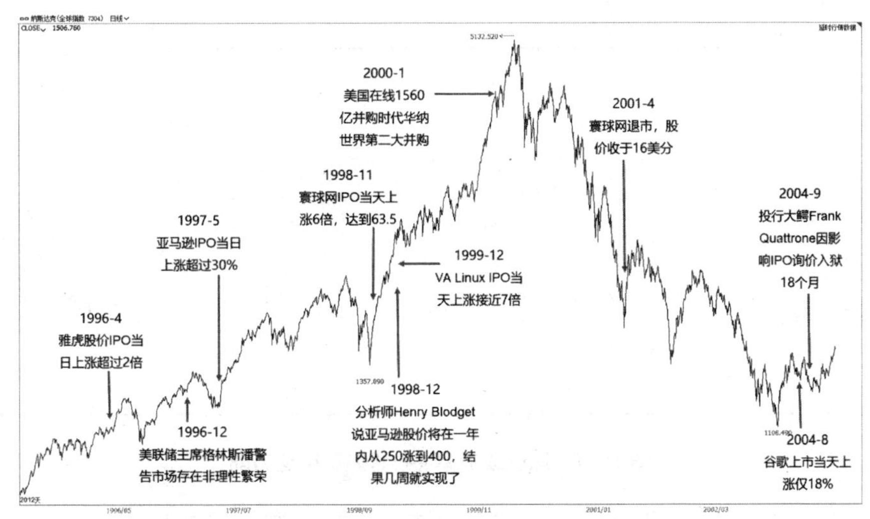

图1-2 互联网泡沫

资本市场的狂热不仅仅是中国的特产，只要有人的地方就会有泡沫，不仅是华尔街没有新鲜事物，金融街、陆家嘴也都没有新鲜事物，过去发生的事现在会发生，未来还会再次发生，只不过可能会有所变化地发生而已。耶鲁大学的金融学教授、诺贝尔经济学奖获得者罗伯特．希勒在2005年曾说：“一旦股市下跌，房地产就成为股市释放的投机热潮的主要出口。大房子所展现的实利主义也已成为自尊心受挫的失望的股票投资者的寄托。这些天来，整个国家在痴迷程度上唯一与对房地产的痴迷度相同的东西只有扑克。”

市场狂热之后崩溃、消退也并非只是中国的特产，美国早已有之。市场狂热、崩溃这样的轮回实在不是哪个政府的过错，祸福无门，唯人自召。股市并没有上涨的义务，也没有不下跌的责任。大家都安心工作，不进入市场或者不管涨跌都安心的进行股票 ETF 基金定投，不去加杠杆豪赌，就不会有2015年的股市巨幅波动了。所以要说责任的话，每一个置身其中参与者都难辞其咎，这并非监管之过，毕竟没人逼着我们入市交易。

将图1－3和图1－4联合起来看就越发能体会到开篇明义中《股票大作手回忆录》中的格言的正确性：“华尔街不可能有新事物，因为投机就像山岳那么古老。股市今天发生的事情以前发生过，以后会再度发生。”罗伯特·希勒教授所阐述的现象同样在我们这里发生了，时至今日，放眼北上广深和一众新一线城市，2014年至2017年我国能和投资房地产的火爆程度相媲美的事大概只有斗地主和打麻将了。

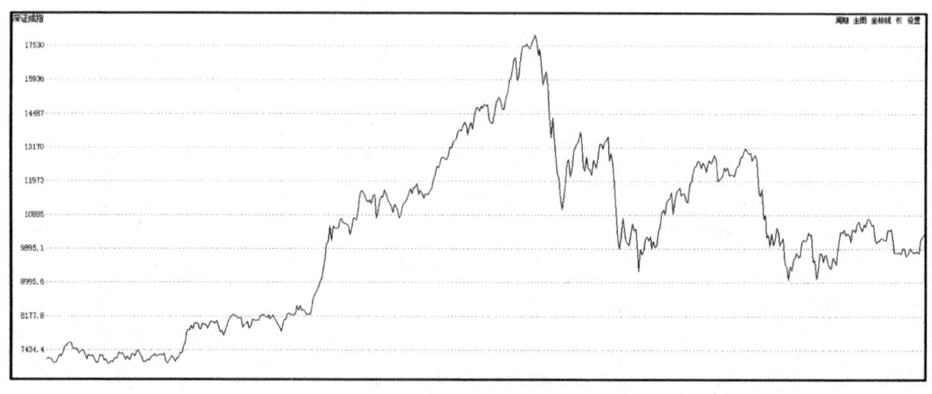

图1－3　深证成指2014—2016年走势图

那么面对这些狂热的市场波动，是不是应该理智地置身其外呢？大波动

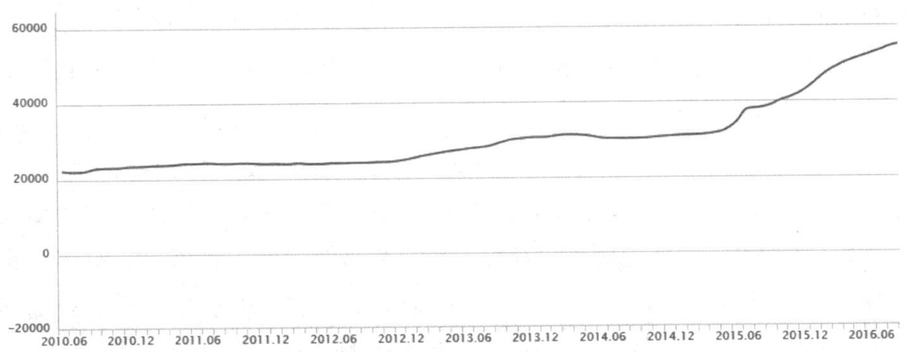

图1－4　深圳房价指数2010—2016年走势图

才可能赚大钱，我们应该看到炒房客所赚取的巨额利润正是房地产市场狂热的结果。房地产市场与股票、期货等衍生品市场有着很大的不同，流动性较差，炒房者是认准了房地产与金融体系深度捆绑，房地产的崩溃会极大地影响经济发展，所以屡屡加杠杆爆炒，加之我国房地产市场尚没有有效的做空工具，这也助长了炒房者的赌性。但股票、期货交易就远没有这么简单了，2015年的股市是我国资本市场首次大规模、普遍加杠杆的一轮行情，公众用炒房子的方法去炒股，最终结局大家都知道了。

交易不是赌，2015年股市虽然巨幅波动，但是同样有人盈利。他们如何实现在多数人亏损的情况下盈利是值得大家思考的问题，作者尝试引导大家认识交易学，认知专业交易者的世界。

1.2　资本市场创造"财富"么

期货、外汇、期权等衍生品市场中交易都是对手盘制度的，考虑到交易费用，这些市场是典型的负和游戏，这一点绝大多数市场参与者甚至普通公众都很清楚，换句话说，衍生品交易只是财富的转移手段。当然，如果非要说这些市场没有价值的话，套期保值者或许不太认同，对于套期保值者，衍生品被用于作为他们应对不利价格波动的"保险"工具，但是多数个人甚至机构投资者，来这个市场都只能是开投机仓的，大家也只能通过交易价格波动（包含套利交易）而获利。站在市场整体而言，并没有财富被创造出来。

但对于股票市场而言，很多投资者笃信市场创造价值。长期而言，从会计角度看优质公司的净资产是逐步增长的。因为随着上市公司经营的开展和利润的积累，公司的净资产也会随之不断扩大。即便如此，我们依旧不能忽视净资产的增长速度相对而言是多么的和缓，而对应的股票价格波动的是多么剧烈。很多人会讲巴菲特先生的价值投资理念如何如何，然而巴菲特先生的理念是通过二级市场完成对比较优质的公司的控制甚至收购，通过指导、监督、干预管理层的方式主要靠获取利润分红和净资产的增长来获利。在我国，“价值投资”往往成了交易被套时的一种借口。很多“价值投资者”们动辄宣称自己没错，市场错杀了他们买的股票，这已经远离了真正的价值投资的含义了。巴菲特先生在谈投资时一直强调两条原则：原则一，永远不要亏钱。原则二，永远不要忘记原则一。显然，价值投资根本不是越跌越买。

另外一部分人把价值投资等同于长期投资。既然讲长期，我们先仔细想想全世界范围内的“百年老店”是多么的屈指可数？再回忆下诺基亚、Sun Microsystems、北电网络、安然、雷曼兄弟、安达信、摩托罗拉等各行业中的佼佼者没等百年甚至五十年便已荣光不再，甚至已经破产倒闭。茅台，万科、格力电器、腾讯之类的例子大家肯定耳熟能详，这是价值投资者们经常宣传的典型案例。然而，20 世纪 90 年代曾经上市了那么多家公司，倒下的是多数，如何能选出这些股票并持有个 20 年？这是典型的幸存者偏差，可是偏偏多数人又奉若至宝。大家可以仔细思考下，如今每年新上市超过百家上市公司，这两年中哪家公司可以确定持有 20 年不动能赚取到类似腾讯、茅台那样的收益？交易不是为了表示自己多有眼光或者多高明，也不是为了去支持我们喜欢的公司或者管理层，我们投资交易是为了赚取收益。最近几年新上市的股票里请选五十只左右个股构建投资组合，保证 10 年后赚 5 倍以上是极难实现的。长期来看，购买全部股票作为投资组合收益率很可能还不如一年期、三年定期存款甚至是活期存款，参见图 1 –5。

周期再拉短一些，想想哪一家上市公司三五年内净资产有突破式增长？或者主营业务利润有爆发式增长（不考虑并购重组之类带来的合并报表影响）？实在数不出来几家。三到五年内随便找一只除了银行板块等超级大盘股之外的股票，波动小于 80% 的，同样也不太好找。多数投资者会在被套三至五年内“割肉”，带着亏损暂时离开资本市场，三到五年内，这些股票价格的波动并未创造价值，仅仅只是带来了财富的转移。如果还是觉得想不通，我们用微积分的思路思考下，3 个月才出一次财务报告，1 个月内股票价格波动 20% ~30% 这种例子比比皆是。这一个月内，公司的财务状况几乎不会有太

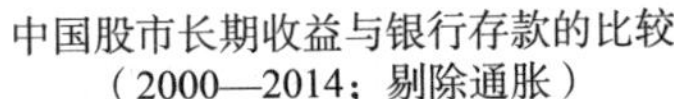

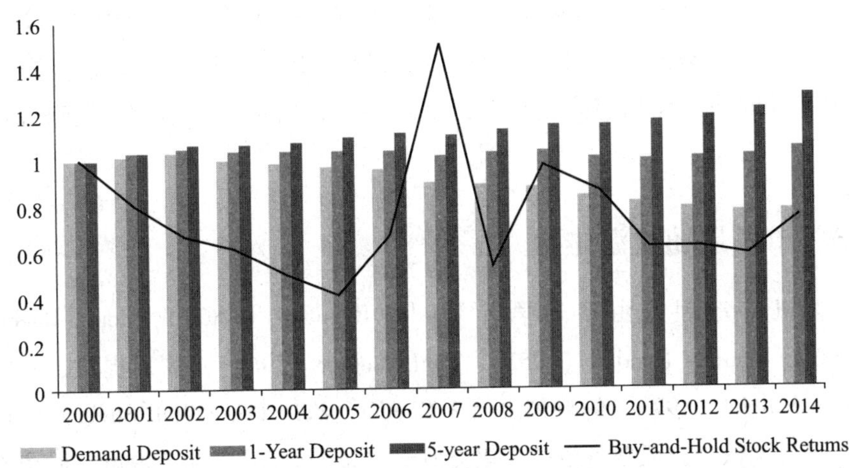

图1－5　中国股市长期收益未跑赢活期存款

资料来源：钱军，2015。

大变化的，是什么驱动了股价的波动？一个月如此，一年同样如此，只是一年的周期内，股价波动的幅度比公司财务状况变化的幅度要大更多。很多股票从完整的生命周期看大概率上也是不创造价值的，只是财富转移的工具，和股票衍生品一样，即便进行价值投资也要评估上市公司所处的行业生命周期以及市场前景并且及时进行确认和修正，而绝非依靠一个简单的逻辑或者是认死理。将股票市场作为一个整体来看，它与衍生品市场是没有任何区别的，无非是低买高卖的投资者赚高买低卖投资者的钱，仅此而已。因为无论哪一个国家的资本市场，都仅仅只会有少数上市公司成长为了不起的公司，并且投资交易还面临着很多佣金和税费，连众多投资者热衷的发放现金股利（分红）也是要征收所得税的。另外，毕竟这个市场多数参与者不是产业资本，也根本不可能收购上市公司，甚至连5%的举牌线多数公众投资者也是够不到的，所以这种投资行为根本影响不了任何公司的管理经营决策，公司管理层无论怎么行事，您即便股东大会上投了反对票，其最终结局也只能干看着决议被通过，更何况，又有多少投资者比管理层更懂得如何去经营这家公司呢？

无论股票市场或者衍生品市场，都是典型的交易型市场，它们与债券市场，房地产市场差别很大，考虑到每天巨大的成交量所导致的巨额佣金、税费成本，从本质上来说，股票市场和衍生品市场都是负和游戏。所以在这些市场里交易，如同带兵打仗，每个投资者都是将军或者指挥员，而你的资金就是你的兵。所以笔者建议投资者们多读读《孙子兵法》《毛泽东思想》之类的军事理论著作，先从思想上重视投资交易这件事，然后用正确的理论和思想武装自己，从严练兵，以求百战不殆，做到善败者不亡。

1.3 市场是随机游走么

随机游走理论由多名学者（Jules Regnault（1863），Louis Bachelier（1900），Maurice Kendall（1953），Paul Cootner（1964））先后提出，并经过Burton Malkiel（1973）的畅销书《A Random Walk Down Wall Street》弘扬光大，该理论认为：股票价格的变化类似于“布朗运动”，简单说就是股票价格的波动是完全随机的，并且没有什么明确的规律可因循。因此，股票未来的涨跌是不可以预测的，根据技术图表来预知未来股价走势的说法，实际上是一派胡言。基于布朗运动的对数正态随机漫步理论，也是金融工程的主要基础之一。

随机游走理论的一个经典的例子是用连续的扔硬币试验的结果代表市场的涨跌，然后将其走势绘制成曲线，结果与股票走势十分相似。所以这些学者据此认为股票价格也是随机游走的。简言之两个东西某一方面特征看起来一样，所以就是一回事，这个逻辑是说不通的。好比A每天傍晚都牵着狗出去遛狗，B每天傍晚都出去上夜班，经观测，发现狗与B运动轨迹一致，得出的结论是B可能也是一条狗，或者说狗可能也是出去上夜班，而真正的原因只是巧合罢了。

资本市场首先就是一个市场，市场是由供求关系决定的。供求关系呈现随机游走的状态，这显然不符合经济学常识。学过经济学的都知道经济是有周期的，甚至有季节性因素的，所以很多周期类股票也会呈现出同样明显的周期性波动特征。另外，我们知道行业是有生命周期的，比如说手机行业，从开始的新鲜事物到如今的几乎人手一部、形影不离也是经历了漫长的过程的，这就是行业成长的过程。扔硬币是不可能扔出行业的成长周期或者衰退周期来的。

如果非要讲本质性的层面，它也不是什么随机游走，引用古代哲人的智慧来讲叫作：一饮一啄，莫非前定。这里引用古文并非阐述什么唯心主义。市场表现出来某种形式的波动必然有其原因，只是涉及的影响因素太多，纷繁芜杂，大家往往难以抽丝剥茧，准确地定位出这些原因罢了。这些原因，即是所谓的“前定”。反倒是看到市场波动像硬币的波动，就以随机游走刻画之，这不是典型的“我以为”嘛。这似乎才是最大的唯心主义。资本市场根本不是随机游走的，也不是带着漂移的随机游走。美国的学者们可能习惯了美国股市的长期上涨了，已经忘了欧文·费雪和本·格雷厄姆曾经经历的跌幅接近90%的股市大崩溃了。

1.4 市场是有效的么

相信很多读者都受过正规的金融学、投资学、金融工程、财务管理和会计学等相关专业的教育，无论公司金融、财务管理、投资学还是金融工程的教科书里都会提到有效市场假说。有效市场假说是由尤金·法玛于1970年深化并提出的，法玛先生为此还获得了诺贝尔经济学奖。有效市场假说提出了三种市场状态：弱式效率、半强式效率和强式效率。弱式效率说的是当前价格反映了所有历史的价格、成交量等信息，也就是意味着看图表、看指标都是没用的。半强式效率更进一步，认为公开的信息包括财务数据、管理情况、高管情况、行业信息等都已经涵盖在当前价格里了，这也意味着基本面分析没用了，除非有内幕消息。强式效率则是认为股价包含了所有的公开的和未公开的信息，这意味着内幕交易都赚不到钱。然后部分学者认为中国市场不是有效市场，美国市场是半强式效率市场。

其实在学术界本身就充满了对有效市场假说的质疑和挑战。Jegadeesh和Titman（1993）基于美股的研究发现“动量效应”，即过去12个月收益率排名靠前的股票之后一个月倾向于收益率继续领先，这对弱式效率提出了挑战。Ball和Brown（1968）发现了“盈余公告后价格漂移”现象（即如果一个公司利润超预期，其股票价格并非一天上涨完成，而是后续还会持续上涨数日，要提醒读者的是美国股市并没有涨跌幅限制），这对半强式效率提出了挑战。而国内外众多内幕交易获利的犯罪事件更是让强式效率无从说起了。

有效市场假说的前提假设太多了：投资者都是理性的，市场信息可以快速传达到每一个人，并且投资者可以正确解读市场信息。这些假设无论对于中国市场还是对于美国市场都是不切实际的。人并非理性的，处理信息的能力也是十分有限的。面对同样的消息，不同的人的解读很可能是完全相反的，这也是通常每一个价格都有卖方和买方的一个重要原因。

所以开始之前，我们应该首先明确：无论中国资本市场还是美国资本市场，包括各国的衍生品市场，没有哪个市场是真正有效的市场。我们做交易要以客观的市场规律为准，而不是自行预设一些脱离实际的假设。应该时刻牢记：市场走势才是所有问题的唯一答案。

1.5 交易是一门科学

股市、商品期货、金融期货、外汇、现货以及期权等各种金融工具都被各大高校以及专业机构广泛研究，也是当代社会关注度最高的领域之一。在市场参与者们长期的实践当中，对于什么时间买卖以及买卖什么的问题上，逐渐形成了两个泾渭分明的流派：基本面分析派和技术分析派。基本面派依赖各种市场的数据，主要是各种公开数据，比如审计报告，财务报表，竞争情况，国家的经济数据，就业数据，人口结构数据，社会储蓄数据，粮食作物产量数据，天气，钢材产量数据等等，基于这些数据来预测未来交易标的背后的基础资产（比如股票背后的上市公司，比如大豆期货背后的转基因或者非转基因大豆）的综合情况，并对其进行估值。

然而在华尔街，纯粹的基本面派是极其罕见的。很多专业投资者即便声称图表完全没用，也都很尊重道氏理论。不管这些所谓的纯基本面派承认与否，道氏理论本身是一种“技术”理论，确切地说，道氏理论是技术分析的核心理论，是技术分析的基石。

技术分析所研究的内容是市场或者说标的本身的价格和成交量变动规律。通过以图表的形式对价格指数（如上证综指，CRB 指数等）或标的（股票、期货、外汇、期权等）的历史走势来推定当前的市场趋势。严格意义上讲，技术分析本身是用于制定交易策略（如果下一个交易时段，比如 15 分钟，或者 1 个交易日，标的涨了多少我们就采取什么样的应对措施？跌了多少我们就财务什么样的应对措施），而不是用于进行市场预测的，明天市场会怎么走？应该是会往右走，至于上下，谁知道呢？

技术分析派认为对股票进行估值是毫无意义的。比如中信证券

（600030，参见图 1 －6）在 2014 年 11 月初不足 12 元/股，而到了 2015 年 1 月初最高涨到超过 35 元/股，证券行业的基本面并没有发生巨大变化。是中信证券的净资产在这短短 2 个多月中也没有发生巨大变化。这样的例子比比皆是，相比中国中车，中信证券算是温和的了。中信证券在大涨之后，各路分析师齐聚一堂解释为啥现在中信证券值这么多钱，而在 2015 年第一季度时，几乎没看到有分析师指出中信证券这种价格不可持续，被严重高估了。戏剧性的是，仅仅几个月过后，2015 年 9 月，中信证券又回到了 12 元附近，真可谓从“哪里来，回哪里去”。当时大涨时笔者记忆最深的一句话是：站在风口上，猪也能飞起来。微信朋友圈中，大家都在转发怎么找风口，犹记许小年教授在牛市最火热时谈了两点：找风口的都是机会主义者，这次股市狂潮不知如何收场。2015 年 9 月，许小年教授讲座中又提了：“中国经济学界缺乏四种常识”。可惜很多投资者恰恰在市场中做着“有知识没常识”的事，其最终的投资结果也就可想而知了。

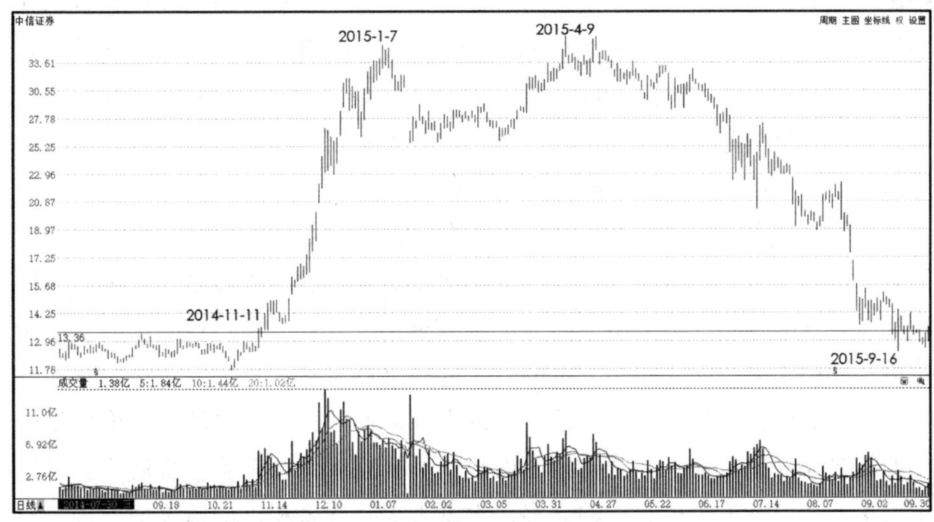

图 1 －6　中信证券价格走势图

基本面派的主要问题是一切分析都是建立在因果关系的假设之上的。基于 X1，X2，X3，…，Xn 数据来预测 Y，X1 等这些自变量可以是公司的负债率，可以是总资产收益率，可以是 GDP 等等，然而无论计量经济学和统计学都没教给我们说因果关系等于相关性，两条曲线走势差不多，就推论因果关系显然不够严谨。由于经济数据本身都是时间序列，其平稳性、协整性都需要进行检验，很多分析师在编写或者阅读类似的研报时都忘了这些最基本的计量经济学常识了。另外，一个更有趣的现象是，为了预测下一期的股票收益率或者价格 Y，多数 X1 等自变量需要对其本身进行预测，比如某模型基于公司的总资产收益率来预测公司的收益率，为了预测明年该公司的股票收益率，必须要先预测明年该公司总资产收益率，退一万步讲，假定模型都是正确的，一致的，无偏的，有效的，高 R^2 的，预测之上建立的预测可靠性同样值得怀疑，何况真实的情况是多数模型根本做不到一致性，模型解释度也都低得可怜。这种报告还大行其道，可见社会科学教育中，计量经济学、统计学等技术性学科的科学思想和科学精神仍需进一步强化。

另外，投资学之类的课程反复在讲有效市场的概念，所谓的有效市场应该是过去的信息对于预测未来没有作用，因为当前的价格信息已经充分体现了这些历史信息。金融从业人员都应该知道这条。然而奇怪的是，各路喊着 A 股是无效市场的分析师们都乐此不疲地基于历史信息和各种模型进行着价格高低点的预测，以至于证监会高层都看不下去了，现身说法地谈到自己作为学习工程的都难以预测到具体点位，预测到上下 50 点还算有点谱（凡是基于统计的预测必然有置信区间）。深入思考一下，这里会产生一个比较有意思的问题，连价格都难以精确预测，那么财务数据就更难精确预测了。简单基于财务数据利用 P/E，P/B 来分析股价又有何意义呢？

不管投资者笃信什么流派，不可否认的是，价格以趋势的方式进行波动，趋势会持续运行，直到某种外力改变趋势的方向。这种在股票、衍生品市场里都能看到的现象背后是简单的经济学原理，或者说是常识：供求关系决定价格。供小于求，即买的多，卖的少，价格自然上涨；反之，供过于求，即卖得多，买得少，价格自然下跌。如果供求基本平衡，很自然的，价格呈现出的走势往往是在某一个价格区间内震荡。从这个角度来看，价格完全反映了供求关系。至于为什么买的人多，卖得人少，或者相反的情况的原因，对于交易而言并不是多么重要。

交易的本质不是单纯的预测，而是分析价格可能的波动模式并做出合适的应对策略。回答的问题是交易什么？什么情况下买？什么情况下卖？买多少？卖多少？风险怎么控制？资金怎么管理？心理状态怎么调整？如果您还不曾想过这些问题，或者思考过却没有清晰的解决方案，那么本书会给您一个明确而可行的答案。

另外，交易也不仅仅是富人的游戏，李建伟（2017）认为“把金融作为一种手段向农村居民等弱势群体提供广泛的金融服务可以降低贫困”。我国已经上市了苹果、白糖、棉花、大豆、玉米等各种农产品相关的期货，懂得交易可以让广大种植户也一定程度上做到趋利避害。

第 2 讲
交易基础知识

开篇明义

夫未战而庙算胜者，得算多也；未战而庙算不胜者，得算少也。多算胜，少算不胜，而况于无算乎！吾以此观之，胜负见矣。

——《孙子兵法》

投机很辛苦，很耗精神，投机客必须随时兢兢业业，否则他很快就不会有什么职业了。

——《股票大作手回忆录》

工欲善其事，必先利其器。在开始正式的学习之前，我们有必要针对一些最基本的知识和常识进行学习，以便交易实战中少走弯路。技术分析之父理查德·沙贝克先生曾说过："给我一把直尺我便能纵横天下"。沧海桑田、世易时移。如今通过互联网即可以交易的时代行情软件已经完全取代了报价纸带了，交易者也无须自己绘制图表进行记录了。因此，如何科学地使用行情报价软件以及如何合理的设置交易指令成了今天交易者们的必修课程。虽然计算机技术取得了巨大的进步，人工智能投资、高频交易、量化交易各种高科技层出不穷。但理查德·沙贝克先生的思想和理论体系和技术方法却依旧闪耀着光辉，真正的经典不朽。本书后面章节会重点讲述理查德·沙贝克先生的理论和方法。这里我们首先解决如何学会使用今天的"直尺"（行情和交易软件）的问题。

本章主要讲述如何识别和使用行情软件中的交易图表，如何设置图表的坐标。如何合理地使用交易指令，以及什么是做多和做空，部位或者头寸代表什么含义，成交量和持仓量又是什么意思，海琴是做什么的。这些内容都是作为职业交易者所必备的基础知识。无论您是否有志于从事职业交易，了解这些术语都有助于提升自己的专业水平。

2.1 图表

计算机网络的发展让交易者们可以脱离人工绘制图表的体力活，不过也相对降低了交易者对图表的敏感度。现在主流的交易软件都有 K 线图（又叫蜡烛图，见图 2－1），也有不少软件提供美国线图（见图 2－3）。这些都是不错的选择。为了印刷的方便，本书后续均以使用线性线（即收盘价的连接线，见图 2－2）和美国线（见图 2－3）为主。

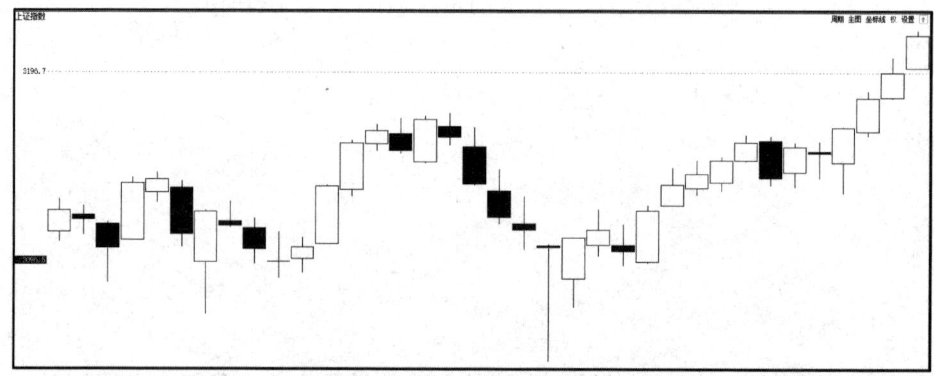

图 2-1　上证指数 K 线

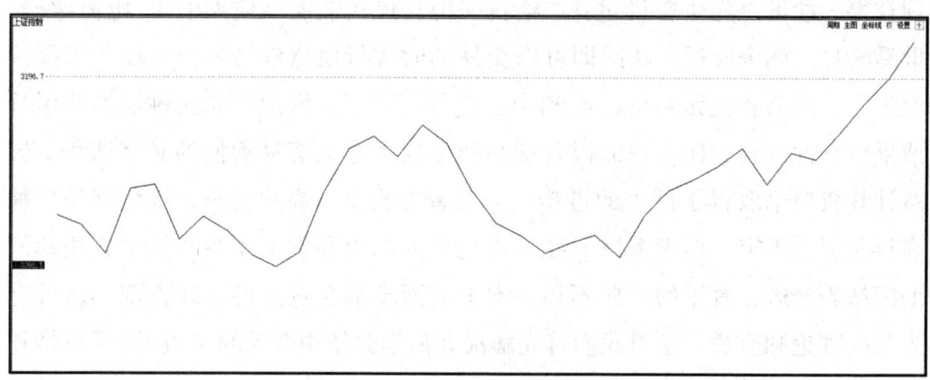

图 2-2　上证指数线性线

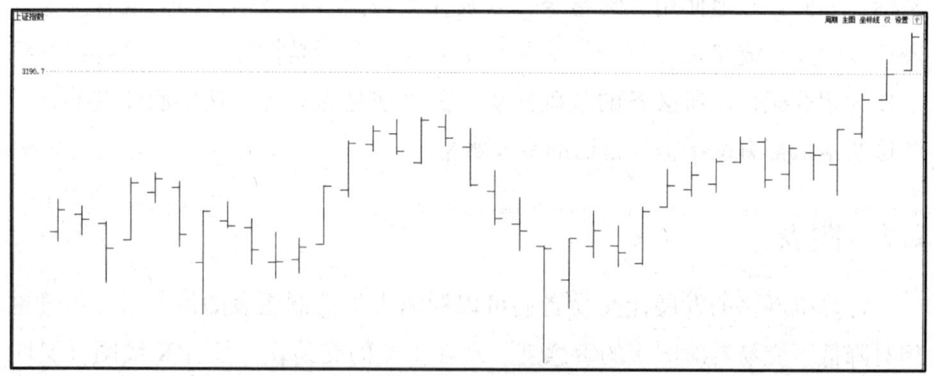

图 2-3　上证指数美国线

相信本书的多数读者已经使用过，至少见过 K 线了（见图 2-1），K 线又称为蜡烛线，这种图表源处于日本德川幕府时代，被当时日本米市的商人用来记录米市的行情与价格波动，后因其细腻独到的标画方式而被引入到股市及期货市场。K 线包含了市场所在周期的最高、最低、开盘、收盘价。线性线又称为折线（见图 2－2）传递的信息不如 K 线多，只是收盘价的连接线，当然有一弊自有一利，线性线比较简洁，十分适合用于教学和盘面讲解。另外线性线在刻画行情走势的形态和大势时更加明了。最后图 2－3 所采用的是美国线，又称为柱状线或者柱线。美国线和 K 线表达的信息含量是相同的，只是画法不同。美国线采用竖线左边的小横线代表开盘的位置，竖线右边的小横线代表收盘的位置，最高与最低价与 K 线完全一致，也分别是线的高点和低点。K 线判断阳线与阴线主要是看实体部分的颜色，比较一目了然。美国线的阳线与阴线的颜色通常也是一样的（部分软件采用红绿颜色进行了区分），所以判断是否为阳线主要根据开盘价与收盘价哪个高。竖线左边代表开盘价的小横线低于竖线右边代表收盘价的小横线时表示这条柱状线为阳线，反之则表示其为阴线。图 2－1、图 2－2 和图 2－3 是上证指数同一段行情用三种不同的线进行表示，读者们可以仔细进行对比。

2.2 坐标

无论股票还是期货、外汇行情软件，在图表的左侧或者右侧都有坐标来显示标的物的价格。通常有两种主流的坐标系：线性等分坐标（Linear Scale）和对数等比坐标（Logarithm Scale）。线性等分坐标是多数行情软件的默认设置，软件中每一格代表的价格都是相同的。图 2－4 是中国中车的线性等分坐标，每一格价差都是 5 元。

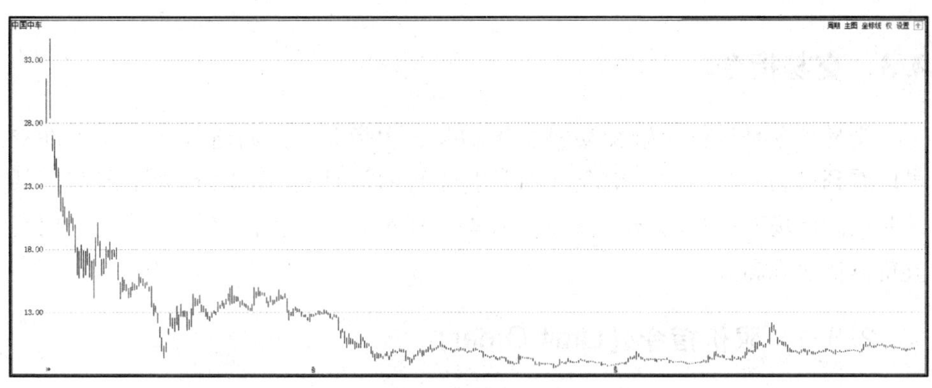

图 2－4　中国中车（线性等分坐标）

线性等分坐标的优点是直观，便于看清楚当前的价格。然而其缺点在于每一个刻度线之间所代表的涨跌百分比是不同的。举例而言，一个股票从10元涨到11元涨幅是10%，而从11元涨到12元涨幅则约为9%，这是因为计算的基数并不相同，因此线性等分坐标在测算涨跌幅度方面就相对烦琐一些，需要额外的计算。对数等比坐标则很好地解决了这一点，图2－5所示的是与图2－4中同样标的同一段行情的对数等比坐标。

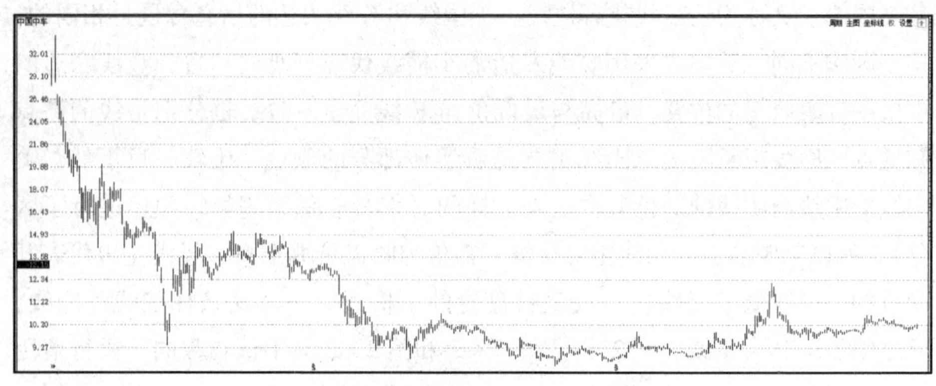

图2－5　中国中车（对数等比坐标）

对数等比坐标的原理是综合运用对数的性质和等比数列的性质，使得图表每一个刻度线之间的百分比都是相同的（通常多数软件刻度线之间的距离都代表10%）。图2－4与图2－5展示的是中国中车同一段走势。读者可以计算一下，从10.2元上涨到11.22涨幅正好为10%，同样，从11.22上涨到12.34涨幅也同样是10%，以此类推。

为了方便在交易中进行风险控制以及资金管理，通常我们将图表的坐标设置为对数等比坐标，这样可以使得图表中单位距离的价格百分比变动相等。

2.3　交易指令

交易指令是进行金融交易时发出的买、卖指令。我们通常在交易软件中可以看到市场实时的买卖指令（通常有短暂的延时）。图2－6为中国南车某一时点的市场五档买卖指令挂单。从买一到买五价格依次降低，从卖一到卖五价格依次升高。

2.3.1　限价指令（Limit Order）

这里我们能够看到的所有挂单均为市场中投资者的限价指令。限价指令即限定自己所接受的最差价格的指令。对于买入指令，限价指令限定的是买入的最高成交价，比如10块钱限价买入某股票代表的是你的买入价格不能高于10元。反之，对于卖出指令，限价指令限定的是卖出的最低成交价，比如11块钱限价卖出某股票代表的是你的卖出价格不能低于11元，否则不能成交。图2-6是中国南车股票某一交易日的盘口挂单，从卖一到卖五，从买一到买五都是限价指令。注意，市价指令（下面一节马上会讲到）是无法从挂单中看到的，因为市价指令送达交易所那一刻会立即与相应的对手价格的挂单成交。

601766	中国南车 融	[铁路设备]	
委比	32.24%	委差	7360
卖五	10.18		1835
卖四	10.17		1257
卖三	10.16		1525
卖二	10.15		2176
卖一	10.14		940
成交	10.12	现手	577367
买一	10.13		586
买二	10.12		254
买三	10.11		2694
买四	10.10		9907
买五	10.09		1651
涨跌	-0.08	涨幅	-0.78%
最高	10.25	最低	10.07
开盘	10.22	均价	10.18
量比	1.31	涨停	11.22
换手	0.25%	跌停	9.18
总量	57.737万	总额	58771.7万

图2-6　中国南车盘口挂单

2.3.2　市价指令（Market Order）

市价指令是另一个较为重要的指令。市价指令通常代表当天的涨停（买入市价指令）或者跌停价（卖出市价指令），抑或是交易所接受的最高价格或者最低价格。市价买入指令在A股市场中即代表当天的涨停价，市价卖出指令即代表当天的跌停价。市价指令在盘口挂单中是无法看到的。因为通常市价指令会立即以当前的随行就市价格成交。依旧以图1-8中国中车的盘口挂单为例，当天的市价买入指令相当于以11.22的涨停价来向交易所报入买单，同样，当天的市价卖出指令相当于以9.18的跌停价向交易所报入卖单。相信很多读者在自己的交易软件中见过市价指令（五档即成剩撤和五档即成转限价，A股中为了防止价格快速大幅波动，限制了市价的成交深度，即仅允许成交最新的五档挂单，但是这其实并没有办法阻止连续使用五档即成剩撤来推动市场价格，因此监管层对机构交易时还设定了禁止异常交易的限制，有兴趣的读者可以自行查阅相关法规），但是却很少有人用过。交易前熟悉交易规则也是十分重要的事。我们知道交易所撮合成交采取的是价格优先、时间优先的原则。谁报的价格更差（对报价人自身而言更差），谁优先成交，然后再是同样的价格谁先挂的单谁优先成交。市价指令是会被优先成交的，因此对于交易中的关键点的成交有着至关重要的作用。这里很多新交易者往往有一个误区，认为市价买可能会成交在涨停价上。对于一个交投活跃的标的，通常多数交易者的资金量并不至于让标的真的涨停或者跌停。还是以图 2－6 中的标的中国南车的买卖盘口挂单为例，我们分别看看不考虑其他交易者的同向买卖指令，市价买、卖 1000 手（1000 手×100 股/手＝10 万股）中国中车的成交情况。市价买 1000 手中国中车的情况：我们可以看到卖一挂单是 940 手，价格为 10.14，卖二挂单是 2176 手，价格是 10.15。由于我们要市价买 1000 手，显然卖一的 940 手不足以满足我们的需求，还差 60 手我们的买单会与最早挂卖二价格 10.15 卖出的前 60 手卖单进行成交，这样我们这个 1000 手的市价买单的成交情况就是 940 手成交于 10.14，60 手成交于 10.15，对市场的冲击微乎其微，完全不会涨停，而这动用的资金是 100 多万。当然，作者不是说 100 万一定买不涨停，读者们一定要结合具体的标的流动性，具体的盘口挂单决定是否使用市价单，以及一次买卖的数量，一些交投极其清单的创业板股票，100 万也可以把盘中价格推升或压低很远甚至造成涨、跌停的。还是图 2－6 中的标的中国南车的例子，以空头为例，1000 手市价卖单的成交情况为：586 手成交价为 10.13，254 手成交价为 10.12，160 手成交价为 10.11。当然上述分析都是静态进行的。盘中实际交易过程中，其他交易者的买卖也会对最终成交价格有所影响，单本例所阐明的原理并没有什么改变。

2.3.3 条件指令（停损指令，Stop Order）

条件指令也称为停损指令、条件单、条件出发指令，原始的作用为作为持仓部位的止损保护指令。例如投资者 10 元买入了某股票持仓，报入了一个 9 元的停损指令，其目的是在股价跌破 9 元的瞬间止损离场。后来停损指令不仅被用于止损保护，更用于满足条件的突破开仓。A 股市场中，无论深交所还是上交所均不支持条件指令。同样，几大期货交易所同样不支持条件指令，但是很多交易软件却从软件级别支持停损指令（条件单）。比如期货交易中最流行的软件文华财经、快期等都支持条件单。与市价指令一样，条件指令从盘口挂单中也是看不到的。图2－7是文华财经软件条件单功能的界面。

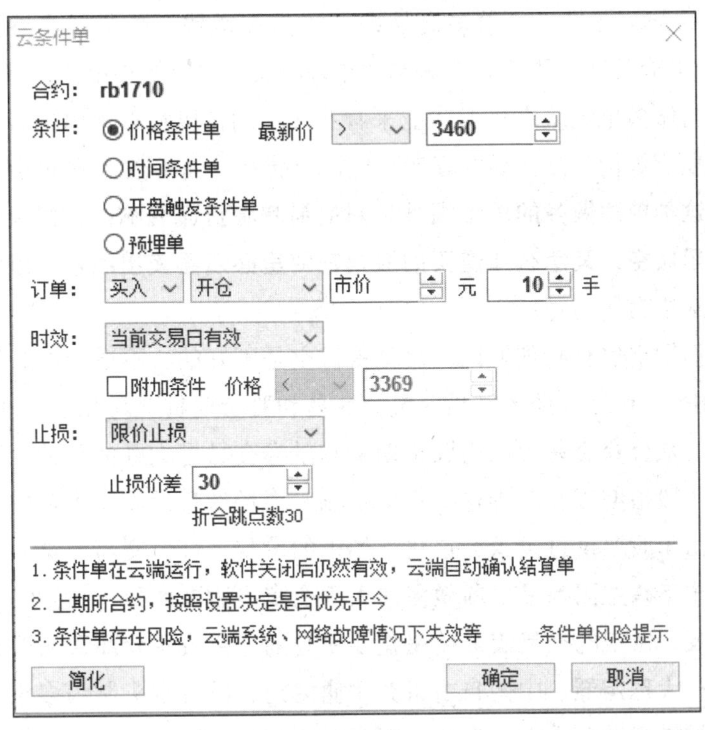

图2－7　文华财经软件条件单界面

图2－7中的指令含义为当螺纹钢17年10月合约（交易代码为：rb1710）市场最新价格大于3460元时，市价买入10手RB1710合约的螺纹钢，并且在其成交后，反向设置30点的止损。假定今天螺纹钢的价格突然向上突破3460点，我们的条件单被触发，成交于3462元，此时我们持有10手RB1710的多头部位，同时新的停损条件单将会设置在3432元，即当价格跌穿3432元时，系统会自动报出一个市价卖出指令平仓，平掉我们亏损的多头部位止损。而一旦止损，我们最大的损失为10手×30点/手×10元/点＝3000元。这个例子从突破开仓到平仓止损演示了条件指令（条件单）的两种用法。读者如果有兴趣更深入地研究条件指令，可以到文华财经网站注册一个模拟交易账户，结合其说明书在软件中进行测试。（文华财经注册模拟交易账户的网址为：

http://sim.wenhua.com.cn/form.asp)

2.4 做空和做多

交易过股票或者了解过股票的读者一定已经十分熟悉做多（即先买入开仓后卖出平仓）交易了。做多交易即低买高卖赚钱，高买低卖亏损。做空（即先卖出开仓后买入平仓）交易与之正好相反，高卖低买赚钱，低卖高买亏损。做空与做多单纯从交易形式上来看并无不同，接触过国内或者国际融券交易以及期货等衍生品交易的读者一定深有感触，而多数A股投资者却只习惯做多。**这种单边做多的思维惯性是对交易有着负面影响的，如果你不知道应该在哪里做空，又怎么知道买的股票在哪里必须要卖出呢**？所以学习交易一定要会双边交易。

不习惯做空也有心理原因，总觉得做空是不好的、不道德的，最极端的例子是2015年6月A股大跌后，融券交易和股指期货交易几乎全面被停止，原因在于一众公众交易者认为股指期货和融券交易是大跌的元凶。可最终的结果是没了股指期货和融券这些做空机制，市场丝毫没停止大跌的步伐。股市下跌是由于股票供过于求，这是市场中的参与者合力交易的结果，简单来说**每次股市下跌主因都是之前做多的人平仓卖出股票所致**，和做空是没有关系的。**相反，做空的交易者最终是需要平仓的，空头平仓即买入股票，这是对股市的一大稳定器**。中国自古讲究中庸之道，没有空头制约多头，从而导致了一味加杠杆做多是市场失衡乃至崩溃的主要原因。美国股市是多空都可以交易的市场，这并没影响了美股自金融危机后已经近10年的牛市。我们所有交易者来到这个市场的目的不应该是比谁更加高尚，而是为了通过合法手段交易获利。我们不要利用内幕消息，不要操纵市场，在法律和行业自律规范允许的框架下进行交易，做多和做空赚钱又有什么不同呢？中国证监会前首席会计师张为国博士为《做空VS反做空》所作序言中提到："做空，表面上是资本的博弈，是外来的搅局者，是狼子野心的财富攫取者；然而，正由于做空机制的存在，资本市场才得以健康、有序地运行和发展，正如惮于虎视眈眈的野狼，羊群才时时刻刻地防备不懈、日复一日地强其筋骨、步调一致地遵从指示。无疑，做空实为资本市场内在秩序的维护者！"

这里衍生出一对术语是开仓和平仓。买股票就是一种开仓行为，卖出股票则是平仓行为。当然，融券卖出股票同样是一种开仓行为，买券还款行为则是平仓。对于期货、期权等衍生品，买卖都可以是开仓，也都可以是平仓，相信接触过衍生品交易的读者一定十分清楚这一对概念。建议没有接触过衍生品的读者注册一个期货模拟账户，体验一下什么是做空以及做空怎么操作，一定会有收获的。

2.5 部位和头寸

部位英文为 Position，是做空或做多指令成交后交易者所持有的仓位。以 A 股为例，买入股票即为持有多头部位，融券卖出即为持有空头部位。头寸通常指现金，目前很多交易者也将部位称为头寸，比如说自己持有多头头寸或者空头头寸。

2.6 成交量和持仓量

成交量（Volume）即所在时段内标的买卖双方成交的总数量，对于股票而言是没有持仓量这一概念的，因为在一定的时间段内，股票的总股本或者流通股本都是确定的，不能无限创造出来，所以股票只有成交量。而由于 A 股实行 T+1 交易制度，所以 A 股股票的当日理论最大成交量不应超过该股票的流通股数量的（掌握大量流通股的机构是禁止做日内反向交易的，并且买卖之前需要提前公告，所以是没有可能做所谓的 T+0 交易的）。**成交量代表了买卖双方在当前时段的分歧**，如果大家观点都一致就没有成交了，对于 A 股而言，近年来的新股上市前几日是典型的买卖分歧很小的案例，所以新股前几日一般都是一字涨停板上涨并且没什么成交量。

持仓量（Open Interest）是衍生品特有的概念，因为期货等衍生品采用的是对手盘交易制度，每一个买方必须有一个相同出价的卖方与之对应才能成交，这也直接导致了衍生品的持仓量是不固定的。**持仓量代表了买卖双方积累的分歧**，持仓量越大的标的越容易走出波澜壮阔的行情，因为总有一方最终会发现自己选错了边，认错的一方最终止损离场时，庞大部位的平仓指令也会将价格推动到一个反向可观的距离之外。

持仓量与成交量之间没有必然的关联，成交量放大不代表持仓量一定放大，因为成交量放大可以是买卖双方都在同时平仓所造成，其后果是持仓量下降。但是没有成交量持仓量是一定不会变化的。

2.7 海琴

海琴英文为 Hedge，原义为篱笆，引申义为对冲、保护。交易中有两种海琴：止损海琴和止盈海琴。海琴是需要交易者主动设置的一种保护措施，触及了这个标准，交易者即应该立即退出市场，以充分地保护自己的交易本金。正规学过交易的交易者在交易时一定会时刻设置海琴保护自己的部位。

2.7.1 止损海琴

资本市场中是没有神存在的，每一个人都可能犯错误，为了不让一个小的错误发展成致命的错误。一个最简单的例子是，如果你亏损了一半，想要赚回来需要赚一倍。在资本市场中，亏损永远都比盈利容易得多。因此，严肃的交易者都必须要设置止损海琴来防止铸成难以挽回的大错。

我们入市交易刚开仓时通常没有足够的利润，这时这笔交易是否能盈利是不确定的，我们能做的只是限定最大的亏损，即设置止损线。因此设置与我们所持部位相反方向的停损指令（条件单）就是典型的止损海琴。当然，部分机构投资者或者自律的公众交易者也会选择手工盯市止损，但是原理并无不同。**最大止损海琴业内通行的标准为交易本金的 10%，也就是说单笔交易严禁亏损超过 10%**。当然，一笔交易是否需要用到 10% 的海琴还需要根据具体的交易标的和交易机会的情况综合判断。

2.7.2 止盈海琴

止盈海琴顾名思义是来保护所持有部位的浮盈的。虽然浮盈并没有落袋为安，但止盈海琴的意义依旧十分重大：一是止盈海琴为浮盈设定了一个安全边界，在这个边界之内，可以让浮盈自由奔跑，从而不会发生拿不住单子的问题。二是止盈海琴给交易者设定了一个交易规则，按照这个规则虽然无法保证每次在浮盈最大时平仓，却可以保证不会让太多浮盈得而复失，进而造成交易者心理失控等问题。

通常交易者在所持有部位有了一定的浮盈之后，可以使用趋势线来作为止盈海琴，这样比较直观，能够保证顺势交易。当然，部分交易者喜欢用各种类型的均线作为止盈标准也是可以的。无论用什么止盈标准，总体的原则都是应保证所持部位是顺势，并且让浮盈自由奔跑的。

第 3 讲
走上交易之路

开篇明义

故知兵之将，民之司命。国家安危之主也。

——《孙子兵法》

一个人要是想靠这个游戏（投机）过活，必须相信自己和自己的判断。没有人能靠别人告诉他要怎么做赚大钱。

——《股票大作手回忆录》

交易之路绝非坦途，金融市场上最聪明、教育背景最优秀的参与者云集，以图 3 -1 中清华大学 2016 年的毕业生就业情况为例，我们可以管中窥豹。

表 3 -1　清华大学 2016 年毕业生就业行业统计

第三方就业毕业生的单位行业分布								
单位行业	本科生		硕士生		博士生		总体	
	人数	比例	人数	比例	人数	比例	人数	比例
金融业	18	14. 6%	500	27. 2%	67	8. 4%	585	21. 2%
信息传输、软件和信息技术服务业	29	23. 6%	367	20. 0%	92	11. 6%	488	17. 7%
科学研究和技术服务业	8	65%	172	9. 4%	195	24. 6%	375	13. 6%
公共管理、社会保障和社会组织	5	4. 1%	221	12. 0%	65	8. 2%	291	10. 6%
教育	5	4. 1%	77	4. 2%	201	25. 2%	283	7. 4%
制造业	15	12. 2%	127	6. 9%	61	7. 7%	203	7. 4%
电力、热力、燃气及水生产和供应业	4	3. 3%	105	5. 7%	54	6. 8%	163	5. 9%
租赁和商务服务业	8	6. 5%	75	4. 1%	18	2. 3%	101	3. 7%
建筑业	14	11. 4%	53	2. 9%	7	0. 9%	74	2. 7%
文化、体育和娱乐业	3	2. 4%	44	2. 4%	1	0. 1%	48	1. 7%
房地产业	12	9. 8%	33	1. 8%	2	0. 3%	47	1. 7%
水利、环境和公共设施管理业	0	0. 0%	22	1. 2%	6	0. 8%	28	1. 0%

毋庸讳言，近年来高考、考研最难考的专业即是金融相关专业，为什么？当然是金融行业的薪酬潜力十分巨大，年收入动辄以百万、千万计。所以，每一个准备进入金融市场从事交易工作的人，都请您扪心自问一下：

"我准备好了么？我靠什么和这些市场中的精英竞争？我是不是一时冲动光想赚钱了？……"

对于多数公众交易者而言，还是远离交易之路比较好，即便您系出名门，这也不是一条容易的路，走交易之路所要付出的艰辛和代价往往是远超想象的。

走上交易之路首先要树立正确的交易世界观，然后学习经典的交易理论和技术并勤加练习模拟，随后实盘结合资金管理技术进行练习，做到稳定不亏后在日常交易中继续体悟并逐步提升交易规模，是为入门。之后的交易之路，依旧要靠不断地积累经验和教训慢慢成长。也就是巴菲特先生讲的："It is simple，but not easy."

3.1 交易的世界观

世界观这个话题有点大，但是其对于交易的成功却至关重要，不得不放在首位来说。引用百度百科对世界观的定义："世界观是人们对世界的基本看法和观点，是指**处在什么样的位置、用什么样的时间段的眼光去看待与分析事物**，它是人对事物的判断的反应。世界观的基本问题是意识和物质、思维和存在的关系问题，根据对这两个问题的解答，可将它划分为两种根本对立的世界观类型，即唯心主义世界观和唯物主义世界观。"在交易的世界里，单纯去谈物质、意识这些内容并不能解决交易中面临的各种实际问题。因此，本章将交易世界观的话题进行了细分：首先谈空间，即应该站在什么位置审视交易；其次谈时间，即用什么样的时间段来参与交易；再次谈主体，即用什么样的眼光来看到交易；最后综合这三点内容，刻画出正确的交易世界观。

3.1.1 应该站在什么位置

空间是世界观的核心组成部分之一，具体到交易世界中而言，即是"站位"选择问题。作为一个交易者，我们应该站在企业管理层的位置吗？这不太合适，因为我们没有管理层那么多的信息，也没有那么大的利益系于我们一身。站在监管的位置吗？市场上的确很多人喜欢站在监管的位置上指点江山，可惜我们毕竟没有那么大的权力和影响力，更何况我们的想法并不一定更高明。站在投资者的位置吗？或许多数人认为这就是正确答案，然而投资者的位置是干什么？盯着企业的报表、信息、成长、价值、图表、成交量等等，对么？这些的确是些正事，但是并不完全对，一些分析师的世界观止于此处，因为你在意的只是自己观点的正确性与否，而这并不必然导致交易的成功。站在资产管理者的位置呢？额外盯着资金净值的变动、风险、回撤、夏普比率等等，对么？这比单纯盯着标的坐而论道更加全面一些了，然而还是不完全对，部分基金经理的世界观止于此处，任何一种模型或是策略都会生成这些量化的指标数据，并且在行情配合时这些数据可能还比较漂亮，可是这能决定交易长期的成败么？答案是未必。

这也不对，那也不对，部分圈内专业人士的世界观都不全面，公众交易者还有活路么？这里不是为了要贫嘴逗乐子，那到底应该站在什么位置？作者的答案是没有位置！俗话说屁股决定脑袋，一旦你有了自己的立场，就难免主观化，进入执着的状态，这就可能造成灾难性的后果。**没有位置即放下一切立场、观点、看法，静静地观照市场、观照资金账户、观照自己的内心！**

金融市场里，有涨就有跌，有横盘就有单边，此消彼长；资金账户里，有赚就有赔，有收益就对应着风险；交易者本身，有生就有死，有来就有去，有健康就有疾病。一切都是对立的，是统一的嘛？当然是！哲学里常说的对立统一，正是这么一回事。这其中蕴含的道理相当简单，只要有对立分别，那么所见到的相一定是轮番转化的。所有对立之相的道理总出不去这一句：日中则移，月满则亏，物盛则衰！

好了，说了这么多云里雾里的，到底我们应该站在什么位置？也许没有位置一说太过艰涩，我们就假设有个位置叫作“中间”，站在“中间”之处一边观照今日市场的涨跌起伏，不执于多头也不执于空头；一边观照资金账户的涨跌起伏，不因盈利或者亏损而破坏改变章法；一边观照内心状态的波澜起伏，不因市场、账户、他人、言语等一切外物所动。这样不失为观照交易世界的一个绝佳位置。

3.1.2 用什么样的时间段

时间是世界观的另一个核心组成部分，具体到交易的世界中，即是采用什么样的时间段来思考交易。我们没有办法选择自己出生的时代，我们也没有办法回到过去，当然我们也没有办法提前到未来去看看。而今天也是在“逝者如斯夫不舍昼夜”的逝去。所以，我们能够把握的唯有当下这一刻。

过去这个标的是涨是跌，是绩优股还是垃圾股并不重要。将来它会成长成什么样子，又有谁能准确地知道呢？这个世界上的确有巴菲特这样的厉害角色，掌握很多资源和信息，可以看得很远，预知很多事情，但是即便你身出名门，又怎么敢说可以稳稳地发现今天市场里可以在未来 10 年里业绩如虹的"茅台"们呢？更何况茅台下跌时也是超过 50% 的，没有多少人是岿然不动的。过去心不可得，站在今天的视角臆想过往之牛股，总是美好的，然而却不能用来作为今天之决策。

能够明辨当下市场之大势，资金账户之得失，自我心态之波澜已经可以位列交易之路上的圣者了，还去想那么远干吗？记住，明天的涨跌对于交易的成败并不重要，原因在于：一方面，一个大的单边行情中，一两天的涨跌并不重要；另一方面，交易最重要的是根据行情的发展变化及时应变，而非预测。

3.1.3 用什么样的眼光看

以史为镜，可以知兴替。同样，在交易市场里，以历史的眼光看待标的，可以更清楚标的当前是何等状态。以历史的眼光看待账户，可以明辨账户当前有什么问题。以历史的眼光看待自己的内心，可以知晓自己的内心是否有所成长。

以人为镜，可以知得失。与交易之路上的高手交流，可以提升对标的走势的理解，可以发现账户的差距，更可以知道如何更好地降服内心。

这些办法都不错，然而交易之路上的圣者是无法靠别人教出来的，也无法靠整天研究回测或者统计数据研究出来的。**历史和他人只能是助力，真正的觉悟要靠自己。**好比学习游泳，开始时我们可以在岸上看各种视频，听别人反复讲解，自己各种模仿比划，可是谁又敢说看完视频模仿完动作，下水就可以畅游起来还不喝水呢？真正的游泳技能必须是要喝水才能学会的！**交易的世界中，唯有自己一番拼搏领悟到交易大道的觉悟者才能见到交易之路上的种种景色，不畏浮云遮望眼。**而如何才能觉悟呢？路在脚下！**冥思苦想绝非参悟之道，用心做好每一单，用心记录好每一单，用心总结好每一单，长期日积月累，此中自有真功夫。**什么叫做好每一单？就是该赚要赚到位，该亏要亏到位，做合乎大道的事而不应该以盈亏为准绳。

3.1.4 正确的交易世界观

综上所述，所谓正确的交易世界观即是：**无执无我，立足当下，自我激励，断除妄念。无执无我**首先要明辨大势即认清所交易的市场和标的当前的大势走向，这是首要的一件事，好比明辨白天黑夜、冬天夏天一样，冬天穿着短袖四处游荡，这就是有问题了。而在资本市场里，如果不能明辨大势，与这种疯狂行为何异？明辨大势之后，要紧的就是随波逐流。涨势去做多，跌势去做空，如此而已，说来简单，做起来可未必容易。比如，某公司基本面十分好，但是它就是不涨，你能不去做多它么？比如某公司净资产1亿元，市值6000万元，这么有“价值”你是否去价值投资一把呢？是不是市场都错了，只有你聪明意识到这一点了呢？这些问题都值得深入思考。不执多空更是不易做到的，人是容易形成思维惯性的，一个如火如荼的牛市进行了很久，很多人已经忘却了市场还有熊市这种东西，开始不停地下跌抄底，最后结局往往是跌入深渊。同样，有的人也往往基于所谓的基本面奉行顽空主义，喊了十年楼市要大跌，结果楼市依旧上涨着。**立足当下**即是做好每一天的交易计划、交易执行和交易总结，每天关注当天行情可能的变化以及自己合适的应对策略，不去成天考虑如何抓住未来的十倍股或者去考虑加入我当时如何如何就可以怎么抓住十倍股。**自我激励**则是要保持对市场的学习和跟踪，不断思考如何在正确的交易之道的指导下如何改进和提升自己的交易技术以使其更加适应市场最新的变化情况，并且要不断地自己练习对新交易技术的掌控能力和心理承受能力，力求做到“人剑合一”和“天人合一”。在一次次正确的交易中建立自己的自信，坚决杜绝听从他人建议的甚至完全没有主见的行为。**断除妄念**也是至关重要的，什么是妄念呢？想明天要涨、跌多少，想什么标的要涨多少倍，想自己要赚多少钱，或是亏多少钱，这些全是妄念，是交易之毒，无预设、无我、无我所、无贵贱、无价值抑或是价格高低才能发现交易的真谛。

3.2 交易的方法论

交易的方法论是与交易的世界观相对应的。既然交易的世界观需要我们无执无我，也即是要先明辨大势，随波逐流。那么我们所有的交易方法都应该围绕这如何发现和明辨趋势，如何进行趋势跟踪来展开。具体的方法可以千变万化，可以用各种手段，但是主旨均是进行趋势跟踪。

趋势跟踪可以运用在不同的标的，不同的周期之上，也就是说，我们可以用趋势跟踪方法交易股票，也可以交易期货、期权、外汇。同样，我们可以交易日级行情，也可以交易分钟级行情，可以是 5 分钟、10 分钟、15 分钟、30 分钟等等。但是基于趋势跟踪交易分钟级别的行情时应该考虑更大时间级别上行情的趋势格局。

趋势跟踪方法千差万别，总结下来无非几类：逆大势、逆小势；逆大势、顺小势；顺大势、逆小势；顺大势、顺小势。对，你没看错，**第一种方法是逆大势、逆小势**。这不是笑谈，**这是作市交易者才应该考虑的方法**。如果一个交易者是一个标的中控制份额最多的那个交易者或者交易者群体，那他的买卖力量很可能对趋势的运行有着巨大的影响力。这不是说钱多就可以任性，随便去“坐庄”。而是这类交易者掌握着信息、资金、智力、经验等各方面的优势，他能判断出当前的趋势已经是强弩之末，加之各方面情势比较配合，可能出现转势的契机。为了建立庞大的部位，只能逆势开始建仓，不然等真转势后，就再也无法以合理的成本买入或者沽出了。显然，这根本不是本书绝大多数读者应该考虑的事。

第二种方法是逆大势，顺小势。这是有经验的专业交易者经常采用的方法，其目的往往并不是为了获取投机利润，而**是为了对冲其所持有部位的风险**。比如 A 股交易者中，很多人喜欢采用所谓的“T+0”操作，即可以归到这一类交易之中去。理想 A 股中的“T+0”交易模式是在交易中已经持有某股票的前提下，在个股冲高到一定程度时卖出该股票，然后待其回落之后，再低成本回补买回来。然而，实际的情况是太多的交易者没 T 两下就把好好的本可以赚很多利润的多头部位给 T 飞了。这是因为：第一，多数公众交易者不具备日内交易的专业技术；第二，他们也同样不具备专业交易的纪律性，即无论这一笔日内交易是赚是亏，都应该日内平仓。因为把成本做高了就不去平掉自己卖出的空头，从而导致丢失了趋势良好的多头部位，只能说还有待专业严格的训练。

第三种方法是顺大势、逆小势。这就是所谓的“抄底”“摸顶”操作（这里并不是去抓真正的顶或者底，只是交易者们用以表明自己采取的不是突破交易法的一种习惯性说法）。以多头为例，一个大的牛市里，遇到急速的下跌自然是良好的开多机会。反之，大的熊市中，每一次急速反弹都可能会孕育出极佳的做空机会。**这种交易模式承受的是逆小势的风险，享受的是顺大**

势的收益可能性，因此是市场中最受追捧的交易方式，也是被误用最多的交易方式。误用最多的点在于逆小势根据的是具体的点位、百分比或者是一两条 K 线的形状。因此，很多追求这种模式的交易者遇到的最大的问题是成功率太低。这同样是专业性不足的一个直接后果，本书后面的章节会对交易所使用的专业技术进行详细的阐述，这部分只谈思想。

第四种方法是顺大势、顺小势。可能有部分读者认为这是最佳的交易模式。然而，事实却是这种机会第一比较少见，第二是即便出现了，也往往意味着行情可能处于加速期，短期内可能马上要结束了。因此**这是赚快钱的好机会，却多半不是赚大钱的好机会。**因为行情加速之后，就开始不稳定了，特别容易马上出现震荡甚至逆转。

熟知并用好这四种方法就可以纵横交易了么？错！这四种交易方法本质上都是从开仓的角度来定义的，**一笔交易到底好不好，更多地取决于平仓时机的选择。**索罗斯常讲的一句话十分具有哲理：**“重要的不是看对或者看错，而是看对时赚了有多么多，看错时亏了有多么少”。**举个例子，某股票涨了一倍，某交易者几经反复交易，在其中赚了 20%，是好的交易嘛？交易的好坏，不应该只从账面的盈亏来审视的。因此，交易方法论中更重要的一个环节是：**持仓。大的利润需要时间来慢慢发展。正确的时间，正确的空间中，只有稳坐住，持住浮盈的仓位，让浮盈不断奔跑，才可能做出伟大的交易。真正大的利润从来都是坐着赚来的，而不是反复交易出来的。**

最后，交易当中，所有的方法在使用中都要考虑一次性大的损失对资金的巨大打击。你可以赚很多个 100%，但是无论何时，你仅仅只能亏一个 100%。防控极端风险永远是任何一笔交易从计划到执行中必须要考量的关键点。无论交易做得多么顺，积累了多么大的利润，都需要时刻保持对市场的敬畏。

第 4 讲

交易理论

开篇明义

激水之疾，至于漂石者，势也；故善战人之势，如转圆石于千仞之山者，势也。

——《孙子兵法》

一个人要花很长的时间，才能从他所有错误中学到所有的教训。有人说凡事都有两面，但是股市只有一面，不是多头的一面或空头的一面，而是正确的一面。让这条通则深深印在我的脑海里，所花费的时间，远远超过股票投机游戏中大多数比较技术层次的东西。

——《股票大作手回忆录》

接触过股票、期货等金融交易的人必然听过要顺势而为，然而什么是趋势？怎么顺势这些问题却有很多人不清楚，甚至连什么是牛市、什么是熊市也有太多交易者根本不知道准确的答案，全凭自己的主观想法去判断。如此交易，赚钱也一定是碰上的，长此以往很容易招致大的亏损。

交易技术很重要，却并非交易成败的最核心因素。最核心的因素是交易思想，即树立正确的资本市场世界观。只有倚仗正确的思想作为指导，使用交易技术时才会得心应手。交易思想相当于武侠小说中的内功心法，交易技术则只是相当于具体的武功招式，同样的招式一派掌门用出来的威力一定比小学徒大得多。

交易虽然是一门艺术，但交易更是一门科学，需要严谨的治学态度。很多交易细节的处理都是有着其深层次的道理的。不懂交易理论，单纯使用交易技术无异于东施效颦，难以充分发挥交易技术真正的作用。

本章首先阐述交易理论中最重要的道氏理论，向交易者阐明什么是趋势以及怎么识别趋势。其次，本章用连续几个小节阐述技术分析之父理查德·沙贝克先生的逆转与持续理论、阻滞理论、裂口理论、趋势线的使用规则，力求让本书读者知道如何将道氏理论来落地使用。最后，本章对威廉·江恩先生贡献最大的甘氏角度线理论进行讲述，为本书读者更好地揭示什么是好的行情。

4.1 道氏理论

道氏理论是技术分析的基石。道氏理论起初来源于新闻记者、首位华尔街日报的记者和道琼斯公司的共同创立者查尔斯·道（1851～1902 年）所撰写的社论。1902 年，在查尔斯·道去世以后，威廉姆·彼得·汉密尔顿

(William Peter Hamilton)和罗伯特·雷亚(Robert Rhea)继承了道氏理论,并在其后有关股市的评论写作过程中,加以组织与归纳而成为今天我们所见到的理论。他们所著的《股市晴雨表》和《道氏理论》成为后人研究道氏理论的经典著作。

值得一提的是,这一理论的创始者——查尔斯·道先生声称其理论并不是用于预测股市,甚至不是用于指导投资者,而是一种反映当下市场总体趋势的晴雨表。大多数人将道氏理论仅当作一种技术分析手段——这是非常遗憾的一种观点。其实,“道氏理论”的最伟大之处在于其宝贵的哲学思想,这是它全部的精髓。

查尔斯·道先生发明了第一个股票平均价格指数:道琼斯工业指数。并且道氏理论通篇都在强调平均价格指数所反映的大势的重要性。虽然道氏理论提出时主要针对股票市场,但其所阐述的思想适用于期货、外汇、期权等各种市场,每个市场都有自己指数,比如商品期货有 CRB 指数,外汇有美元指数等等,不同的期货、期权标的也有各自的加权平均价格指数,这些指数都反映各个市场、标的的总体大势。长期逆着指数走势而动的标的从统计意义上看是十分罕见的。

4.1.1 平均价格指数反映了一切信息

平均价格指数反应的是市场所有参与者特别是有远见的、掌握大量资金头寸的专业投资者的观点。影响市场标的供求关系的各种因素,包括已发生的,可预见的各种信息都被包含在了买卖双方共同形成的价格中。特别是作为平均价格指数,反映的是全市场对大势共同的预期,更加具有参考意义。另外,即便发生不可预见的天灾人祸,市场价格也会快速反应这些因素带来的后果。

道氏理论经受了资本市场一百多年的检验,无人能出其右。学习道氏理论的前提是我们能正确地阅读走势,即三要素:图表、收盘价、成交量。

4.1.2 趋势分为三个级别,分别为主要趋势,次级反应趋势和日间趋势

最重要的趋势是主要趋势。主要趋势通常持续一年以上,并且涨幅或者跌幅至少超过 30%。主要趋势延续过程中,与主要趋势相反方向的趋势称为次级反应趋势。次级反应趋势是对主要趋势的修正(有助于清理过度的投机头寸和过多的杠杆——笔者注)。日间趋势是构成次级反应趋势的日间波动,

相对而言比较不重要。成功投机的关键之一就是要明晰主要运动趋势的方向。

4.1.3 主要趋势分为牛市和熊市

牛市（上升趋势）的定义为：每轮上涨都突破上一轮上涨的高点，每一轮下跌回撤都不跌破上一轮下跌回撤的低点。熊市（下降趋势）的定义为：每轮下跌都突破上一轮下跌的低点，每一轮上涨反弹都不升破上一轮上涨反弹的高点。谈及牛市和熊市指的一定是主要趋势。真正的长期投资者应该只关注主要趋势。长期投资者应该尽量在牛市的早期买入并持有股票，直到出现明确的信号表明熊市已经到来。而交易者则不仅需要关注主要趋势，也需要关注如何交易次级反应趋势。

图4－1中A和C都是上升趋势，B为下降趋势。我们用两种虚线表示了两类不同的关键点，第一种长虚线表示的突破点，即价格是否创出新高或者创出新低。第二种点虚线表示的是回撤点，即要关注后续回撤是否突破前一个回撤点。我们知道上升趋势的定义有两个要件：**第一个要件为价格上涨创出新高，**在图4－1中A、C中即等同于每个长虚线都被向上突破，并且每一个长虚线都比之前的长虚线位置高。**第二个要件为每次回调都比前一次回调的低点高，**在A、C走势中即等同于每个点虚线都没有被跌穿，并且每一个点虚线都要比之前的点虚线高，A和C都满足这两条要求，因此都是上升趋势。下降趋势正好相反，图4－1中的B展示了下降趋势的要件。需要注意的是：很多读者会误解认为C并非涨势，这是对第二个要件理解错误，错误地以为上升趋势中每次回调需要高于之前的高点。A和C都是上升趋势，只是走势C表示的上升趋势不如走势A的上升趋势凌厉，因为走势A每次临近之前的高点时由于各种原因错过在之前突破点买入的人抄底盘即出现，推升价格，而走势C中明明到了突破的位置抄底盘仍未集中出现，还在等待更好的价格，这是走势C不如走势A的上市趋势凌厉的原因，下跌趋势中也是类似的道理。

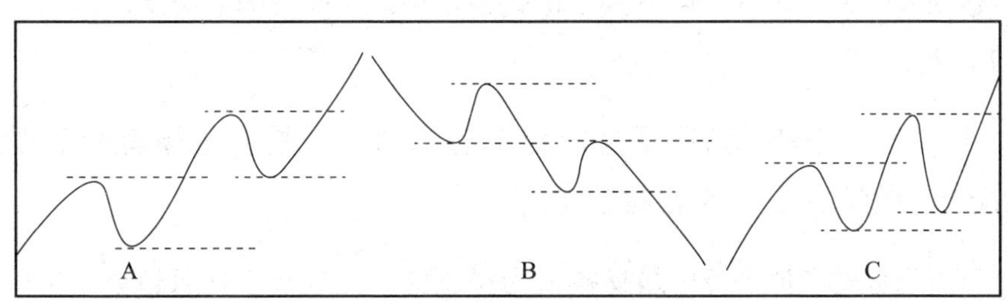

图4－1　涨势和跌势示意图

4.1.4 次级反应趋势是牛市中的中等级别下跌或熊市中的中等级别反弹

次级反应趋势的展开需要一定时间，通常要持续几周乃至数月，很少出现1年以上的次级反应趋势。通常次级反应趋势要回撤所在轮次涨、跌幅度的1/3到2/3。需要阐明的是，1/3到2/3的回撤只是个通常值，并非颠扑不破的。有时次级反应趋势甚至会回撤整个所在轮次的涨、跌幅。识别次级反应趋势的要点为：与主要趋势相反，回撤至本轮涨跌幅的少三分之一，持续三周以上。正在运行中的次级反应趋势较为难以识别。

次要趋势是对主要趋势的修正与调整，调整幅度一般为前一段主要趋势上涨或下跌幅度的1/3～2/3，最常见的为前一段主要趋势上涨或下跌幅度的1/2左右（A股特殊的市场参与者构成导致下跌往往不足1/2即结束了），通常持续的时间为3个星期至3个月左右（**次级趋势第一是要有深度，第二是要有时间，一天的下跌构不成牛市中的次级趋势**）。若调整幅度超过了前一段主要趋势上涨或下跌幅度的2/3，则表明前一段的主要趋势可能已然发生了逆转。在“牛市”中的次要趋势为振荡下跌势。相反，在“熊市”中的次要趋势为急促的反弹升势。次级趋势对于市场有着必不可少的调节作用，就像锅炉上的安全阀一样，它对清除市场中与主要运动趋势方向相同的过量投机部位极其有效，但对于使用保证金进行交易的人却构成了巨大的危险，其杠杆越大危险越大。次级反应运动急促有力，根本无法事先预知，且极具欺骗性，每每令广大交易者迷惑。次级反应运动趋势的某些运动特征与两种主要趋势相互转换时的特征颇为相似，就像汉密尔顿先生说得那样，“市场的次级反应运动趋势很难判断，以至于其表现很容易让人上当受骗。”因此希望大家不要被这个困难所吓倒，这不过是我们在实践中的常见错误，即便交易专家也如此，**如果我们对市场走势心存疑虑，则应等在场外，一直等到股票平均价格指数或者商品平均价格指数给出明确而清晰的信号再进场交易。**牛市的次级反应运动表现为急促有力的下跌，也就是回调，而熊市的次级反应运动为急促的上涨。

4.1.5 日间趋势通常是次级反应趋势或者是主要趋势的重要组成部分，通常少于6天且极少超过3周

日间趋势是三种趋势中最易被人为操纵的。并且基于日间趋势分析所得出的结论通常是误导性的（后续学习完形态学之后，就会清楚日间趋势是指

形态内的波动，而应对形态内波动最好的办法是不要交易——笔者注）。

三种趋势与自然界大海的潮汐现象极其相似。主要趋势与大海的涨潮、退潮相似。牛市就如同大海涨潮，潮汐带着远方的海水不断向岸边的沙滩前进，虽然波浪总在不停地往岸边相反的方向收卷着海水，潮水却不断向岸边行进而来，直到某一时刻达到最远的位置，当潮汐不再前进之后开始回头，开始退潮的过程，这就如同熊市，退潮时，虽然看起来每个海浪都在朝岸边扑来，却仍旧改变不了岸边裸露出的沙滩越来越大，潮水也不断远去。所以潮汐之中的波浪与次级反应趋势十分相似。在波浪的行进间，我们总能观察到波浪表面嶙峋的波光和涟漪，如同淘气的小猫上蹿下跳一般伴随着潮汐的起落，这些涟漪与日间趋势极其类似。潮汐、波浪、涟漪分别对应了主要趋势，次级反应趋势和日间趋势。

然而需要注意的是，这种类比不能推得过远，资本市场的波动相比较海洋的潮汐而言，远没有那么规律，市场里从来就没有涨到多少就要跌或者跌倒多少就要涨的规律，更没有所谓的铁顶或者铁底。类比是为了便于大家理解，请不要过于陶醉于潮汐和波浪之中（以后请本书读者别再动不动提起什么波浪就想起艾略特先生的波浪理论，这种对比是查尔斯·道先生先所提出的，艾略特在参加汉密尔顿先生的道氏理论培训班时听来的，然后回家闭门造车，研究出个波浪理论，完全没经过市场实战，并且当今全球专业机构没有按照所谓的波浪理论进行交易的。另外，资本市场的波动也是自然的规律，有牛市一定对应熊市，就如同有涨潮就一定有退潮一样，这为查尔斯·道先生所洞察并为后续道氏理论研究者所传承的。如果您没到过海边，请一定抽时间到海边看上几天潮汐，感受一下大自然的力量——笔者注）。

4.1.6 牛市分为三个阶段：怀疑阶段、乐观阶段、狂热阶段

牛市第一阶段为怀疑阶段（原文为收集阶段，但是用投资者的心理状态更能反映出公众交易者整个群体的状态——笔者注），有远见的投资者感知到经济萧条即将过去，马上将开始繁荣，所以开始悄无声息地买入那些失意的被套者的筹码，直到卖出的能量完全消失。通常这个阶段财务报告仍然很差，甚至处于最差的阶段，公众投资者已经极其痛恨这个市场，基本上全都离开了市场。这个阶段成交量一般都很温和，只有在反弹上涨时稍微放量。牛市乐观阶段的特点是价格不紧不慢地上涨，成交量开始放大。此时上市公司的利润以及经济数据都开始恢复，并且受到公众关注。这个阶段通常是技术交

易者能收割到的最丰厚的利润。牛市最后一个阶段是狂热阶段，市场处于沸腾状态，由于公众投资者开始大量涌入市场，成交量剧增。所有的财经消息都是好的，市场大涨的消息每天见诸各类新闻媒体的头条。新股发行也处于井喷状态。这个阶段人们经常谈起的话题是“市场又涨了，买点什么好呢?”，多数人都无视市场已经涨了两三年甚至更多年了，并涨幅已经非常之大了。在牛市的疯狂阶段，成交量依旧继续放大，但“震撼式交易”频繁发生（原文为：air pockets，即突然某一天急速大跌，然后经反弹又开始上涨，这往往是有远见的交易者集体集中卖出筹码所造成，但是为了更多地在高位卖出筹码，卖出的能量通常不会持续，而是等待后续再上涨一段再继续震撼式交易。震撼式交易还有一个作用是让公众投资者树立一种模式，即抄底就能赚钱，这样才会保持买方的热情高涨——笔者注）。同时，疯狂阶段另一个显著的特征是“阿猫阿狗”这些毫无投资价值的低价小市值股开始飙涨，而越来越多的顶级蓝筹股却不再跟随上涨。

4.1.7 熊市分为失望阶段，悲观阶段和绝望阶段

熊市的第一阶段为失望阶段（原文称之为派发阶段，与牛市的收集阶段相对应，同理，把这些阶段用投资者的心理状态来刻画更加利于读者的理解——笔者注），有远见的投资者感觉上市公司的盈利状况已经达到了非常规的高度，因而开始随着股价的上涨加速卖出手中的筹码。成交量在这个阶段依然很高，但是每次反弹时，成交量都开始消失。这个阶段公众交易者依旧活跃，但是开始展现出失望情绪，因为他们所预期的利润没盼头了。熊市第二阶段是悲观阶段，买家越来越少，卖家越来越着急卖出股票，股价的下跌经常突然进入加速状态，甚至呈现直线下跌状态，直线下跌过程中往往伴随着成交量的突然急剧放大。急速下跌之后，可能会有一个相对长时间的（次级反应趋势）上涨反弹或者是股价横向震荡。然而熊市的第三阶段开始了，在熊市的绝望阶段，之前挺过熊市悲观阶段的被套者以及熊市悲观阶段抄底买入的被套者都开始绝望地卖出。财经新闻往往继续恶化，随着绝望阶段的持续，跌势不再那么迅速，呈阴跌状态。但是由于越来越多的人因为生计原因卖出股票，阴跌会持续很长时间。之前的“阿猫阿狗“垃圾股通常在熊市的前两个阶段就会跌去之前牛市中全部的涨幅。而蓝筹股则下跌的相对缓慢。熊市的最后一阶段通常会出现投资者扎堆取暖现象。市场资金集中于少数绩优蓝筹股中。然而，这些下跌较少的蓝筹股可能出现突然而迅速的下跌，这是因为买这部分蓝筹股的投资者也出现

资金不足的情况，而持仓的中小盘早已无人购买，只能卖出蓝筹股来保证自己的生存了。此时往往市场上充满着坏消息。需要提醒读者的是，没有两个牛市或者熊市是完全一样的，甚至有的牛市或者熊市缺损上述描述的一个阶段，或者其中的某一个阶段会重复出现，比如 1929—1932 年美股熊市中，悲观阶段曾经先后出现过五个波次，导致了下跌达到 87%。然而不管牛市或者熊市每个阶段的特点是都是大致相同的，以牛市为例，如果您知道牛市最后一阶段的特点，您就更加不容易被那种狂热的气氛所引诱。

4.1.8 指数之间需要相互确认

本规则原本指的是道琼斯工业指数和道琼斯运输指数之间需要相互确认，特别是在需要判断主要趋势是否发生逆转时（随着时间的推移，更多的指数被加入进来，美国股市新增加了标准普尔 500 指数以及纳斯达克指数，现在指数的相互确认则应该是这几大指数之间都需要相互确认。当然对于 A 股市场，现在自然是上证综指，深证综指，中证 500 指数几个指数之间的相互确认。特别是判断 A 股是不是确认底部时，至少上证综指和深证综指之间是需要同步出现，或者先后都满足道氏理论中牛市的定义方可确认大势逆转。学完本书之后，这种情况就是两大指数都要满足出现放量突破的底部逆转形态——笔者注）。

4.1.9 成交量伴随着趋势增长

在牛市中，上涨时成交量一般要放大，而回撤时成交量应该萎缩。与之相反，熊市中下跌时成交量一般要放大，而反弹时成交量会出现萎缩（A 股市场下跌时是无须伴随着成交量的放大的，因为多数公众投资者连什么是牛市或者熊市都不知道，天真地以为底部是某某点位，进而要“价值投资”，即便熊市已经到来了都坚决不卖——笔者注）。在次级反应趋势中，也通常会呈现出这种价量模式，比如一个熊市的反弹中，价格上升时成交量会放大，而反弹中的价格回落时，成交量会萎缩。但是切记，这些都是通常的情况，不代表所有的走势都出现这种成交量伴随着趋势放大的关系。成交量是用于辅助趋势判断的，最根本的趋势判断准绳还是价格。

4.1.10 次级反应趋势有时表现为线态窄幅整理形态

线态窄幅整理形态通常表现为持续两三周到数月之间的窄幅价格区间震荡，振幅通常不超过 5%。线态窄幅整理形态通常表明市场的多空双方能量势均力敌，但最终当价格突破线态窄幅整理形态的区间时，则表明买方或卖方中的一方输了这场较量，简言之，向上突破则表明当前趋势走牛，反之向下突破则表明当前趋势走熊，但是在突破震荡区间之前，我们无法预知价格的突破方向。**一般而言，线态窄幅整理形态持续的时间越长，震荡区间越窄，突破时其重要性越高。线态窄幅整理形态也可能出现在顶部和底部，作为趋势的转折点。特别是股票，如果一个下跌不创新低，然后走势逐步收敛，形成道氏轨或者更多的是收敛三角形，一旦有效向上突破则应立即跟进并设好止损海琴保护。**

线态窄幅区间盘整形态在牛市顶部一般振幅较大，在熊市的底部区域振幅一般相对较小。

4.1.11　分析判断应依据收盘价

关键点的判断应以收盘价为基准，例如突破前高的标准是收盘价突破前高，而盘中突破前高，收盘时收盘价低于前高则不能算为有效的突破（在现代金融交易中，虽然收盘价作为趋势的判断依据依然是有效的，但是很多市场的波动速度和幅度都极快，比如美股，期货等，为了解决突破后价格距离突破点过远的不利局面，通常可以在盘中价格突破的顺间入场进行交易并通过设置止损来进行保护，控制交易风险，如果收盘价格真的突破了关键点，则持有该头寸，如果临近收盘价格从突破点有回到之前的区间之内，则在收盘前了结该头寸——笔者注）。

4.1.12　应假定原有趋势正在延续，直至出现明确的逆转信号

本条为道氏理论中极为重要的一条法宝，也是对动辄就声称趋势改变者的警告，趋势更容易延续而非逆转。

思考一下为什么道氏理论这么重要且具有实战价值？主要原因有四：

（1）决定一个标的价格的只有市场的供求，即买、卖双方的力道。

（2）任何一个时点上一个标的的供求都是由难以胜数的因素所决定的。这些因素中一些是理性的，一些是非理性的，包括信息、观点、情绪、预测、猜想，所以没有人可以准确地给出这些因素的权重，但市场却自动地消化了这一切，形成一个客观的价格。

（3）排除次级反应趋势的行情区间震荡（本书后续所阐述的形态），行情是呈现出趋势性波动的，并且往往持续相当长的时间和距离。

（4）不管什么原因造成了供求关系的反转，进而导致趋势的改变，市场

价格自身都会很快地反映出这种改变。

正是由于上述原因，单纯地希望通过抓住供求关系中的主要矛盾往往是费力不讨好的，市场的价格会说明一切，而这也是道氏理论伟大之处。真传一句话，假传万卷书。道氏理论博大精深，历经百载而愈发显现出其所蕴含的智慧。道氏理论一字未提价值，在资本市场里稳定获利与价值毫无关系。正所谓**“中河失船，一壶千金，贵贱无常，时使物然”**。不管过去，现在，或是未来，难以想象满口价值而不知何为牛市，何为熊市，何为次级反应趋势的投资者们能知道如何顺应大市来获得利润，很多时候，所谓的“价值投资”只是这些被套牢者用于自我安慰的借口罢了。**交易真正的本质并不在于一个一成不变的价值或者观点，而是：风险控制，顺势而为。即在控制风险的前提下牛市中做多，熊市中做空。**

4.2 沙贝克逆转与持续理论

逆转与持续理论源自于查尔斯·道先生提出的道氏理论的重要原则：**“应假定原有趋势正在延续，直至出现明确的逆转信号”**。理查德·沙贝克先生在对股票、期货、外汇、期权等金融工具价格波动模式的观察和总结的基础上，进一步丰富了道氏理论，提出了逆转与持续理论，解决了道氏理论如何在实盘交易中如何落地应用的问题，该理论适用于股票、期货、外汇、期权等各种可以连续交易的金融工具（简称标的）。逆转与持续理论的核心思想是刻画了一个普遍适用于各种交易性标的的**行情的结构**（行情的蓝图），如图4-2所示。

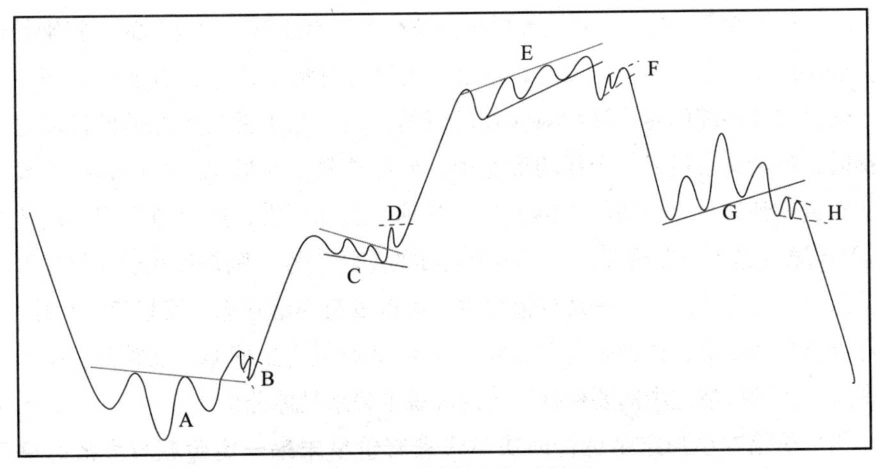

图4-2　行情的结构示意图

行情的结构是我们分析行情的一个蓝图，每次我们分析行情时，都要想一下这个蓝图，对照一下现在行情处于什么位置。行情的结构蕴含了三大要素：趋势、位置、形态。道氏理论讲了趋势，而位置则是指底部、次低位、顶部、次高位、中继、大形态的反扑这些地方。形态则是图4－2中画线标出字母的位置。在分析行情时，要时刻问自己，现在是什么趋势？什么位置？形态内还是形态外？这可能是什么形态？

任何一个标的在其价格运行过程中都会展现出图4－2中所示类似的模式，一波行情，总会有一个底部区域和一个对应的顶部区域，底部先出现，就是个上涨的行情，即所谓的牛市；顶部先出现就是个下跌的行情，即所谓的熊市。无论牛市或熊市，是不是一直连续上涨呢？有这种情况，但并不多见，更多的是中间还有次级反应趋势。道氏理论告诉我们次级反应趋势可能表现为一个线态窄幅整理形态（道氏轨），事实上，道氏轨本身是一种振幅较窄的矩形形态（本书下一章将专门讲形态学）。那么次级反应趋势是否可以是其他的形态呢？答案是肯定的。**一个次级反应趋势可能表现为任何的形态，**虽然这里还没有讲到形态，但出现形态本身说明了标的的市场供需基本平衡，所以才呈现出在一定区间内震荡的情况。当然，这种形态震荡未必是水平的，也有可能呈现出下倾（如图4－1中的形态A）或者上倾（如图4－2中的形态G）的模式。另外，道氏理论对牛市的定义为突破前一个高点，而回撤不低于前一个低点。**在行情的结构中表现为价格伴随着成交量的放大朝某一个方向突破一个形态之后，往往有个后续的确认过程（通常称为反扑），这个反扑确认的过程往往也表现为一个小形态（图4－2中B、D、F、H四个小形态）。**当价格伴随着成交量的放大再次突破小形态沿原有方向运动时，特别是价格突破小形态之前的高｜低点时，则是表明原有行情（牛市或者熊市）正在延续。此时往往跟随的是一波相对流畅的行情。当市场上针对该标的的供需再次平衡时，行情又会进入一个新的形态中，如此往复。在形态之中时，我们没有办法知道这到底是个行情的中继形态或是顶、底部形态，此时道氏理论阐述的“应假定原有趋势正在延续，直至出现明确的逆转信号”则是让我们保持冷静不整天赌顶部底部的法宝。**一波行情之中，可以没有中继形态，可以有一个中继，也可以有多个中继，这都是有可能的，**图4－2只是为了简略，涨跌都只画了一个中继，实际行情之中需要根据行情的客观走势来具体分析。

当然**价格在小形态中运行时决不代表着价格未来一定会朝着大形态突破的方向再次突破，未来的价格走势谁又能预测出来呢？**未来价格当然可能回到先前的大形态之中，这样就发生了形态的演变，一个新的大形态又在行进之中，这个过程中，价格向相反的方向突破新形成的大形态也是完全正常的，也是十分常见的，只是为了简略说明问题，图 4 –2 不可能将所有的情形都展示出来。记住，**在市场中，一切皆有可能**。任何的分析都没办法预测未来，我们无论使用道氏理论或者是做形态分析或者其他分析，都只是为了做交易计划，即通过交易计划这一策略来应对未来可能发生的走势，比如交易什么，什么时候多，什么时候空，交易多少，如何风险控制，什么情况下加仓平仓，加仓多少等等。

行情的结构揭示的是行情运行的基本规律：**除去因种种原因退市的标的，没有只涨不跌的标的，也没有只跌不涨的标的，但是无论涨跌都有个过程和模式，如同人的生老病死**。牛市开始时即是空头死了，多头生出来了，经过幼儿期、青春期、中年期，伴随着一次次突破中继后上涨逐渐长大变老，进入牛市末期，如同一个病人，再没有力量向上进攻了，在继续用药挣扎，构建顶部形态，随着跌破并确立顶部形态多头死了，空头生出来了，如此循环往复。（如果您实在觉得做空难受，大可以把显示器倒过来看）。额外要提的一点是，这个市场上不乏“巫婆神汉”，比如很多财经博主、股评、网红，甚至部分基金经理和经济学家都在乐此不疲地每天预测着市场的走势，并且以偶尔说对了几次走势而沾沾自喜，甚至沽名钓誉。理性的分析下，如果预测那么靠谱，他们还用到处出来靠卖观点为生么？所以，在学习交易前，一定要知道我们生活中那些话是事实，那些是观点。比如下列三个：

A. 房价不会永远涨下去，总有一天会下跌。

B. 房价的顶部会出现在 2016 年。

C. 一线城市房价最高能涨到 80 万每平方米。

显然，A 讲的是规律，也即是我们所说的事实，这句话本质和人一定能活到死没什么区别。B、C 则明显是观点了，只要是观点，则一定是主观的。B 无非在说某人一定活不过 2016 年，C 则是在说某小孩将来最多涨 1 米 8。

人生在世，难免与主观观点为伍，包括我们分析市场行情，无论是基于道氏理论还是技术分析、还是技术指标、还是基本面、还是量化分析等等其他方式，我们得出的结论都是主观的，我们需要时刻谨记自己的观点是主观的，出现错误也是十分正常的事，这样就不会去执着于自己的观点（知见），而是尽量设法随时修正我们主观的观点使之贴近真实的客观世界，这才是符合规律的事。诚然，科学研究确实应该是超前的，但是却不应该是脱离实际的空中楼阁。

4.2.1 关于反扑

图4－2中行情的结构中B、D、F、H区域都属于反扑位置，当然，前面两个是针对下面的大形态的反扑确认，后面两个是针对上面的大形态的反扑确认。所以有一点必须要明确：反扑一定是小形态，通常不应该比其左侧的大形态更大。反扑小形态可能是水平的，但是更多的是与大形态突破方向相反的方向的。比如图3－1中的大形态A是向上突破的，反扑小形态B则是重心略微向下的。这里反扑的位置相对大形态是次低位，如果下面的大形态如果不是经历了长期大幅的上涨之后的中继形态（行情末期容易出现假突破，又称长钉），则通常并不是一个选择做空或者卖出的好位置。但是说来容易做起来难，反扑的位置也通常称为洗盘，就是要把不明白行情结构的交易者清洗出去。我们看一个例子。图4－3是2014年10月的中信证券走势图，最下面是很多交易者常用的KDJ指标。

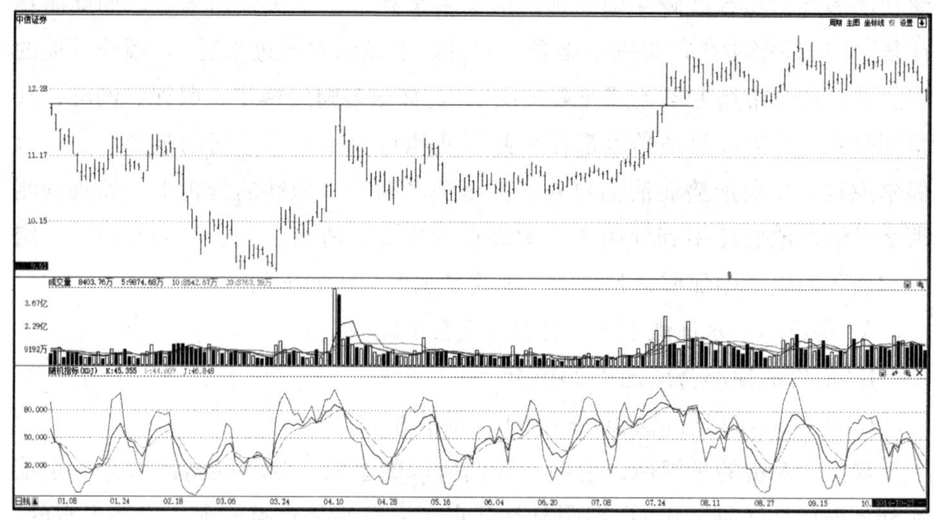

图4－3　中信证券2014（10KDJ副图）

使用过或者对KDJ指标有一定了解的投资者都知道这里是连续的死叉状态，还有信心持仓么？如果单纯看KDJ觉得不踏实，我们再看一下RSI指标，如图4－4所示。

我们可以很清楚地看到，此时的RSI指标也是连续死叉的，与KDJ差不多，这时候再看看使用人数最多的MACD指标加均线组合，如图4－5所示。

MACD指标早就从高位连续死叉下来了，另外，均线系统也呈现死叉并

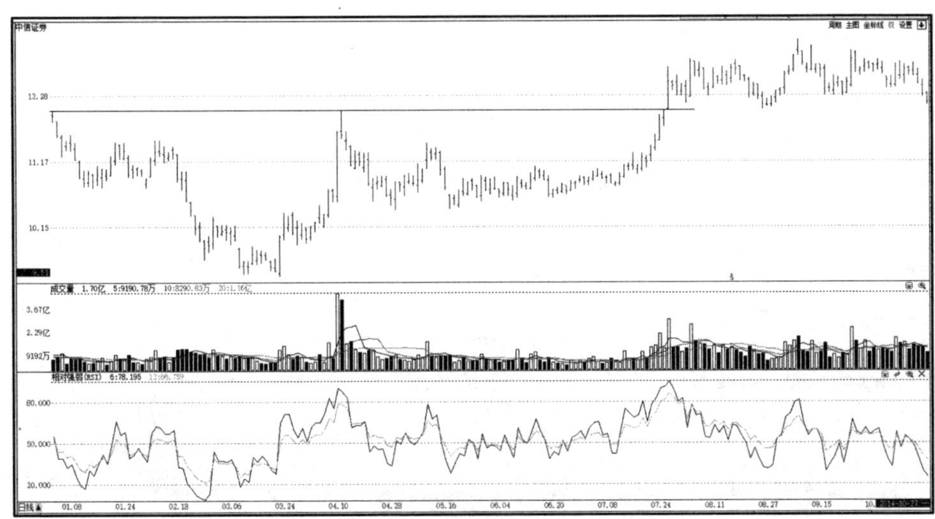

图4-4　中信证券2014（10RSI副图）

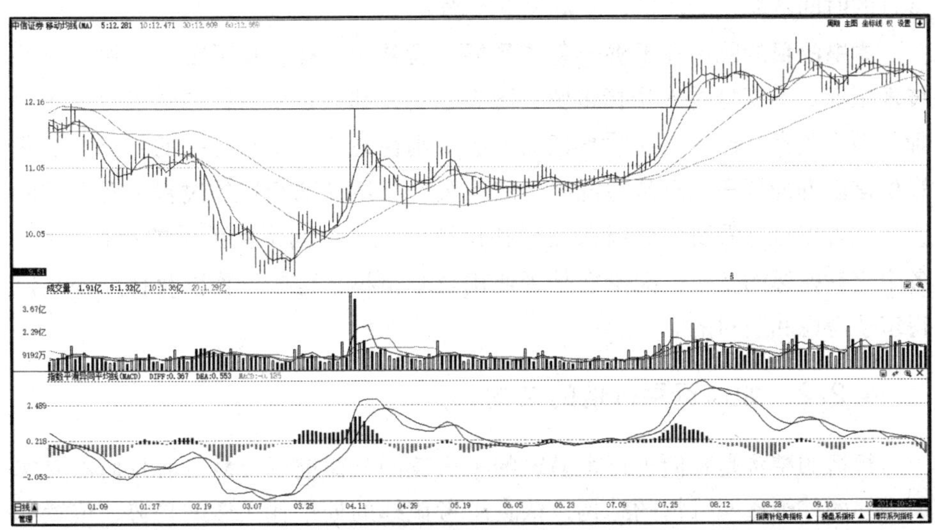

图4-5　中信证券2014（10MACD副图）

且开始发散，另外还有一个突破型裂口（又称为突破型缺口，本书后面章节会阐述裂口理论），这里相信绝大多数公众投资者该砍仓离场了。然而，此时真正波澜壮阔的行情却就此开始了，我们看一下中信证券后面完整的拉升过程，如图4-6所示。

当多数公众投资者离场时，中信证券开始了真正的拉升过程，短短2个

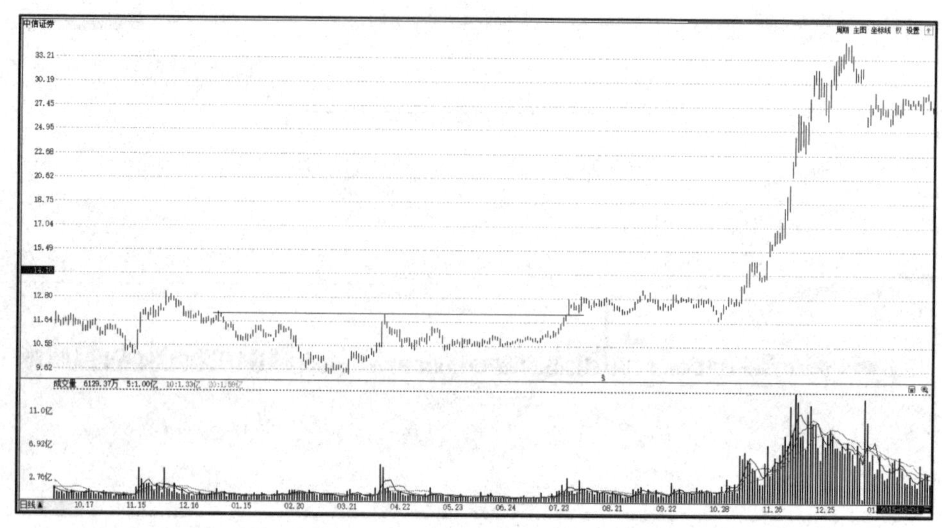

图4-6 中信证券2013—2015年走势图

多月的时间涨幅接近2倍，可谓大象起舞。

本书的目的既不在于讲一套“圣杯”型技术指标，也不在于诋毁现有的技术指标。不管是技术指标也罢，图表也罢，都只是工具，如同菜刀，在厨师手中是美食利器，在初学烹饪的人手中则往往成了切自己手的利器。**这里举中信证券的例子也只是想说明到底什么是反扑（洗盘）的过程。**有兴趣的读者也可以自己看看多数股票在反扑位置（向上、向下突破后的反扑均可）各个交易指标的变化，无论您是否使用技术指标，这些位置以及特点都是值得审慎考虑和应对的。

4.2.2 如何运用行情的结构

行情的结构是我们进行交易时的一份蓝图，在进行交易之前我们需要拿所交易的仔细比照行情的结构，认真思考该标的处于什么样的趋势、位置和形态是不是适合交易，如果适合交易，在哪选择交易的出入场点，比如在形态突破后跟进并设置反向止损，持有到止损或者行情走出下一个形态时离场观望，当新形成的形态再次突破时重复前述过程。**正确运用行情的结构进行交易本质上是保证交易时是顺势，符合道氏理论的。**

4.3 甘氏几何角度理论

威廉·江恩先生创造了很多理论，然而在其晚年，江恩先生反思自己所提出的众多理论，最后得出结论：**包括螺历在内的众多类似玄学的理论无助于交易，其最有用的理论工具为江恩角度线，后来者将其称为甘氏理论（甘氏线）。**

江恩先生提出1×1线表示一个时间单位价格运动1单位，1×2线表示一个时间单位价格运动2单位，其余同理。1×1线在行情软件中即为45度线。**江恩先生认为无论是在上升几何角度线还是在下跌几何角度线中，1×1几何角度线都是最重要的几何角度线！这里要明确的一点是，我们在运用江恩几何角度线时要用得是其思想，而非真正的几何角度，拿着量角器进行交易就真成了笑话了。**

市场（交易标的的价格）若运行在上升1×1几何角度线之上，表示其升势仍然持续有效并且持续有效性最佳。市场（交易标的的价格）若运行在上升1×2几何角度线之上，则表示其短期升势已经进入不稳定状态，其持续有效性减弱，有随时向下调整的可能性，所以要小心谨慎为妙。市场（交易标的的价格）若运行在上升4×1几何角度线之上，表示其升势持续有效性最弱，市场（交易标的的价格）若向下有效跌破上升4×1几何角度线，即表明市势已淡，则应顺势做空。反之，**市场（交易标的的价格）若运行在下跌1×1几何角度线之下，表示其政势仍然持续有效并且持续有效性最佳；市场（交易标的的价格）若运行在下跌1×2几何角度线之下，则表示其短期跌势已经进入不稳定状态，其持续有效性减弱，有随时向上反弹的可能性，所以要多加注意为好。**市场（交易标的的价格）若运行在下跌4×1几何角度线之下，表示其持续有效性最弱，市场（交易标的的价格）若向上有效升破下跌4×1几何角度线，即表明跌势已被扭转，则应择机做多。

什么是市场里的1×1线呢？在多数时候，价格依次突破大形态和反扑小形态后形成的趋势线（母线）通常即视为1×1线（只要不是超级平缓，特别平缓的母线或许需要找一条加速线作为1×1线），而什么是我们平时用的1×2线呢？通常是母线之上绘制的加速线甚至是加速线之上绘制的新加速线。通读江恩先生对甘氏线用法的描述，可以用我国古人的一句话与之相合：**日中则移，月满则亏，物盛则衰。**对于做交易而言，明白这个道理可谓生死攸关，不知道多少初学者倒在了这句话上。

行情放量加速又被称为市场被激活，此时交易者的热情高涨，形成的交易合力导致行情加速延续原有趋势。然而成交量代表了当前的买卖分歧，**真正有远见的交易者特别是掌握巨大资金头寸的交易者一定是会借着市场被激活时平仓离场的。**而没有经验的初学者往往喜欢此时进去追涨杀跌，这种博傻行为最终都会付出高昂的代价。**所以行情加速阶段不应该盲目乐观而是应**

每天绷紧神经小心谨慎地应对，随时准备抽身离场，更别说此时才想起进场做所谓的顺势交易！甘氏线运用的最好示例莫过于2015年的上证指数：

图4－7为上证指数2014—2015年牛市的上涨走势完整过程，底部大形态右侧低点与反扑形态右侧低点所确立的母线即为1×1线。然而由于大量融资盘的推动，市场很快就运行在1×2线之上，并且不断加速沿着1×4线运动。此时成交量伴随着上涨急速放大，市场被彻底激活。然而众多公众交易者却在市场被激活时开始抵押房屋或者借高利贷入市，最终市场惨烈的下跌给了太多人上了深刻的一课。图3－18里所有的1×1线、1×2线、1×4线都并非江恩先生原始的角度线，而是根据市场走势的变化对其思想的运用。**交易重要的不是具体的技术，而是交易思想，交易之前先想清楚风险，很多不要命博傻的事就不会去做了。**

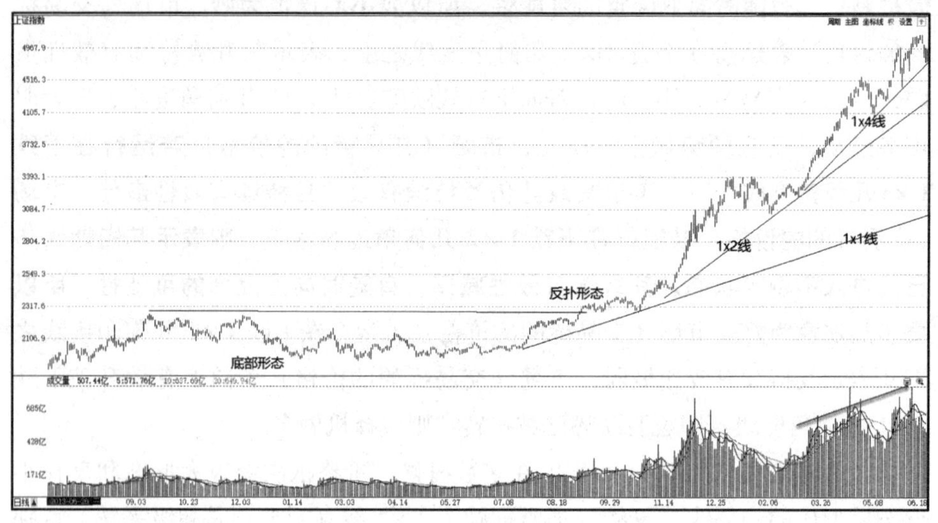

图4－7　甘氏线（上证指数）

如何运用甘氏理论

甘氏理论不仅适用于分析指数，对于分析具体标的也是适用的。甚至在日内交易中，甘氏理论的思想也有着不可或缺的作用。日内交易者通常使用的杠杆更高，行情的波动更加容易扣人心弦，自律性稍微差点或者放松警惕就容易产生心绪跟着行情起伏的糟糕情况。因此，**无论日内交易抑或是波段、趋势交易，绝对不要在市场被激活之后去追单。同样，持有的部位如果放量加速，随时准备抽身离场。即加速大涨时考虑的不是追高买入而是走势不对时立即卖出平仓，加速大跌时考虑的不是追空，而是走势不对时立即买入平仓。**

第 5 讲
“技术”指标

开篇明义

其用战也胜，久则钝兵挫锐，攻城则力屈，久暴师则国用不足。夫钝兵挫锐，屈力殚货，则诸侯乘其弊而起，虽有智者不能善其后矣。故兵闻拙速，未睹巧之久也。夫兵久而国利者，未之有也。故不尽知用兵之害者，则不能尽知用兵之利也。

——《孙子兵法》

在我解决一个问题之前，我必须跟自己说得清清楚楚，我认为找到解决方法时，我必须证明自己正确。我知道只有一种方法可以证明，就是用我自己的钱去证明。

——《股票大作手回忆录》

自从有了计算机行情软件，各种以前无法想象的“技术”指标被发明创造出来，用以满足形形色色各种交易者的交易需求。这些交易指标从各自的角度来回答：如何跟踪趋势，如何交易反转，如何交易震荡，如何分析成交量。“技术”指标与传统的技术分析虽然目的相同，但使用的手段却大相径庭，这也是为何在“技术”两字处加上引号的原因。“技术”指标已于交易如同西医之于诊病，拿到一段行情以后，通过各种指标分析如同去了医院先做血常规化验一样，行情里的信息都被以标准化的数字或者曲线所表示出来，初学者一看，指标不高，这行情可能没啥大事，简单明了，通俗易懂。而传统的技术分析则比较像中医诊病，行情到手之后先是要分析其整体大势，判断其是否为君有疾在腠理抑或是病入膏肓，所采用的手段也是望闻问切。正因为有这些特点，所以传统技术分析的学习曲线十分陡峭，想要真正掌握是十分困难的，并且与中医一样，它需要大量时间与经验的积累，然而交易这个行当里，多数交易者却是熬不到那一天的。而“技术”指标对于初学者简直是太美好了，一切都是那么简单易懂，虽然鲜有人去研究指标背后的原理，但是先用上，直接下场交易不是更爽快？所以随着“技术”指标的普及，简单基于指标交易则是越来越难赚钱了。其实西医也一样，优秀的西医也是需要大量的经验教训积累的，如果我们自己看看化验单都能诊治所有疾病，那还需要医生干吗？

本章以几个简单的技术指标为例，剖析其背后的原理，分析其利弊，力求让使用者知其害，进而能够用其利。

5.1 移动平均线

移动平均线的关键词有两个：第一关键词是平均，最简单的平均方式为先对每天的收盘价求和，然后除以天数，这个天数是可以自己来定义的。当然，除了简单平均之外，我们还可以加权平均，比如让离今天更近的价格权重更大，以 3 天加权平均为例，我们可以将今天收盘价的权重设置为 3，昨天价格的权重设置为 2，前天收盘价的权重设置为 1，这样计算时，就是 3 乘今天收盘价加 2 乘昨天收盘价加 1 乘前天收盘价求出总和后除以 6（即 3 +2 +1），这种计算方式就是交易软件里加权移动平均线（EMA）的主要计算原理。第二个关键词是移动，只计算一天的平均价格是出不来一条线的，所以采用移动的方式计算，好比 Excel 里将公式一拖，只不过这里移动是往前回溯的方式移动。昨天的平均价格以昨天为基准，往前推定义的天数，这里计算时一定不能包含未来的价格，很多初学者编写指标时容易犯的一个错误就是使用了未来函数，或者引用了未来的价格信息，结果回测指标时发现好得不得了，而实际交易就会发现根本不是那么回事。

无论简单移动平均线还是日期加权移动平均线 EMA 还是用成交量加权的移动平均线 VWMA，大致都差不多，其原理在于尝试刻画出一定天数内市场当前所有参与者的平均持仓成本。如果价格在均线之上，就视为这些投资者都是获利的，而反之则都是亏损的。我们来看一个例子，如图 5 -1 所示。

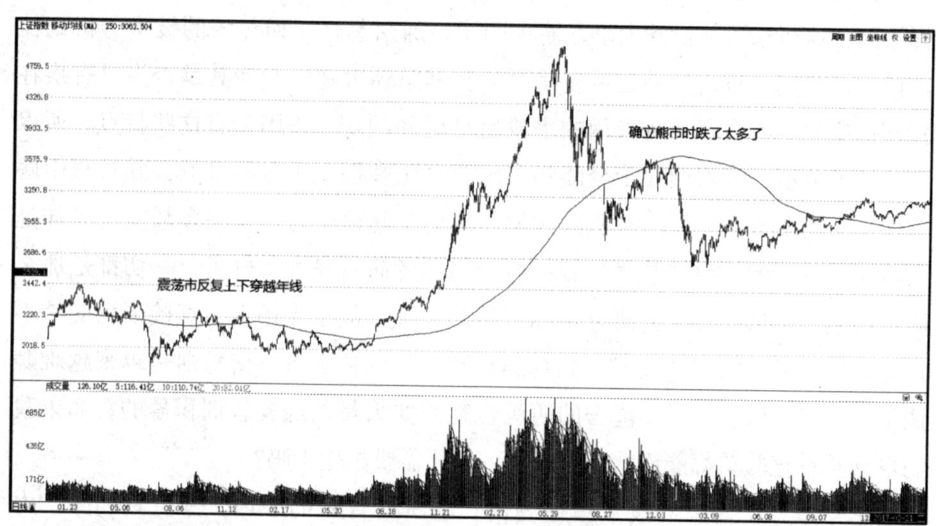

图 5 -1　上证指数（250 日移动平均线）（年线）

250 日移动平均线有着特殊的意义，250 天为一年里大致的交易总天数，以 250 年作为移动平均线的参数计算出来的均线大致刻画了一年之内市场参与者的平均持仓成本。而年线另外一个特殊意义是很多市场参与者将其视为牛熊分界线。价格在年线之上运行，就视其为牛市，在年线之下运行则使其为熊市。正如本章前言部分所说的，这种划分的优点是简单易用，初学者一看就会，而期缺点则如图中所标示的那样：一个问题是，在行情处于震荡市时，价格反复穿越年线，如果严格按照年线操作，即会出现一会儿做多、一会儿做空的情况。另一个问题在于，当一轮行情走了很远之后，按照道氏理论可能趋势已经发生了逆转，年线由于“动作缓慢”还离得老远，真正跌破年线确立转市时，回撤也太多了。第一个问题是均线难以克服的问题，通常将周期调整得长一些，这样上下穿越均线的时候会相对少一些，而此时会额外加重了第二个问题，即均线跟随行情太慢的问题。而解决第二个问题可以将均线的天数调整得短一些，这样均线可以离价格近一些，然而此时的问题是第一个问题会愈加严重了。我们来看同样一个例子换成30日均线时的样子，如图5-2所示。

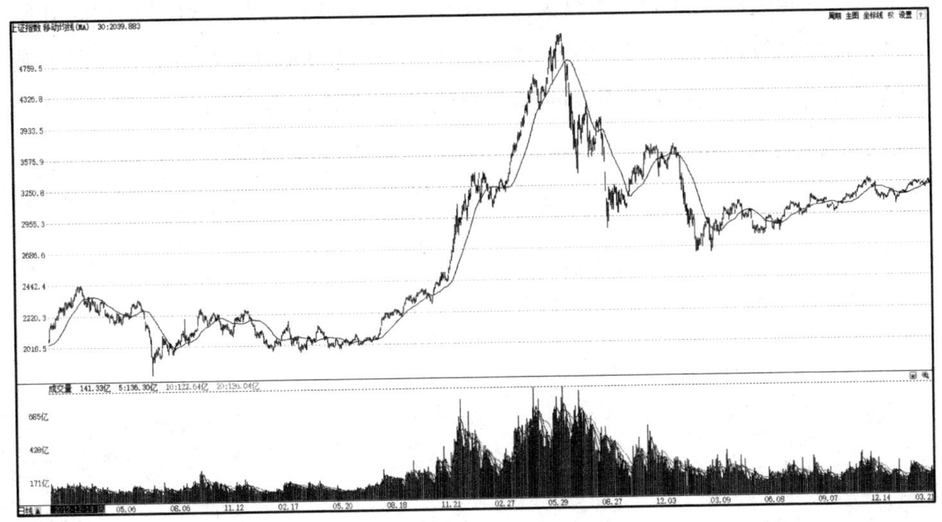

图5-2　上证指数（30日移动平均线）

同样的行情区间换上30日均线后，我们发现均线与价格贴得就更近了，所以也就更容易产生“碰撞”，反复穿越。5日均线、10日均线、20日均线、26日均线、30日均线、40日均线、50日均线、60日均线、100日均线都是市场上众多参与者使用最多的均线参数。为了解决价格反复穿越均线的问题，交易者们想出了众多办法，第一种办法是结合经验主观判定，这个需要依赖个人的观察和盘面变化经验的积累，如何去做需要读者自行研究和体会。第二种方法是增加价格过滤器。这个名字本身看起来比较高大上，实际其原理就是均线上下各让一点空间，比如说5%，如果说价格穿越均线了但是没达到5%，则视其为没有有效穿越，等待进一步的确认信号。而这个空间多大合适则是基于经验或者历史数据回测得出来的。过滤器的宽度与均线的周期也有很大的关系，有兴趣、动手能力强的读者可以利用文华财经的赢智程序化交易软件、金字塔交易软件、TradeBlazer 交易软、MultiCharts 交易软件、MetaTrader 交易软件、国泰安 Matlab 量化交易软件等等一系列支持编程的软件进行回测，自行发掘“合适”的均线过滤器参数。另外，过滤器的宽度也可以是动态变化的，可以根据价格波动率的大小自适应变宽或者变窄，至于其原理，我们下一节分析通道“技术”指标时会分析布林通道的思想。第三种方法更进一步，既然价格上下穿越均线容易出现反复多空的麻烦，那么直接采用两条或者多条均线穿越系统是不是可以呢？在 1980—1990 年代，商品交易大家斯坦利·克罗就主要采用均线交叉的方式进行交易并获取了不菲的回报。克罗采用的一套交易规则为：当收盘价 >10 日均线 >20 日均线 >50 日均线时开始做多，反之当收盘价 <10 日均线 <20 日均线 <50 日均线时开始做空。当既不满足做多规则，也不满足做空规则时就平仓离场，如图 5－3 所示。

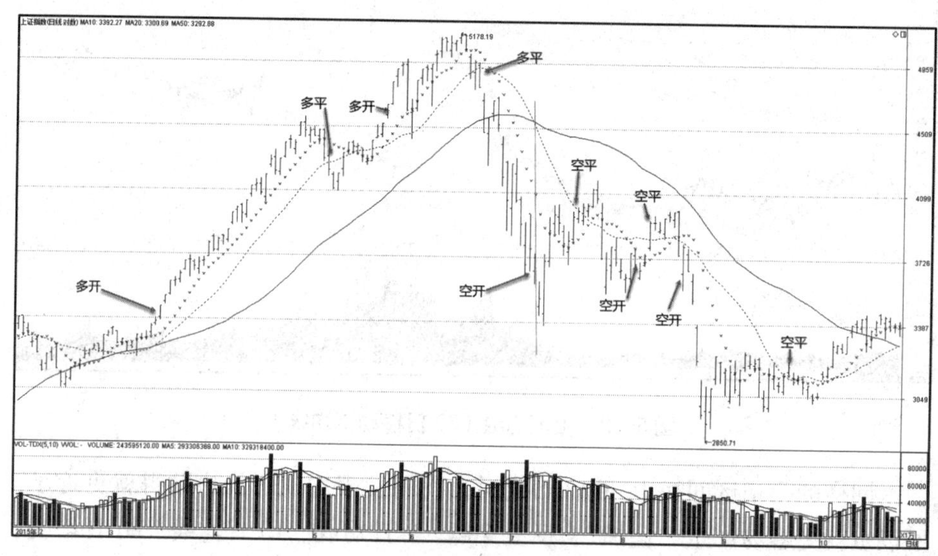

图 5－3　斯坦利·克罗均线交叉交易规则示例（上证指数）

从图 5－3 中可以看出，这套交易规则善于捕捉比较流畅的行情，另外，在行情发生回撤时该交易规则也能及时规避。然而这个系统的缺点在于交易转势行情时容易反应较慢，可能出现做空到局部的地板价上或者做多到局部的天花板价上的情况，不过由于这个系统本质是依赖 5 日均线进行止盈和止损的，所以其单次亏损也并不大。与之类似的交易规则为瀑布线（非线性加权平均移动平均线，因其在趋势行情出现时形如瀑布得名），本质上瀑布线也是反映不同周期的投资者的持仓成本的，图5－4与图5－5分别是趋势行情中的上证指数与震荡行情中的上证指数的瀑布线指标图表。具体的原理有兴趣的读者可以自行搜索查阅之，关于其使用规则建议读者自行编写程序回测一下，或者自己找品种复盘看一下。要提醒大家的是，网上公开的包括瀑布线以及其他所有指标使用规则都应该仔细测试或者复盘验证，尽信书不如无书并非是一句空谈。

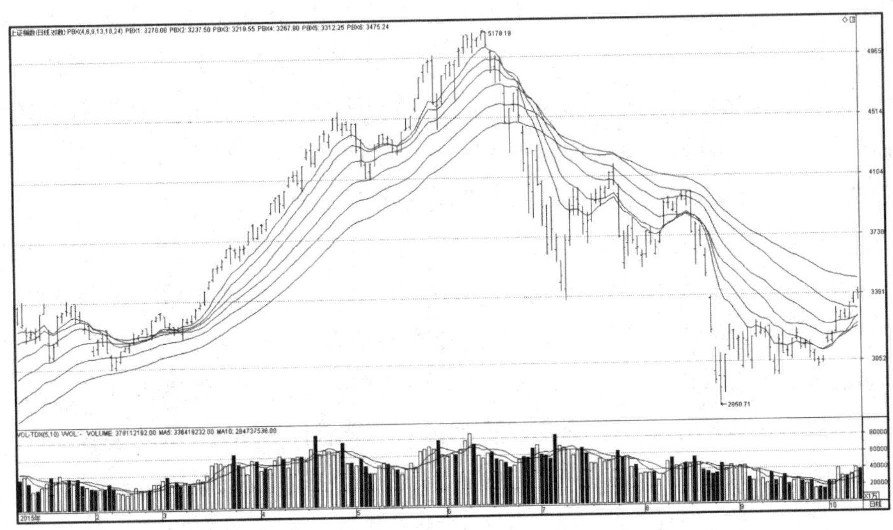

图5－4　瀑布线趋势行情（上证指数）

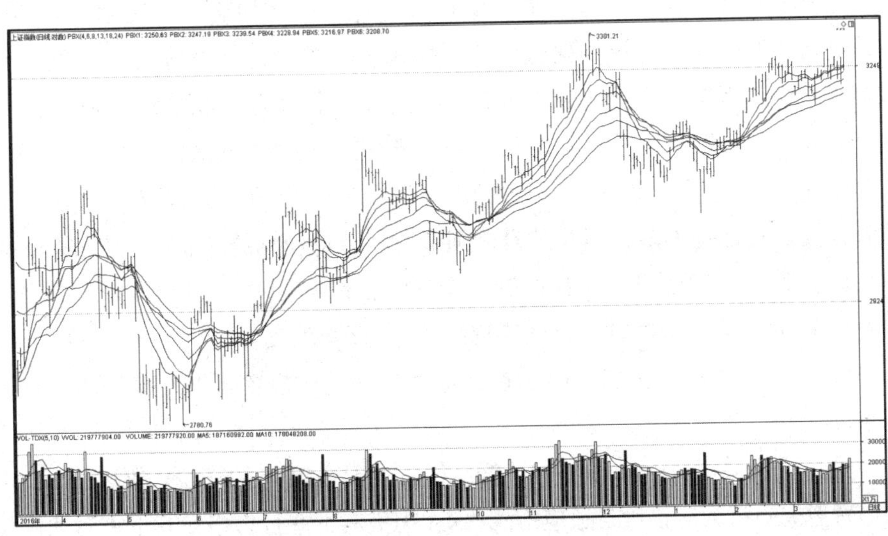

图5－5　瀑布线震荡情（上证指数）

自适应均线

由于上述均线系统存在被价格反复穿越的问题，考夫曼在其《更聪明的交易》一书中提出了自适应均线的概念（AMA），来解决这个问题。考夫曼为了测量价格是否处于震荡盘整期，设计了一个参数叫“有效性比率（ER）”，用价格的净变动除以全部的价格移动距离（价格轨迹），也可认为是价格位移对波动的比率，这就是说比如初始价格在10元，然后价格在9元~10元的箱体内上下震荡了2次，构成一个M型走势后，最后价格停留在9元，这样其价格的净变动为1元，价格的移动距离为5，这样计算出来的有效性比率为1/5，当这个有效性比率ER的值越趋近于0，则表明市场处于震荡过程，反之，当有效性比率ER的值趋近于1时，表明市场处于良好的趋势过程中。然后利用指数平滑的思路对有效性比率ER进行平滑处理。考夫曼用折公式为：平滑后的数值SC = 有效性比率ER *（快速平滑参数 - 慢速平滑参数）+ 慢速平滑参数。其中平滑参数的计算公式为2/（N + 1），默认的快速平滑参数为2/（2 + 1），慢速平滑参数为2/（30 + 1），带入计算得到平滑后的数值，然后对其取个平方，得到权重常数C，最后计算AMA值的公式为：权重常数C *（收盘价 - 前一交易日的AMA值）+ 前一交易日的AMA值。

我们花了这么大篇幅介绍，并不是为了让读者回去能写出来自适应均线AMA怎么计算的，而是让读者明白AMA的原理。这个计算过程中最关键的两环分别是有效性比率，这个参数反映市场是否震荡的确比较实用。另外一环是进行指数平滑，这里如何选取快、慢速平滑参数的N的值十分重要，建议有兴趣的读者可以自己研究下看看。我们看一个示例，如图5-6所示。

图5-6中的自适应均线AMA（图中的实线均线）选取的平滑参数为3与30，简单移动平均线MA（图中的虚线均线）选取的天数为30天，整体看两者大致位置都差不多，但是从具体细节看，自适应均线AMA有如下特点：

（1）使用一定数目的天数，指定趋势范围的快慢。

（2）市场进入震荡时，自适应均线AMA停止波动。

（3）当价格有明显变动时，自适应均线AMA能够快速跟踪趋势，延迟较小。

虽然从图5-6中看，价格也同样会经常上下穿越自适应均线均线AMA，但原作者考夫曼认为应该等自适应均线AMA拐头向下并且价格在其下方时才需要平仓并反手做空。需要注意的是，不同的交易品种，不同的市场往往需要找不

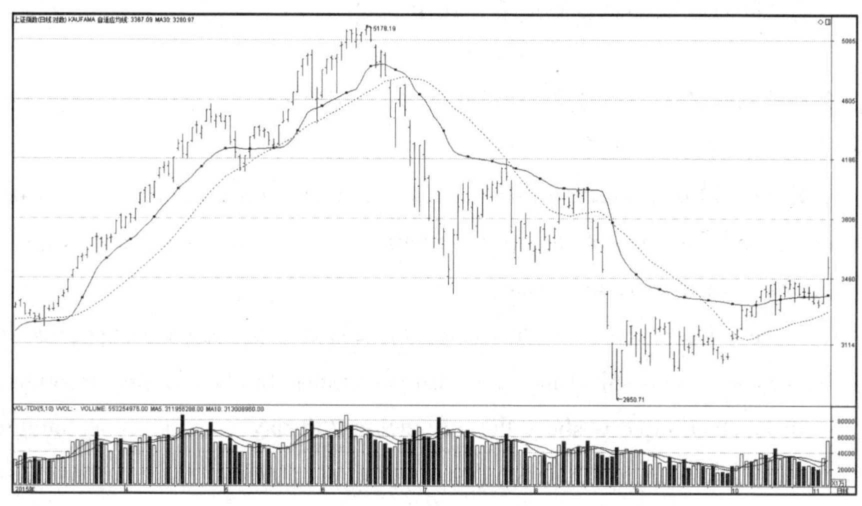

图5-6 AMA(3, 30)与MA30对比(上证指数)

同的快、慢速平滑参数以使得自适应均线AMA可以更加的适应市场走势。

附：本例所使用的自适应均线的代码（通达信）

```
涨跌距离：=ABS（CLOSE-REF（CLOSE，10））；
行情运动距离：=SUM（ABS（（CLOSE-REF（CLOSE，1））），10）；
有效性比率：=涨跌距离/行情运动距离；
快速平滑参数：=2/(3+1)；
慢速平滑参数：=2/(30+1)；
平滑有效性比率：=有效性比率*(快速平滑参数-慢速平滑参数）+慢速平滑参数；
平滑常数：=平滑有效性比率*平滑有效性比率；
自适应均线：EMA(DMA（CLOSE，平滑常数），2)；
MA30：MA(C，30)，DOTLINE；
```

格兰维尔200日均线八大法则

约瑟夫．格兰维尔先生于20世纪60年代所著的《Strategy of Daily Stock Market Timing for Maximum Profit》提出了200日均线特别适合用于美国股市交易，因为200日均线信息含量最多，比10~50日均线稳定性高得多，所以价格穿越200日均线时更加具有交易价值。格兰维尔先生还提出了基于200日均线交易的八大法则，这里作者不想对其进行翻译了，因为网上的中文翻译太多了，我们看看原文是怎么说的：

1. If the **200 day average** line flattens out following a previous decline, or is advancing, and the price of the stock penetrates that average line on the upside, this comprises a major buying signal.

2. If the price of the stock falls below the **200 day moving average** price line while the average line is still rising, this also is considered to be a buying opportunity.

3. If the stock price is above the **advancing 200-day** line and is declining toward that line, fails to go through and starts to turn up again, this is a buying signal.

4. If the stock price falls too fast under the **declining 200-day average line**, it is entitled to an advance back toward the average line and the stock can be bought for this short-term technical rise.

5. If the **200-day average line** flattens out following a previous rise, or is declining, and the price of the stock penetrates that line on the downside, this comprises a major selling signal.

6. If the price of the stock rises above the **200 day moving average** price line while the average line is still falling, this also is considered to be a selling opportunity.

7. If the stock price is below the falling **200-day line**, and is advancing toward that line, fails to go through and starts to turn down again, this is a selling signal.

8. If the stock price advances too fast above the advancing **200 day average line**, it is entitled to a reaction back toward the average line and the stock can be sold for this short – term technical reaction.

格兰维尔先生还给了两个例子来辅助说明如何针对200日均线应用这八大法则，如图5－7所示。

要提醒读者的是，这八大原则在今天海外交易界其实几乎没人提及，为什么？除了直接交叉给出了比较明确的交易参考点，其余的都相对需要主观经验。另外，均线在盘中是随时起伏的，什么叫走平也相对难以判断。

还要额外说一下的是，不管这八大法则是否好用，如果您还在基于5日

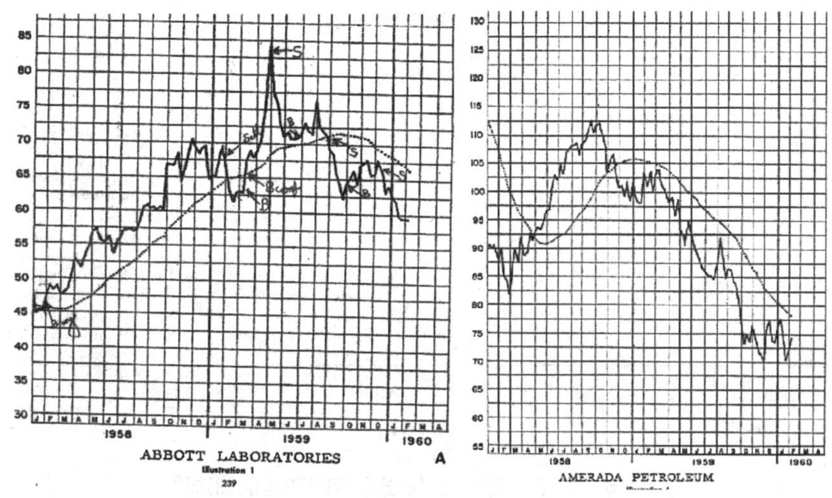

图5－7　针对200日均线应用格兰维尔法则

均线、10日均线、20日均线、30日均线等短期的均线使用这八大法则，那么您确实该思考下**为什么格兰维尔先生是根据200天均线提出的这8条原则，而并没有说适用于任何周期的均线**。我们不是不能够创新，基于个180天、220天、250天均线应用这8条原则也未尝不可，但是请**别忘了应用这8条规则的前提：均线的稳定性**。所以要提醒各位读者，学习交易首先**学会独立的思考**，不要人云亦云，更不要死读书、读死书。

最后，虽然格兰维尔先生创造了所谓的均线应用八大法则，但移动平均线并非格兰维尔所创造。从目前有文字记载的史料看，R. H. Hooker先生1901年就计算过移动平均值（后记载于1912年的书籍《Elements of Statistical Method》），所以这个方法年代实在太久远，当时格兰维尔先生还未出生。

均线到底怎么用

上述均线系统作者以及身边的很多交易者都曾使用过，长周期均线系统的优点是能够让交易者在真正大行情到来时更容易拿住单子，但是缺点是震荡市会很难受。作者自己编写程序对上证指数的采用60日均线系统严格交易进行了测试，考虑到交易成本，回测的结果如图5－8所示。

我们可以看到，回测从2012年开始交易，遇上了震荡市，到2014年中亏损超过四成，随后的牛市来临，最高获利近60%，然后随着市场的快速下

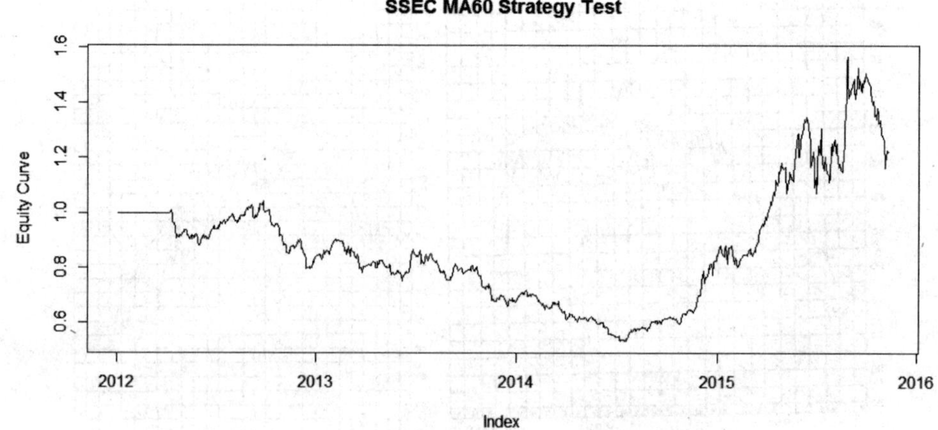

图5-8　上证指数60日均线系统回测净值曲线图

挫，获利收窄为20%。而采用短周期的均线进行测试，结果就不那么理想了，如图5-9所示。

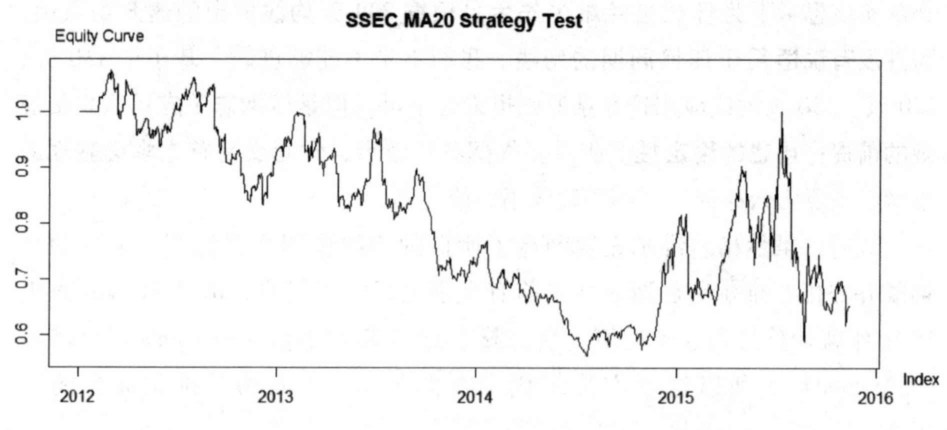

图5-9　上证指数20日均线系统回测净值曲线图

图5-9中20日均线严格交易的净值走势可以说多数时间处于稳亏状态，这是价格反复上下穿越所造成的后果。

综合这两个回测结果，作者认为如果要使用均线，也应该使用周期相对长点的均线，或者尝试使用自适应均线。当然，使用斯坦利·克罗的多均线交叉系统也值得尝试，因为本质上这个系统是否做多或者做空开仓也是依赖于长期均线作为必要条件之一。

关于作者是怎么使用均线的？这个问题的答案是作者现在不使用均线，因为我们看到整个均线原理的介绍中，完全没有道氏理论什么事。均线系统只是很大程度上与道氏理论暗合。当然，交易的世界百家争鸣，使用均线十分成功的交易高手也大有人在，使用方法也可能远超过作者的想象。

5.2　通道系统

均线系统尝试通过解读市场最新价格与市场平均成本之间的关系来判定趋势，市场最新价格在均线之上，且市场平均成本不断抬升即定义为牛市，反之定义为熊市。前面一节我们说了这并非道氏理论所阐述的趋势的定义。为了更加贴近道氏理论的定义，很多交易者创造了通道交易指标。最有代表性的是唐．奇安通道与布林通道。

唐·奇安通道

该通道指标是唐·奇安先生发明并以之命名的，它有上下 2 条曲线组成的，该指标使用的周期一般都是 20 天，即 20 天内的最高价作为通道上轨，20 天最低价作为通道的下轨，通道的宽度代表了市场价格的波动幅度，当其通道窄时表示市场波动较小，反之通道宽则表示市场波动比较大。该系统的使用规则为价格向上突破上轨做多，向下突破下轨做空，我们来看一下示例，如图 5－10 和图 5－11 所示。

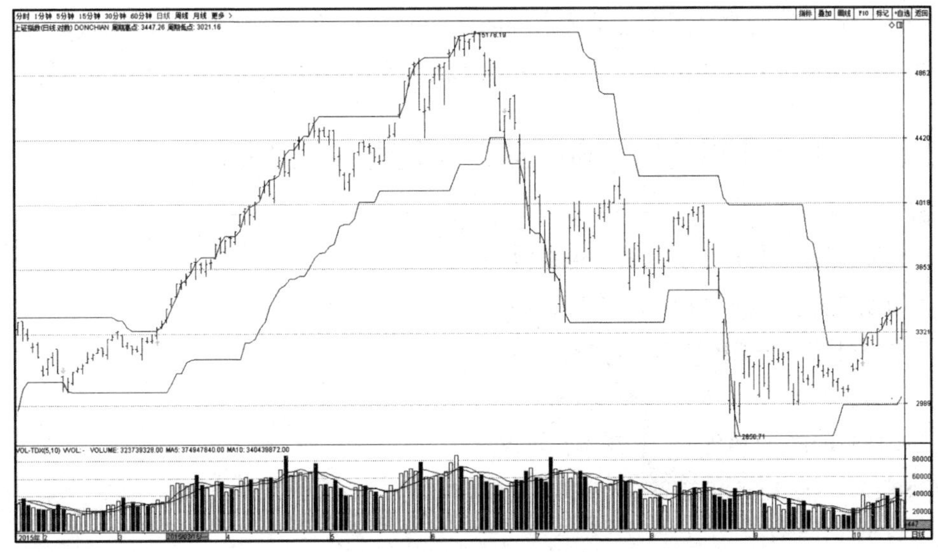

图5－10　唐·奇安通道趋势行情（上证指数）

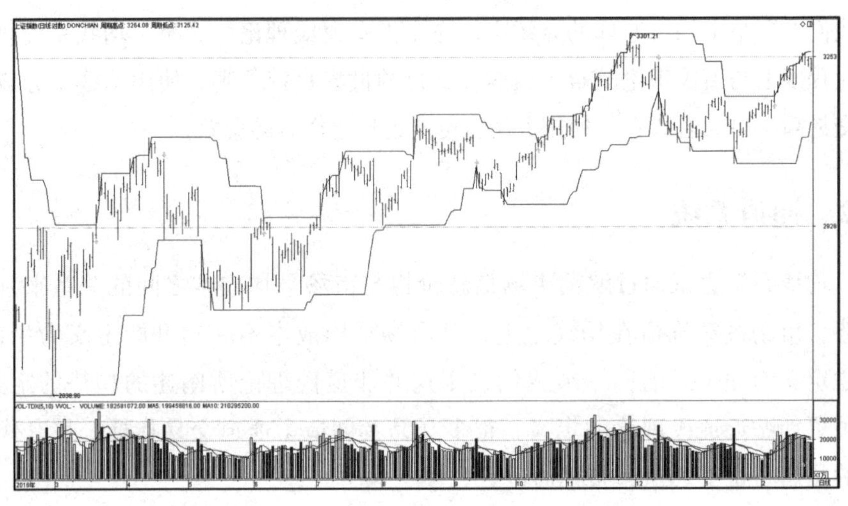

图 5－11　唐·奇安通道震荡行情（上证指数）

通过上述的图 5－10 和图 5－11 我们可以发现，唐·奇安通道在趋势行情时表现十分抢眼，几乎捕捉到了绝大多数行情，然而到了震荡市，与均线系统一样的问题又出现了，反复地多空转换不断止损，积累起来损失也很可观。虽然该通道指标及其简单，甚至不太涉及太多的计算，但从其原理上，唐·奇安通道更加贴近道氏理论对涨势和跌势的定义，即突破前期高点或低点。只是道氏理论的前期高点并非特指 20 日或者多少日之内的高点，而是最近一轮上涨所创出的高点。同样，至于使用 20 日还是多少日，这就有待读者自行去研判了。唐·奇安通道的改良版本还是著名的海龟交易系统的核心开平仓参考依据。有兴趣的读者也可以尝试在此基础上进行优化，比如天数，比如加入止损，等等。

附：本例所使用的唐·奇安通道的代码（通达信）

```
周期高点：REF(HHV(H, 20), 1);
周期低点：REF(LLV(L, 20), 1);
平空开多：=HIGH > =周期高点;
平多开空：=LOW < =周期低点;
BUYSHORT_ BUY(平空开多, LOW);
SELL_ SELLSHORT(平多开空, HIGH);
AUTOFILTER;
```

布林通道

布林通道是约翰·布林格先所创立的，其思想是在均线的基础上考虑了价格的波动率。布林通道的算法也比较简答，中间的均线通常使用 20 日简单移动平均线，上下两边分别加上同等天数的价格的 2 个标准差的距离。根据契比雪夫定律，所有价格中，至少有 75% 的价格位于平均数 2 个标准差范围内。所以多数的价格波动都在布林通道上下轨范围之内，而一旦价格在布林通道之外运行，这时至少我们知道波动率大幅上升了，可能产生了价格突破。我们来看一下实例，如图 5－12 所示。

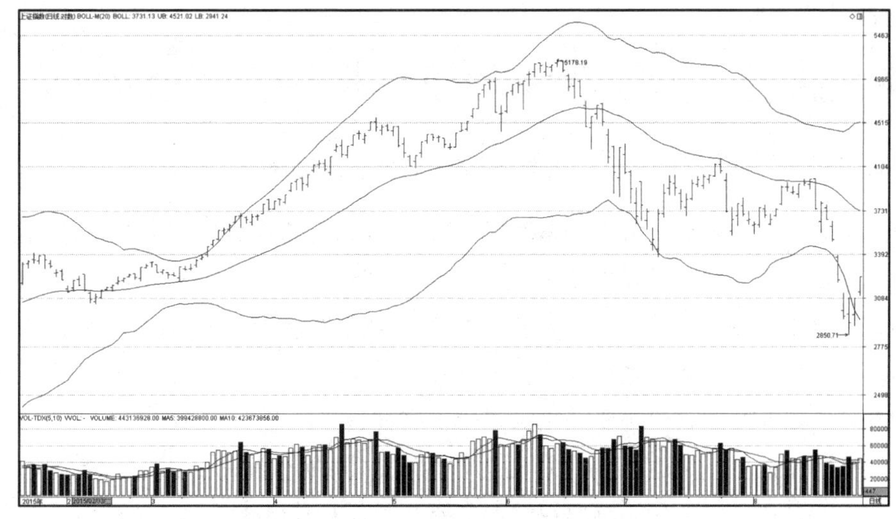

图 5－12　布林通道趋势行情（上证指数）

图 5－12 中所示的例子中，布林通道在出现趋势性行情时，中间的均线与普通的 20 日均线一样抬升，由于持续上涨导致价格波动的标准差变大，通道的上下轨开始扩张，而价格反向波动时，价格波动的标准差变小，通道的上下轨缩小。

而在持续的震荡行情之中，布林通道的宽度则是随着价格波动率上下起伏，价格也反复穿越均线。与均线类似，布林通道似乎也没太有好的办法来规避震荡行情。不过很多交易者把布林通道作为均值回归指标来使用，价格打到上轨做空，打到下轨则做多，这样做很容易逆势交易，作者认为并非良策，参考图 5－13。

布林格先生在其著作《Bollinger on Bollinger Bands》一书中提出：布林通

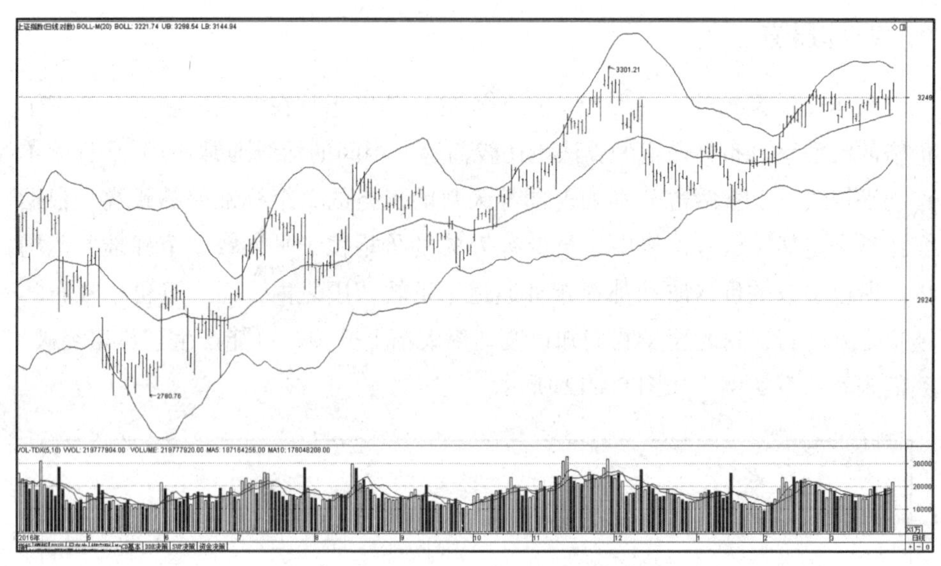

图5－13 布林通道震荡行情（上证指数）

道的上下轨只是指标，并非交易信号！价格打到上轨或者回落穿越上轨回到通道内都并非是明确的做空信号，反之价格打到下轨或者上涨穿越下轨回到通道内亦不是做多信号。因为价格很可能也经常踩着上轨或者被下轨压制着运动，所以按照上述方式交易不是经常被止损就是被一轮趋势行情无情地打爆仓。所以布林通道更主要的用法是用于测度趋势。

布林格先生认为应该将布林通道作为辅助识别形态的工具，并结合价格形态一起使用。在使用布林通道时，主要有以下几种模式。

（1）通道行走。对于价格站上布林上轨，这并非趋势反转信号而是持续信号，反之同理。在一个良好的趋势中，价格将才会在通道内部沿着趋势的方向上下游走，而往往不去触碰特别是价格收于与趋势相反方向的轨道。另外，在良好的趋势之中，价格在回调到中间的均线附近往往容易继续开始延续原有趋势。

（2）波动率突破。市场中总是低波动率之后跟着高波动率，高波动率之后跟随着低波动率，也就是逆转与持续理论所讲的道理：**震荡之后出趋势，趋势之后是震荡。**因此，当布林通道变得特别窄并延续了一段时间后，此时价格超某一个方向突破收在某一边轨道外通常意味着可能朝这个方向产生趋势性运动。

（3）挤压。与波动率突破道理一致，**高波动率之后跟随着低波动率。**所以当布林通道特别宽了之后，通常有一个收窄的过程。布林格先生还设计了一个通道宽度指标，计算方法为：上轨减去下轨的差除以均线的数值。当这个通道宽度指标超过 40 时（实际为 40%，为了便于观察，作者为通道宽度指标额外乘了 100），如果此时通道宽度开始收窄，则很可能是一个挤压的过程，通道宽度可能会降低到一个很低的值。我们再看一下上证指数的例子，如图 5－14所示。

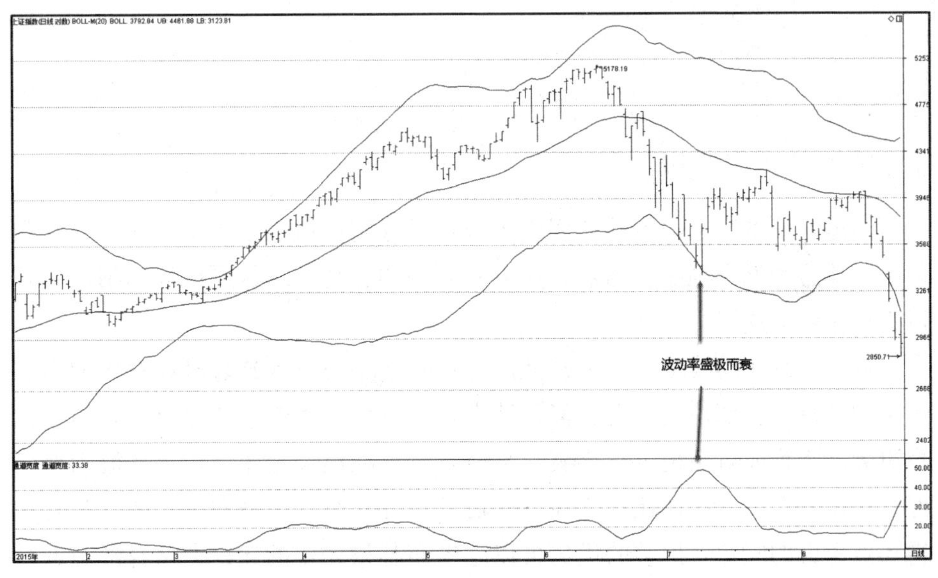

图 5－14　布林通道宽度挤压（上证指数）

需要特别注意的一点是，**布林通道宽度发生挤压时绝不意味着行情发生了逆转！使用上证指数这个例子并非告诉读者此处是适合抄底的点位。**布林通道的宽度本质上是行情是否流畅的一个缩影，大盘股或者股票指数通常很少出现连续朝单方向持续波动比上证指数这波波动还凶的行情，特别是在美国市场中。所以在国际市场上有一个策略是专门交易这种情况的，即通过期权做空波动率，根据行情的具体情况和期权价格、Delta、Theta 等参数综合选择卖出跨式期权或者宽跨式期权组合。这并非本书重点要讲述的内容，只是提醒大家，不要随便抄底摸顶！

附：本例所使用的通道宽度的代码（通达信）

```
均线值：=MA(CLOSE，20)；
标准差：=STD(CLOSE，20)；
上轨：=均线值+2*标准差；
下轨：=均线值-2*标准差；
通道宽度：100*（上轨-下轨）/均线值；
```

通道系统怎么用

通道系统本质上也是趋势跟踪系统！千万别把通道系统用成了均值回归系统，那这个就麻烦了。当然，如果有充分的技巧，结合严格得止损，那可以无视作者的建议。

通道系统比均线多了一个缓冲区，在判定是否出现趋势时相对更加不容易出现反复反转部位的情况，但是缺点也在于此，通道系统需要的止损往往也更大。因为通道系统进行突破交易时行情往往已经走了一段了，波动率已经上升，此时小止损往往扛不住突破后的反扑。所以止损和机会的优劣是值得重点考虑的问题。机会的优劣可以参考布林格先生的建议，结合形态进行交易。而止损这块，作者建议可以所有取舍，从历史数据中总结规律，舍弃一部分行情，只交易把握性更大、止损要求合理的行情。最后要说的是，作者在交易中同样不是用通道系统，原因与之前一样，它并不完全符合道氏理论。

5.3 震荡指标

本章前面两节有选择地讲述了两种被广泛使用的趋势跟踪“技术”指标，不管这两类指标是否完全合乎道氏理论，它们起码是力图跟踪趋势的。技术指标种类繁多，震荡指标用于在市场上下震荡过程中捕捉交易机会，本节主要分析这两类指标。

5.3.1 震荡指标之 MACD

MACD 是 Moving Average Convergence/Divergence 的缩写，是格拉德·阿

佩尔在20世纪70年代发明的。它被用于反映趋势的方向、强度、持续性等因素。MACD指标的计算方法很简单，我们先来看一下该指标的代码（通达信）：

```
DIF：EMA(CLOSE，SHORT) - EMA(CLOSE，LONG)；
DEA：EMA(DIF，MID)，DOTLINE；
MACD：(DIF - DEA) * 2，COLORSTICK；
```

MACD指标默认的参数为SHORT = 12，LONG = 26，MID = 9，它一共计算了3个内容，第一个内容是DIF，采用收盘价12天的指数加权移动平均减去收盘价的26天指数加权移动平均计算得出。第二个内容是DEA，对上一步计算出来的DIF再次利计算9天指数加权移动平均。DIF与DEA与普通移动平均线一样输出的是两条曲线。最后一个内容是MACD，由DIF与DEA的差乘以2得出，不过该内容输出的并非曲线，而是柱状图。

MACD指标中的DIF值在数学上是对价格时间序列一阶导数的近似，测度的是价格的运动速度。而DIF与DEA的差值则是对价格时间序列二阶导数的近似，测度的是价格运行的加速度。由于价格不可能始终加速朝一个方向运动，所以总会出现停滞或者反向运动，而MACD则是试图把握这种停滞甚至是反向运动的时机。我们来看一下MACD的示例，如图5－15和图5－16所示。

图5－15　MACD在趋势行情中（上证指数）

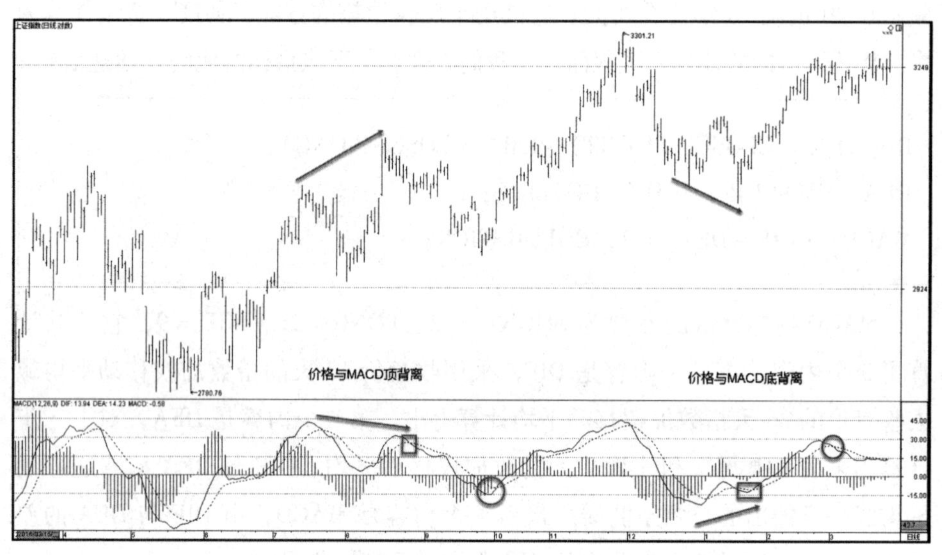

图 5 -16　MACD 在震荡行情中（上证指数）

MACD 的一大主要用法即是找“背离”。所谓的背离即价格创出新高，但是 DIF 线却未同步跟进创出新高，而一旦 DIF 反向交叉 DEA，则趋势可能已经发生改变。DIF 从上方向下方穿越 DEA 通常被称为“死叉”，DIF 从下方穿越 DEA 通常被称为“金叉”。由上述两个例子我们可以看到，MACD 与价格发生背离也是时常发生的。背离的确认是由金叉或死叉开始的，同样由金叉或死叉结束。图 5 -16 中方框标出的位置是背离确认的位置，这里伴随着背离后 DIF 与 DEA 的第一次交叉，图中圆圈标出的位置是背离结束的位置，这是背离产生后 DIF 与 DEA 的第二次交叉。背离产生之后会有多大的行情是无法确定的。在趋势行情中，背离发生后其持续性或许会强一些，特别是顺着趋势发展的方向。

另外，很多交易者除了使用背离之外还会直接根据金叉与死叉信号进行交易，当 DIF 上穿 DEA 线即金叉发生时做多，反之当 DIF 下穿 DEA 线即死叉发生时做空。还有的交易者在 DIF 上穿 0 轴时做多，下穿 0 轴时做空。

总体而言，MACD 的优点是能揭示出行情运动的速度和持续性，然而其缺点在于相对短视，如果在不是十分流畅的趋势中，MACD 会反复地金叉、死叉，背离也会反复出现。所以该指标算是一个战术型的指标，反而不如均线和通道系统更加具有战略性。具体的示例如图 5 -17 所示。

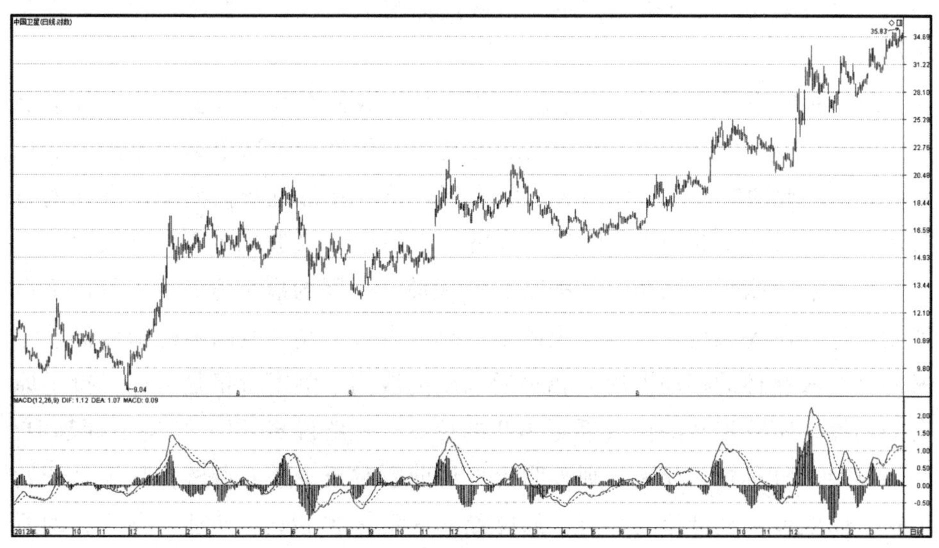

图5－17　MACD 在不流畅的趋势中（中国卫星）

5.3.2　震荡指标之随机指标

随机指标（Stochastics）是乔治·蓝恩博士在20世纪50年代发明的。随机指标也被称为KD指标或者KDJ指标。原始的随机指标只有KD两条线，为了简单起见，我们也指分析KD指标，KDJ指标留待读者自行研究。通达信软件中KD的计算方法如下：

```
N：=9;
RSV：=(CLOSE－LLV (LOW, N))/(HHV (HIGH, N)－LLV(LOW, N))*100;
K：MA(RSV, 3);
D：MA(K, 3);
```

RSV（Relative Strength Value）代表的是行情的相对强弱，采用当天的收盘价减去N天的最低价得到差除以N天最高价减去N天最低价得到差，然后乘以100是为了阅读的方便。这里的RSV是蓝恩博士原始提出的K值，但是由于直接使用RSV作为K值会使得输出的指标曲线上下跳跃过多，因此目前多数软件都对K指标做了移动平均处理（这里蓝恩博士原始采用的是简单移动平均，现在很多行情软件也使用各种加权移动平均，但由于选取的天数比较短，最终平均值的结果差异不大，从指标图上来看更是如此）使其变得更加平缓。

随机指标里最有含义的即是这个 RSV 值，我们看其分母表示的是 N 天之内价格波动的最大范围，而分子表示的是当前价格处于这个最大范围内的相对位置。因此随机指标的坐标表示的是当前价格在最近行情波动范围内的百分比。如果 K 在 100 附近表明当前价格处于最近 N 天波动范围的最大值，反之如果 K 在 0 附近表明当前价格处于 N 天波动范围的最小值。由于价格不可能始终保持在 N 天价格波动范围的最上端或者最下端，所以随机指标额外定义的针对 K 指标的移动平均 D 指标所输出的线用于测度价格是否还保持了原有的动量，如果 K 从高位（靠近 100 的位置，一般说 80 以上）向下穿越 D，与 MACD 一样称之为死叉，则表明价格目前暂时至少进入调整，甚至是开始下跌。而如果 K 从低位（靠近 0 的位置，一般说 20 以内）向上穿越 D，即所谓的金叉，这就表明价格目前至少进入震荡，甚至要开始上涨。我们看一下实例，如图 5－18 和图 5－19 所示。

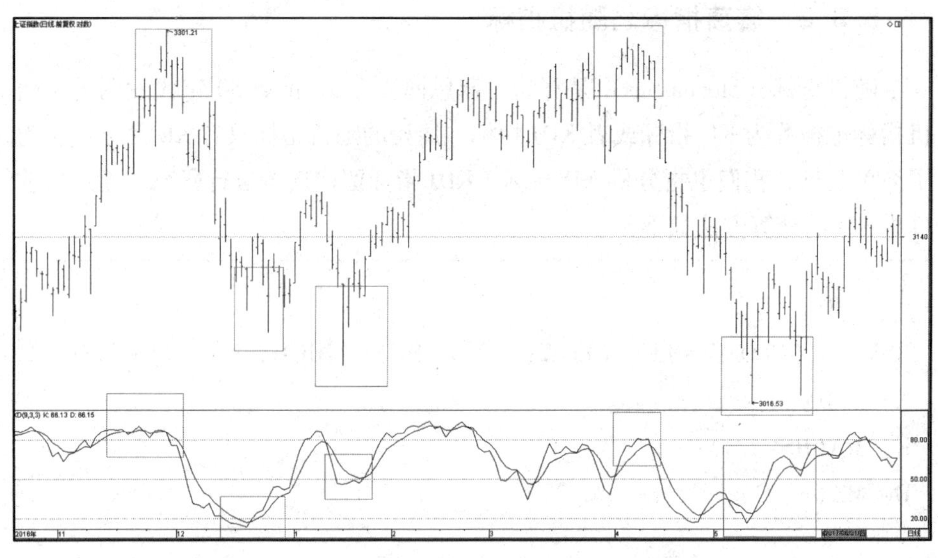

图 5－18　随机指标在震荡行情中（上证指数）

在震荡行情中，根据随机指标的高低以及交叉方向综合考虑进行高抛低吸效果还算可以，不过，由于当天价格波动较大，盘中 KD 来回交叉的现象也是经常出现的，而且金叉或者死叉三五天之内又反向交叉的现象也是时有发生，这些问题都需要使用该指标的交易者认真思考解决方案，增加交易经验，

从而扬长避短。

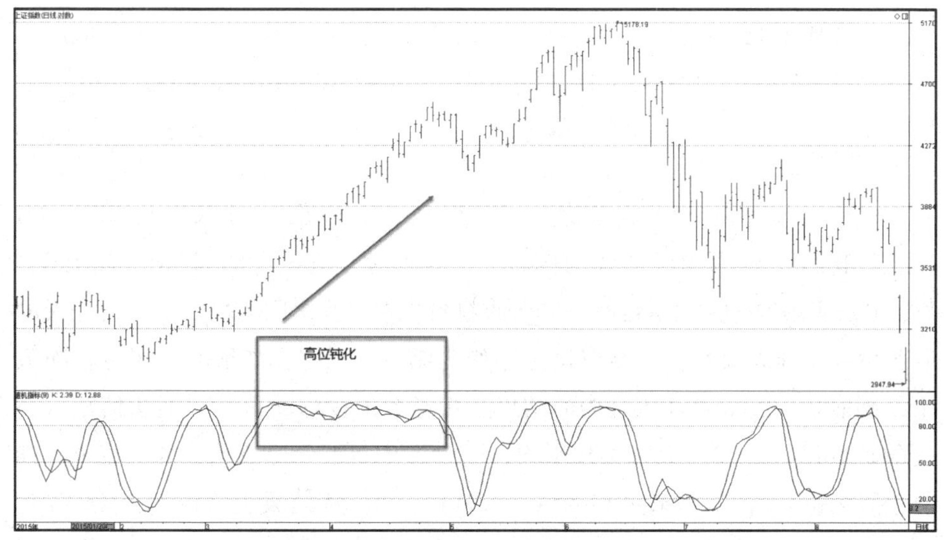

图5－19　随机指标在流畅趋势中（上证指数）

即便在很流畅的行情之中，随机指标也上下波动得十分活跃。这里要特别说明的是，当随机指标连续处于高位或者低位时，通常称之为高位钝化或者低位钝化，此时往往价格走得是流畅行情，此时绝对不要因为指标过高即做空或者因为指标过低而买入。

总体而言，随机指标对于大势研判基本没什么用途，其主要作用在于辅助交易者进行具体交易执行的择时。如果交易者确定了行情整体的大方向，那么结合随机指标选择入场点特别是价格好的入场点是其主要的用途。作者也不建议每天对着随机指标抄底摸顶，那就背离了趋势交易的大框架了。

5.3.3　震荡指标之相对强弱指标

相对强弱指标 RSI 由威尔斯·威尔德所创作，用于衡量市场短期内的强弱程度。原始的相对强弱指标只输出一条 RSI 曲线，所使用的周期为 14 天。为了迎合交易者喜欢金叉和死叉的特点，RSI 指标在多数行情软件中也加入了多个不同周期的 RSI 曲线。为了分析的简单，我们仅留下 14 天和 30 天的 RSI 曲线，所使用的通达信代码如下：

```
LC: =REF(CLOSE, 1);
RSI1: EMA(MAX(CLOSE-LC, 0), 14) /EMA(ABS(CLOSE-LC), 14)*100;
RSI2: EMA(MAX(CLOSE-LC, 0), 30) /EMA(ABS(CLOSE-LC), 30)*
100;
```

代码中 LC 为昨天的收盘价，RSI1 与 RSI2 即输出的 14 天以及 30 天 RSI 曲线。我们以 14 天 RSI 曲线为例看一下其原理。分子中的 MAX（CLOSE - LC，0）表示取今天收盘价减去昨天收盘价之差与 0 之间的最大值，当今天的收盘价高于昨天收盘价，则取这个差作为结果，反之，如果今天相比较昨天下跌则取 0，然后对 14 天之内的结果进行指数加权移动平均（通达信默认使用的是 SMA（X，N，M）加权平均，代表 X 的 N 日移动平均，M 为权重，计算公式为：Y =（X * M + Y′ *（N - M））/N，从结果上，使用 EMA 或者 SMA 差别不大，而且 EMA 原理更加简单明了，国外商业软件中也有很多使用 EMA 替代 SMA 计算 RSI 指标的）。分母中的 ABS（CLOSE - LC）表示今天收盘价与昨天收盘价之差的绝对值，反映了收盘价的绝对波动幅度，然后同样对其进行 14 天指数加权移动平均。这里的原理与随机指标十分相似，衡量的是过去 N 天内平均的涨幅（下跌记为 0 涨幅）与过去 N 天内平均收盘价波动幅度的比值。我们来看一下实例，如图 5 - 20 所示。

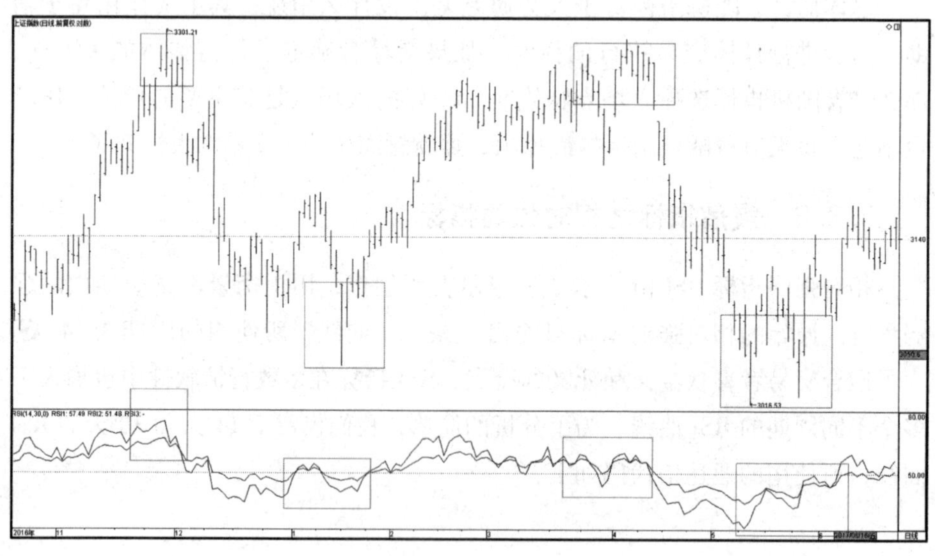

图 5 - 20　相对强弱指标在震荡行情中（上证指数）

在震荡行情中，相对强弱指标相较于随机指标更加敏感，波动得速度也更快，因此更容易发生交叉。但是相对强弱指标却并不容易进入相对的高(80以上)、低（20以下）空间，因此使用相对强弱指标更需要考虑其高低位置，以避免过多得被反复交叉所困扰。同样，使用相对强弱指标也需要大量的交易实践经验的总结，而不是机械套用网上流传的规则，那样只会带来亏损。

从图5－21中我们可以发现，相对强弱指标在流畅行情时也会出现钝化的现象，这种情况同样不适合反向开仓交易或者平仓离场。相对强弱指标与随机指标原理大致相同，其使用方法也大致差不多，此处不再赘述。

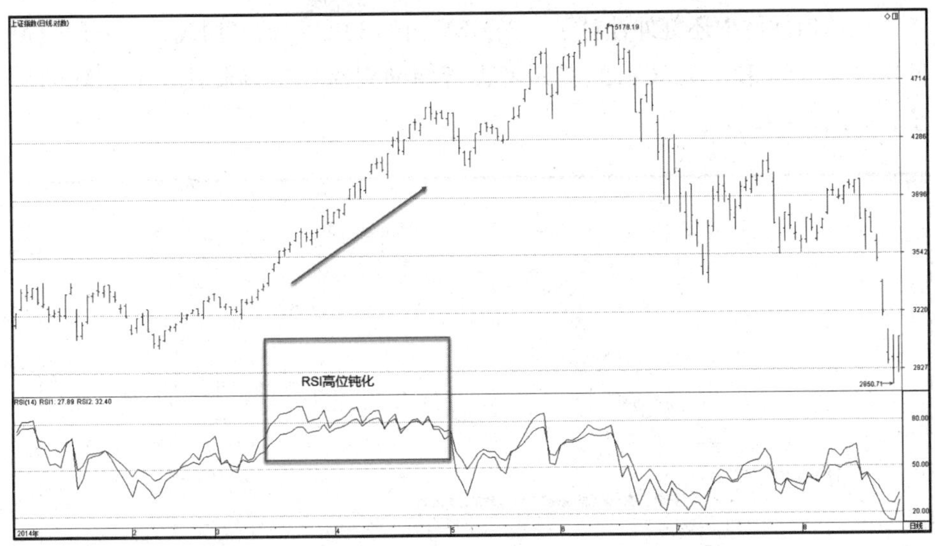

图5－21　相对强弱指标在流畅趋势中（上证指数）

顺便，如果说要从随机指标和相对强弱指标之间选择一个的话，作者推荐使用随机指标，因为其原理相对更加清晰，并且曲线也更平滑一些。当然，此事仁者见仁，智者见智。

5.4　能量潮

能量潮（On Balance Volume，OBV）由约瑟夫·格兰维尔在20世纪60年代所创造。这是格兰维尔先生声名鹊起的主要因素。能量潮指标首先提出了量能的正负的问题。其计算规则十分简单：如果今天收盘价较之昨天收盘价收涨，则今天的量能值是即是当天的成交量；反之如果今天收盘价较之昨天收盘价收跌，则今天的量能值是负的当天的成交量，今天收盘价与昨天收盘价相等话，其量能值等于0。每天的OBV值则是将之前所有量能值加总求和。很明显，OBV在上涨交易日的成交量大于下跌交易日的成交量时，OBV会上升。反之当下跌的交易日成交量大于上涨交易日的成交量时，OBV会下降。通达信中计算能量潮的公式如下：

```
量能：=IF(CLOSE>REF(CLOSE，1)，VOL，-VOL)；
OBV：SUM(IF (CLOSE=REF(CLOSE，1)，0，量能)，0)；
OBV均线：MA(OBV，30)，DOTLINE；
```

通达信软件中还额外计算了一条OBV值的30日移动平均线，以方便习惯使用“金叉”和“死叉”的交易者进行辅助判断。我们来看一下实际的例子，如图5-22所示。

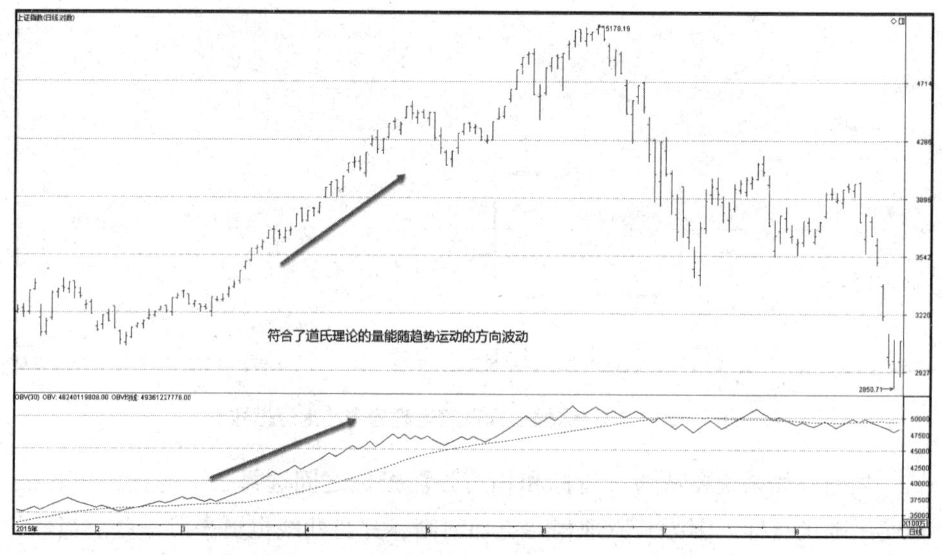

图5-22　能量潮指标在流畅趋势中（上证指数）

格兰维尔先生认为当OBV上升时，尽管价格可能陷入震荡或者甚至下跌，未来价格都将上升。反之，如果OBV下降，价格横移或者继续上涨的话，未来价格将下跌。这或许对于判断行情是否是延续还是逆转有些作用。OBV的绝对值是不重样的，只是看其走势。为此，格兰维尔先生定义了几种用法，如图5-23和图5-24所示。

5.4.1 震荡时研判 OBV 的趋势推测行情突破方向

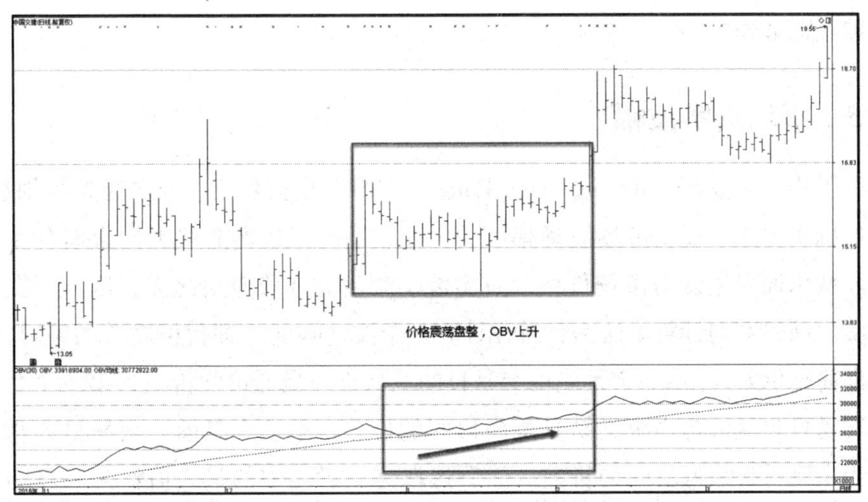

图5－23 震荡行情中能量潮的使用（中国交建）

5.4.2 对比查看 OBV 的趋势与当前标的价格走势是否背离

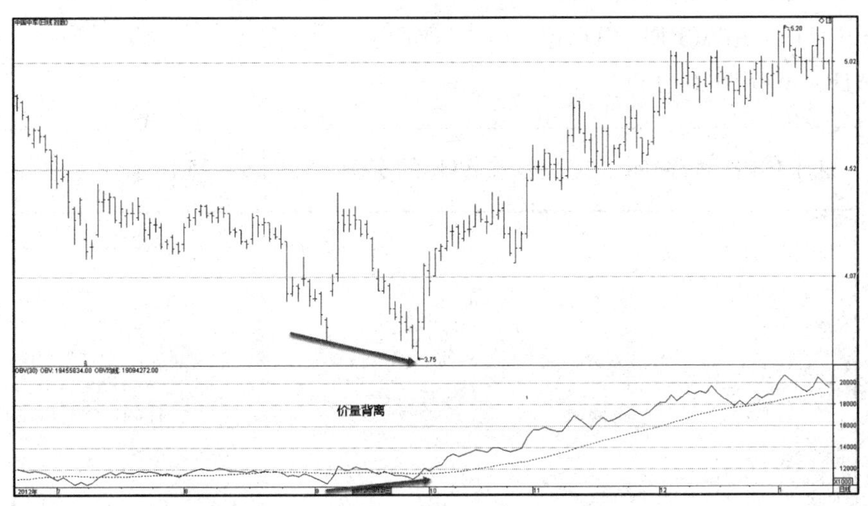

图5－24 能量潮背离的使用（中国交建）

能量潮是一个大势型指标，一两天的涨跌、短期的方向都不是用来判断是否趋势出现反转的依据。不过能量潮指标确实可以让交易者更直观得看出来在一段震荡行情中到底是买入量能大还是卖出量能大。然而要切记其原理是根据收盘价这一单一标准来确定一整天的量能符号的，因此，指标算出来的结果始终要结合具体盘面的价格和成交量情况综合判断。牢记：**趋势更容易持续而非逆转。**

5.5 平均真实波幅

平均真实波幅（Average True Range，ATR）由威尔斯·威尔德先生创造。该指标主要用于反映市场波动幅度的大小，而与具体的趋势方向没有什么关系。威尔德先生认为市场价格的真实波动幅度并非收盘价之差，因此，提出真实波动幅度的计算方法为：首先计算三个波动幅度（即价格之差的绝对值，下面简称价差），第一个是当前交易日的最高价与最低价间价差，第二个是前一交易日收盘价与当个交易日最高价间的价差，第三个是前一交易日收盘价与当个交易日最低价间的价差。然后选取这三者之中的最大值作为当日的真实波动幅度。然后对真实波动幅度取移动平均值即得到了平均真实幅度。通达信中的计算代码如下：

```
DTR：= MAX(MAX((HIGH - LOW), ABS(REF(CLOSE, 1) -
HIGH)), ABS(REF(CLOSE, 1) - LOW));
ATR：MA(DTR, 14);
```

这个代码比较简明，我们看看 ATR 的实例，如图 5－25 所示。

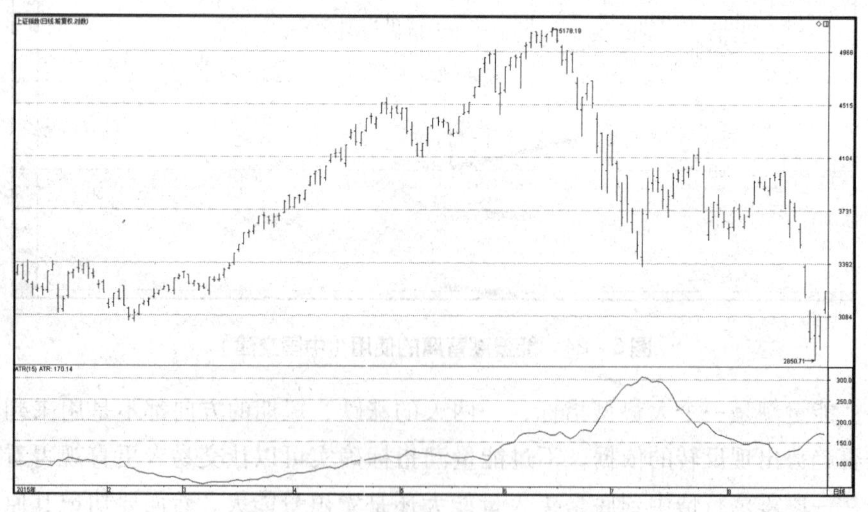

图 5－25　平均真实波幅（上证指数）

与之前的诸多技术指标不同的是，平均真实波幅既不反映大势，也不是用于反映震荡之中的超买或者超卖情况。平均真实波幅最主要的作用是辅助资金管理和风险控制。我们可以观察到，**大波动后面更容易跟随的是大波动，小波动后面更容易跟随的是小波动**。也就是行情小范围震荡波动时，价格波动率不高，进场开仓可以仓位高一些，止损小一些。反之行情告诉运动时，价格波动率提升，这时候无论朝哪个方向开仓，止损都需要放大，所以仓位也应该相应低一些。著名的海龟交易系统中的仓位管理系统即是基于平均真实波幅来设计的。

专门将真实波幅指标拿来分析不是因为其思想复杂或者用法技巧性高，而是资金管理对于成功的交易重要性太高了。所以分析一下真实波动幅度的思想有助于大家思考如何设计自己的资金管理系统。

5.6 技术指标总结

“技术”指标浩如烟海，各种“神异”的指标层出不穷，比如传说中2013年6月25日上证指数跌至阶段最低点1849.65点时准确发出抄底信号的Demark指标（Bloomberg终端或Reuters终端中可以订阅该指标），限于篇幅和作者的水平本书难以面面俱到地涵盖这些内容。本章挑选的都是市面上使用最广泛使用的“技术”指标，解读其思想，分析其利弊，也让读者对市场上更多的参与者如何使用技术指标有一个大致的了解，做到知己知彼。

仔细阅读本章可以发现，所有的技术指标都是基于价格和成交量计算而得出的，那么直接根据价格和成交量进行交易不是更加直接？部分交易者可能还是认为使用指标更加精确和规范一些，作者不做更多评述。下一章将开始讲述如何单纯根据价格与成交量进行交易。

这里顺便提一下，根据价格与成交量进行交易并非是指使用日本蜡烛图技术，事实上本书刻意不使用蜡烛图也是为了防止读者去额外去想各种K线组合。原因很简单，交易学是一门顺势而为的学科。**在一个正在持续的趋势里，一两天甚至几天的涨跌重要嘛？**本书后续也会讲述如何进行日内交易，经典交易技术中即便日内交易也是用不上蜡烛图技术的，所以读者没有必要研读此类书籍。

第 6 讲

形态分析

开篇明义

兵者，诡道也。故能而示之不能，用而示之不用，近而示之远，远而示之近；利而诱之，乱而取之，实而备之，强而避之，怒而挠之，卑而骄之，佚而劳之，亲而离之。攻其无备，出其不意。此兵家之胜，不可先传也。

——《孙子兵法》

股价在上涨和下跌前，它的走势总会呈现出一种固定的模式。工作完成后，我并不急着回家，而是记下所需要的数据，研究那些变化，我总是寻找那些重复出现的价格走势模式。

——《股票大作手回忆录》

形态分析是经典技术分析的核心内容之一，自理查德·沙贝克先生将其总结并发展为一门独立的交易学科以来至今已历百年。大师口中豪气冲天的“一把直尺、一支铅笔即可纵横天下”即是利用图表形态纵横各个市场进行交易的真实写照。

近二十年来，计算机和互联网技术取得了长足发展，诸如上一章中所讲到的新“技术”指标被广泛创造和应用于交易实践之中。另外，基于 Tick 级数据的各种高频交易算法以及深度学习交易程序在各国金融市场特别是西方金融市场都占据了交易量的半壁江山。同时，门户网站和社交媒体 APP 的广泛应用也让信息传播的速度远胜往昔，足不出户便知天下事已经成为现实。在这样的大背景下，经典的技术图表、形态分析还有无用武之地呢？答案是肯定的！

只要市场参与者的人性不变，只要这个市场中还有贪婪、希望、恐惧、怀疑、傲慢、愤怒、痴狂等等这一系列人性的特点，价格运行的模式就永远不会变。交易工具的变化反而方便了我们后辈交易者，不必自己铅笔直尺绘图了，而且也容易看到更久远的图表记录，从这个意义上讲，图表形态对于今天交易的作用更胜以往。

本章将就主流的图表形态进行简要分析，并结合实例来展示如何在交易实践中发现和利用形态。

6.1 形态分析概述

前面行情的结构章节讲到了趋势、位置、形态，也对形态进行了简单的介绍。形态是一种无趋势状态，即在形态持续时期内，标的的供求双方达到一种暂时的平衡。在形态内部，我们通常无法确定价格趋势的是要持续还是发生逆转，也无法准确推定当前正在构建的形态最终会是什么。但形态分析决非没有意义。形态分析的作用是避开行情波动的无趋势状态，并且避免猜（预测）行情的方向而主观交易。我们应用形态分析不是为了找出形态，画出边界线或颈线然后进行欣赏或者解释行情为什么涨跌了，这种行为对交易并无裨益。形态分析的关键是找出形态波动的边界，当价格伴随着成交量的增大突破这种边界时，我们就可以主观地视为这种供求平衡的格局被打破，行情可能要向着突破的方向继续运行。这里请一定记清楚，这一切都是我们主观的推测，并不代表着市场一定会按照我们推测或者预想的方向运行，很多时候，一个形态放量突破后，马上进入新的震荡区间，与之前的形态一起构成一个更大的形态，即大形态可以由很多小的形态复合而成。更糟糕的是，任何形态突破后都可能失败，即“长钉”（英文为spike）现象，比如价格放量向上突破一个头肩形态，然而很快就掉头向下，然后持续下跌并创出新低。一个很好的例子就是由尼克·里森先生所造成的巴林银行倒闭事件，如图4－1所示。尼克·里森先生为了弥补之前的亏损，在图6－1所示的日经头肩形态向上突破的机会进行大肆做多，并坚持**不止损**，这种赌博的心态最终在市场无情的走势下一败涂地，也造成了百年历史的巴林银行破产倒闭。

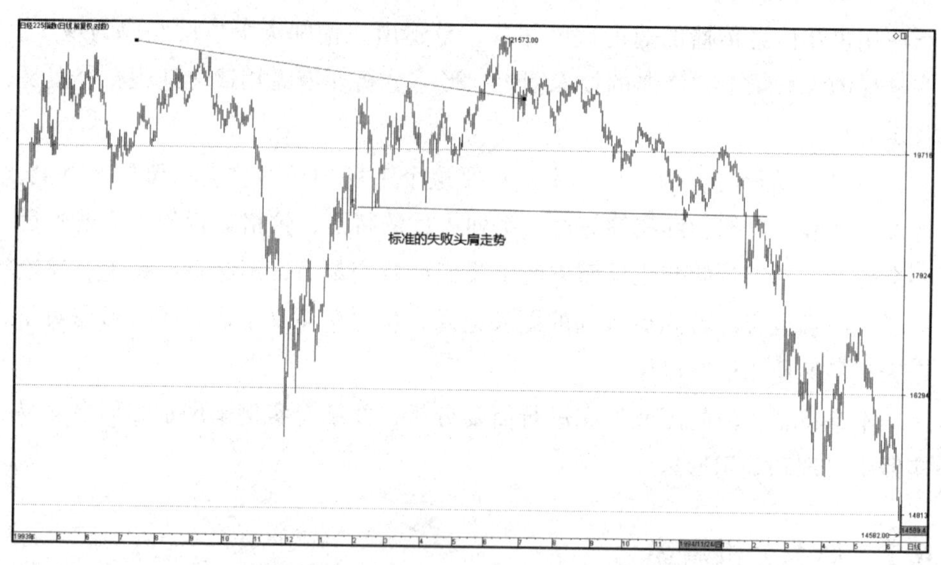

图6－1　造成巴林银行倒闭的失败头肩形态

再次提醒读者，价格放量突破形态，并不意味着价格一定会超突破方向运行，也不意味着价格一定会涨、跌至与形态高度一致的范围，价格可以很快掉头反方向运动，也可能会走得更远。因此，我们为了防止类似尼克·里森先生那样的因一两次交易错误而爆仓亏光甚至欠债的惨况，交易过程中必须有海琴（英文为 hedge，原意为篱笆，即保护的意思）保护我们的持仓。海琴分为止损海琴和盈利保护海琴，本书后续章节会对海琴及其应用进行更详尽的分析。

提示了这么多风险，并不是说形态分析就不能用了，没有任何意义了。总有很多基本面派和学院派的人用几个形态失败的例子来攻击技术分析一无是处。只能说他们对技术分析的本质是概率分析还了解得不够透彻。没错，技术分析包括形态分析，本质就是一种概率分析。既然对于任意一次的形态突破后价格很可能沿突破方向继续运行都是**主观推测**，那为什么要坚持做形态突破呢？答案就是**概率优势**，这也是我们强调**一致性**的原因。如同玩掷一个骰子比大小的游戏，我们先掷出一个五点来一定会赢么？未必，但为什么多数人会选择此时多下注呢？答案同样是概率。但是因为掷出了五点就全部押上的玩家还是十分罕见的，偶尔一两次或许他会赢得很大，但长期采用这种策略一定会输得精光。这是因为概率游戏本质上任何一次尝试都是不确定的，只是尝试次数多了才会出现所谓的概率优势。而用一句通俗地话来讲：“无论你赚多少个 100%，你只能亏一个 100%”，甚至为了弥补 50% 的亏损，你要赚到 100% 才能回本。所以，既然我们任何人都不能准确地预测未来，承认我们可能会犯错并且善用海琴来保护自己的交易本金才是正确之路。

在开始了解每一个形态之前，我们先了解下形态的分类。形态分为逆转形态（图 6－2 中的形态 A 和形态 E）和持续形态（又称中继形态，图 6－2 中的形态 C 和形态 G，广义上来看，反扑的小形态 B、D、F、H 也可以算作持续形态），这在行情的结构一节我们已经进行了阐述。逆转形态即终结牛市或者熊市的形态。道氏理论告诉我们应视为原有趋势继续进行直至出现明确的逆转信号。这里明确的逆转信号即是出现明确的底部或者顶部逆转形态，即出现了与趋势反方向放量突破的大形态。形态也是有大有小的，一个大的熊市或者牛市不是一两天就能终结的，这就如同三伏天连下一周暴雨、降温我们能说冬天来了么？或者三九天连续一周艳阳高照，气温升高我们就说这是夏天了么？另外，逆转形态在顶部出现和底部出现时其大小也是很不相同的。由于做多需要更多的资金，特别是价格比较高的情况下，无论是股市还是期货，因此顶部形态通常比底部形态要小很多，因为获利的投资者往往会趁牛市的狂热阶段卖出离场，因为卖晚了，等价格开始下跌时，就没人愿意买了。而熊市底部则完全不同，熊市底部往往伴随着恐慌，最后卖出的往往不是新进入市场的做空者，而是之前做多被套牢的人，特别是在股市里，此时准备做多的投资者通常不会急于在短时间内收集筹码，而是倾向于在低位时收集，反弹起来就停止买入，如此反复，以降低建仓的成本。所以底部形态往往比顶部形态持续时间长得多。而中继形态则是在行情流畅地上涨或下跌一段之后对该方向过度的投机头寸的清洗，让获利盘集中获利离场，为市场引入新鲜的血液，降低获利平仓带来的压力，从而更好地沿着原有的方向运动。

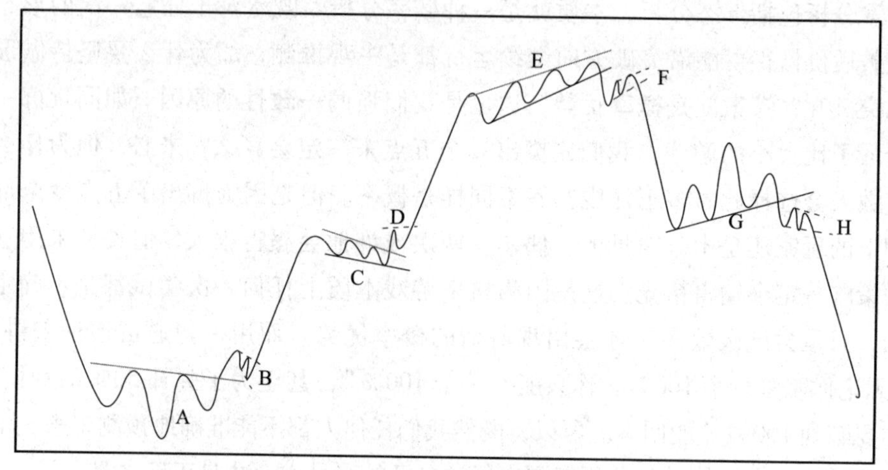

图6－2　行情波动中的形态

6.1.1　趋势可以是形态么

这个问题很多初学者搞不清楚，这里我们要回归趋势的定义：**“形态是一种无趋势状态，**即在形态持续时期内，标的的供求双方达到一种暂时的平衡。”

形态是分大小的，大的形态可能持续数月乃至数年，小的形态可能只需要几天就能走出来。但不论是大形态还是小形态，判断其是否是合适大小的形态的标准是该形态出现之前的趋势的大小，一个简单的原理是大的趋势需要大的形态来逆转，小的趋势只需要小的形态来逆转。就好比开车速度快，刹车距离自然长一样；也好比建造高楼，地基必须打得又深又大。交易与万事一样，事相虽不同而其义理却是一回事。

所以从定义上就可以明确，趋势是不应该被视为成形态的。我们来看两种常见的错误。

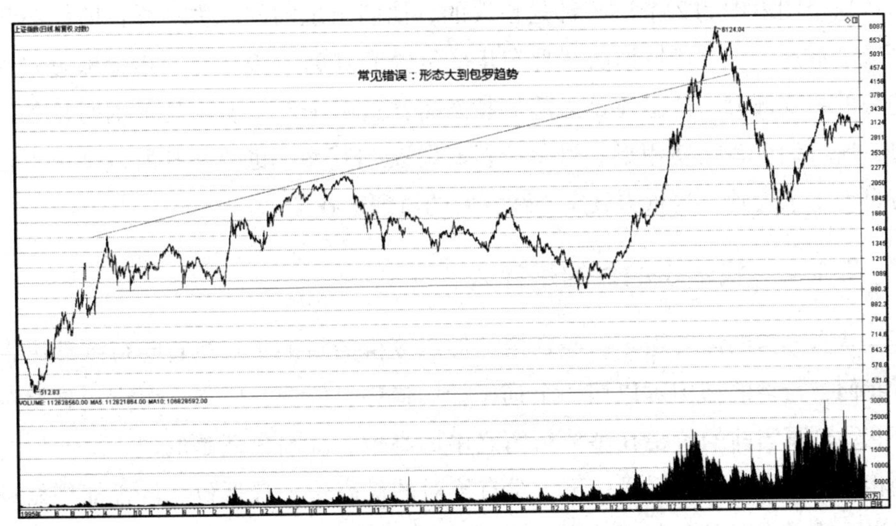

图6－3 常见错误：形态大到包罗趋势

图6－3中的主要错误在于错配了之前的趋势和后续形态的大小。如果按照图中所画的形态，之前得是什么级别的大涨势才需要这么大的形态来中继或者逆转？这个形态几乎包罗了上证指数从2500点跌到1000点，然后再涨到4100点之间巨大的波动。这就明显错了，指数涨跌这么大的幅度怎么可能还是形态呢？这是多明显的趋势！

我们再来看一下另一种新手容易经常犯的错误，如图6－4所示：

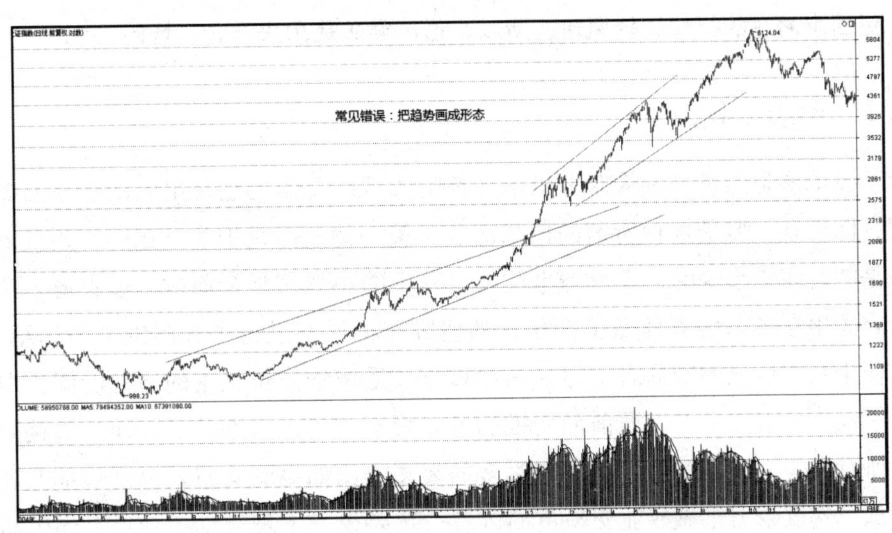

图6－4 常见错误：把趋势画成形态

这个图表中的2个形态都是错误的，他们出现的问题都一样：即把趋势画成了形态。这两个所谓的“形态几乎包含了2005—2007年牛市上涨过程中趋势的主要部分，这里还是无趋势状态嘛？这两个形态所画的范围明显是趋势。所以请读者在使用形态进行分析时既要知其然，也要知其所以然。不要盲目地下手去画，要根据其定义和背后的道理来找形态。

6.1.2 找形态的目的是什么

认真思考的读者想必已经领悟了形态分析的目的了。逆转与持续理论告诉我们，行情的结构可以用3个词概括：趋势、位置、形态。而位置是相对概念，刻画当前的价格在整体行情之中的高位、次高位还是低位、次低位这些相对的高下，再次提示一下，没有绝对的最高位与最低位，位置都是相对于当下或者当时的行情而言的，并且是随时发生变化的，绝非一成不变的。同样，趋势和形态也是在不断变化的，并没有永远不变的趋势或者永远不被突破的形态。除去位置因素，其实行情的结构中只有两种东西：趋势和形态。当行情处于趋势状态时，则是其相对流畅的涨跌过程，这也是交易者最容易获利的过程。而当行情处于形态状态时，则是“无趋势状态”又称为“震荡行情”，这时候价格波动范围有限，是难以获取大的利润的。所以说到这里读者就应该明白，我们找形态进行**形态分析的目的是为了规避震荡行情，在行情处于趋势状态时跟进交易，而当行情步入震荡行情即形态状态时我们离场观望回避潜在的行情逆转风险，所以，形态突破是用来开仓入场的。**

6.2 形态分析

技术形态是市场供求双方供求平衡的表现，总体上呈现出区间震动的模式，即形态。但是这种所谓的模式却非千篇一律，而是千变万化的，并且形态是随时演化改变的，大形态也往往由其中的小形态复合而成。理查德·沙贝克先生在形态学方面做了开拓性的研究，将形态进行了分门别类的总结，以便于我们后来的交易者学习（与沙贝克、爱德华两位先生的原著的编排顺序不同，本书并没有按照前面所说的逆转形态与持续形态分类，而是直接列出所有形态，以便初学者不会有过多的妄想，比如见到头肩就说是顶部或者底部，建议致力于做专业交易员的读者一定要读一下理查德·沙贝克先生所著的《技术分析与股票盈利预测》(*Technical Analysis and Stock Market Profits*)

和其侄子罗伯特·爱德华先生所著的《股价趋势技术分析》(*Technical Analysis of Stock Trends*)原著，有能力的读者建议读一下英文原著，毕竟东西方文化不同，翻译难免词不达意的)。本节后面的内容即是对每一种形态都进行简明扼要的分析，并辅以简单的例子。

开始之前，要先特别说明找形态颈线或者边界线(只有一个边界的形态通常称为颈线，有些形态有2个或2个以上的边界，就称为边界线了)的要点：

(1) **高点、次高点，低点、次低点是找形态边界线或颈线的重要参考：**形态是不是找高低点一连接就出来了，形态也不是找出来就是合理的、正确的。形态一定发生在行情处于震荡期，因此找形态时把流畅地上涨或下跌包括在内往往是不正确的(特别大的形态内是可能有流畅地涨跌的，但这流畅地行情与整体的大形态比依然是相对小的一段。凡事都是相对地来看)。震荡区间往往呈现出区间的高点、次高点，低点、次低点，这些点的连线往往就是形态的边界线或者颈线，即便不是也会为找到形态的边界线或者颈线提供重要的参考。

(2) **触点越多越有效：**通常边界线或者颈线是不能穿过任何价格的，但是有时一两天的价格穿过了颈线或者边界线，之后继续展现出边界的可靠性，这种情况则需要选择找边界线或颈线时选择更多的触点以保障其有效性。

(3) **时间越长越有效：**形态也有大小之分，几条K线构成的小形态突破远不如时间长K线多的形态突破有效。

6.2.1 头肩形态

头肩形态是将行情走势的轮廓比喻为人的头和双肩，从而让分析者更快地找到关键之处—颈线。颈部是人类的咽喉之地，有成语叫一剑封喉，就是指抓住要害，朝咽喉处一剑就可以毙命。头肩形态的颈线多数时候也是扮演着类似的角色。

如图6-5所示的头肩形态示意图，B是头部区域，A、C分别是左右两个肩膀，D即是行情突破颈线一剑封喉之所在，也是我们理想的交易时点。任何形态都与绝对的价格或价值无关，没有哪个形态在完成之前会说明哪是高估了或者哪是低估了。指引我们进行交易行为的，只有形态的关键之处：颈线或边界线破位之处。

头肩形态不仅可以出现在牛市的末期，即作为顶部逆转形态出现，也可以反过来作为底部逆转形态。图6-6与图6-7分别是出现在顶部和底部的头肩逆转形态。

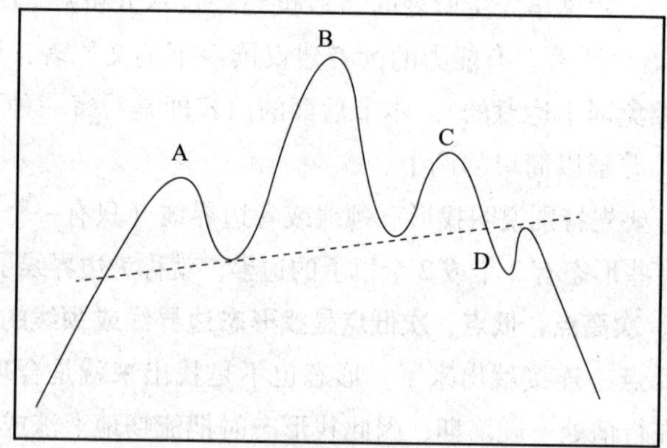

图6-5　头肩形态示意图

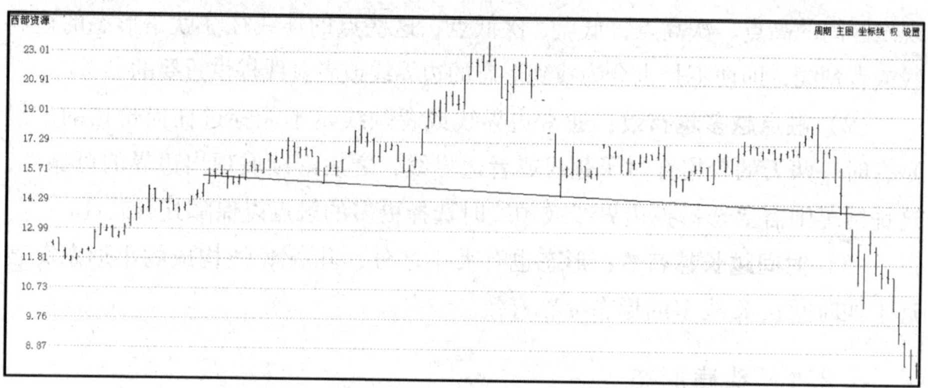

图6-6　顶部逆转头肩形态（西部资源）

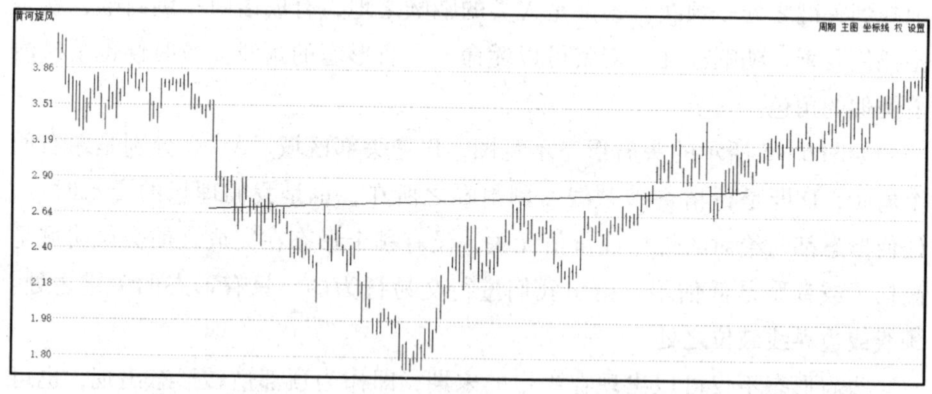

图6-7　底部逆转头肩形态（黄河旋风）

需要提醒的是，头肩形态的左右肩经常会出现不对称的现象，这种不对称既可能体现在左右肩的高度上，又可能体现在左右肩的时间跨度上，有时候有些头肩形态会有缺损的左肩或右肩，即某一侧肩部不太明显，或者比较小。图6－6中右肩就明显比左肩大一些，但这并不影响头肩形态的识别和应用。另外，头肩形态也可出现在行情的次级反应趋势阶段，即中继形态。图6－8中的一个头肩形态就是这种情况，贵州茅台在上涨过程中做出了一个头肩中继形态。

图6－8 持续型头肩形态（贵州茅台）

这里必须要阐明的一点是，虽然同样的形态可以出现在不同的位置，但是往往其成交量的变化以及形态的大小和持续时间却往往显著不同。底部的头肩形态与顶部的头肩形态以及中继型头肩形态内部的成交量变化以及形态的大小都是截然不同的。并且本质上多空双方的博弈过程也是完全相异的。不同形态在不同位置的形成原理建议读者仔细阅读理查德·沙贝克先生所著的《技术分析与股票盈利预测》，其中有对形态形成原因的详细分析。

最后，和任何其他形态一样，一个头肩形态必须是依靠价格突破来确认。在价格突破颈线（或者形态的边界线）之前，我们都无法确切地说这是某种形态，只能做主观的推定。

6.2.2 圆弧形态

圆弧形态呈现出一个有弧度的价格运行区间，形态内通常没有急剧的涨势或者跌势，走势一般比较和缓。圆弧形态运行的时间相对较长，所以通常出现在底部或者上涨过程中的次级反应趋势，顶部或者熊市之中的次级反应趋势派发的过程往往行情波动比较剧烈，所以比较和缓的圆弧形态比较少在顶部或者下跌中继的位置出现。不过凡事无绝对，顶部也是不时有圆弧形态出现的，只不过往往更加不规则一些，毕竟派发的过程往往伴随着快速的下跌和后续的反弹。

图6－9是一个圆弧形态的示意图，开口向上的圆弧形态往往伴随着弧形的量能坑，即进入圆弧形态左侧时成交量较大，然后逐步缩小，到圆弧底部成交量就比较稀少了，然后随着价格的上涨，成交量又开始放大。

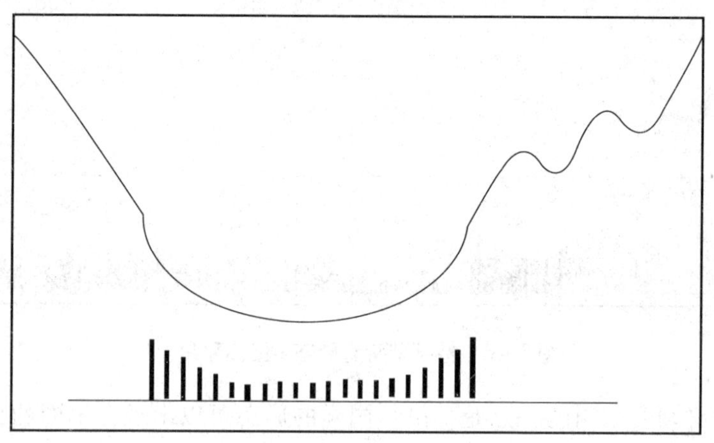

图6－9 圆弧形态示意图（走势伴随着弧形量能坑）

单纯依赖圆弧形区域难以找到明确的颈线，但参照形态之前或之后的高低点往往能为我们提示出较好的边界线位置，也就是交易的进攻点。

圆弧形顶部相对不是特别规则，成交量往往也并不会出现量能坑。由于有远见的投资者的派发过程主要是在上涨行情的末期进行，这决定了通常圆弧形顶部左侧的成交量相对较高，而右侧成交量相对较低。另外，顶部一个重要特征“价格上涨，成交量却跟不上了”也往往会在圆弧形顶部出现，如图6－11所示。图6－11中右侧不仅成交量明显降低，还出现了反向的脉冲式放量，即每次下跌时成交量放大都比较明显，而反弹上涨则是缩量的。在海外股市以及商品市场，圆弧形顶部的成交量通常也呈现出一个能量坑，但A股成交量往往圆弧顶左半侧呈现成交量递减，而圆弧顶右半侧则通常不会再放量了。这与A股交易者的构成有很大关系，A股中公众交易者占八成，多数公众交易者完全不懂得止损，被套了就要“价值投资”，拿到回本，因此即便出现下跌也不会卖出。这与众多其他形态向下突破时不需要成交量是一个道理。

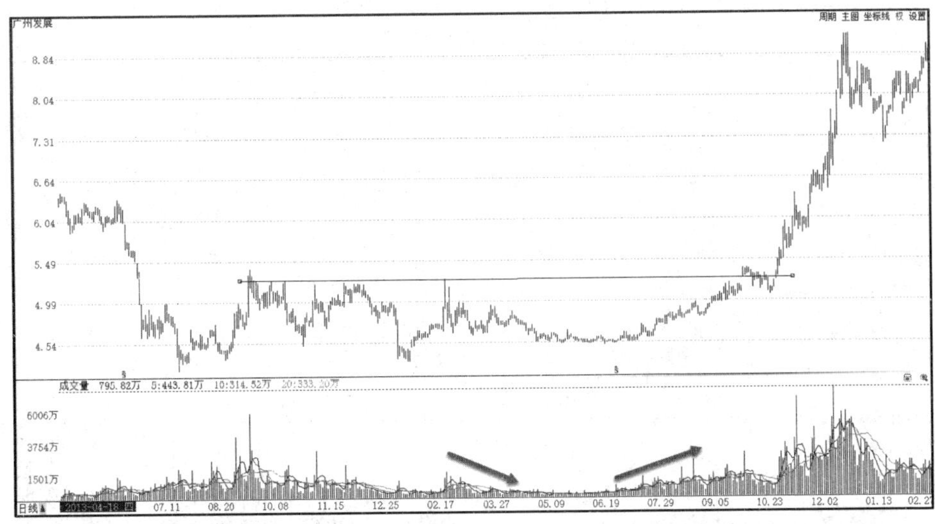

图6－10　圆弧形底部（广州发展）

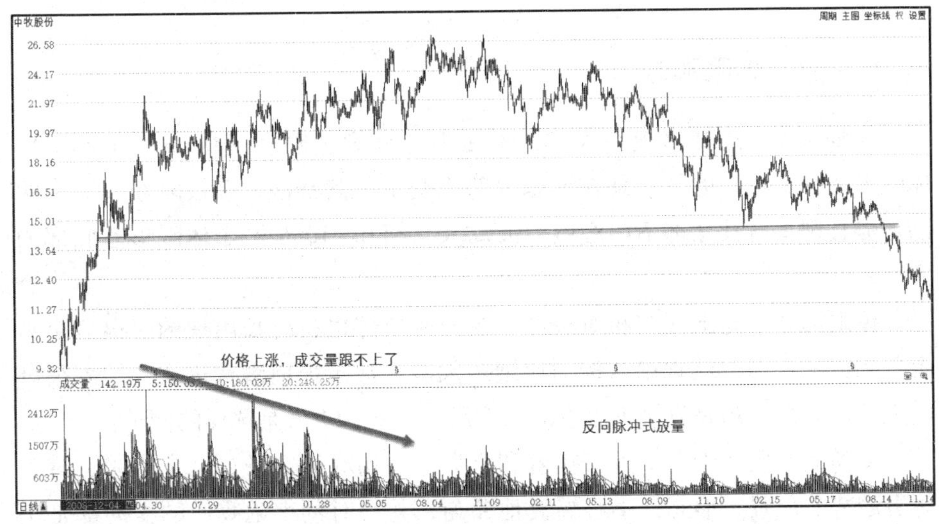

图6－11　圆弧形顶部（中牧股份）

6.2.3 杯状带柄

杯状带柄本质上来说也是一种圆弧形态，只是在圆弧形态的右侧多了一个杯柄，即一个小的圆弧形态。同样，开口向上的杯状带柄的杯身处也往往是个量能坑。右侧杯柄处往往也呈现出能量坑，并且突破时会伴有较大的成交量，具体实例参考图6－12。

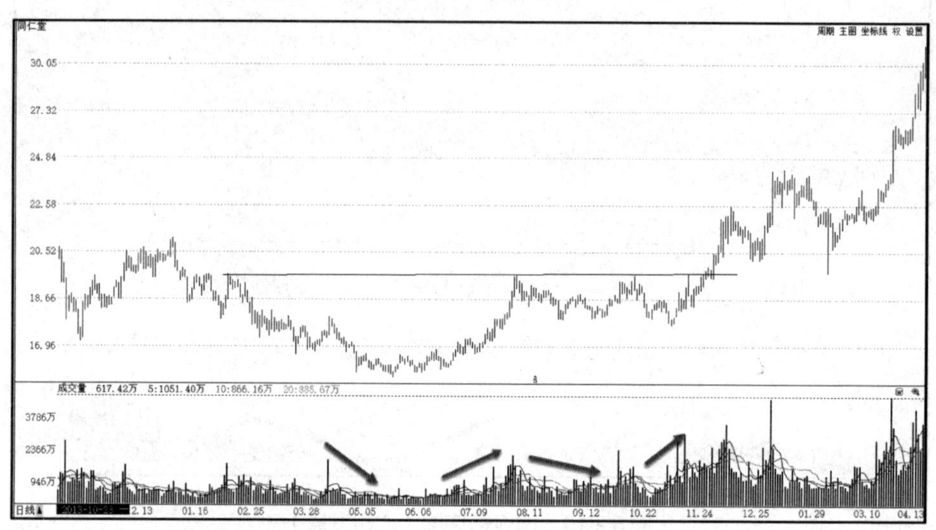

图6－12 杯状带柄（同仁堂）

6.2.4 休眠形态

休眠形态，通常出现在底部，很多书上称为休眠底（Dormant Bottom）。休眠形态一个重要的特点是在形态内部成交量极其清淡，多数时候每天标的的走势直观上看甚至都不如心电图波动大。图6－13是一个休眠形态底部的实例：

休眠形态不光出现在相对底部，在相对顶部也是时长出现的。很多交易者看到休眠形态，就觉得这标的后续要大涨，甚至提前潜伏进去，结果很可能大涨没盼来，却是直接飞流直下三千尺。图6－14就是这样的例子：

交易的时候，千万不可有执着和定见，一切要等市场自己走出来。时刻想着趋势、位置、形态，小心翼翼地参与，并要时刻牢记我们的交易都是主观的，而市场走势才是客观的，我们需要随时坦然承认自己的错误并截断亏损。

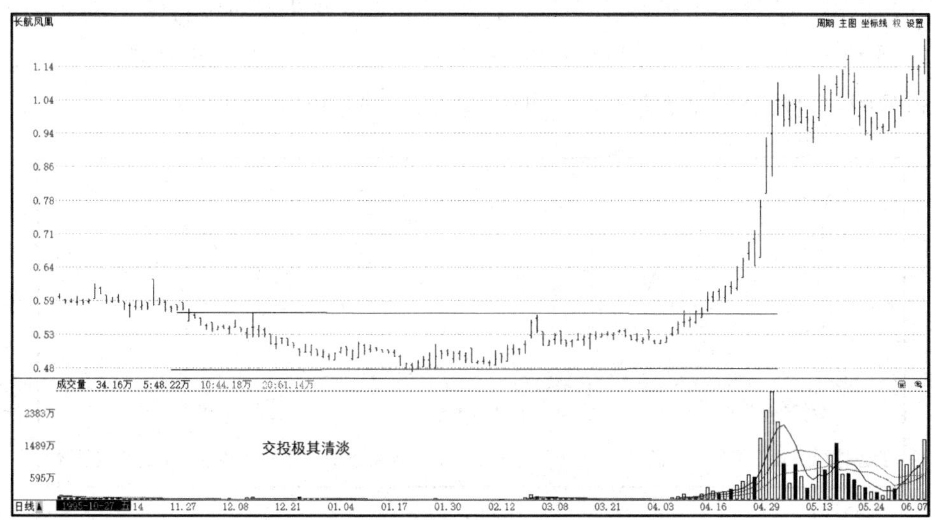

图6－13　休眠形态（长航凤凰）

图6－14　休眠形态（中再资环）

6.2.5　三角形态

三角形态是行情波动区间逐步走向收敛的一种波动模式，即开始振幅较大，后来振幅越来越小，呈现出三角形的形态。三角形态可以分为三种子类别：对称三角形，上升三角形和下降三角形。对称三角形并不一定是真对称的，也不一定是一个等腰三角形。上升三角形也并非指后续行情一定上涨，同理下降三角形也并非指后续行情一定下跌。这些命名都是根据象形的方式得来的，与行情预测毫无关系。图 6－15 是三种三角形态的示意图：

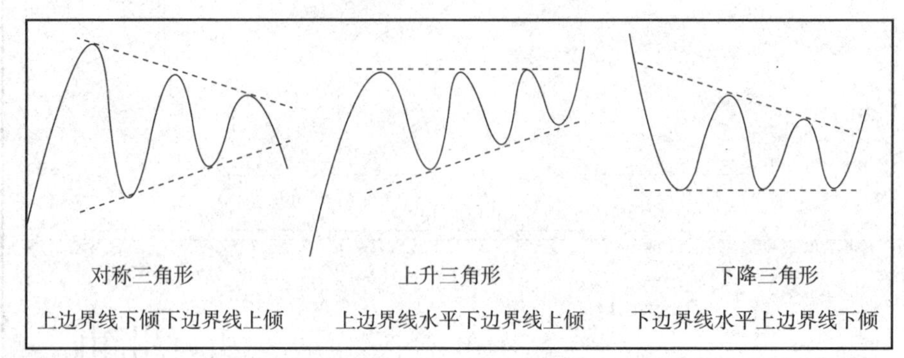

图 6－15　三角形态示意图

注：上升三角形不代表一定向上突破，下降三角形也不代表一定向下突破，只是根据外形的一种称呼。

三角形态可以出现在底部，顶部和中继的次级反应趋势的位置，图 6－16 是上证指数底部的一个形态，注意看形态运行中的量能变化情况以及突破点时的成交量。

图 6－16　底部三角形态（上证指数）

三角形态也时常出现在顶部，需要特别注意的是在 A 股价格向下突破形态是无须成交量放大的，图6－17是顶部三角形态的实例，图6－18是三角形中继形态的实例。

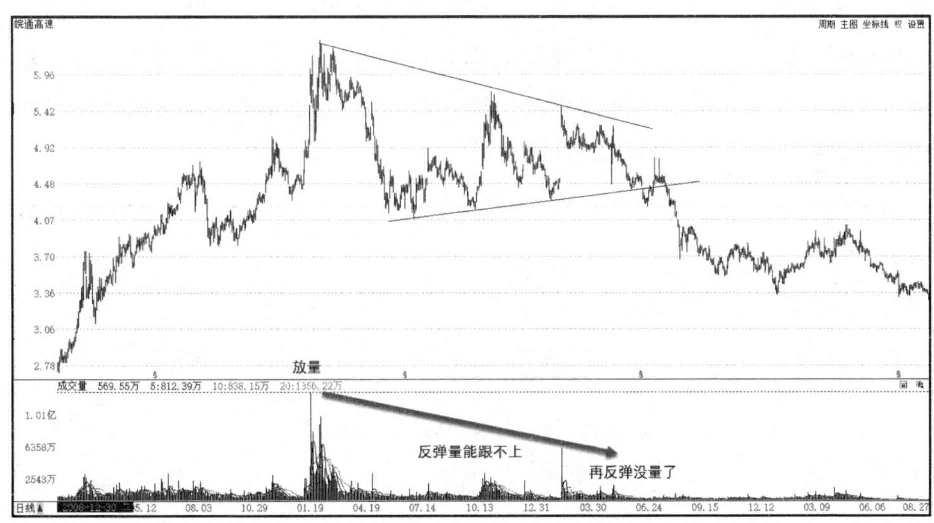

图6－17　顶部三角形态（皖通高速）

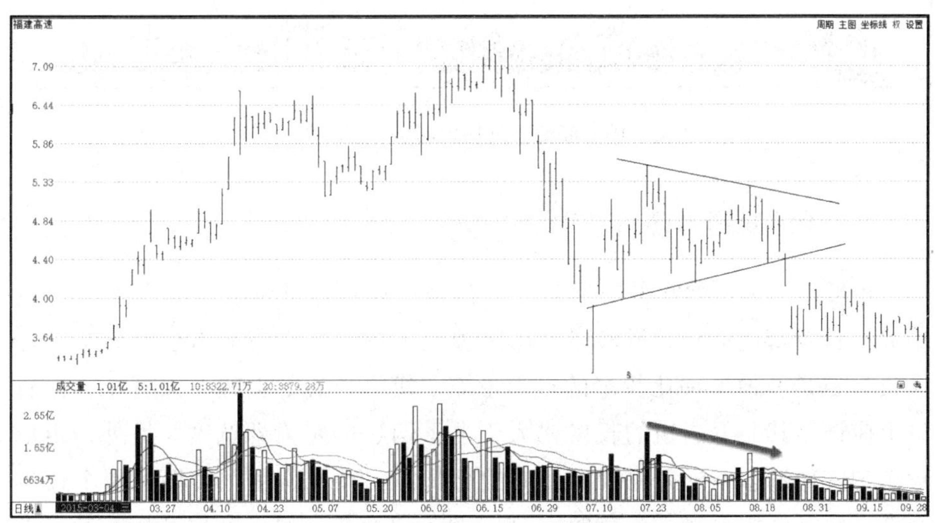

图6－18　中继三角形态（福建高速）

上升三角形与下降三角形同样可以在顶部、底部、中继等各种位置出现。另外，突破点也并不一定是在平边一侧。即上升三角形完全有可能在下面斜边一侧向下突破，而下降三角形也极有可能向上突破斜边。并且朝哪个方向突破与后续行情的力道并无多大关系。并不是说上升三角形向上突破就会是特别大的行情，另外，触点越多越有效指的是形态边界线的有效性，并非指突破后能走多远。图 6－19 是一个上升三角形底部向上突破的例子，突破之后并未走出波澜壮阔的行情，反倒是不久就倒栽回来了。还是那句老话：趋势、位置、形态分析都不是做预测用的，而是让我们认清今天的趋势，以便更好地做好应对未来走势变化的对策。

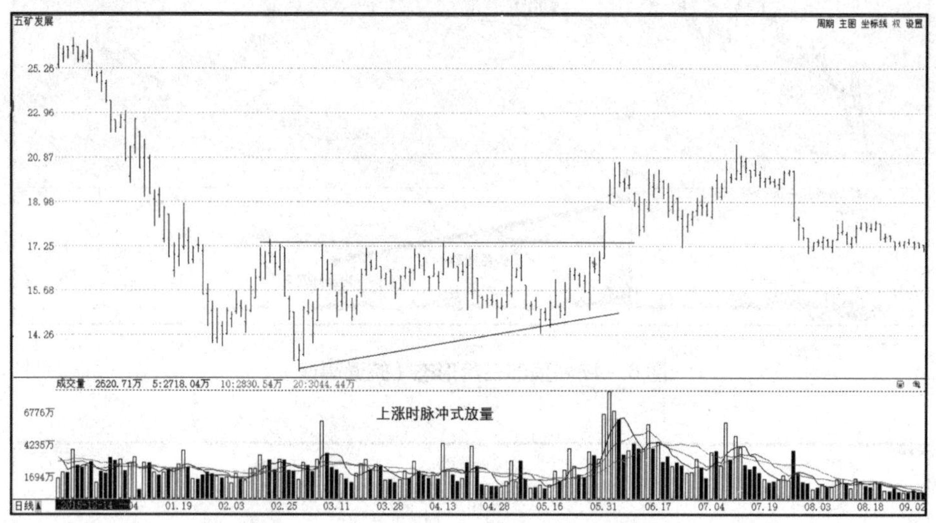

图 6－19　底部上升三角形态（五矿发展）

6.2.6　矩形形态

矩形形态是一种常见的形态，在行情的底部、顶部、中继（次级反应趋势）位置都能见到矩形形态。道氏理论中所讲的线态窄幅整理形态（道氏轨）也是一种振幅比较窄的矩形形态。矩形形态的振幅有大有小，但总体上应该是其上下两边的长度要大于上下两边的距离即宽度。另外，矩形形态与其他形态一样，也没有任何的行情方向预测作用，价格朝哪个边界突破（往往还需要考虑成交量），则表明行情可能向哪个方向开始运动。在量能方面，在矩形形态内部，通常整体上是越往后越缩量的，无论矩形出现在哪个位置。但是不同位置的放量点结构也会有所不同。图 6－20 是矩形形态的示意图。

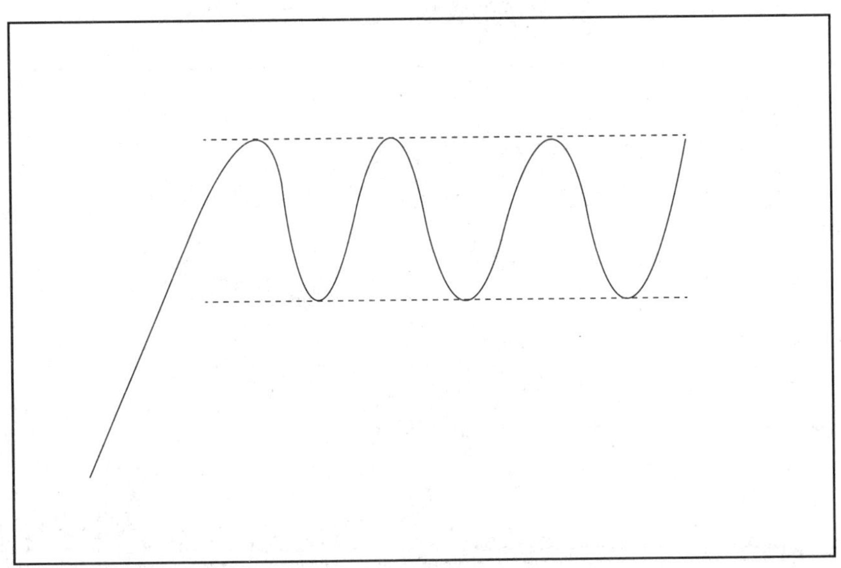

图6－20　矩形形态示意图

图6－21是底部出现的矩形形态的示例，要注意突破点及附近的量能变化。

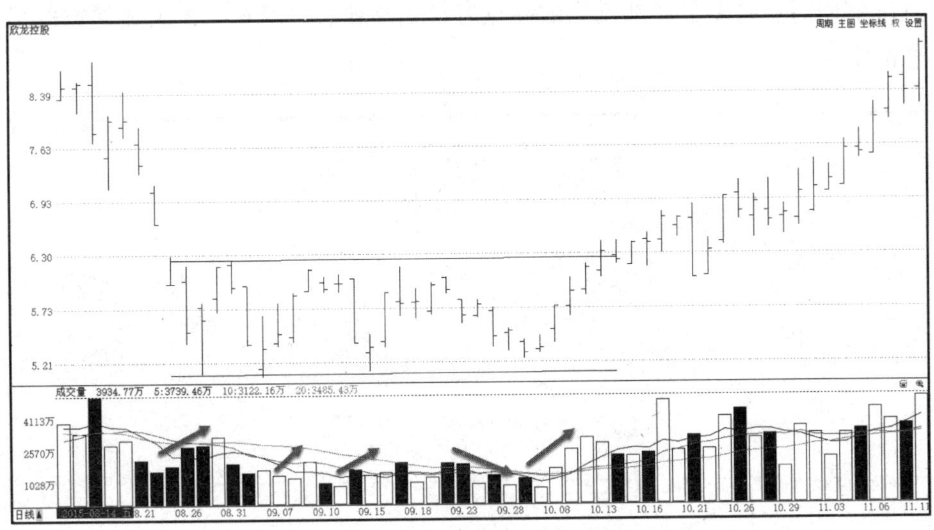

图6－21　底部矩形形态（欣龙控股）

同样，矩形形态也可以出现在中继位置甚至反扑所在的位置，图6－22给出了矩形形态作为反扑形态的示例。图6－22中标的从底部的形态突破后，做了一个矩形的形态来进行继续的收集。之后再次放量突破。

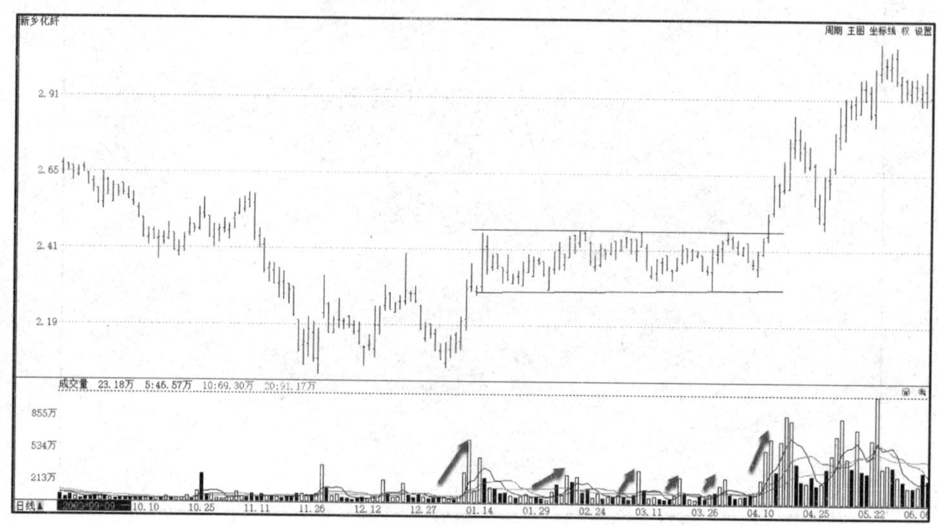

图6－22 反扑位置矩形形态（新乡化纤）

顶部的矩形形态量能则往往不会呈现出底部或者相对低位的矩形形态内部这种脉冲式放量的结构，而往往是呈现量能逐渐衰竭的模式。即每次反弹测试前期高点时，量能都比之前高点时呈缩小状态。图6－23为顶部矩形形态的实例：

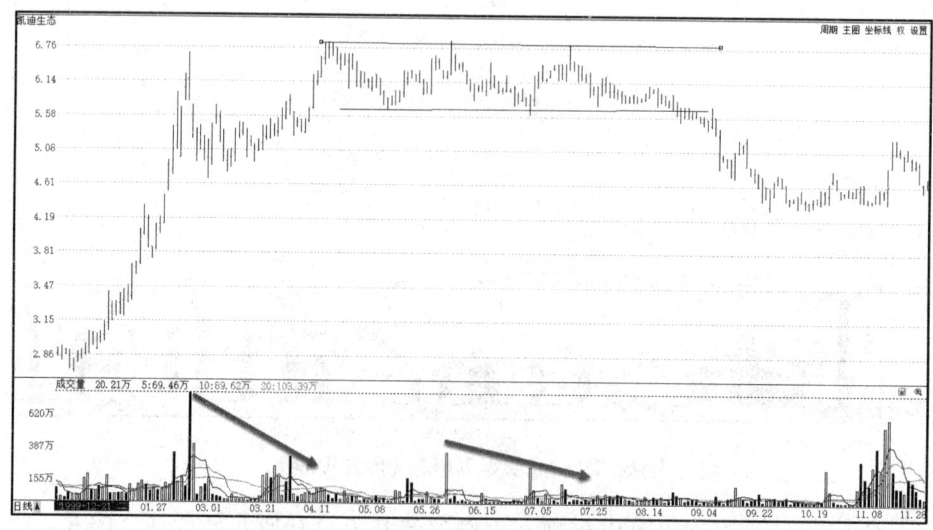

图6－23 顶部矩形形态（凯迪生态）

6.2.7 M与W形态

M 与 W 形态是常见的顶部与底部逆转形态，W 与 M 并非不能作为中继形态出现在次级反应趋势，只是通常在中继的位置出现时我们将其视为矩形形态。图 6－24 是 M 与 W 形态的示意图。

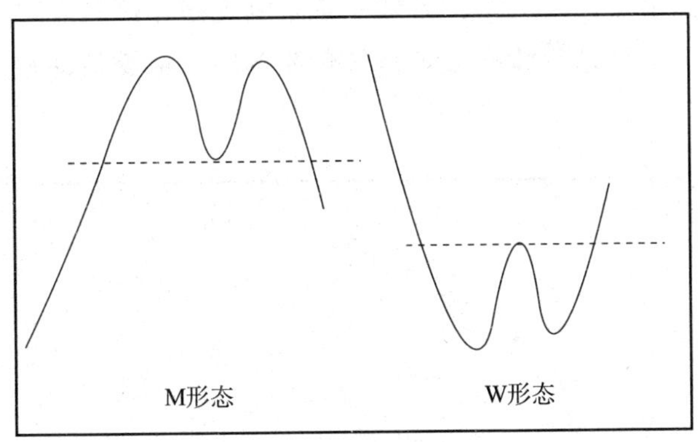

图6－24　M与W形态示意图

M 与 W 形态通常左右两个高点是大致处于相同的高度的，一般相差不到 3%，但这并非是一条铁律，有时左右两个高点会呈现出明显的高度差别。图 6－25与图 6－26 分别是高度大致相同与高度明显有差别的 M 形态。虽然两个图中 M 左右两个高点价格的相对高度有差异，但是顶部区域成交量的模式则大致相同，即右侧的高点位置成交量比左侧高点时呈缩小状态。这是通

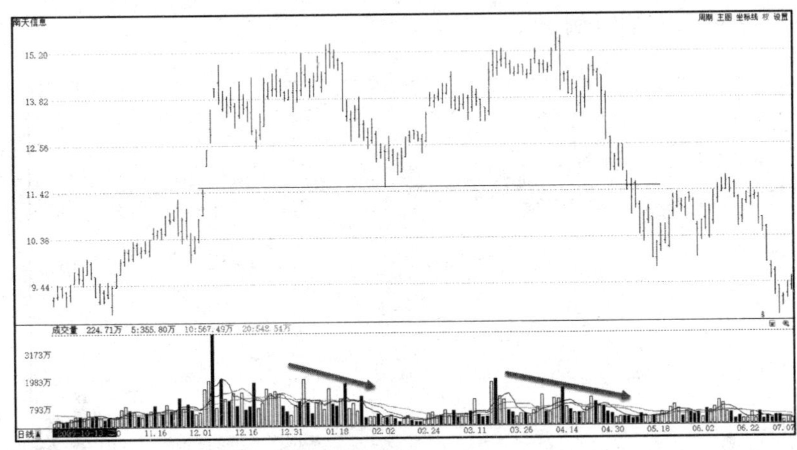

图6－25　标准M形态（南天信息）

常的经验，要特别提醒的是，价格是决定趋势的第一要素，如果遇到右侧高点放出更大成交量但是依旧掉头向下走成 M 形态的行情，依旧不影响 M 顶部逆转形态的有效性，只是做空时多加点小心就好了。

图 6－25 的南天信息无论从图形还是量能都呈现出比较标准的 M 形顶部逆转形态的特点。而图 6－26 的上证指数则相对有些不那么标准。一个是体现在右峰明显高出去一段距离，另外一点是刚突破左峰高点时成交量仍然是放大的、健康的。只是后续指数再持续创新高时，成交量却跟不上了，呈现递减的模式。

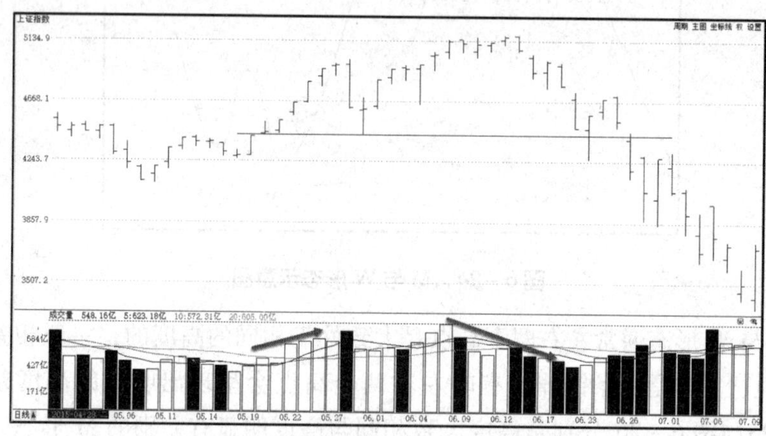

图 6－26　右峰高的 M 形态（上证指数）

与其他底部逆转形态一样，W 形态出现时往往也伴随着脉冲式放量，图 6－27是 W 形态的示例。

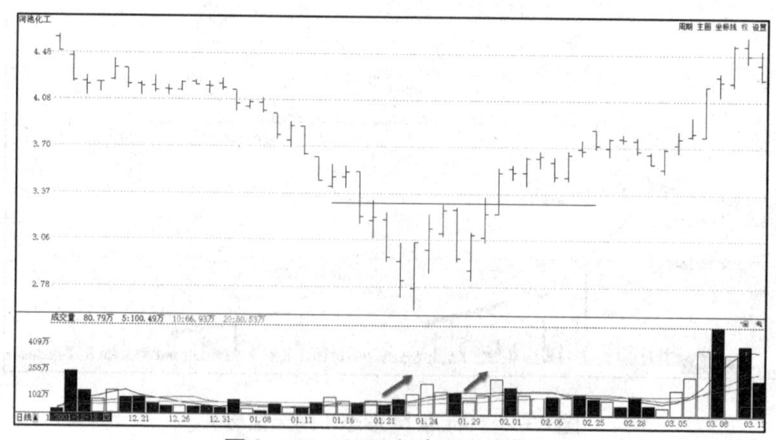

图 6－27　W 形态（河池化工）

6.2.8 多重顶或底部形态

多重顶部与多重底部形态是介于头肩形态与M或W形态之间的一种形态，其特点是三个最高或最低点高度都差不多。三重顶部或底部形态通常又称为三尊形态，更多重的顶部或底部逆转形态统称为多重顶部或多重底部形态。多重顶部或多重底部形态往往与矩形或者三角形形态比较相近，所以重要的是要找出其颈线。多重顶部或底部形态与M或W形态的不同点是M或W形态只有中间一个触点，所以其颈线一定是水平的，而多重顶部或多重底部形态中间则有两个触点，与头肩形态比较类似，因此其颈线往往是倾斜的。另外，多重顶部或多重底部形态在价格未突破颈线之前是不能武断地视其为逆转形态的，因为它们很有可能发展为矩形或三角形等中继形态。图6－28与图6－29分别是多重顶部逆转形态与多重底部逆转形态的示例。

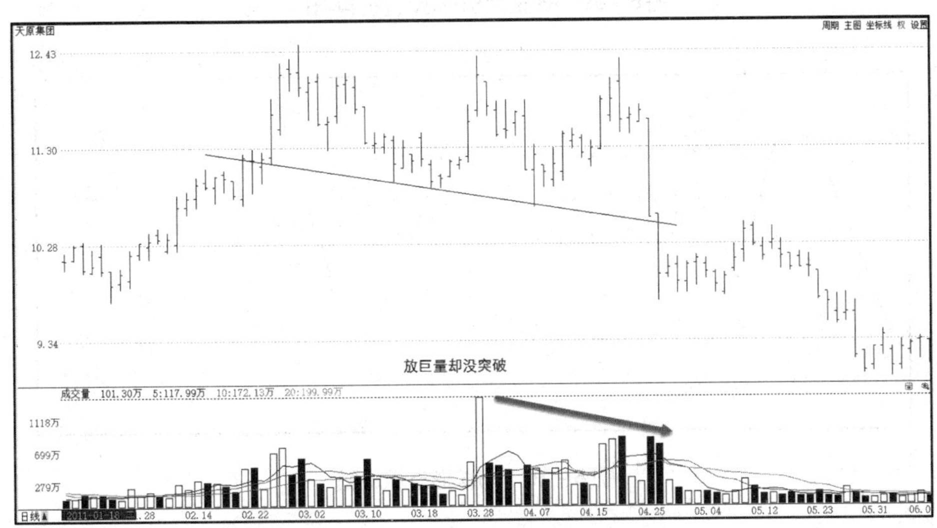

图6－28 多重顶部形态（天原集团）

6.2.9 马鞍形态

马鞍形态是M与W形态的变种，在两侧高点中间多了一个相对较低的次高点。这与头肩形态正好相反，头肩形态中间头部比两边双肩高。与头肩形态一样之处是马鞍形态同样可以出现在顶部、底部或者是中继的次级反应趋势的位置。图6－30是马鞍形态的示意图。

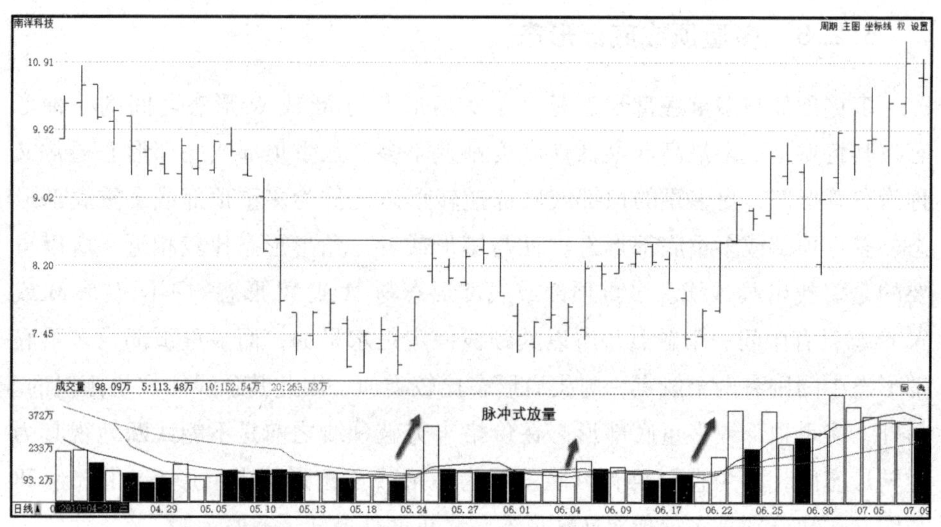

图6－29　多重底部形态（南洋科技）

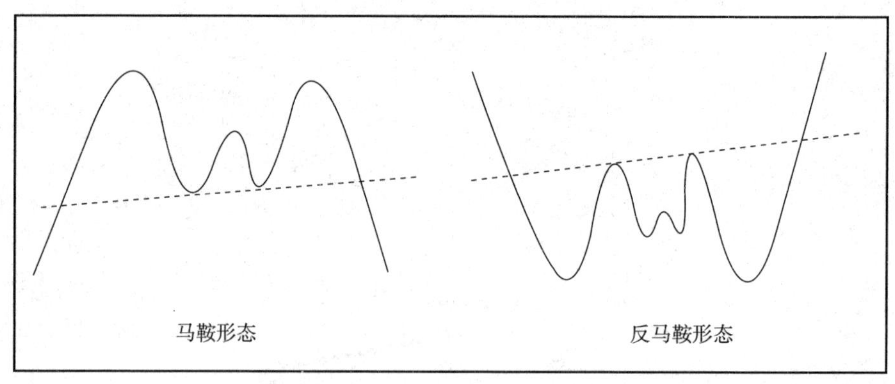

图6－30　马鞍形态示意图

顶部的马鞍形态通常在右侧高点时会伴有明显的量能衰竭，右侧高点有时尽管会创出新高，但成交量往往跟不上了。参考第1讲图1－1的中信证券顶部的马鞍形态。图6－31给出了一个相对小型的顶部马鞍形态实例：

由于底部收集过程往往时间较长，在底部经常能看到比图1－1所示的顶部马鞍形态更大的底部马鞍形态，并且这些大的马鞍形态往往由小的其他形态复合而成。图6－32是一个底部复合型马鞍形态的示例。与头肩底部逆转形态一样，马鞍底部逆转形态也往往伴随着脉冲式放量。

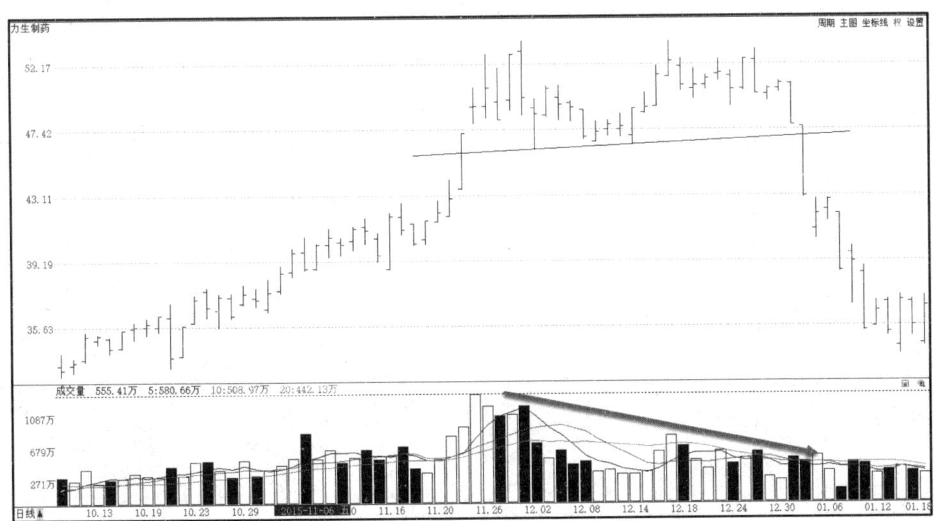

图6－31　顶部马鞍形态（力生制药）

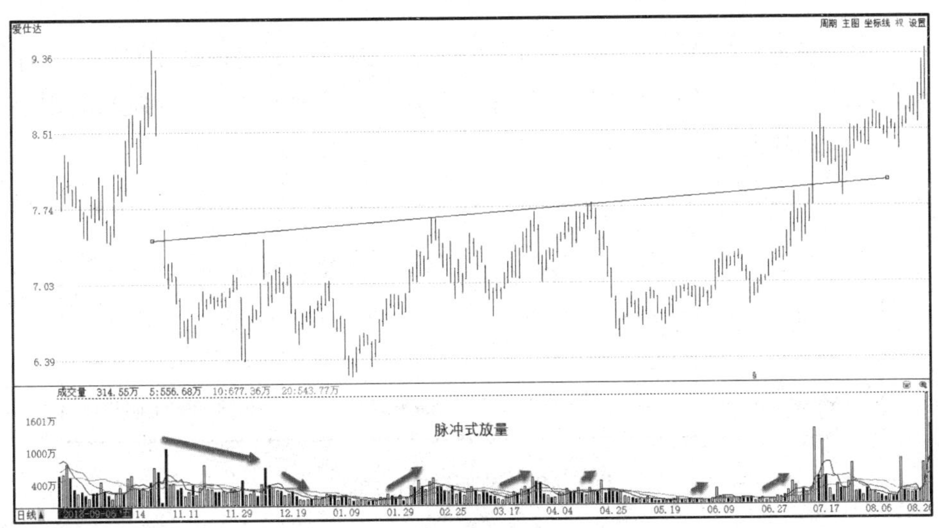

图6－32　底部复合型马鞍形态（爱仕达）

马鞍中继形态相较于头肩中继形态更少一些，但是也是时常出现的，图6－33是上涨趋势途中的中继整理形态作为次级反应趋势的例子。

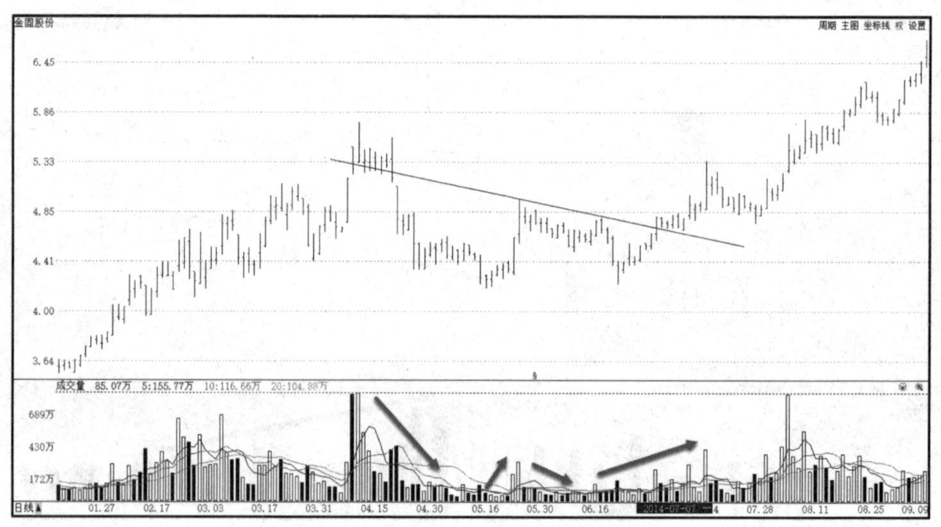

图 6－33　中继型马鞍形态（金固股份）

6.2.10　喇叭形态

喇叭形态与三角形态正好开口方向相反，因为行情图表是按照时间顺序从左往右进行，三角形态的特点是行情的波动越来越收敛，而喇叭形态则是行情的波动越来越发散。图 6－34 是喇叭形态的示意图。

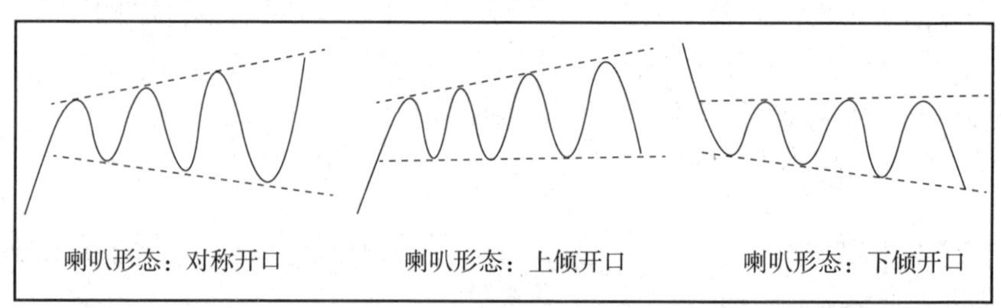

图 6－34　喇叭形态示意图

喇叭形态通常出现在行情的中继形态和顶部逆转形态，图 6－35 与图 6－36 分别是中继形态与顶部逆转形态的喇叭形态实例。

需要注意的一点是，因为喇叭形态走势越来越发散，所以喇叭形态突破后如果没有强劲的沿突破方向继续运行，一旦价格调头回到喇叭范围之内，则后续反向波动往往相当可观，因为喇叭张口本身就很大，从突破后回到喇叭范围内再到另一侧的边界线，这段距离已经很大了。因此，如果行情在成

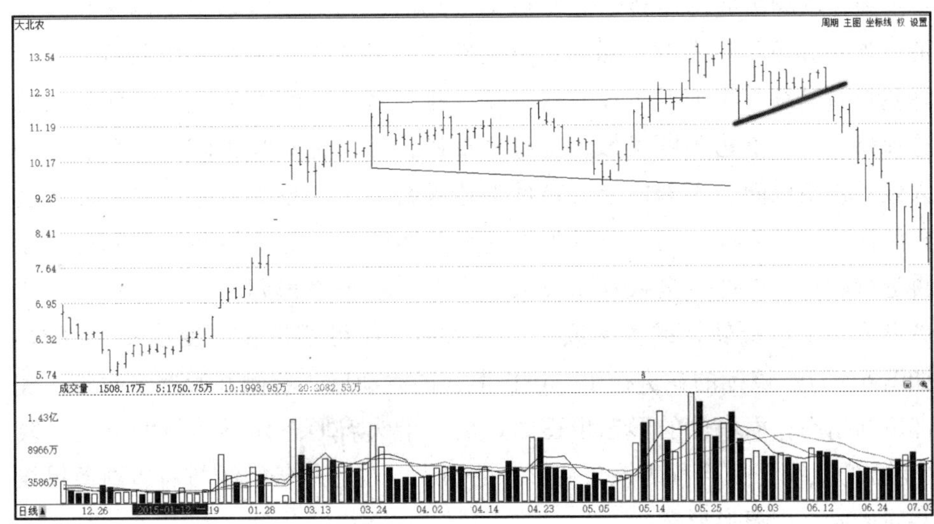

图6－35　中继喇叭形态（大北农）

交量的配合下回到喇叭范围内，这是一个可以反手交易的开仓点位，打到反向的边界线时视情况是否平仓。如图6－35中右上角粗线所标示的位置（再次提醒A股做空无须成交量配合）。

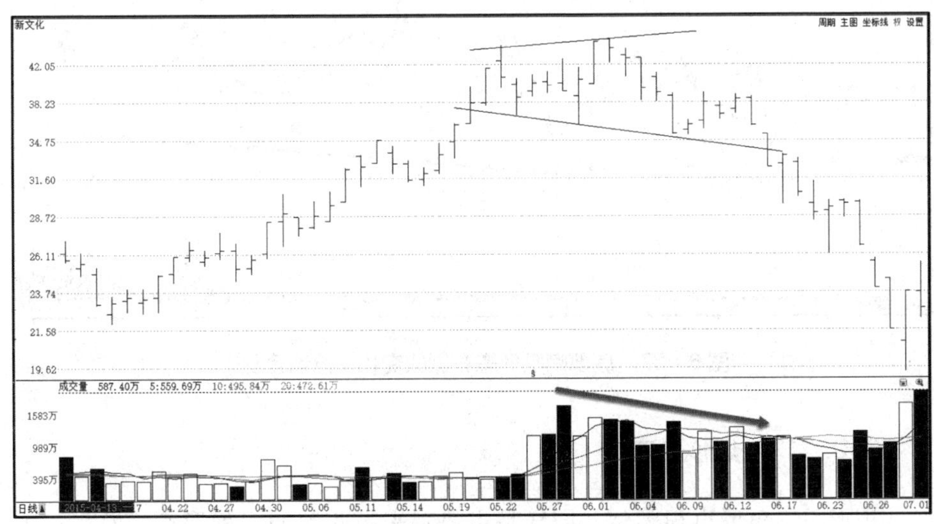

图6－36　顶部逆转喇叭形态（新文化）

图6－36中的标的新文化在喇叭形态内放量，中继创出新高量能却没跟上，后续成交量虽然一直保持在比较高的水平，但却是逐步缩量的。

纯粹的喇叭底部逆转形态是极其罕见的，因为喇叭形态是越来越发散的。如果底边不停发散，则满足道氏理论所讲的价格不断创出新低，是下降趋势在延续，也证明了没有有远见的投资者在进行筹码收集。而如果底边保持水平，上边不断发散，也有些奇怪，因为正常收集的过程会有一个大致的价格区间，不断向上发散的上边界线表明会推高收集成本，而底边既然保持水平方向，其中有远见的交易者明明可以等价格回落到底边附近再进行收集。因此，多数开始发散的底部形态最终都归于收敛，在右侧或者形成一个道氏轨，或者形成一个三角形，使得形态整体变成一个菱形，如图 6－37。该标的在进行了一段扩散式的波动后，右侧开始逐步收敛，底部逐渐抬高，而右侧的形态也逐渐走出一个头肩形态使得其新的上边界线（上方的粗线）重合称为该头肩形态的颈线。左边两条细线与右边两条粗线共同构成一个菱形形态。

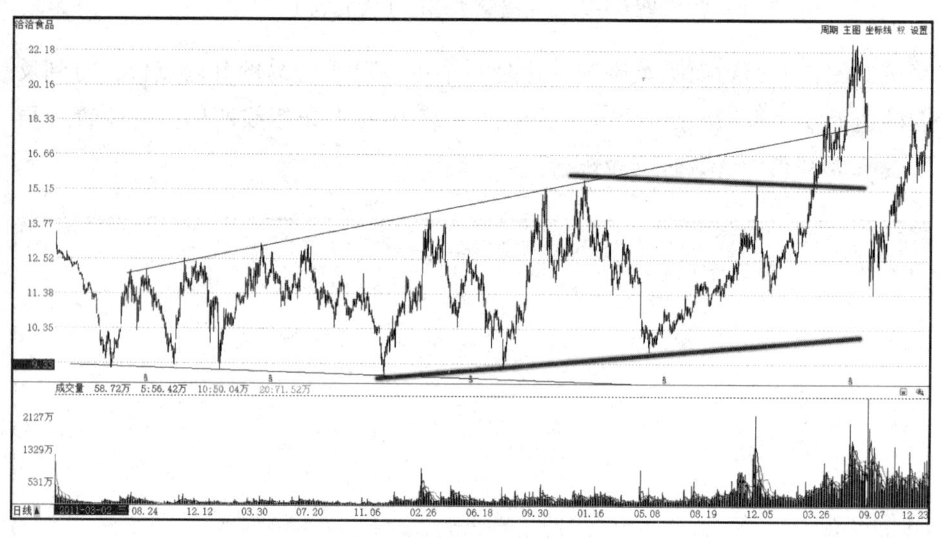

图 6－37　底部喇叭形态右侧的变化（洽洽食品）

6.2.11　楔形形态

楔形与三角形也很类似，同样是走势越来越收敛的一种形态，但与三角形的不同点在于楔形的两个边都是朝同一个方向倾斜的，只是倾斜的角度不同。上升楔形的下边倾斜角度大于上边。而下降楔形的上边倾斜角度大于下边。图 6－38 是楔形的示意图。

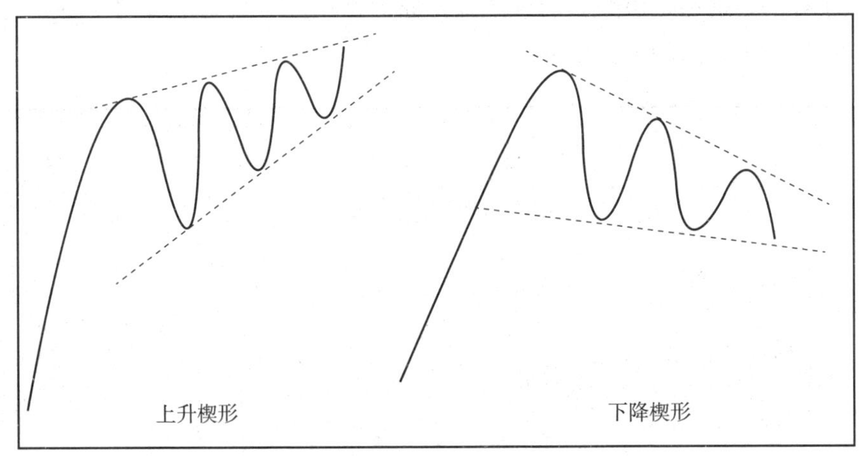

图 6－38　楔形示意图

楔形形态也往往伴随着假突破的情形，这一点与喇叭形态比较类似。一旦价格回到楔形的边界线内，后续反向波动往往比较急促。

上升楔形向下突破往往会快速攻击到楔形的最下方的区域，图 6－39 上证指数走势就呈现出这种模式，价格快速跌至楔形最低点处震荡反弹。

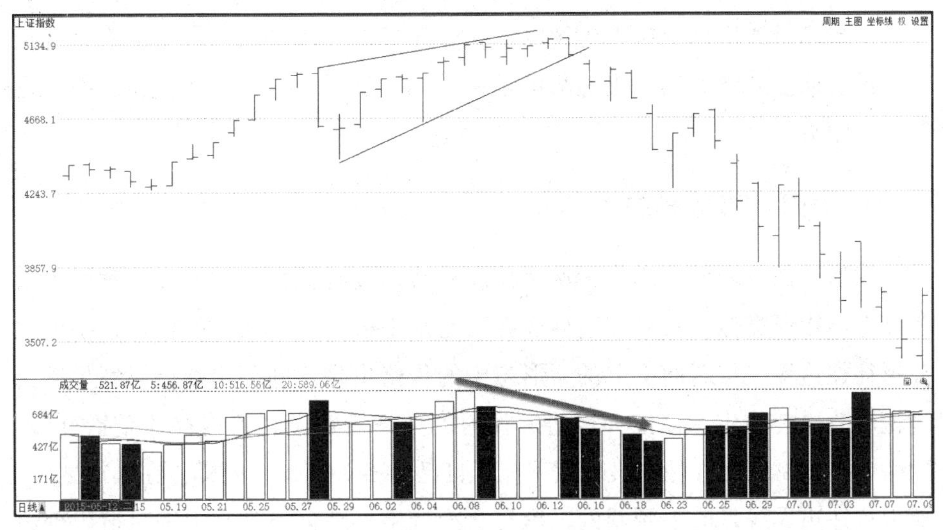

图 6－39　顶部上升楔形（上证指数）

图 6－40 中的标的吉林敖东在上涨途中走出了一个下降楔形，整个楔形内部成交量呈递减状态。右侧价格向上突破楔形上边界线后，快速回落，跌到前期低点附近，最大跌幅近 15%。这里需要注意，这次向上突破是没有成

交量支撑的，这也是假突破的一个重要原因，在日常交易中特别要注意成交量，特别是突破点的成交量变化。

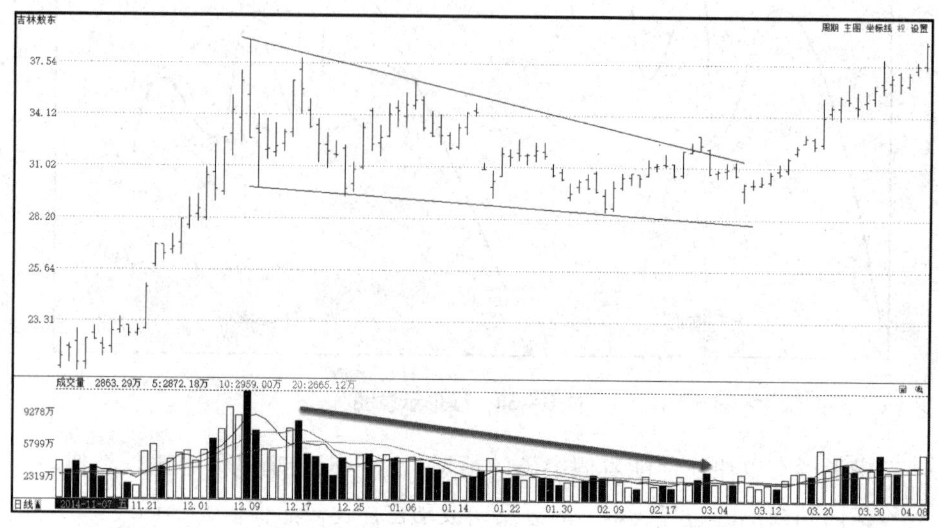

图 6-40 中继下降楔形（吉林敖东）

与喇叭形态原因一样，无论上升楔形还是下降楔形都很少在底部出现，下降楔形满足道氏理论熊市延续的定义，并且也无法表明有远见的交易者正在收集。而上升楔形则是上边界线越来越高，这样会推升收集成本，因此也是十分罕见的。

6.2.12 旗形形态

旗形往往以中继形态作为次级反应趋势，具有很强的欺骗性。旗形很大程度上与矩形类似，只是其边界线并不是水平的。一个通常的特点是牛市中旗形往往边界线是斜向下方的，形态中的价格也是不断创出新低，满足道氏理论趋势逆转的定义。然而经过一段时间的形态震荡，价格往往重拾升势，此时好多交易者却往往在最低点丢掉了自己的多头部位。同样，在熊市之中，旗形往往边界线是向上倾斜的，形态之中价格不断创出新高，满足道氏理论趋势逆转的定义。很多交易者此时进场抄底做多，其结果往往是在最高点买入后，价格快速陷入跌势。图 6-41 是牛旗和熊旗的示意图。

在行情的运行中预判是否走出的是旗形还是一个逆转的 M 或 W 等形态需要结合趋势、位置还有成交量综合来判断。道氏理论告诉我们牛市和熊市各

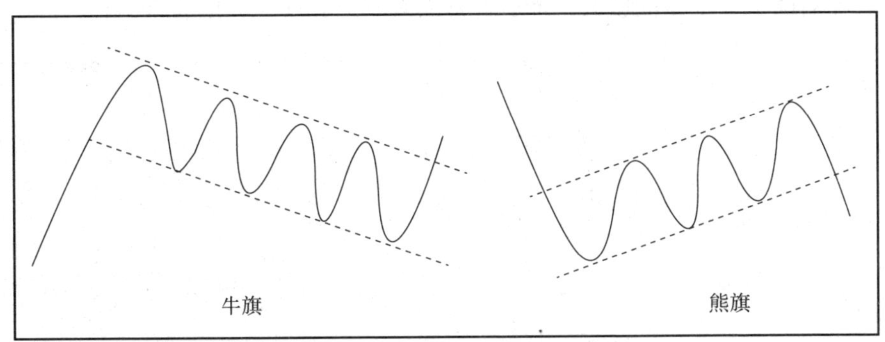

图6－41 旗形形态示意图

分为三个阶段，我们在交易过程中需要审视一下，当前可能处于哪个阶段？有什么证据？现在是相对低位还是相对高位？另外，道氏理论还主张成交量应该随着趋势的方向放大，那么形态行进中成交量是怎么个变化？图6－42是一个牛旗中继的示例。

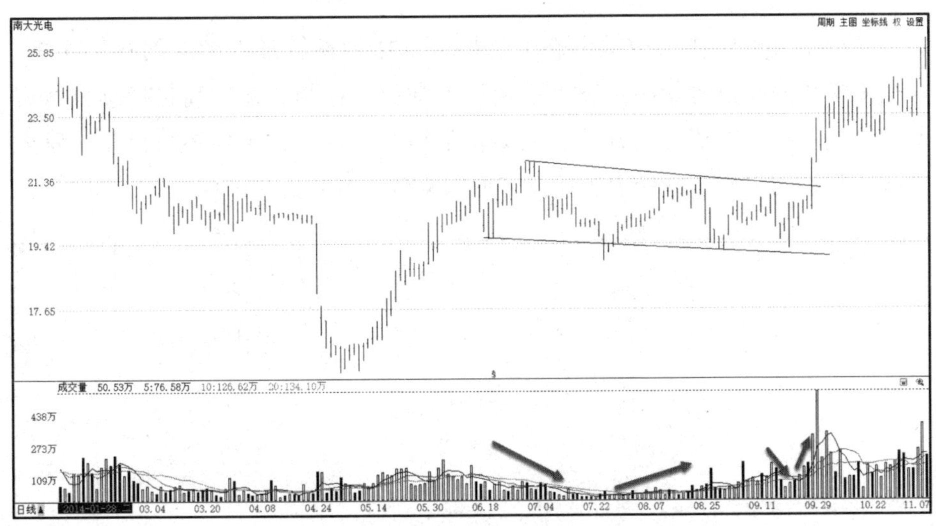

图6－42 牛旗中继（南大光电）

在图6－42中的标的南大光电中，形态内部随着价格下跌成交量基本都是萎缩的，而上涨时则微微放量，在临近形态突破时，随着价格上涨成交量明显放大起来。

图6－43中，标的万科A起初微微放量，但比之前的量能水平差距较大，而随着反弹不断创出新高，量能却是萎缩的，放量较大的一天却未能创出新

高，随后随着下跌量能放大，最后价格跌破下边界线，完成熊旗形态。

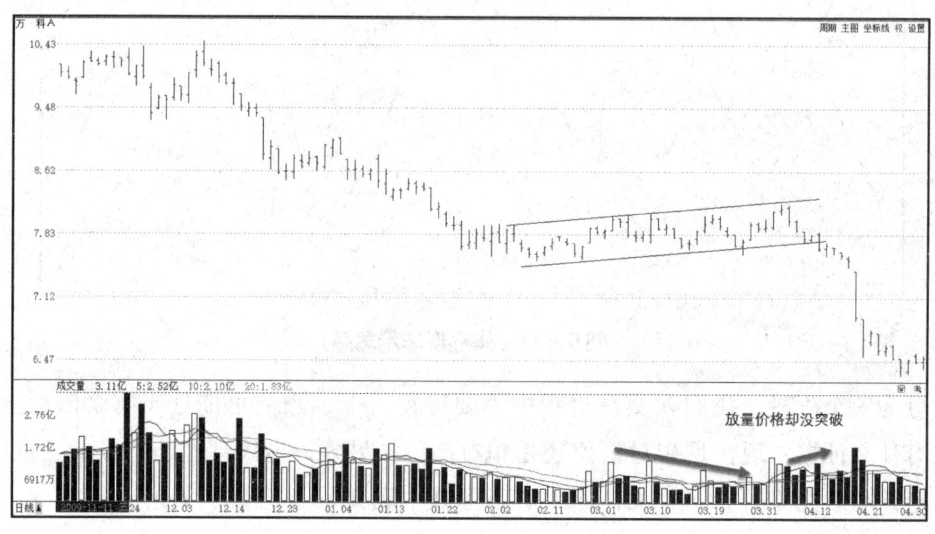

图6－43　熊旗中继（万科A）

旗形不仅可以作为中继形态，也是可以作为逆转形态的。图6－44中，标的中集集团收盘价始终没突破前期高点却放了巨量，然后高位持续放量震荡，这是一种异常成交量模式，因为正常情况下形态内不应该放巨量，巨大的成交量表明多空分歧较大，还没等形态突破，就有人坐不住了。

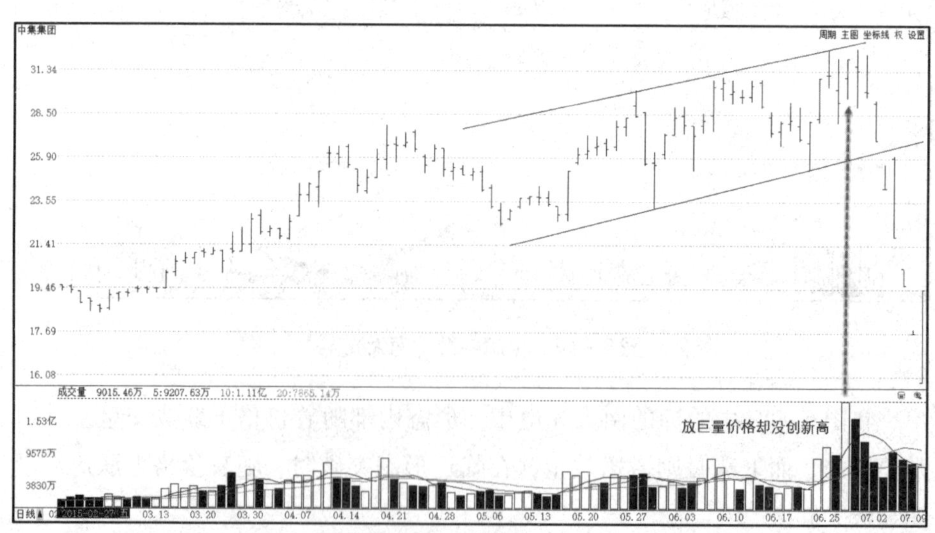

图6－44　顶部逆转形态的旗形（中集集团）

6.2.13 菱形（钻石）形态

钻石底这个词已经被用坏了，不一定哪天就有人站出来喊现在是钻石底，还有衍生出来的婴儿底。底部是一个绝对的价格么？如果是，那么能找准这样的顶底的人似乎用不着到处卖报告为生了。顶部还是底部都是一个区域，行情走出来顶部或者底部形态，我们才能试着推测其为顶部或者底部。菱形（钻石）形态可以出现在顶部、底部或者中继位置作为次级反应趋势。其特点为有4个边界线，图6－45为菱形形态的示意图。

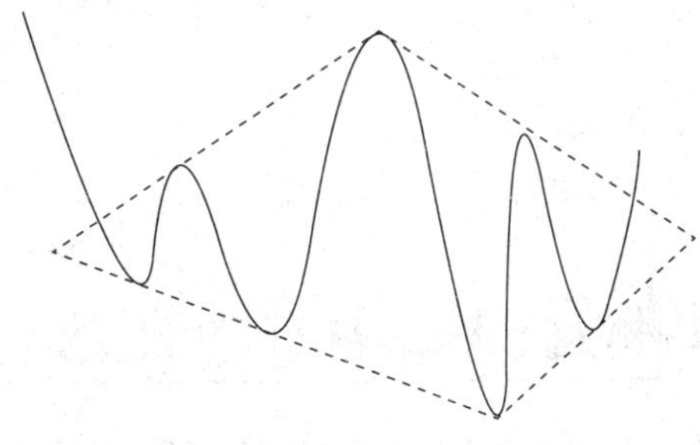

图6－45　菱形形态示意图

在前面的喇叭形态示例中，我们已经见过一次菱形底部逆转形态了。与其他底部逆转形态一样，菱形底部逆转形态伴随的是一种脉冲式放量的模式。图6－46是一个底部逆转菱形形态的实例。

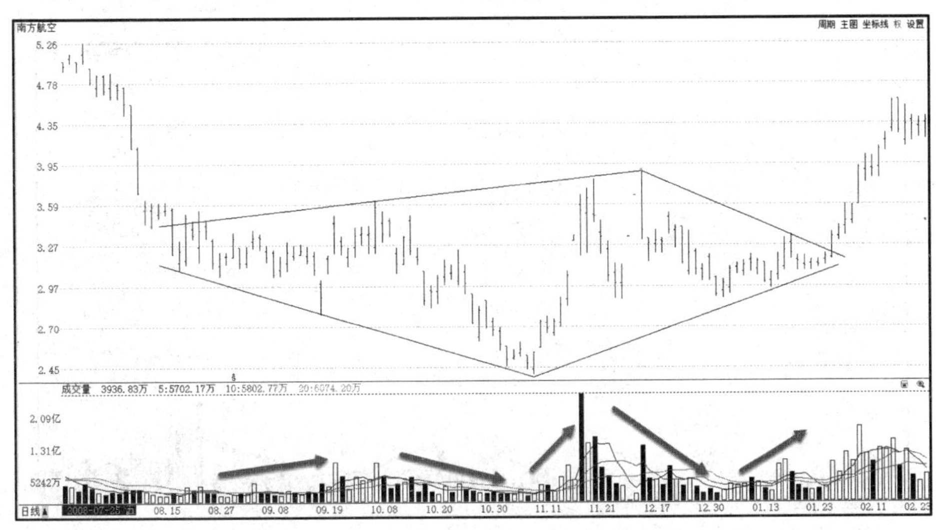

图6－46　底部逆转菱形形态（南方航空）

菱形形态在顶部出现的概率甚至超过了在底部出现的概率，图 6－47 是顶部逆转菱形形态的实例。标的在菱形的顶点处放量滞涨，持续放量震荡后回落，之后成交量一路萎缩，直到价格向下突破完成顶部逆转。

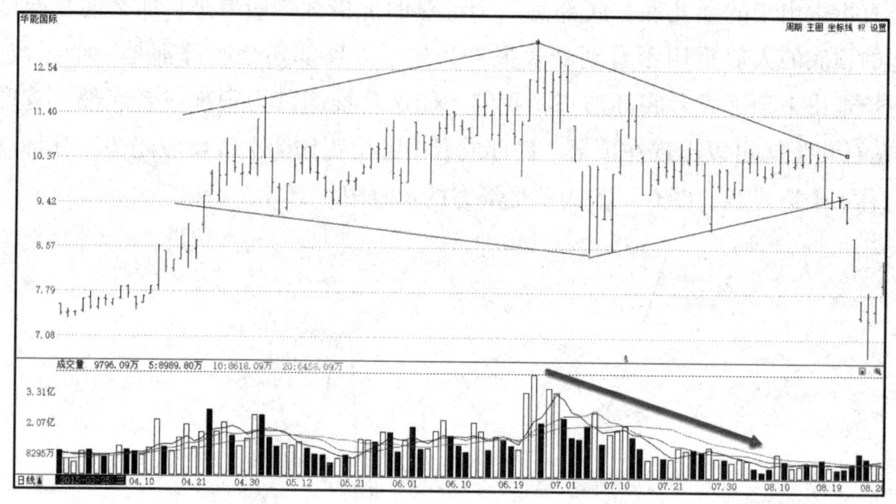

图 6－47　顶部逆转菱形形态（华能国际）

菱形形态也时常出现在行情中继的次级反应趋势处，图 6－48 为中继菱形形态的示例。形态前半段每次上涨时成交量都呈萎缩状态，但同样下跌也并未伴随着放量，只是在形态最低点处放了较大的量能。后半程临近突破时，成交量伴随着价格上涨逐步放大并放量突破，完成中继形态。

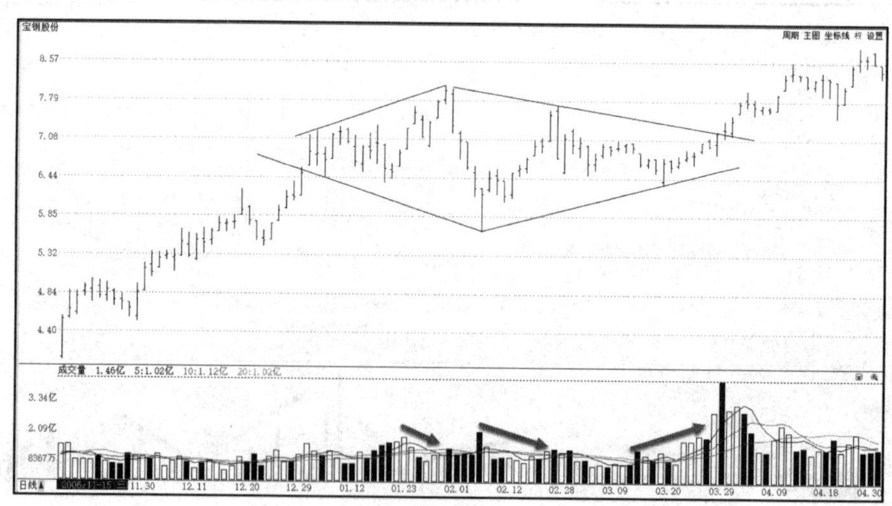

图 6－48　中继菱形形态（宝钢股份）

6.2.14 延伸 V 形态

经常从各种媒体上可以听到某标的或者经济走势“V 反了”，纯粹的 V 形反转是极其罕见的，多数时候往往是由天灾等难以预期的事件所导致的。正常的行情运行过程中，一个急速的反向波动如果想要变成逆转形态，则往往在其左侧或者右侧有一段延伸的过程，这个过程保证了有远见的交易者有时间进行收集或派发。图 6－49 是延伸 V 形态的示意图。顾名思义，延伸 V 形态就是由一个 V 形态加上一段横向延伸所构成的。这段横向的延伸可以是个矩形，可以是三角形，也可以是棋形或者楔形。而 V 形态也并不一定呈现出一个完美的 V 形，有时甚至会变成一个小的 W 或 M 形态。

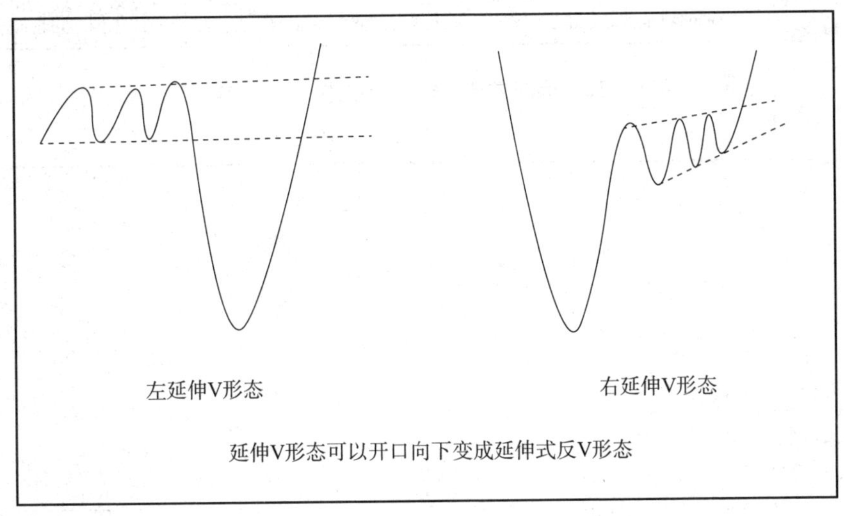

图 6－49 延伸 V 形态示意图

图 6－50 是一个底部逆转右延伸 V 形态的实例。伴随着急跌后的反弹，成交量开始温和放大，随后价格进入一个旗形区间震荡，其间下跌缩量，上涨微微放量，后半程临近突破时成交量开始明显放大，最后放量突破，完成底部逆转。

右延伸 V 的开仓点位通常在右侧延伸形态放量突破点处建立。而左延伸 V 的开仓点位则不同，如果左侧延伸形态为宽度较大的矩形，通常可以在回到左侧延伸矩形形态第一边界线时即开仓交易。左侧延伸形态为其他形态的需要根据具体情况具体分析开仓点位。图 6－51 为顶部逆转左延伸反 V 形态的示例。

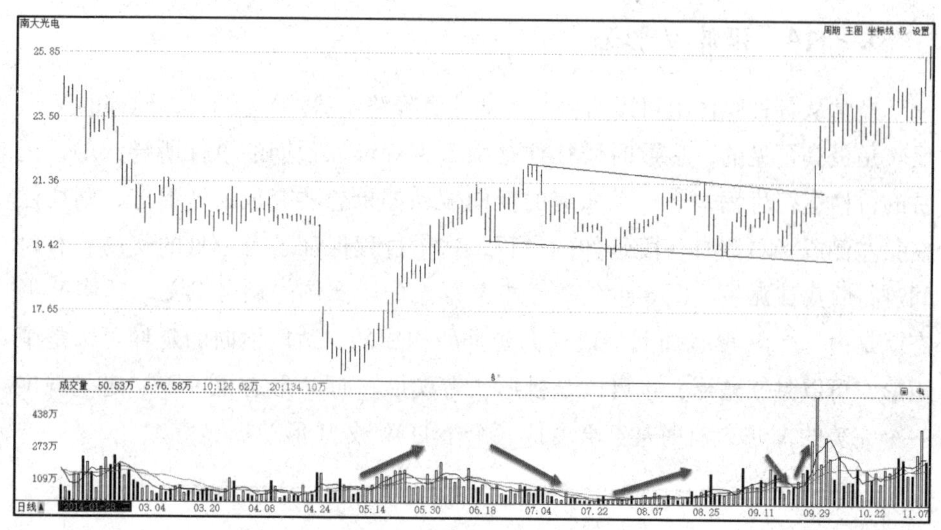

图 6－50　底部逆转右延伸 V 形态（南大光电）

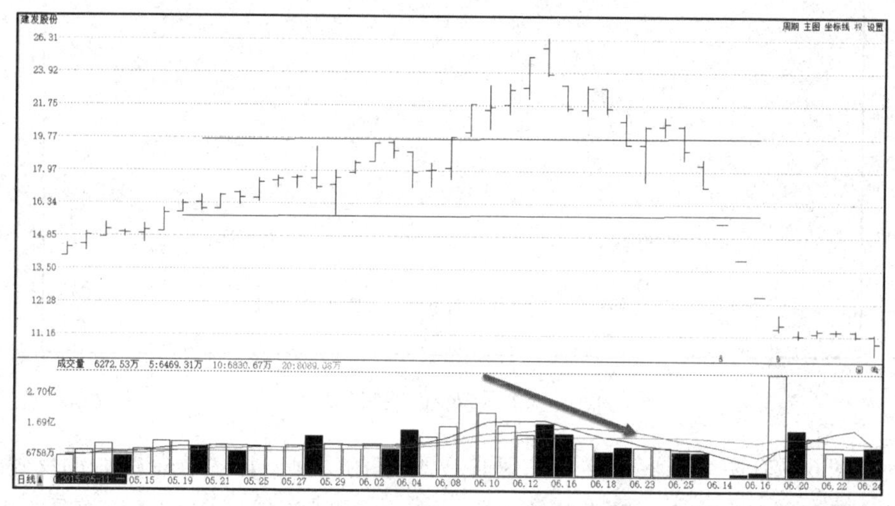

图 6－51　顶部逆转左延伸反 V 形态（建发股份）

图 6－51 中标的建发股份的价格一回落进矩形的第一边界线（上边界线）即可立即开空，到了下边界线看情况是否需要平仓，甚至加码。这里用的是箱体原理，本书后续内容会进行讲解。

延伸 V 形态也时常在行情中出现作为中继形态，图 6－52 是中继延伸 V 形态的一个实例。标的上涨过程中先走出了一个右延伸 V，然后很快又走出一个左延伸 V。

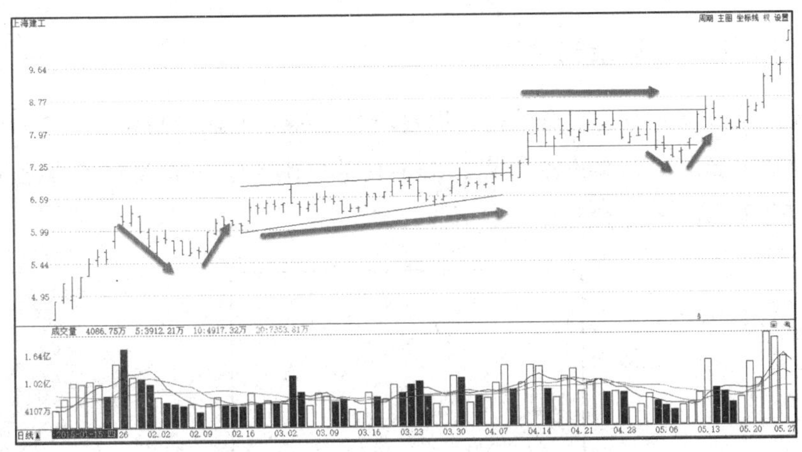

图6－52 中继延伸V形态（上海建工）

6.2.15 浅碟形态

浅碟形态一般出现在牛市的乐观阶段，表现为标的走势呈圆弧状上涨，同时成交量也呈现出与之类似的圆弧状模式。浅碟形态的特点是走三步，退一两步，行情走势不温不火，但是却涨得很稳当。遇到浅碟形态最好的办法就是安心持有，不要在里头来回买卖交易，瞎折腾往往容易错失大行情。浅碟形态运行过程中通常也不会走出一个反向的逆转形态来，并且往往在浅碟形态之后会出现比较凌厉的涨势。实在担心行情逆转的话，可以图表里挂个60日均线，守着均线不破位即可。图6－53为浅碟形态的实例。

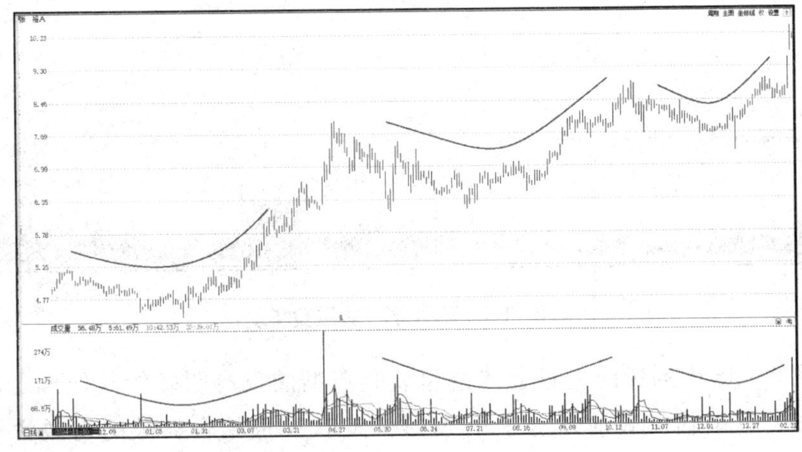

图6－53 浅碟形态（张裕A）

6.2.16　N 形结构

N 形结构也成为之字形结构，即没有什么特别明确的形态，只是价格反向调整后突破前期的高点或低点，由于其走势比较像一个 N 字或者之字形，故此以此命名。图 6－54 是 N 形结构的示意图。

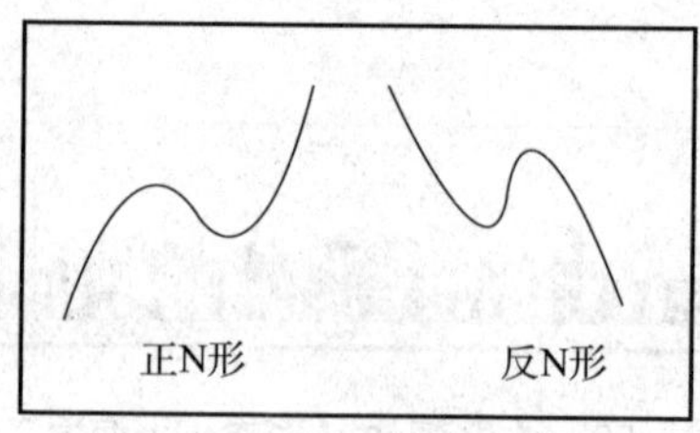

图 6－54　N 形结构示意图

将 N 形结构这一个不算是通常形态的内容放到形态部分里是为了后续讲述突破交易法时可以更加统一，更加便于读者的理解。我们来看两个例子，如图 6－55 和图 6－56 所示。

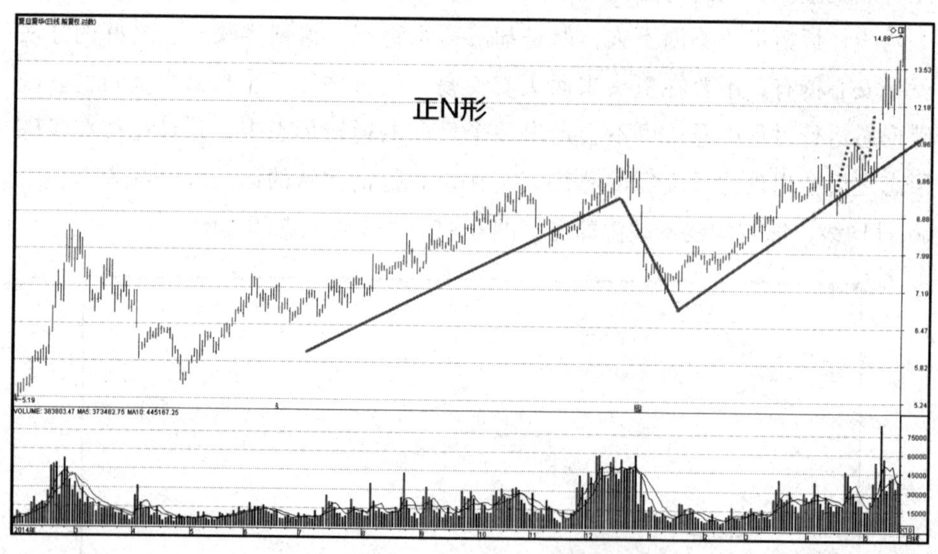

图 6－55　正 N 形（复旦复华）

图 6－55 中的标的复旦复华这里就是典型的没有明确的其他形态的 N 形突破，这里临突破前还有个小 N 形，**大小 N 形结合突破的有效性一般较高。**

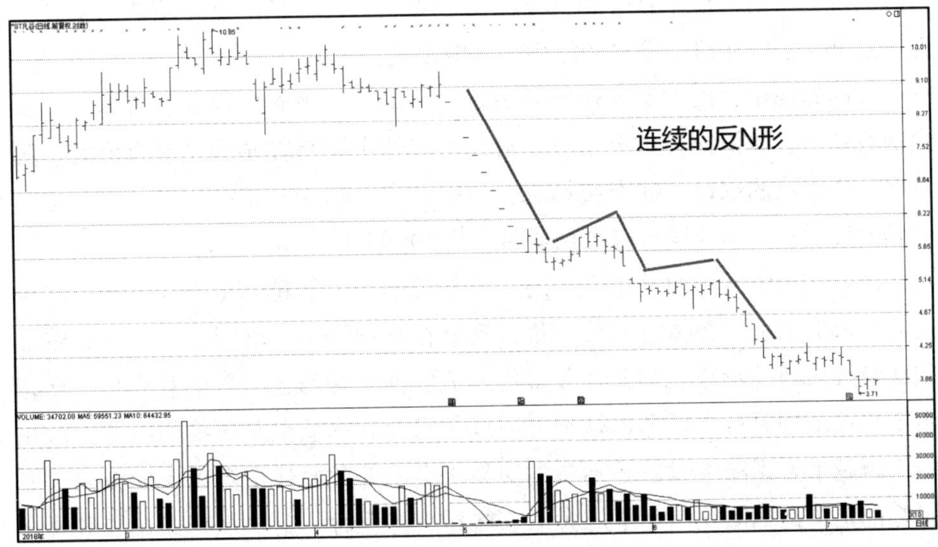

图6－56 反N形（ST凡谷）

图6－56中的标的ST凡谷这个走势就是典型的连续反N形，一路下跌。这种跌势是做空者最喜欢的类型，几乎不太反弹的，确实置身其中的多头的噩梦。

6.2.17 上下箱体结构

上下箱体结构在经典的形态学中鲜有提及，该形态由上下两个形态构成，既可能是大形态的组成部分，又可能是作为中继形态出现。图6－57是上下箱体结构的示意图。

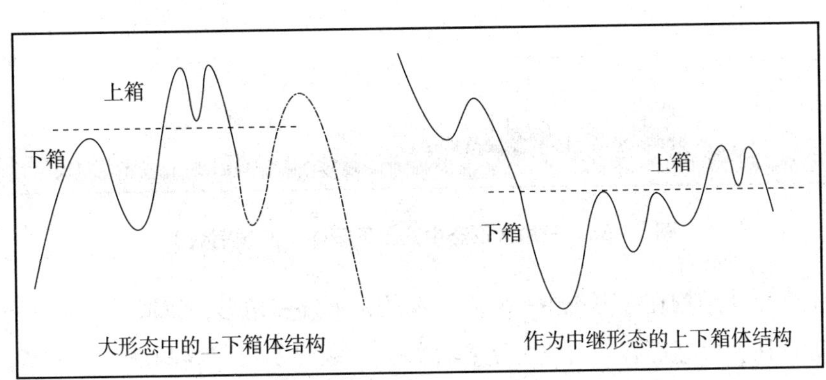

图6－57 上下箱体结构示意图

上下箱体结构是重要的交易机会，特别是交易带有杠杆的衍生品时，很多时候好的交易部位是在穿越上下箱体分界线时建立的。**上下箱体结构在顶部、底部、上涨中继、下跌中继中都可能出现**。因此，它的一个重要启示是：**一个大的趋势中，出现反向形态突破时，一定要考虑到这种上下箱体结构发生的可能性，做好充分的准备，一旦出现好的上下箱体结构交易机会时，应及时建立相应的部位**。此类交易机会的识别需要较为丰富的交易经验，这里只是抛砖引玉，需要读者自己积累和发掘如何运用。

图6－58中展示的是一个大的三角形态中的上下箱体结构，中间的虚线是自然形成的上下箱体分割线，价格反复在分割线上下做形态，然后突破分割线继续做新的形态，如此往复最终形成大的三角形态。要注意的是，交易上下箱体结构时首先要考虑这种分割线。因为其本质上是重要的阻滞，做完形态跨越重要阻滞本身就是不错的交易机会。但此时还要考虑大的格局，如果标的走势是如图6－58中的大形态格局，持仓时一定要规划好在哪里减仓或者平仓了结，而不是死拿死等大行情。

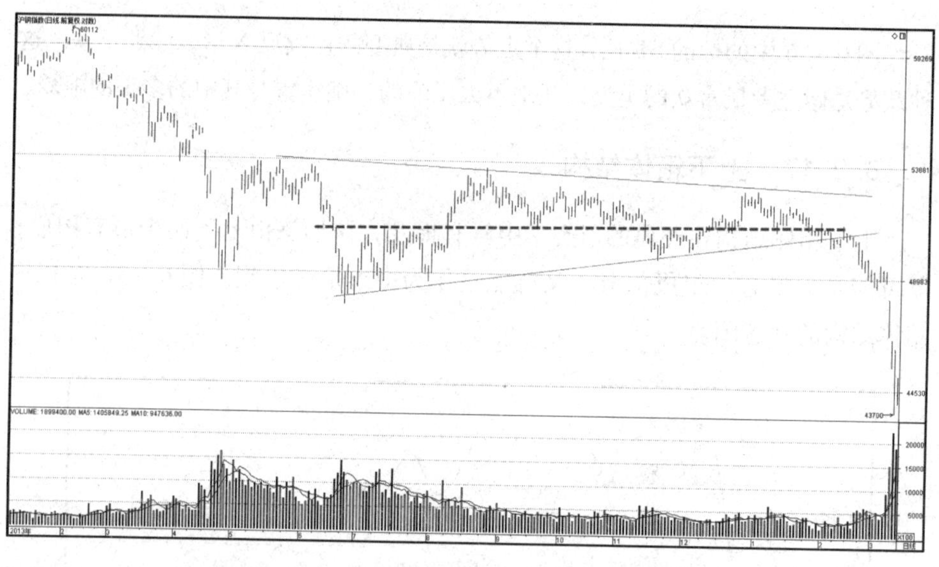

图6－58　三角大形态中的上下箱体（沪铜指数）

上下箱体结构在大形态中是频频出现的，不仅三角形，旗形、头肩、马鞍、菱形等各种大形态都容易内嵌上下箱体结构。顺势不仅仅要顺涨势和跌势，震荡市也要按照震荡市的波动规律去顺应。在震荡市中有合适的机会还是应该去积极地开展日内交易的，这并不是为了获取日内利润，而是在日级行情真正到来时，提前占据先机，保持优势部位，从而防止简单依靠大形态突破交易而经常遭遇一开仓就遭遇剧烈的反扑从而扛不住，刚止损行情又继续了的窘境。

上下箱体结构作为中继形态也时常发生在市场行情之中。图 6－59 是沪胶指数历史走势中出现的上下箱体结构。注意，这里特意展示了较多左侧的行情的信息，而不是仅仅展示上下箱体结构本身。理解上下箱体结构必须要将其放置于行情的结构之中来整体考虑。从图中可以看到沪胶经历了一波涨势之后，构筑了一个较大的顶部逆转形态。价格跌到下箱位置处震荡形成了一个小的 W 形“底部”，此时我们应该问自己的是：这么大的顶部形态遇到这么小的底部空头行情就结束了么？如果不是底部，那行情可能会有怎样的发展呢？一种可能性这里会做出一个上倾的熊旗或者其他较大的形态，这里的 W 只是大形态左侧的一个组成部分；另一种可能性就是这里可能在做一个上下箱体结构，W 形态向上突破后，短暂的震荡形成上箱，然后再跌下来，整体构成一个中继形态。**上下箱体形态由于形成过程中有反趋势的形态突破，因此如果对其没有心理准备，很容易把所有的日级持仓都平掉了，从而错失了后续的行情。**而补救的措施其实也不是再创新高或者新低时再追单，而是在上下箱体转换时，找机会再做回来或者把原有的开仓量再增加回来。需要注意的是，上下箱体结构打到箱子远边时（以上图沪胶的上下箱体下跌中继走势为例，即价格从上箱下来，打到下箱的最低点处时）往往会再次形成震荡甚至反拉，这里即是本书后续章节要讲的阻滞，需要特别小心谨慎，格外注意，不要形成大家集体平仓，而自己兴冲冲开仓冲进去的情形。

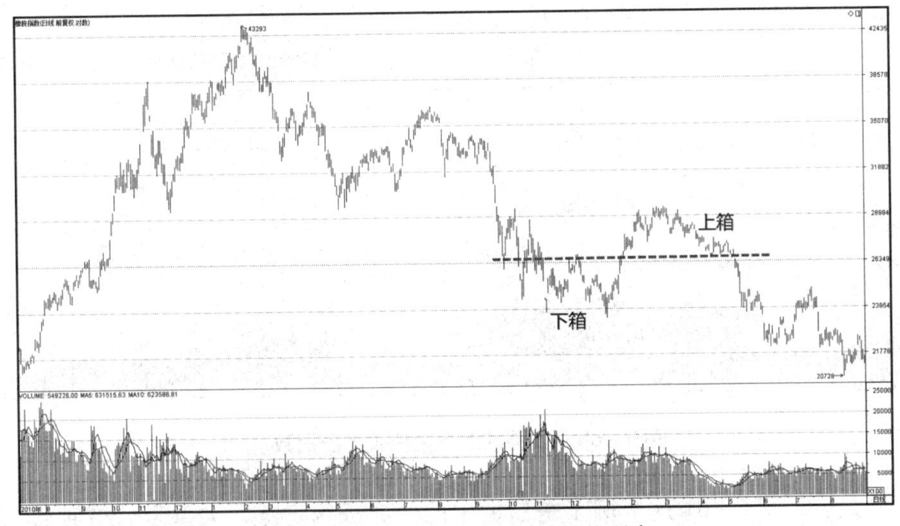

图 6－59　上下箱体中继（沪胶指数）

上下箱体结构是存在很多变化的，并不是所有的上下箱体结构都是完整的，很多情况下，某一边的箱体相对比较小甚至看不出来。图 6－60 是上证指数作为实例展示上下箱体结构的常见变种。这里的单上箱结构形成的特点是下箱只有一两天的停顿，很快发生了反弹，因此下箱几乎看不出来。然后价格在上面的位置处震荡构成了一个单独的上箱，再次跌下来时，这个单独的上箱构成了一个下跌中继。这里要理解这种单上箱或者单下箱的结构，依旧是要把形态置身于行情的结构中整体考虑，特别要思考这里的位置出现这个形态到底是逆转还是中继更合适些，吃不准时，我们要坚信道氏理论第十二条所阐述的警句“趋势更容易延续而非逆转”。上下箱体结构的另一种变种是上下箱体之间并不是紧挨着的，图 6－60 上证指数走势右侧的上下箱体结构时一个典型的上下箱体之间有间距的上下箱体结构，这里仔细观察可以发现这个大的上下箱体结构整体接近一个旗形，只是上箱的部分并没有能够反弹到旗形的上边界线的位置，而是做了个复合的马鞍形态就直接跌下来了。这种有间距的上下箱体结构开仓通常应该是在顺势边处，这里图 6－60 中的例子应该是在上箱处开仓或者加仓做空，如果是一个上涨中继的话，则通常该在下箱突破时开仓或者加仓做多。

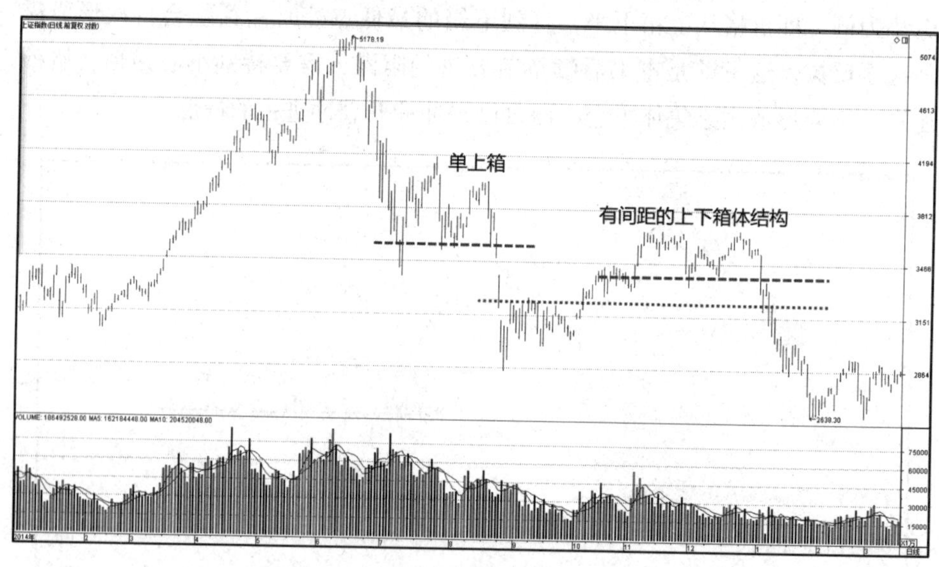

图 6－60　变种的上下箱体（上证指数）

最后，图 6－61 这个例子是白糖中的经典战役走势，大型复合式顶部形成之后，多头继续负隅顽抗，在突破之后依旧继续做多，下箱形成后形成了一波比较快速的涨势，随后涨势乏力，形成震荡之后，再次试图发力向上突破，但很快失败，再次形成一个新的上下箱体，这里从形态上看其实是个左延伸反V，之后的走势就是飞流直下三千尺了。本节举的所有的例子都是空头的例子，并且最后这个例子可以说变化相对比较夸张一些。并不是说上涨的行情之中不出现上下箱体结构，作者这么做是为了让喜欢抄底的读者有所觉悟，有所认识，不要只知道向上突破就抄底，这样就执于法了。另外举这些例子最后也是要传递一个保命的铁律：**逆着大势交易时一定要做日内交易，严禁隔夜持仓**。看似再凌厉的逆势走势终究也敌不过大势的。

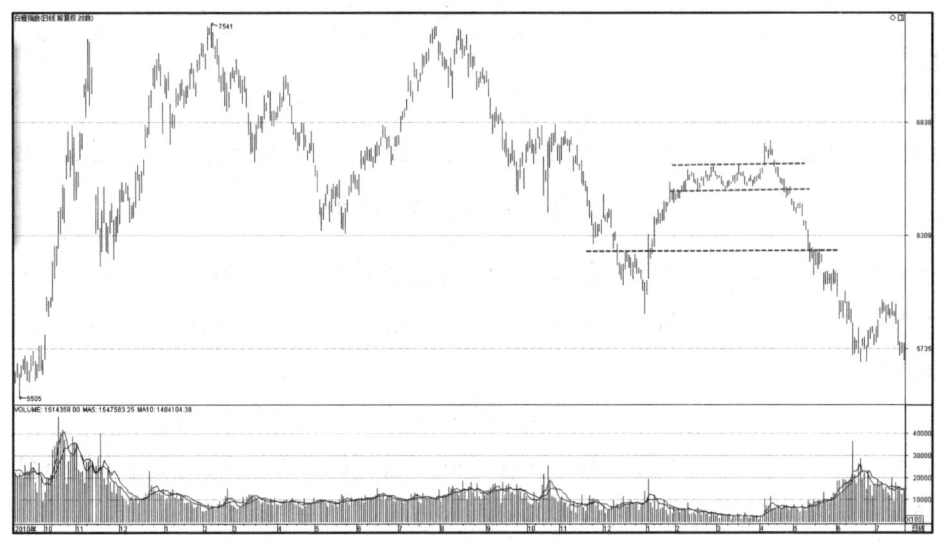

图6－61　反扑比较强的上下箱体结构（白糖指数）

6.3　形态的突破

所有的形态都终将被突破，如果您绘制的一个形态永远不会被突破，那一定是出错了。一个标的不可能总保持一个大致恒定的价格的，这样的标的基本是不会有人交易的，因为没有波动就没有盈利。没有人交易的标的最终往往不是暴跌就是大涨，此时很像风暴来临之前的平静。前段时间新闻中频频提到的辉山乳业就是这样一个实例，如图6－62所示。

我们在初学识别形态、绘制形态边界线时需要大量进行基于历史行情的练习，即开着图找出来历史上曾出现的形态。这时判断自己找得形态到底对不对的关键点则是看形态边界线或者颈线的突破点之处当天是不是放量，当

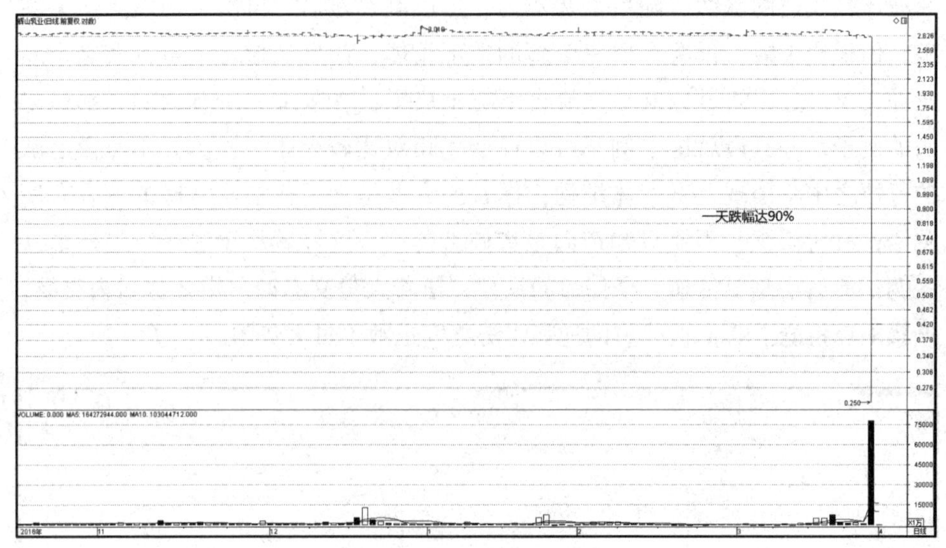

图6－62　暴风骤雨式突破（辉山乳业）

天行情是不是够大。因为盯着同一个标的的专业交易者特别是众多专业机构交易者都会在形态突破时发起交易，所以无论从成交量还是行情波幅都应该是相对比较大的。

实盘交易时，很多初学者往往会被假突破搞得伤痕累累，这往往是在进行交易时看错形态、死板教条、忽视了成交量等因素造成的。所谓的形态突破，前提是价格处于无趋势状态窄幅波动后突破，此时无论形态中预先开仓的交易者或是追进突破的交易者都获利不大，此时后续行情才会有推动力。**很多初学者找得形态特别大，形态内部振幅甚至达到50%（以股票为例，期货由于杠杆存在的原因通常振幅会小一些），此时的突破再去追，往往是一追一个坑，为什么？因为之前开仓的人已经吃饱喝足撤退了，此时你进去接盘了。**这与遇到阻滞的道理并无二致，处理方法也是一样的，即等待震荡形成新的形态，整固之后再跟进不迟，或者你也根据大形态中的小形态先下手为强。大形态无停顿直接突破是不是一定都是坑？市场中一切皆有可能，遇到大形态直接突破也不是一定不能交易，而是要仔细观察盘中成交量的变化，如果价量配合，成交量急速放大，追一把有何不可，不过此时价格波动率已经升高了，此时一定要控制仓位，并且随时准备不对就跑，别盲目守止损了。

形态突破后的走势也是千差万别的，一种经典的走势就是突破，打到阻滞附近回拉，然后停顿，继续突发方向的走势。我们来看一个例子，如图6－63所示。

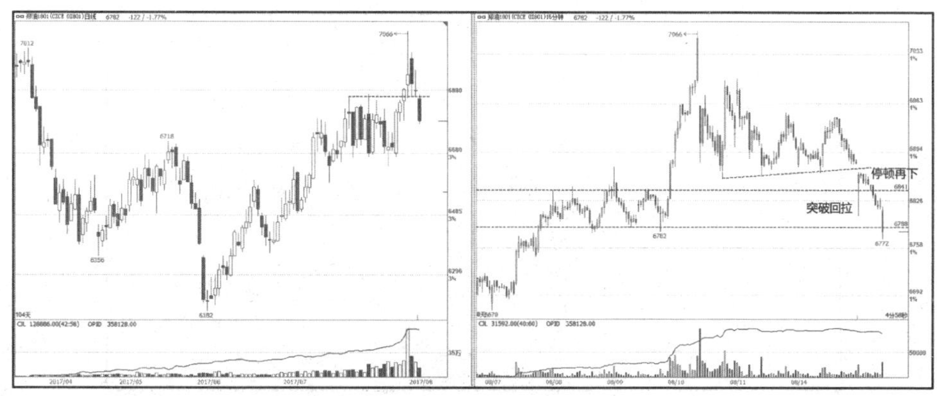

图 6 –63　郑油 1801 合约突破后的走势

图 6 –63 是个日内形态突破的例子，郑油夜盘突破后快速下跌。然而成交量并没有太大，急跌之后价格快速回拉。这里由于裂口比较小，我们开仓是应该用条件单或者手工以多让几跳价格的方式开盘就开进去，遇到这种快速下跌后回拉，一种方式是抱朴守缺，守止损。日线行情上，稳守止损是比较稳妥的方式，因为来回折腾很容易丢失了部位，错过好不容易等来的行情。而日内交易中，这种走势往往引起更大的反扑，特别是裂口略大时，这种裂口回补测试的行情往往就打到我们的止损了，所以这个例子中较好的处理方式是打到下方阻滞往回一拉时先平掉一半，再上到了上面的阻滞可以先全平了。等到上面再次做出小的停顿后，再开空一次，这里用小道氏轨的上边让两跳作为止损就可以了。此时价格再下，下方的 6782 处的阻滞通常就被消化了，要考虑的只是更远处的阻滞了。

6.4　反扑（确认）形态

反扑本质上是一个位置，即形态刚突破之后的停滞。反扑并非一定存在的。在反扑位置上的形态我们称之为反扑形态或者确认形态。因此反扑形态不是像上面介绍的一系列具体的形态，任何一个形态都可以在任何位置出现，反扑位置也不例外。

我们再次回顾行情的结构，如图 6 –64 所示，大形态 A 突破之后有一个反扑 B。从形态类型看，底部逆转形态 A 是一个头肩形态，而反扑形态 B 是一个喇叭形态。这里反扑形态 B 是向下倾斜的，即与原始趋势方向相反的，所以我们才称其为反扑，即反向的确认的过程。

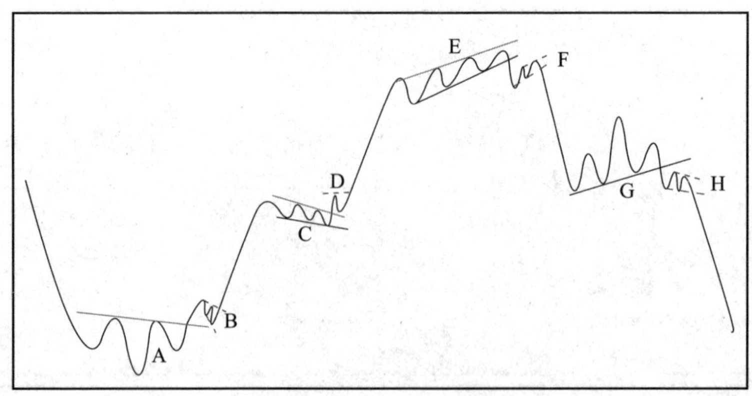

图6－64　行情的结构

反扑并非一定会再次按照原有趋势的方向再次突破，如果反扑力道很强，趋势也可能就此再次逆转。判断反扑是否真的逆转了左侧的大形态有两个关键点：

第一关键点是位置，例如一个标的经历了长期大幅上涨，做出了顶部逆转形态并有效突破，经历了一轮下跌，之后做了一个下跌中继形态突破后反扑，即便反扑的位置很高，我们此时更应该怀疑是不是形态找错了或者形态发生了变化，而不应该盲目地认为趋势发生了改变，因为查尔斯·道先生和理查德·沙贝克先生都告诫我们，趋势更容易持续而非逆转。特别是在一个趋势刚开始形成之后，我们看一个例子，如图6－65所示。

图6－65　次高位的反扑（乐视网）

第二个关键点是成交量，虽然说判断趋势最重要的依据是价格，然而对于判断反扑是否可能逆转原有趋势而言，等待价格完全反向突破原有大形态有些时候可能会有些晚，即面临的止损可能过大，并且可能错失了建立反向部位的良好时机。所以在判断反扑形态是否可能逆转左侧的大形态时，更好的参考是成交量。因为大的成交量往往代表着掌握较大头寸的机构投资者对市场的理解，反扑形态带量反向突破并且击穿左侧大形态的颈线或者边界线，这通常是不寻常的，往往代表之前的大形态的突破可能是假的突破，此时我们就需要考虑是否平仓甚至反转我们的部位。当然，做出最终的判断需要综合结合位置和成交量，甚至反扑形态的充分性来综合考虑，以免做出错误的判断，丢掉手中宝贵的部位。

光知道了位置与成交量这两个关键点还是不够的，你还需要见多识广，对反扑形态的“凶残”程度有比较好的心理预期，并且能够区分出它到底是正常的反扑还是已经突破失败转势了。我们来看一组实例，如图6－66和图6－67所示。

图6－66　次低位的反扑（中信证券）

图6－66中是中信证券2014年7月价格突破底部形态之后的反扑形态的走势，中信证券在反扑形态的位置先花了几十个交易日做出了一个菱形形态，然而让很多人无法接受的是，这个菱形向下突破了，这里要平掉所有已经建立起来的多头部位么？甚至要不要反手做空？这都是很多人当时心中的疑问。

我们再来看图 6－67，中信证券后续的市场走势给出了答案。

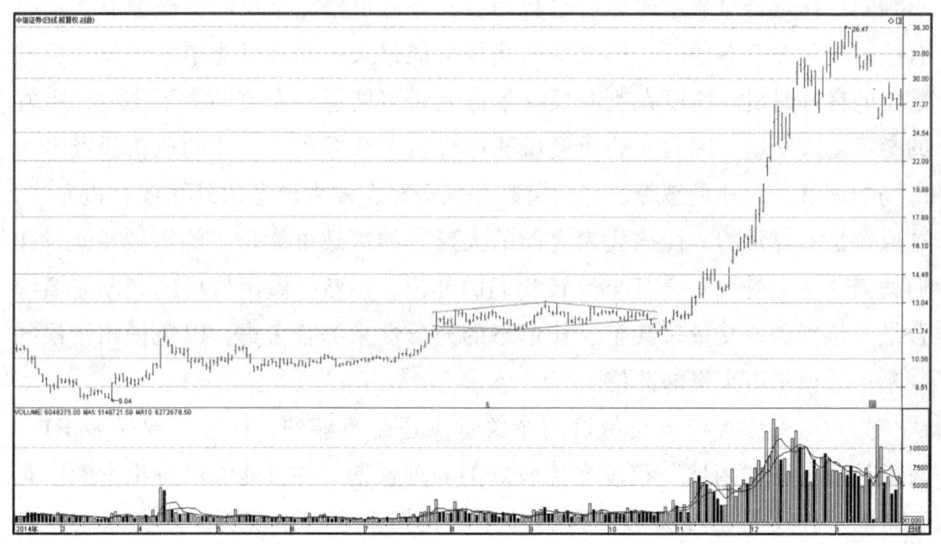

图 6－67　次低位的反扑（中信证券后续的走势）

经过几天凶狠而又短暂的下跌之后，中信证券拔地而起，短时间内涨了近 2 倍。而那个反扑形态事后来看也变成了一个左延伸 V。这就是反扑处变化的魅力，如果你在单纯坚守基于形态交易，那很可能丢掉之前建立的持有了数十天的多头部位。然而这不要紧，之后再上涨追回来就可以了。然而事情微妙的地方在于，多数交易者会因为想到那么低的价格卖出去了，高价追回来心理接受不了而完整地错过后续波澜壮阔的走势。

我们看完这个例子，细心的读者可能会发现，一个充分的反扑形态都是需要很长时间，不小的形态来完成。所以，在价格突破大形态，做了一个很小的 N 形继续创新高或者新低时，一定要仔细想想这里反扑形态真的完成了么？还是这里的 N 形只是反扑形态的一部分？试想图 6－66 中，中信证券这个菱形转为左延伸 V 形的反扑中，如果在钻石顶部位置，看到突破新高就认为反扑形态完成，加仓或者开仓进去，后续的反向突破下跌能扛得住么？那么这个图中钻石顶部为什么不好呢？思考一下这里的“地势”是否好呢（关于地势，请参考本书第 19 章）。当然，不是所有的形态突破都有很大的反扑的，比如说连续的一字板或者是连续的放量上涨或者下跌。就是我们前面提到的气势足够大，比如方大碳素这个例子，如图 6－68 所示。

图6－68　几乎无反扑的走势（方大碳素）

诚然，一个标的一波行情有很多要素，特别是基本面方面往往是有很多爆发点的。然而，本书讲的是交易学，我们尽可能地不去探讨基本面以及其他背景因素，仅仅是从图表到图表。图6－68中方大碳素这个突破为什么基本没有什么反扑呢？首先就是图表右侧表现出的气势（关于气势，请参考本书第19讲），连续放量大涨，越不敢买越涨。然而，阻滞的消化也是不可忽略的重要一点。标的突破之前做了一个收敛的对称三角形，底部逐级抬高，并且每次反弹都打到前期颈线附近还伴随着明显的停顿放量，这个过程高处的筹码不会损失太大也就砍仓卖出了，然后反复了3次，成交量不断递缩。到最后三角形态内部的W形态中间的尖顶时，成交量已经特别小了，W的右肩处即开始放量，气势其实此时已经开始显现。这种标的如果想在反扑加仓时，可以考虑通过找日内形态的交易机会来完成。

6.5　形态的格局与变化

本书中反复提到行情的结构以及对应的趋势、位置、形态都是阐明形态以及形态所处的位置所可能对应的趋势变化。形态突破后，通常流畅的趋势行情也就到来了。然而，并非每一个形态突破后面都是跟随着朝着突破方向的趋势性运动。这就是初学者最担心的“假突破”。首先我们需要明确一点，**我们都是凡人，只要我们基于形态交易就不可能规避掉所有的假突破，假突**

破本身是形态自身变化的一部分，通常它只表明我们理解错了这个形态。怎么个理解错误法呢？一种可能是把逆转形态当成了中继形态，比如顶部追形态突破追到了顶部长钉就是这种情形；另一种可能是把斜边界线的形态当成了水平边界线的形态，比如把一个喇叭形态当成了矩形就是这种情形。

大的趋势需要大的形态来逆转，如果没有异常事件，很难想象一个持续了几年的大势会一天之内反转了，当然，一个十天八天的形态即便反向突破，我们也该好好思考下这个形态真的是顶或者底嘛？每一轮大的趋势行情中，顶或者底只可能有一个，绝不能轻易下结论顶和底要出现了。

故此，在行情的运行过程之中，出现时间跨度并不足够大（到底多大才算足够大？这就要靠读者的经验积累了，不同的品种特性不同，并没有什么标准答案）的形态反向突破，构成所谓的“逆转形态”之时，要仔细考虑其可能的演变。大形态都是由一个个小的形态和小的趋势所构成，看到小形态，特别是突破的小形态，无论其突破方向是顺应当前趋势还是与当前趋势相悖，我们都需要提前思考好其可能的演化，并提前做好应对策略方能临变不乱。更重要的是，**如果对形态的大格局和演变有所理解和准备，我们进行交易时则往往有机会先发制人，在大形态内部就持有部分部位，等到大形态边界线突破时已经有浮盈在手，无论是加仓还是处理假突破都会十分从容。**以做空为例，我们来看看如何交易大形态中的小形态，如图 6－69 所示。

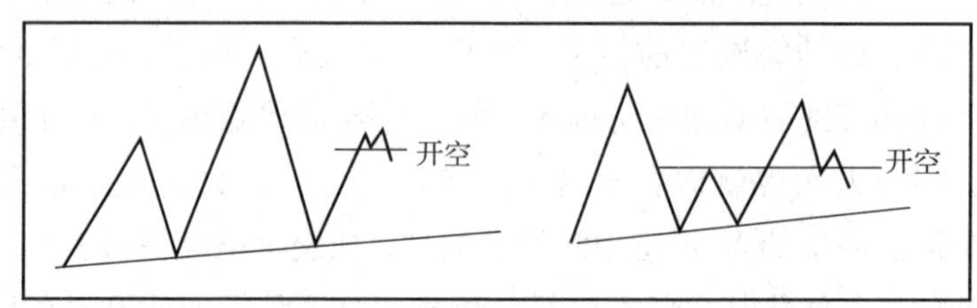

图 6－69　右肩开空方法示意图（头肩和马鞍形态）

看到上述示意图 6－69，我们先想一下这个是否违反了突破交易法？狭义地从大形态突破交易的角度看，这的确不是突破交易法了，但是从更广义的角度看，这种交易方式第一符合道氏理论，因为图 6－69 中所示的两处开空都有一个重要特征，即价格开始不创新高了。第二符合突破交易法，因为图 6－69 中所示的开空位置都是突破了小形态后开仓。第三还包含了对行情结构的深入理解，这里开仓的位置是局部小趋势的延续，也是大形态的酝酿。这里要特别说明的是，日线上一个几天的小形态在日内比如 15 分钟级别中往往会表现出来一个十分大的形态，交易这种机会一定要日线和分钟线相结合以便捕捉到好的防守位置，毕竟这种交易方式所面临的不确定性是比好的大形态突破高得多的。我们来看一个实例，贵州茅台右肩做多，如图6－70所示。人人皆道贵州茅台是价值投资的典范股，的确不错，不过我们从技术形态的角度来看，贵州茅台走势也中规中矩，比很多创业板小盘股的信马由缰

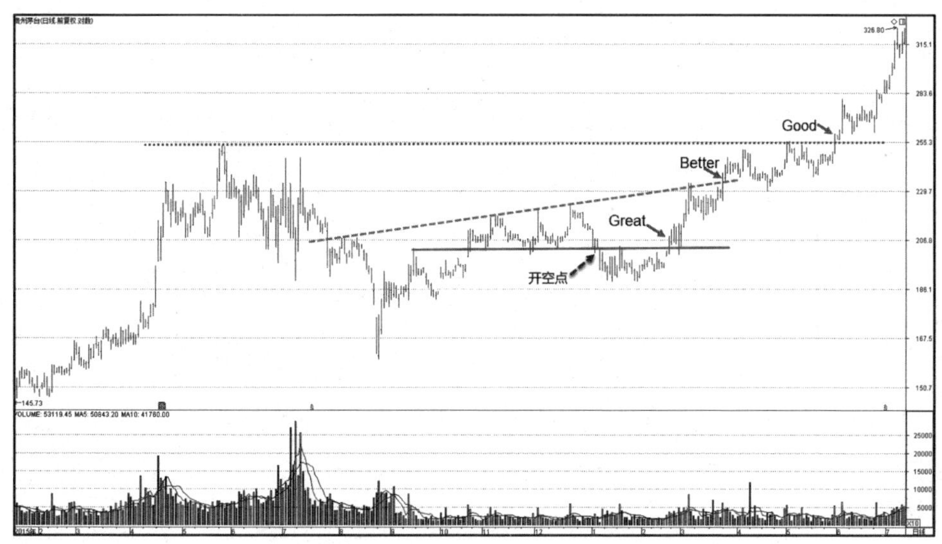

图6－70　右肩开多实例（贵州茅台2016年初）

真是规矩太多了。图6－70中一共标示出来了3个开多的点位，第一个点位在最上面（图6－70中标Good的地方），这里左侧是2015年股灾的高点，茅台在此处停顿蓄势了差不多2个月才再次突破过2015年高点，此处开多可以说是标准的教科书式的技术交易方式，十分好。然而如果形态学掌握的比较好的话，在图6－70中所示的马鞍形态突破时（图6－70中标Better的位置）开多是不是更好呢！这里临突破也做了充分的停顿，这里开多有停顿有量能，真是更佳之选。而如果对于大势、形态的格局和变化有比较好的把握，马鞍形态的右肩位置做出来这个小的W形态则是开多位置的上佳之选。这里开多一方面需要提前有个预案，一旦走出马鞍怎么办？另一方面需要对上下箱体的结构有充分的了解，这里这个横线的位置，是多空双方争夺的重要阵地：股灾之后茅台走了个W形态反弹起来，然后做了个类似喇叭的形态再次跌回W的颈线之下，此时作为跟势交易者在这里是应该开空的，而且直到Great做多点出现之前都应该继续持有空头，这里是一个典型的上下箱体结构，翻下

来自然开空；而在价格经过一次上涨试探回落后，再次带量上到横线之上，此时构成了一个小的 W 形态，这里就不适合持有空头部位了，应该立即反手做多，并且在 Good 攻击点出现时加仓。

另外，**好的右肩交易机会通常的特点是：缩量、圆弧、形态内加速等等。**具体的情形需要读者根据行情的特点自行去分析和总结。

第 7 讲

趋势分析

开篇明义

故形人而我无形，则我专而敌分。我专为一，敌分为十，是以十攻其一也，则我众而敌寡；能以众击寡者，则吾之所与战者，约矣。吾所与战之地不可知，不可知，则敌所备者多；敌所备者多，则吾所与战者，寡矣。

——《孙子兵法》

在一个起伏不大的市场中，当价格只在一个小范围内波动，其动向微不足道时，想去预测下一波大行情的涨跌是毫无意义的。

——《股票大作手回忆录》

指明趋势的最好工具即是趋势线，趋势线的使用和调校原则也还是理查德·沙贝克先生所首先明确的。趋势线是交易过程中一个重要的基本功，熟练使用趋势线的交易者通常会完全无须借助移动平均线。虽然趋势线是直线，但是却可以根据盘面的变化及时对其进行调整而不像移动平均线那样依旧保持着原有的方向。此所谓“以直代曲，应形于无穷”。

初学者绘制趋势线通常杂乱无章，甚至令人啼笑皆非，原因为何？对交易理论，特别是道氏理论和逆转与持续理论理解甚浅，心中无趋势不是可能绘制准确趋势线的。交易理论绝非纸上谈兵之无用之谈，实在是道出了资本市场交易的真谛，可是很多初学者总是最不屑于学习真正有用的东西。

趋势线的绘制大致可以有三重进境：第一重，严守规则，画线标准。初学者都需要从严守规则开始，只有严守规则方能在追随趋势时不出现大的偏颇。第二重，信手拈来而不逾矩。熟练的交易者绘制的趋势线通常会显现出一定的“随意性”但这种随意性仔细思量却是完全合乎规矩的，这是大量的复盘练习加实盘运用进化出来的一种能力，所以交易理论不是用来背诵的，而是要在大量的练习或者实盘交易中体会和运用的。第三重，心中有势，图中无线。真正入了交易之门的交易者是无须借助任何线条来辅助交易的，其心中无有线条，只有大势和变化，其交易也自然行云流水，进退有度。此种境界甚至更高境界皆非单纯靠盘中交易可得，真正的功夫皆在生活之中一点一滴的修为。禅不在山峰之巅，而在脚下之路，就是这个道理。

7.1 绘制趋势线的目的

很多交易者在图表中绘制了大量的趋势线，多空趋势线交织，密集如蜘蛛网。然而当问及是否持有该标的时，答案却往往是“在等待机会进场”，他们所等待的机会往往是价格在趋势线受到“支撑”的机会。前面分析阻滞理论时本书分析了支撑与阻力的原理，即抄底盘的买入或者套牢盘的卖压。这意味着支撑或者阻滞出现的位置应该是一个特定的价格附近，这也是阻滞线为什么是水平的原因。而趋势线或者移动平均线通常是倾斜的，一个倾斜的区域是不可能有所谓的支撑或者阻力的。事实上，价格临近趋势线或者移动平均线时，往往也是最危险的时候，因为一旦价格击穿趋势线，市场上的交易者就会形成合力，即平仓盘与反向开仓盘共同发出，往往导致价格大幅反向波动。如此基于趋势线上所谓的“支撑”或“阻力”交易容易快速出现大亏的关键之处也在此。

那么绘制趋势线的目的是什么呢？回归趋势线的定义来看：趋势线用于指明趋势。对于一个不交易股票以及其他金融产品的人，趋势线有任何意义么？当然没有。进一步引申一下，如果我们不交易该标的绘制那么多趋势线有意义么？所以，趋势线的主要作用是辅助交易持仓！即在开仓持有了多头或者空头部位并且有一定的浮盈之后，利用上升或者下降趋势线作为平仓的依据（保护利润的止盈海琴）。从这个意义上讲，如果没有开仓交易，根本没有必要绘制趋势线。

7.2 如何绘制趋势线

由于两点就能确定一条直线，所以很多交易者在画趋势线时过于随意，随便找两个自己中意的点一连就画出一个“趋势线”，而这却是不正确的。趋势线绘制有着严格的规范，需要事先确定有趋势开始形成，而根据沙贝克先生的逆转与持续理论，趋势形成的关键判别条件即形态被有效突破。而形态突破之后，往往有一个反扑的小形态，当反扑小形态也同样被突破时，趋势线即告形成，如图 7－1 所示。

标准的趋势线是要确认趋势存在之后才可以画出趋势线。图 7－1 上半部分图示的行情走势为一个矩形形态震荡，此时走势处于无趋势状态，自然不应该有趋势线。矩形形态自然多数人也不会在此画趋势线，而对于一些后续将谈到的三角形、旗型、楔形等形态时，很多交易者就会想当然的画出趋势线来，要注意此时画的往往是边界线。图 7－1 下半部分图示的是趋势确认后画出趋势线的过程。回顾一下逆转与持续理论所阐述的行情的结构，下面的矩形形态由于向上突破，我们视其为低位，突破后价格回落反扑，此时的关

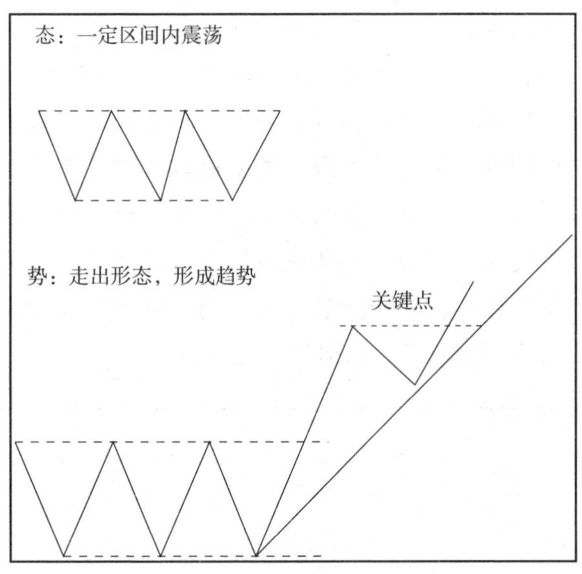

图7－1　态与势

键点（由于杰西·利弗摩尔在其著作《股票大作手操盘术》中将其称之为关键点，因此很多交易者将其称为杰西点）通常为突破回落前的高点，如果价格再次突破这个关键点，则上涨趋势确立，很自然的上升趋势线可以据此绘制出来：**选择下方形态右侧的一个点作为第一点，选择反扑形态右侧的一个点作为第二个点，连接起来形成的射线即为上升趋势线。具体选择形态右侧哪一个点抑或是使用形态最低点的评价标准在于站在当时突破的视角看，趋势线不能穿过任何价格的实体和引线。因为一旦价格跌穿趋势线，就意味着我们需要对我们的多头部位进行平仓了。**

另外，上升趋势线相当于人走的楼梯，一定是踩在行情脚下的。下降趋势线相当于下山的索道，一定是在行情头上的。如果弄颠倒了，就闹笑话了。

对趋势线进行调校

在猫鼠竞逐的游戏中，猫怎么跑应该是由老鼠决定的。所以行情怎么波动，趋势线就要怎么调校，保持对行情的跟随，这样才不至于产生大的利润回吐。很多交易者不熟悉如何调整趋势线，转而采用本身就是曲线的各种均线作为平仓标准，也是一种可行的方案。总体趋势线调校的原则是：**保持对行情走势若即若离，一旦最新价格离现有趋势线过远，就用加速线对其进行跟踪，以保持对行情运行节奏的跟随，尽量往陡的方向调整。**至于最新价格离现有趋势线过远的判断标准是与交易标的以及交易者本身的偏好都息息相关的，以股票为例，通常最新价格远离当前趋势线所在位置15%以上时才要考虑调校趋势，我们也要给价格波动的空间。对于期货等衍生品，由于存在交易杠杆，15%可能过大了，这个需要根据具体标的走势特点、杠杆水平等因素综合分析。另外有的交易者喜欢跟踪走势紧一点，而有的交易者喜欢跟踪走势松一点，孰优孰劣要根据具体的市场和标的来综合分析，但只要符合大的原则，并且交易者自己心中有数这么做的效果比较好，如何进行选择都是可以的。我们来看一个例子，如图7-2所示。

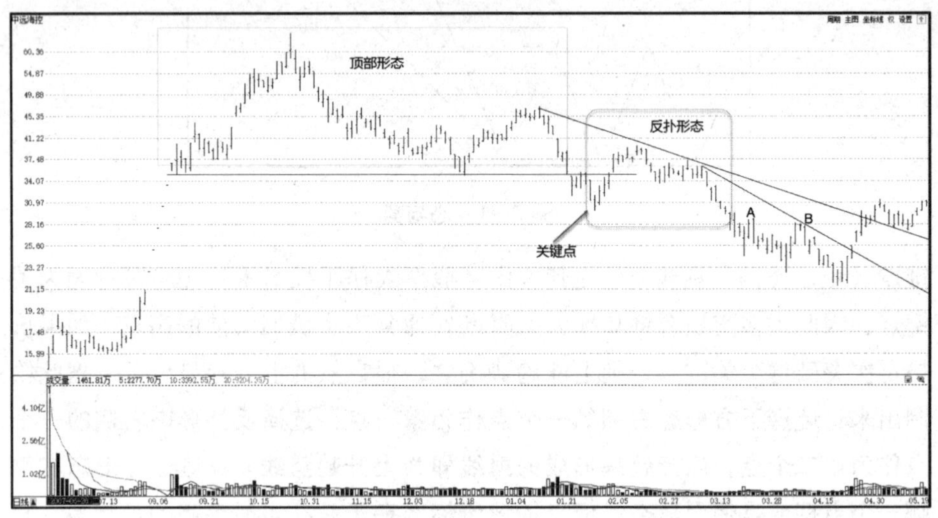

图7-2　趋势线调校（中远海控）（中国远洋）

图7-2是中远海控（曾经的中国远洋）在2007—2008年的下跌走势，我们这里找了一个做空的例子。首先来找到大的形态，这里是一个顶部的形态，颈线也比较明确，因此这里第一点即顶部形态右侧高点。大形态突破后出现了一个比较大的反扑形态，所以第二点也确定了，连接第一点和第二点形成的射线即是最初的趋势线，通常称为母线。随着行情的发展，价格进一步下跌，距离母线价格越来越远，此时出现了两个点可供选择作为加速线绘制的参考点，即图7-2中的A和B，这两个点距离当时的母线都超过了20%，均可以作为加速线参考点，没有对错之分。如果想捕捉大一点的行情，就多等待下选择B点作为参考点如图7-2中所示那样绘制加速线，如果担心获利回吐，选择A点作为参考点绘制加速线也同样是可行的。

7.3 不适宜使用趋势线的情况

价格运动并非只有一种逐渐加速的模式，也有忽快忽慢的模式。

第一种模式是慢速模式：即价格运行到一定位置，突然波动程度大幅收窄，不怎么涨跌了，呈现出道氏轨（线态窄幅震荡整理）的走势，此时表明行情暂时失去趋势，使用趋势线自然是不合时宜的。我们来看一个例子，如图7－3所示。

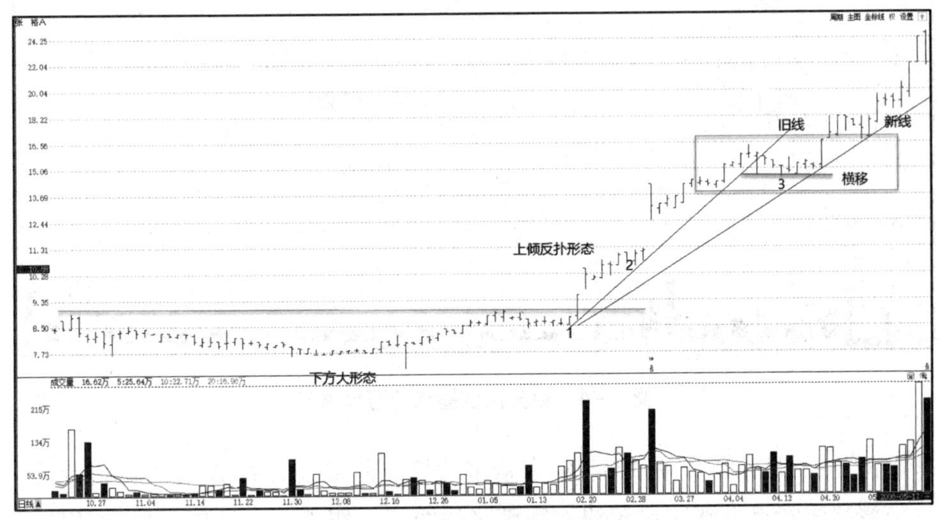

图7－3　趋势线调校（张裕A）

图7－3是张裕A在2005—2007年牛市中上涨行情中的一段走势，下方大形态的颈线是确定的，所以第1点确认了，价格突破之后的反扑形态比较强势，呈上倾形态，我们从中找出第2点，然后连接第一点和第二点形成最初的趋势线，即图中的旧线。在价格运行了一段时间后，出现了一个横移的道氏轨，这里趋势线并非是被跌破了，而是价格横着移出了趋势线，这里我们应该选择的策略是选择不使用趋势线转而使用横移道氏轨的下边界线作为多头部位平仓的参考依据，即图中第3点所示的位置。如果价格向下破位，那么平掉多头部位离场等待新的交易机会。如果价格继续恢复原有的涨势，此时调校趋势线，以形成的横移道氏轨的右侧作为参考点绘制新的趋势线，如图7－3中的新线。

第二种模式是快速模式：即价格运行过程中不进行回调，每天都是连续的大阳线或者大阴线。由于没有反向回调，此时难以找到参考点绘制趋势线。这时候的平仓参考点可以用最大百分比回撤的方法，人为主观定义一个百分比，只要价格从最高收盘价或者最高价格回撤低于定义的百分比水平就继续持仓。我们来看一个例子，如图 7 –4 所示。

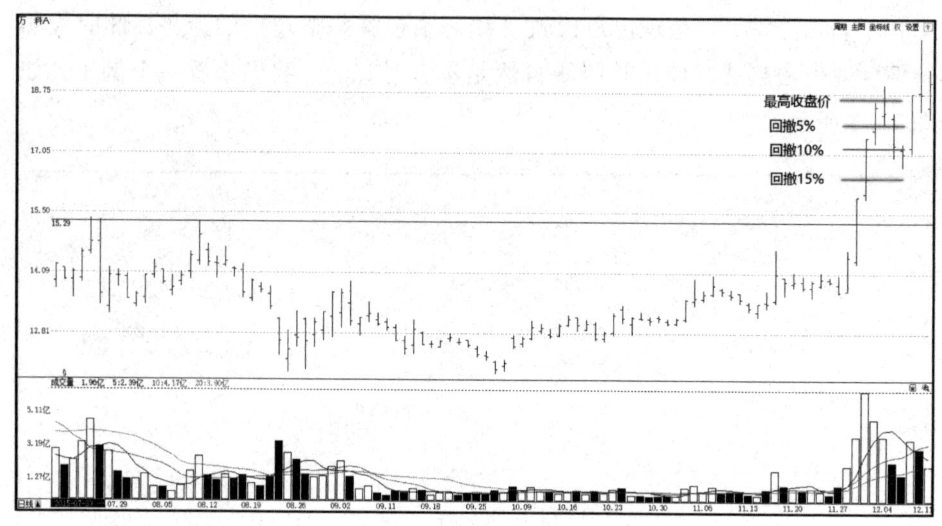

图 7 –4　百分比回撤法（万科 A）

图 7 –4 是万科 A 在 2015 年末众多险资举牌竞购万科 A 时的行情走势，这波涨势的特点是涨速比较快，突破之后第二天跟着一个涨停，然后又是一天大涨。这里大形态突破做多的利润已经比较可观，因此可以使用百分比回撤法来进行利润保护。至于选择回撤多少作为保护，有一利自有一弊，这个就留给读者复盘测试之后自行抉择了。

7.4　使用虚脚还是实体

道氏理论的一条重要原则是以收盘价为主要参考，而道氏理论也是提出什么是趋势的最根本理论。因此，很多交易者认为应该使用 K 线或者美国线实体作为趋势线绘制的参考点，因为反扑的低点总归会有一个可以参考的下跌的阴线实体收盘价。然而这种方法的缺点是趋势线更容易穿过价格，另外绘制出来的趋势线也通常更陡。而且并非所有的位置都能找到收盘价作为参考点。因此，根据具体的情况因地制宜，需要时就采用 K 线或者美国线的虚脚（上下引线）更加灵活。另外还有一条重要的原则是触点越多越有效，有时绘制趋势线时，天然的会产生一两天价格的高低点穿越趋势线的情况，这时只要这条趋势线与价格走势的触点足够多，依旧是有效的，无须进一步调校，特别是**在判断是否需要平仓时，一定要注意这条触点越多越有效的原则，**忽视一两天价格穿越趋势线的情况。

使用趋势线的纪律

请一定记住，趋势线是用于辅助交易而不是用于做行情预测的，一个标的今天在上升趋势线之上运行不代表明天一定会涨，同样也不代表将来还会再“测试”几次趋势线。

通常只要不进行开仓交易或者准备进场交易就完全没有必要画趋势线。因此，一旦有了持仓就应该有趋势线作为止盈离场的参考作为利润的保护。**当价格有效跌破趋势线时立即平仓离场，而不是找一级更缓的趋势线去找所谓的支撑或压力。**

第 8 讲
位置分析

开篇明义

夫地形者，兵之助也。料敌制胜，计险厄远近，上将之道也。知此而用战者必胜，不知此而用战者必败。

——《孙子兵法》

市场适度展开后，谁都不应该不知道它是多头市场或是空头市场。对于拥有开放的心灵和理智，眼光清晰的人来说，趋势很明显，对于投机客来说，拿自己看到的事实，硬套在自己的理论上，绝对不聪明。这种人应该知道当时是多头还是空头市场，如果他知道这一点，他就知道应该买进还是卖出。因此在行动一开始，一个人所需要知道的就是应该买进还是卖出。

——《股票大作手回忆录》

把行情波动分解出来看就是无趋势时的形态和相对流畅涨跌的趋势构成。但是仅仅能够识别形态和趋势也容易陷入过于“机械”式操作的境地，失去了对行情波动的宏观理解，即少了大局观。

位置分析与形态分析或者趋势分析是显著不同的。无论形态还是趋势都是具象的概念，交易者在行情软件中可以很直观地看到这是什么形态，这是什么趋势。然而位置相对而言是一个抽象概念，是从行情的结构中缩衍生出来，并且对于位置的准确判断需要丰富的实践经验作为保证。

很多交易者已经在交易实践中经常使用到位置的概念，例如大家常听到的抄底或逃顶里头的“底”和“顶”都是一种位置，然而，多数交易者却缺乏判断这些位置所需要的知识以及经验，总是在根据市场的消息，新闻，传言，研究报告，价格的高低，自己的想象等在盲目的猜顶和底，其正确率自然是差强人意，结局往往是以亏损告终。

本章首先对行情的结构进行分解，从科学的角度定义行情所处的不同的位置，然后结合实例分析应该如何判断具体的行情位置。

8.1 位置有哪些

位置是一个相对概念，而不是绝对概念，所有的位置都是针对现在所处的一轮行情而定义的。如图，张裕 A 在图 8－1 中出现了三个顶部，三个底部，并不是说提到张裕 A 的顶部就是指价格最高的顶部 B，提到张裕 A 的底部就是价格最低的底部 A。我们必须置身于某一段行情来看标的所经历的顶部或者底部。比如在位置 X 处，我们如果说底部一定是在特指底部 C 而与之前历史的底部 A 或底部 B 没有关系，而此时如果说顶部，一定是特指顶部 B，因为顶部 C 是未来的行情，还没有出现，顶部 A 已经是历史行情，和当前没有关系了。

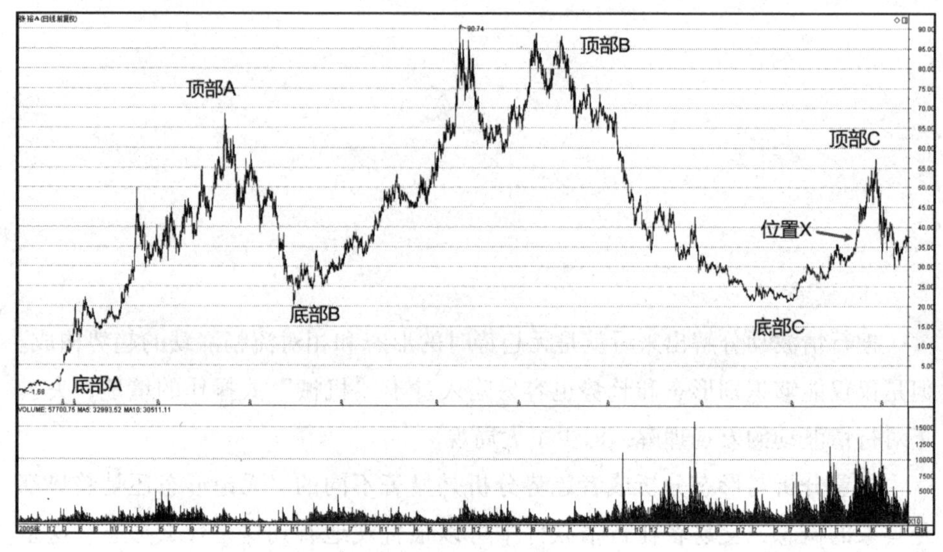

图8-1　行情中的位置（张裕A）

具体的位置包括：

顶部：即所谓的高位，在顶部逆转形态确立后形成（价格带量向下突破形态）

次高位：即顶部确立后的反扑位置，无论反扑形态是否确立

下跌中继：跌势之中，顶部逆转形态之后，底部逆转形态之前出现的形态

下跌中继反扑：下跌中继确立后的反扑位置，无论反扑形态是否确立

底部：即所谓的低位，在底部逆转形态确立后形成（价格带量向上突破形态）

次低位：即底部确立后的反扑位置，无论反扑形态是否确立

上涨中继：涨势之中，底部逆转形态之后，顶部逆转形态之前出现的形态

上涨中继反扑：上涨中继确立后的反扑位置，无论反扑形态是否确立

分析和确定当前行情所处的位置有助于交易者把握行情的整体格局，对于交易的多空决策，仓位决策和风险管理决策都有着重要的意义。

8.2 如何确定位置

位置的确定中，最难的是关于顶部和底部的确定，因为一旦出现顶部或者底部，之前的趋势即宣告被逆转。顶部和底部确定的关键在于三点：第一点是形态本身，要准确地找出顶部或者底部逆转形态的边界线，不要盲目地把一个小的形态当成一轮行情的逆转形态。第二点是成交量，顶部和底部各自有其成交量的特点，同样的形态，成交量如果有明显的异常，此时就应该相对谨慎，防止逆转形态正在形成。第三点是阻滞，顶部和底部的形成的位置往往不是没有原因的，很多行情的顶部往往形成在历史顶部形态的颈线位置下或者历史最高价格附近，而底部往往形成在之前行情的底部颈线位置之上或者历史最低价格附近。但这并不是绝对的，只是行情到了这些位置时我们需要特别留意。我们来看一个例子。图 8－2 中的阻滞为大秦铁路 2008 年历史顶部所形成的颈线，我们看到 2015 年，伴随着成交量疯狂的放大，大秦铁路依旧止步于该重要阻滞之下，形成新一轮行情的顶部。

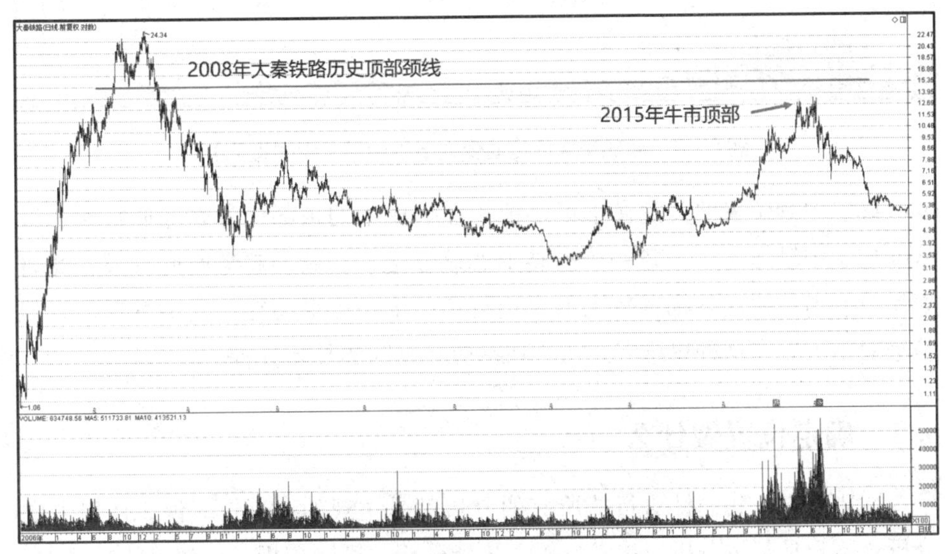

图 8－2　顶部位置的成交量和阻滞（大秦铁路）

顶部一旦确立，随后出现的一定是次高位。底部一旦确立，随后出现的一定是次低位。但世事无绝对，有时会出现顶部确立之后，价格在随后次高位的位置横向震荡许久，然后突然带量向上突破之前顶部形态的下边界线。这种情况往往是这里所谓的顶部和后续的次高位共同形成了一个新的上下箱体中继，这样，这里的位置就可能要发生改变，此处则可变演变成了上涨中继的位置。同样，下跌之中也存在这种变化的情况。我们来看一个例子，如图8-3，中国重工2016年11月底带量向上突破复合头肩形态，疑似底部逆转形态确立。随后中国重工在次低位反扑的位置经过长时间震荡后向下突破，最终整个大形态演变为上下箱体结构的下跌中继形态，后市一路走低。

图8-3 底部和次低位演变为下跌中继（中国重工）

确定中继位置的关键在于不要把正在形成中的顶部或者底部逆转形态误认作成了中继形态。一般一个逆转形态确立之后，新的趋势就此形成，此时如果没有出现快速且幅度较大的单边行情，第一个形态往往是中继形态。但是绝对不可以有这种思维定式，一切都应具体问题具体分析。

8.3 确定位置做什么

本质上讲，我们针对行情所有的分析都是主观的，换句话说，任何人的分析，不管是基本分析，技术分析，统计分析，逻辑分析……都可能是错的。在一波行情之中，我们针对位置的分析往往没有办法给出唯一的答案的。那为什么还要不辞辛劳地确定位置？**确定位置第一个也是最重要的作用就是思考和推演行情未来各种可能变化的过程，通过这个过程可以确保我们不是处于过于主观和一厢情愿的期望之中。第二个作用就是可以更好地把握仓位的轻重。**平衡性和充分性大致相同的形态突破，到底应该用多大的仓位，主要的考虑因素就是位置。在安全的位置相对重仓，在危险的位置相对轻仓。什么是安全的位置呢？**一波行情刚确认发生逆转时，即行情的早期阶段，此时重仓相对安全。而当行情已经走了很长的时间和空间之后，此时重仓则相对危险。第三个作用就是进行加减仓的合理位置，尽量避免一加仓就反向波动的不利情况。**很多交易者加仓是根据浮盈百分比来进行加仓的，并不是说这样不可行或者是错的，只是如果不考虑市场本身的特点来强行加仓，有时必须容忍相对比较大的回撤。

第 9 讲
价量分析

开篇明义

夫兵形象水，水之形，避高而趋下，兵之形，避实而击虚。水因地而制流，兵因敌而制胜。故兵无常势，水无常形，能因敌变化而取胜者，谓之神。

——《孙子兵法》

把预测的它在后期应该会出现的走势记下来，等时间过去之后，再与实际发生的走势进行对比验证。

——《股票大作手回忆录》

交易软件中通常提供成交量、成交额、换手率、持仓量（衍生品）等各种各样的能量参考数据。我们在交易的过程中选择什么作为参考呢？成交额的问题在于随着价格的涨跌，即便成交的数量相同，成交额也会随之放大或缩小，因此这个数据不太好。换手率通常是一个处于 0～100% 区间的指标，多数时候这个数值都特别小，特别对于大盘股，往往每天换手率都在 5% 以下，这样从图表上看不太出明显的波动，因此也不是特别好。所以成交量与之相比是一个相对好的参考。另外，如果交易衍生品时，通常需要同时参考成交量和持仓量。另外，在看成交量或者持仓量时要时刻记得不必要过于在意其绝对数值，应该对其相对数量特别是近期一段时间内的相对变化引起足够的重视。总体的原则是我们比较成交量只和本轮行情进行比较，即涨势从本轮底部开始参考比较，跌势从本轮顶部开始参考比较。历史行情特别是久远前历史行情的成交量对于今天没有太大的参考意义，因为对于股票中间不知道会发生多少次送股和拆股，而对于衍生品其活跃性也不知道经历了多少变化，所以不要去参考过于久远的量能数据。

9.1 量如何看

时刻记住成交量只是辅助判断趋势的参考，而非决定性的因素。真正的决定性因素是价格。交易过保证金外汇的人都知道，外汇现货是看不到成交量的，因为外汇现货交易是一个 OTC 柜台交易市场，没有集中的交易所。但这并不影响外汇交易。外汇每天的成交额仍然每天都是个天文数字。有交易经验的外汇交易者一定知道真正的突破来临时价格运动的速度和力度，这就是成交量所造成的结果，只不过是我们不能直接看到成交量本身罢了。综合上述汇总成一句话：不要因为成交量如何如何而无视价格的变化，或者错过行情，或者更致命的是死扛亏损！

对于持仓量，首先要知道基本的常识，即持仓量在不同的情形下如何变化：多头与空头均开仓，持仓量上升。多头与空头均平仓，持仓量下降。多头之间换手或者空头之间换手持仓量不变。成交量和持仓量代表了交易者之间的分歧，如果大家都一致看多或者看空，那么就不会有成交了。A股中一个典型的例子是一字停板。成交量或持仓量越大，通常代表交易者之间的分歧越大。成交量大代表了交易者在当前交易时段的分歧大，而持仓量大代表了近一段时间内积累的交易分歧较大，反之同理。分析成交量时一条重要的思想是市场上赚钱效应越显著，参与交易的人应该越多，从这个思想出发，自然可以得出一个重要的结论：成交量应该伴随着趋势的运行方向而放大。而当趋势继续运行，而成交量却跟不上时，这表明已经没有更多的参与者进入市场了，这里通常就需要我们引起足够的警觉，特别是掌握较大头寸的交易者，此时应该已经是最后的离场机会了（真正安全的离场机会是在牛市进入狂热阶段或者熊市进入绝望阶段，行情呈现出连续的放量大涨或者放量大跌的时候），等到真正趋势反转之时，怕是你再也没好的机会出场了。

9.2 形态中的价量分析

前面章节讲了各种各样的形态，多数形态可以出现在行情结构中的不同位置，其中的量能情况在各个形态的例子时也进行了分析。正常的形态中的量能都是遵循道氏理论中成交量随着趋势的方向放大一条作为主旨的。总体而言，一个底部的形态正常的情况下应该呈现出上涨放量，下跌缩量这种脉冲式放量的模式，当然，上涨途中的中继形态也应该如此。而一个顶部形态正常情况下则应该是呈现出成交量开始维持一个较高的水平，然后随着后续反弹成交量递缩的，即每一次测试前期高点，无论是否创新高，其成交量都应该是萎缩的。下跌途中的中继形态也应该展现出类似的模式。

关于异常放量通常是指在突破之前或者刚突破时，成交量放得异常大，但价格却没有同步走出凌厉的走势。比如一个底部形态，临近突破时放了之前几倍的量，但是价格只是涨了一点点，这种时候我就要留意了，这种形态的突破往往不那么靠谱了。过度的放量可能预示着此时形态内之前进行收集的投资者突然改为派发了。当然，成交量只是起辅助判断作用的，真正对趋势起决定作用的还是价格本身。

9.3 阻滞处的价量分析

首先要明确的是，阻滞处需要做得分析并不仅仅限于价量分析，还应综合考虑大市、趋势、位置、形态等各方面信息综合判断。此处所谈的价量分析不考虑其他因素，实盘交易中，读者还需要根据实际情况做出合理的判断。

阻滞处的价量分析简单而言就是价量正常和价量异常两种情况。价量正常即对大量大线、小量对小线。

大量对大线很简单，这和形态突破是一个道理，价格突破阻滞时要硬接对面的筹码或者之前被套筹码的平仓盘，成交量自然放大，具体实例如图 9－1 所示。小量对小线是价格运行到阻滞附近，交投双方都十分谨慎，成交量和价格波动区间都很小，在酝酿后续的攻势，具体实例如图 9－2 所示。

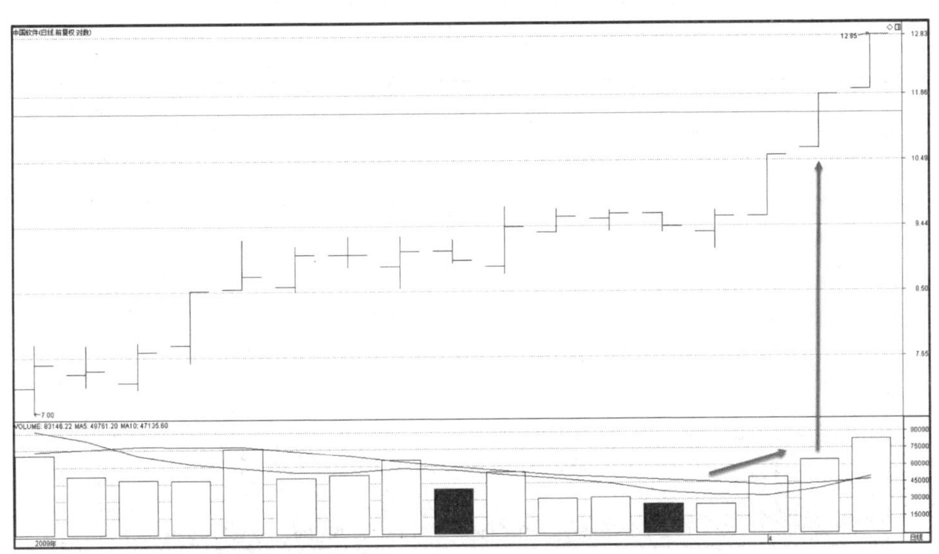

图 9－1 正常情形阻滞处大量对大线（中国软件）

反之，大量对小线或者小量对大线则是异常情况，需要引起注意，具体实例见图 9－3，加黑加粗的柱线处是典型的小线对应大量，恰好是在重要的阻滞的位置，行情很快就掉头向下了。图 9－4 中，加粗加黑的柱线处是典型的大线对小量，形态突破时放量很小，之后一两天成交量也没放出来，后来价格很快跌回颈线范围之内，并开始了延绵的跌势。当然，异常情况不是说

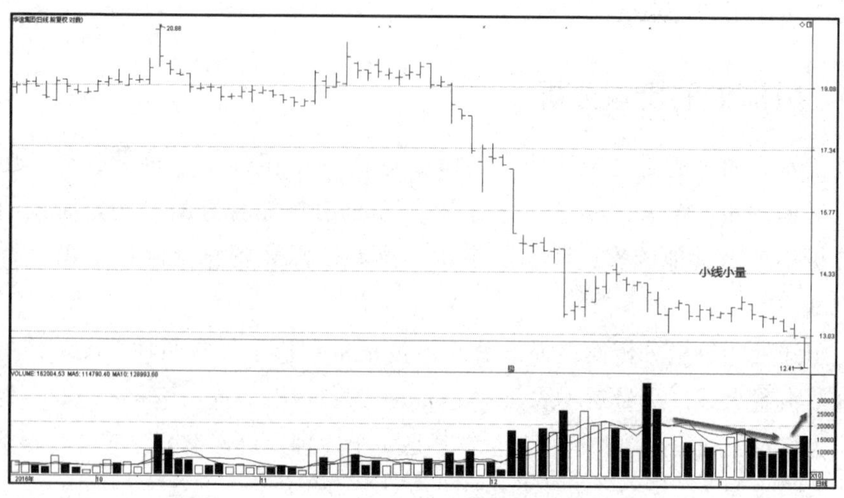

图9-2　正常情形阻滞处小量对小线（华谊集团）

一定会发生什么，这个市场里一切皆有可能。我们交易时保持一颗谨慎警惕之心有何不好？

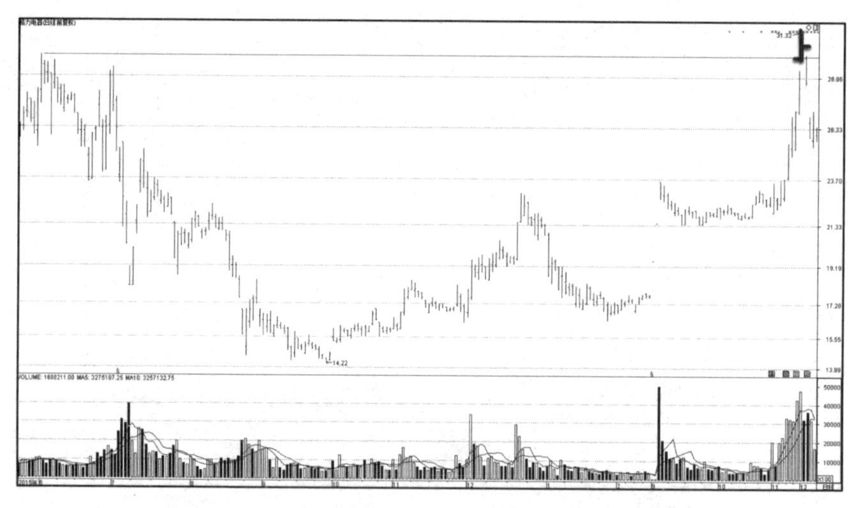

图9-3　异常情形阻滞处大量对小线（格力电器）

巨大的成交量伴随的是小线表明对收盘有很强的抵抗，以至于突破阻滞时趋势暂时有难以为继之危。而小量对大线则通常是长钉的表现，即在高度控盘的情况下做一次走势陷阱，以便借机出货。

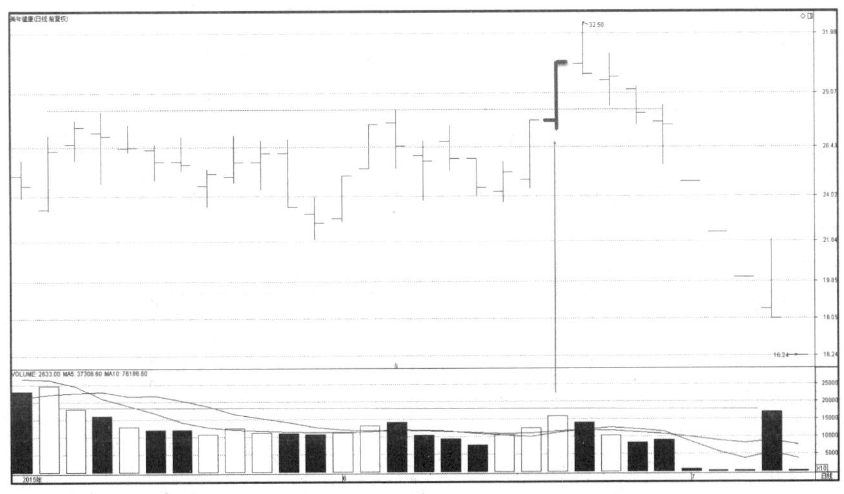

图9－4　异常情形突破处小量对大线（美年健康）

9.4　大格局的价量分析

前面讲得价量分析多用于局部，然而，价量分析更重要的作用是分析大势的变化。其依据也是道氏理论：成交量应伴随趋势的方向放大，否则趋势则可能出现异常。

天下没有两个一模一样的牛市，如图9－5所示，2014年的牛市是杠杆驱

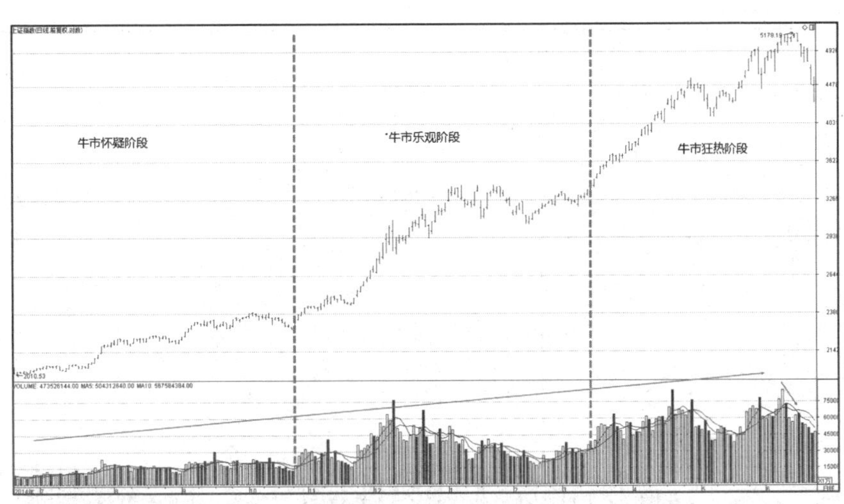

图9－5　大势中的价量分析（上证指数2014牛市三阶段）

动的，所以上证指数只有在牛市最后期顶部小星线处时，成交量才突然下降。而如图9－6所示，2005年的牛市时尚无融资融券制度，配资交易股票也不流行，所以在牛市中后期，5.30行情之后就出现了明显的成交量难以为继现象。这二者均为大势出现问题之迹象，只不过2005年牛市末期成交量的颓势更加明显。大势之中的价量分析不仅适用于股市，也适用于期货等衍生品分析，如图9－7所示。

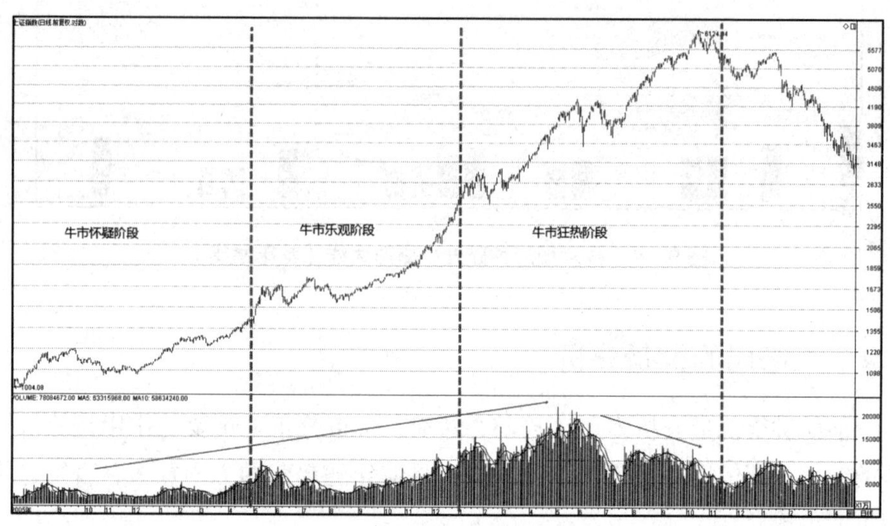

图9－6　大势中的价量分析（上证指数2005牛市三阶段）

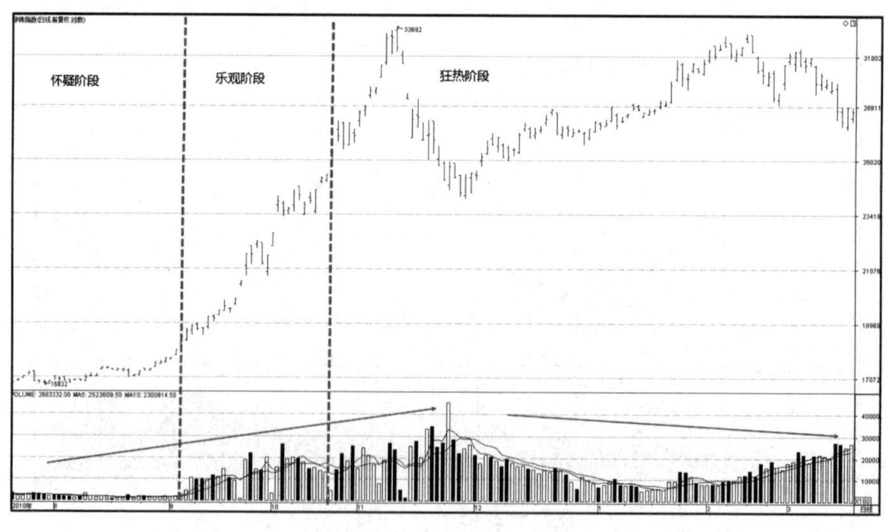

图9－7　大势中的价量分析（郑棉2010牛市三阶段）

图9－7是郑棉指数，2010年时棉花期价一口气站上了33000元以上的价格，回落之后二次翘起，但此时成交量就明显难以为继了，后续就开始了漫漫熊途。

9.5 量能的汇总分析

这里还是要再次强调，大势分析的关键判定依据只有价格。成交量只是辅助分析的。结合成交量辅助分析有助于我们做出正确的判断，特别是在判断逆转形态是否确立时，可以更加理性不那么草率。

比如，底部形态耗时一两年确立，平均日成交量为10万手。而一旦趋势运行起来，如果没出现极端的事件，通常一个小的历时两三周的M形态，日均成交量15万手，看似向下突破，这能是逆转形态嘛？最终趋势更容易持续而非逆转，绝非一句空话，从这个简单的例子就能体察，图9－8为一个实例。

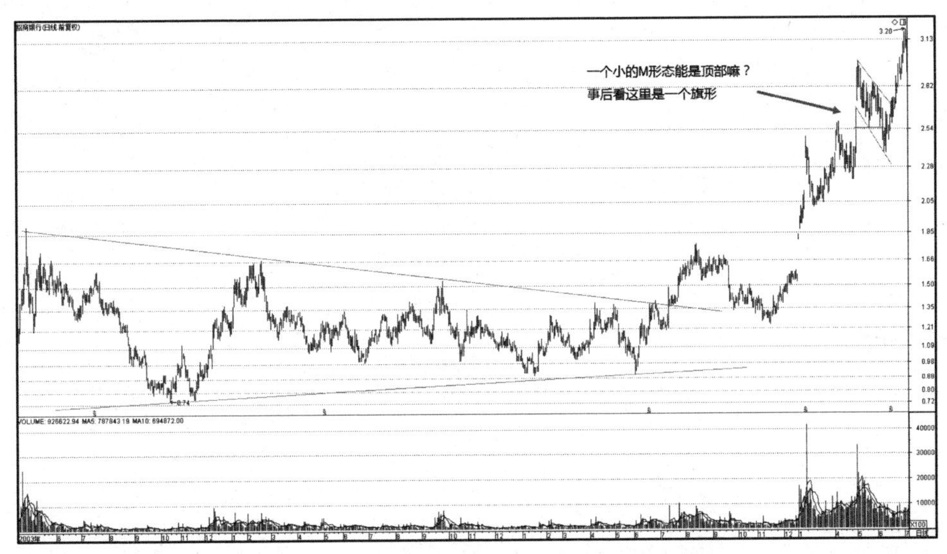

图9－8　汇总价量分析（招商银行上涨中继）

图9－8中，招商银行经历了2年多的底部三角形逆转形态和大约半年的上下箱体反扑结构后放量上涨约40%后冲高回落，并做出一个M形态，当时很多交易者以为这里就是顶部逆转形态，就卖出了手中的多头部位。然而这里的“M形态”不过历时两周多，汇总成交量也比底部区域总成交量少太多，类比一下。底部进的货根本卖不出去，所以最终这里的“M形态”演化成了一个牛旗，变成了一个上涨中继形态。

第 10 讲
阻滞分析

开篇明义

孙子曰：凡先处战地而待敌者佚，后处战地而趋战者劳，故善战者，致人而不致于人。能使敌人自至者，利之也；能使敌人不得至者，害之也，故敌佚能劳之，饱能饥之，安能动之。出其所不趋，趋其所不意。行千里而不劳者，行于无人之地也。

——《孙子兵法》

无论它的基本规律多么死板，投机这个游戏也并不全都是数学或者制定规则。

——《股票大作手回忆录》

阻滞看字面意思即遇到阻碍有所停滞。阻滞理论也成为支撑和阻力理论，同样是理查德·沙贝克先生提出的。对于上涨时，上方的阻滞也常被称为阻力位或者压力位。对于下跌时，下方的阻滞也常被称为支撑位。**为了防止读者看到支撑或者压力这样的字眼有抄底摸顶的想法，本书依照传承惯例，将其统称为阻滞。**阻滞通常以水平横线表示。然而阻滞却并非只有在这一条线所处的价格位置才起作用，而是到了这一价格区域，无论高一点还是低一点都要引起足够的警觉，因为此时你相当于已经随着大军闯入了敌军（对手盘）的地盘了，此时敌军随时可能展开疯狂的进攻和围剿，友军也随时可能适时撤退避其锋芒。

价格接近阻滞时，特别是重要阻滞时，我们要在盘前提前做好准备。可以采取的策略是：①到了就平仓离场观望；②打到阻滞看价量情况看气势能否持续，能持续持仓，否则平仓离场观望；③让渡一定比例的利润（通常为5%～15%之间）作为缓冲，给价格波动的区间；④硬挺着直到确认转势。

即便不是面临阻滞，交易者每天也面临着上述的抉择，甚至是内心的挣扎。识别出阻滞只能提醒交易者这些位置可能要提前做好计划规划交易决策。但是阻滞本身并不会告诉交易者任何答案。真正的答案要结合交易者的经验、趋势的发展情况、行情所处的位置、形态的充分性等各方面因素来共同决定。本书只能提出问题，真正的答案还有待读者自己去摸索和总结。

10.1 研究阻滞的目的

交易如同行军打仗，做多时对面的敌人在过往的高处，以股票为例，之前高位（在当前价格之上）的形态或者成交密集区代表了大量上一轮涨势时被套牢的筹码。当价格重新向上攻击上方的区域时，曾经被套的筹码解套了，甚至开始获利了，解套盘集中卖出会导致盘面上突然出现集中的卖压，这就是阻滞的原理。当然，空头面临的阻滞与之道理相同只不过方向相反。懂得顺势操作的多头通常会回避这一类卖压，转而视情况在重要阻滞下方清仓或者通过形态震荡消化上方阻滞的筹码。对于跟势交易者而言，面临重要的阻滞最好的策略是先离场观望，防止行情在此戛然而止。待整固好阵脚，再次在成交量的配合下击穿阻滞时再次跟进不迟，无非就是损失一些交易成本，换来的是极大地降低了风险。

10.2 如何识别阻滞

需要明确的是：**阻滞虽然以横线表示，但是并不是画出来的这条线上才是阻滞，而往往是线的上下一段区间都是阻滞区，需要引起注意，在阻滞的位置未必一定会发生什么，只是我们需要小心在阻滞的位置产生反拉（急速的反向价格运用）**。图 10－1 是阻滞的示意图，刻画了支撑和阻力作用的相互转化。

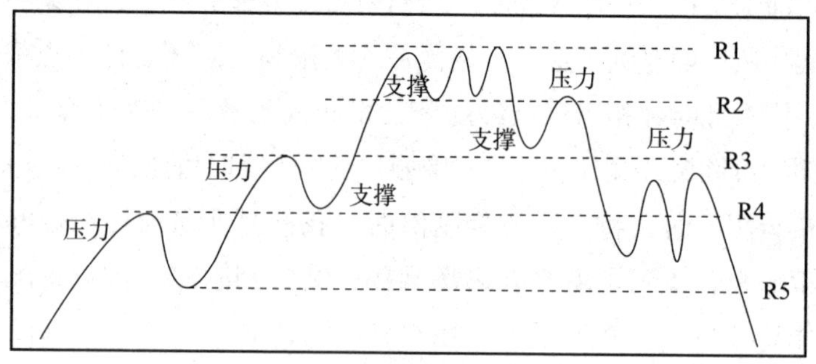

图 10－1　阻滞示意图

从左往右看，图 10－1 中首先是上涨过程，在 R4 的位置处遇到压力回落，后来突破了 R4 阻滞，此时，压力转为了支撑，随着行情进一步上涨之后回落至 R4 阻滞处，由于之前突破 R4 时由于各种原因没买入做多的人再次得到购买的机会，价格在 R4 处受到支撑再次上涨，到了顶部区域震荡，价格在 R2 收到几次支撑后，向下突破 R2，而后空头确立，到了 R3 阻滞的位置，部分空头交易者获利回补，此时虽有反弹，但是价格到达 R2 后，由于 R2 之上都是被套的投资者（即账面有浮动亏损的投资者），到了 R2 附近的位置解套盘开始集中抛售，导致价格回落，所以 R2 由支撑转化为压力，后续跌势比较急，在 R3 和 R4 阻滞处没有停顿，直接跌穿（阻滞不代表行情运行到此处一定会发生什么的，这必须要谨记。特别是要防止又到了阻滞位行情一定会逆转的错误想法）。

在实盘中找阻滞是一个动态调整的过程，即价格每运行一段距离即需要对阻滞进行调整，而这“一段距离”具体多大则是看左侧是否需要找新的参考。找阻滞最基本的原则是要从最新的价格作为基点出发，从右往左开始找。对于做多，多头面临的阻滞一定在当前最新价格的上方，不要向下找；同样对于做空，空头面临的阻滞一定在当前最新价格的下方，不要向上找。综合起来，要领就是：**从右往左看，先从当前往上看找多头阻滞，再从当前往下看找空头阻滞。从右往左开始找的含义是只要从当前位置往左上，或者左下方能找到参考，就不用更左边（更久远，或者说被右侧行情遮挡住）的历史行情作为参考。本书所举的例子由于需要示范阻滞处的效果，所以分析的立足点并非在最新价格处，后续例子中会标明立足点，即假定我们现在处于“立足点”所在的位置。**分析图10－1在R2阻滞变成压力时，我们分析到这是由于上方套牢盘的抛压所导致的，这里隐含了找阻滞的一个重要原理：

10.2.1 成交量密集区域

因为阻滞本质是因为套牢盘的抛压或者是多头抄底的力量构成，所以，抛压或者抄底的力量越大，阻滞也越大，而成交量是反映套牢盘或者抄底力量大小的最直观表示，因此在找阻滞时其作用至关重要。图10－2是根据成交量密集区域，也即所谓的放量点找阻滞的一个实例。

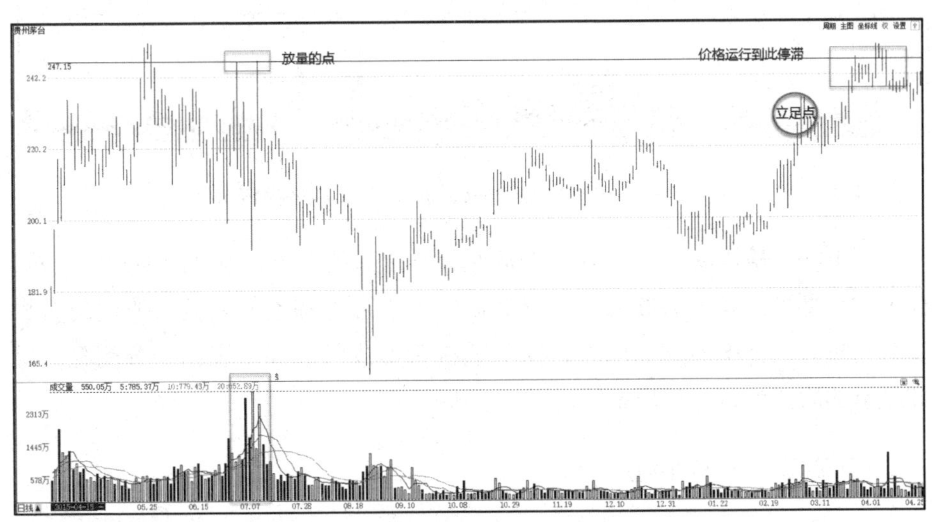

图10－2 放量点找阻滞（贵州茅台）

10.2.2 重要形态的边界线或者颈线

目前为止，我们虽然在行情的结构里提到了形态，但并未就形态学展开全面的讲述，本书后面部分会有专门的内容分析形态学。这里我们主要分析的是阻滞，所以先忽略形态怎么找，直接用简单的形态边界线进行示例。同样，前面分析时我们也提到了，形态代表了供需的暂时平衡关系，所以在形态内反复波动，也正是同样的原因，找阻滞时，形态整体的成交量至关重要。如果形态在上方，很容易理解，其边界线或者颈线处代表的阻滞是套牢盘的解套分界线。同样，如果形态在下方，其边界线或者颈线处代表的阻滞是多头的大本营，我们看一个实例，如图 10－3 所示。

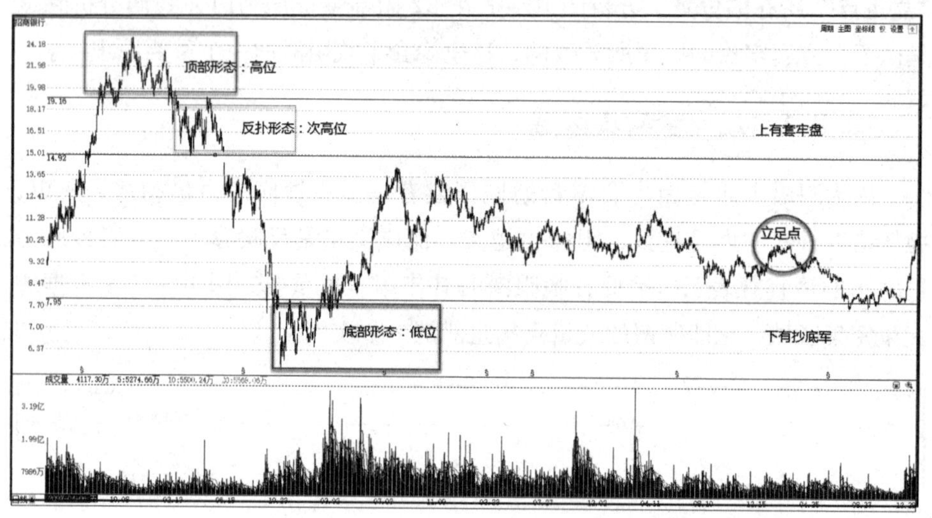

图 10－3　形态边界线或颈线找阻滞（招商银行）

图 10－3 是招商银行 2007—2008 年大跌之后的走势，我从图中立足点看，往上找顶部形态和顶部形态向下突破后的反扑形态都十分明显，他们的边界线都是重要的做多阻滞。同样，次贷危机后形成的底部形态也十分明显，因此做空的阻滞就是底部形态的边界线。

10.2.3 上挤下压

上挤即价格从上方向下运动到阻滞所处的位置时弹起来，被“挤”上去了。下压即价格从下方向上玉东道阻滞处的位置时回落，被“压”下来了。

当一个水平位置既向上"挤走"过价格走势，又向下"压走"过价格走势，那就称这里是上挤下压，这种位置都是重要的阻滞。这是因为这种位置往往都是行情进行反扑确认再次启动的位置，所以上挤下压的位置也经常与大的形态的颈线或者边界线重合。我们来看一个例子，如图 10－4 所示。

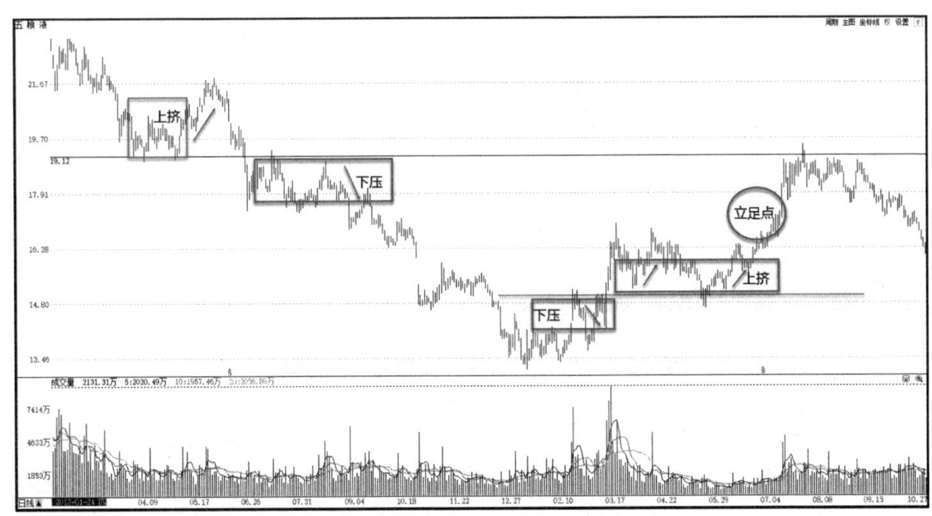

图 10－4　上挤下压找阻滞（五粮液）

图 10－4 是五粮液经历下跌之后一段行情走势，我们从立足点从右往左上方看，首先找做多面临的阻滞，在 19.12 元的位置处出现了一个上挤下压式结构，图中显示出来价格运行到该阻滞的位置后出现了回拉。同样，找空头阻滞要从右往左下看，下面的阻滞位置既是一个上挤下压式结构，同时也是底部形态的颈线是重要的做空阻滞，阻滞下面就是多头的大本营，做空的话攻击到了下面这个阻滞这要特别小心反拉。

10.2.4　阶段高、低点

这一条与形态颈线和边界线原理相同，都是过去的成交导致的套牢盘或者抄底盘所导致。这一条规则同样也阐明了不仅形态的颈线或边界线是重要阻滞，起远端有量、有停顿的高点或者低点也是重要阻滞。我们来看一个例子，如图 10－5 所示。

图 10－5 中是浦发银行的一段震荡行情走势，可以看到标的在高点有连续的放量震荡停顿这里是重要的阻滞，后续价格打到该阻滞位置回落。同样，

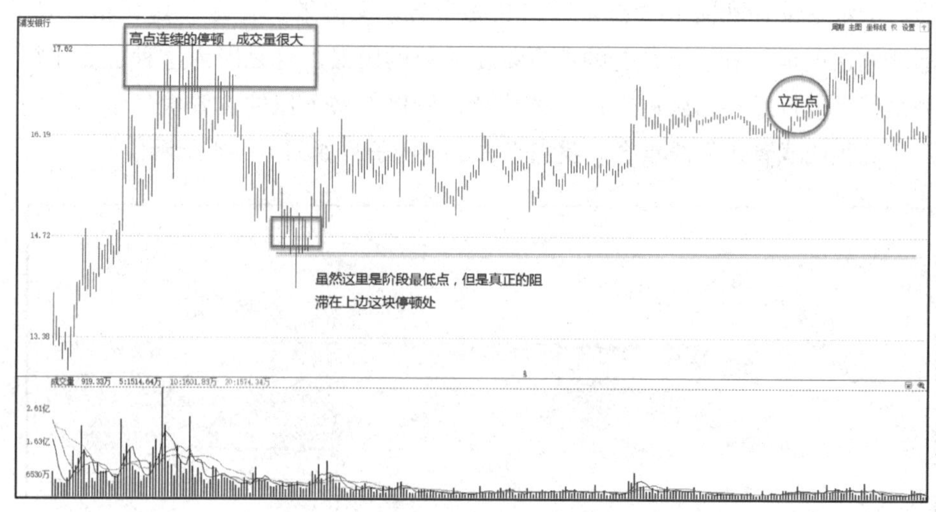

图 10-5　有停顿的高低点找阻滞（浦发银行）

下方最重要的阻滞也并不在这里的阶段最低点，而是最低点附近的密集成交区。当然，该例子中从立足点看下方还有其他阻滞，只是并非根据本条原则可以识别的阻滞，所以为了方便演示，只选了这两个阻滞。

10.2.5　触点多的位置

与上挤下压的位置略有差别的是，触点多的位置一般指单侧的触点，比如阻滞下方一侧有连续的向上攻击的行情触点。这并不是说这条规则不适用于上挤下压型的阻滞位，上挤下压类型的阻滞也经常出现价格上下穿过阻滞线的情况，此时我们首先应该明白阻滞是个区域的概念而不是一条线，然后在图中画阻滞线表示时，综合利用触点越多越有效、成交量越大越有效的原则可以更好地表示出重要阻滞的位置。

从原理上讲，有过一两次试探的位置自然是有反向的交易力量的。比如股票价格连续测试 10 元，即便左侧没有任何参考，标的以及处于历史高位海阔天空，我们依旧可以明白这个价格是个阻滞位，虽然没有套牢盘，但是到了这个位置就存在卖压，这正是阻滞的含义。当然反向的空头阻滞也是类似的道理。我们来看一个例子，如图 10-6 所示。

图 10-6 中，我们从立足点往左上看，明显有两个高度差不多的触点天然构成一个多头阻滞，后续的价格打到这附件时产生了回落。同样我们从立足点往左下看找空头阻滞，明显看到有 3 个高度差不多的触点形成了空头阻

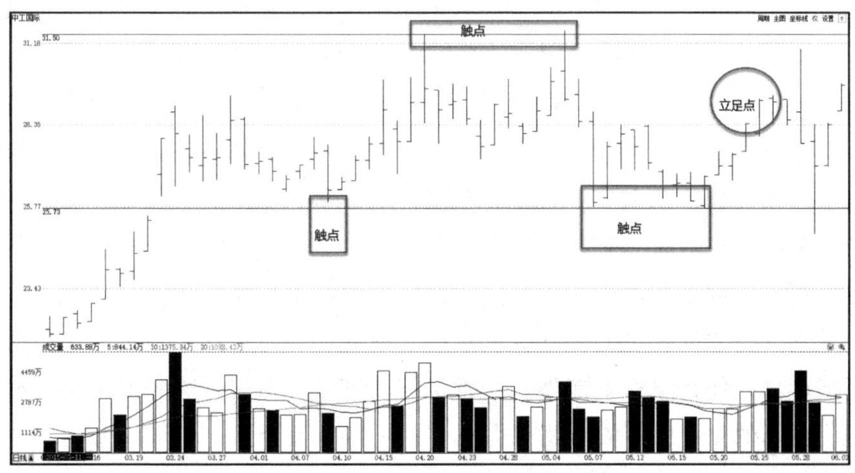

图 10－6　触点多处找阻滞（中工国际）

滞，后续价格打到该空头阻滞处反弹。后面我们讲到形态学时，这里的上下两个阻滞也同时是矩形形态的边界线，所以从这个意义上讲，所有的呈水平的形态的边界线或者颈线本身就是阻滞。

10.3　形态边界线 VS 阻滞

确定阻滞的一个重要方法是找到大形态的颈线或者边界线，那么阻滞和形态边界线或者颈线是怎么一种关系？简言之，水平的形态边界线或者颈线是阻滞的子集。所有水平的形态边界线或者颈线都是阻滞，但是不是所有的阻滞都一定是形态的边界线。我们来看一下交易示意图，如图 10－7 所示。

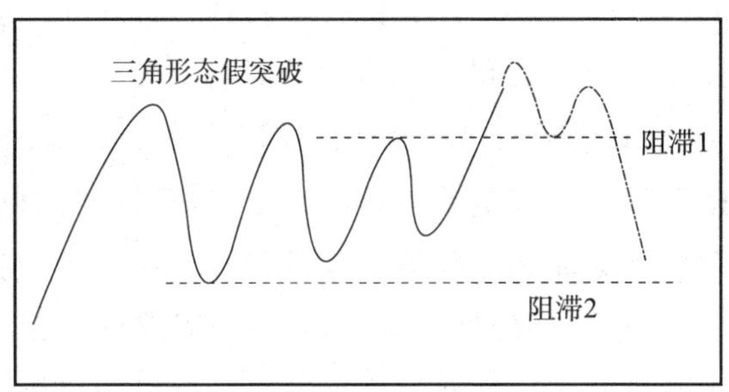

图 10－7　阻滞与形态边界示意图

图 10－7 中没有画出三角形的边界线，这里要再次强调：**斜线一定不是阻滞**。图中的阻滞 1 是典型的上挤下压式阻滞，价格向下击穿阻滞 1 的位置

是适合开空的时机。阻滞 2 既不是大形态的边界线，也不是上挤下压，这里是三角形态的一个低点（大形态的高低点都是阻滞），这里阻滞 2 与阻滞 1 有着明显的不同：阻滞 1 处价格处于震荡状态，波动率较低；而阻滞 2 处价格处于流畅状态，波动率较高。所以，即使价格向下击穿阻滞 2 也并不适合在此开空，或者即便是开空，也应该轻仓。为什么？第一，价格运行到阻滞 2 处的位置时，在阻滞 1 处开仓的人已经获利良多了，此时开空有当接盘侠的风险。第二，价格波动率在此过高，需要用到的止损量也相对会比较大，因为大波动后一个反拉也会是很大的波幅。故此，明白了这个道理，价格过什么阻滞能做，什么阻滞不能做，是否足够清晰了？当然，这些都不是一概而论的，具体的交易决策依然要考虑具体的事件、大背景、三势（参考本书第十九章势的种类一节）等因素综合决定，所谓运用之妙，存乎一心。

10.4 阻滞的虚实

由于交易的周期不同，我们所面临的阻滞也并不相同。比如日内交易通常采用 15 分钟线作为交易的主要阵地。15 分钟图中找到的阻滞可能与日线中的阻滞重叠，即可以从日线图中找到；也可能是只能在分钟级别的图中看到，无法从日线中找到。这两种阻滞哪种比较重要？**显然是日线中也能看到的阻滞更加重要了。做个形象的比喻，日线图好比中国地图，而分钟线图好比城市地图，城市地图里能看到的山有些在中国地图中可以看到，那就是高山，并不容易简单逾越的**；而有些山仅仅只能从城市地图中看到，这种山通常并不高，所以攀越的难度也相对较低。这里插一句题外话，为什么不提周线、月线、年线上的阻滞？因为现在计算机技术发达，看周线或者更大级别的线没太有必要，压缩图表即可看到一个标的全部的历史行情。日线比周线保留了更多的细节信息，因此使用日线分析就足够了。

既然日级的阻滞相对比较重要，日内的阻滞相对则阻力小一些，对我们交易有什么影响呢？交易靠的是赚取一定的价差，这个价差越大，获利空间才可能大，而价格波动是需要时间的，遇到一个阻滞就跑无疑会导致拿不住单子，导致错过大量的潜在利润，而这反过来又会对交易者的内心形成二次摧残。当然，的确有很多行情戛然而止于日内的阻滞上然后迅速反拉，导致到手的利润化为乌有。面对这样的现实，我们应对的策略应该是考虑到这种可能性，利用推压海琴等方式保护自己的利润，另外，更重要的一件事是要多做复盘和统计，找找那种到了日内阻滞就反转的行情的共性是什么，**逆日级势往往是很大一部分原因，回顾和思考下上下箱体结构的中继；位置不对也这往往是重要的原因，把反扑当成逆转；劳师远征，强弩之末也经常会导致日内行情的突然快速反转。**林林总总，难以尽言之，所以这些功课是需要读者自己做的，见多识广，心中有数才能知道选择什么样的机会去交易，只做值得做的交易，而不是看到波动就冲进去，胡冲乱砍，最后自己一身伤。举一个例子来分析一下，如图 10－8 所示。

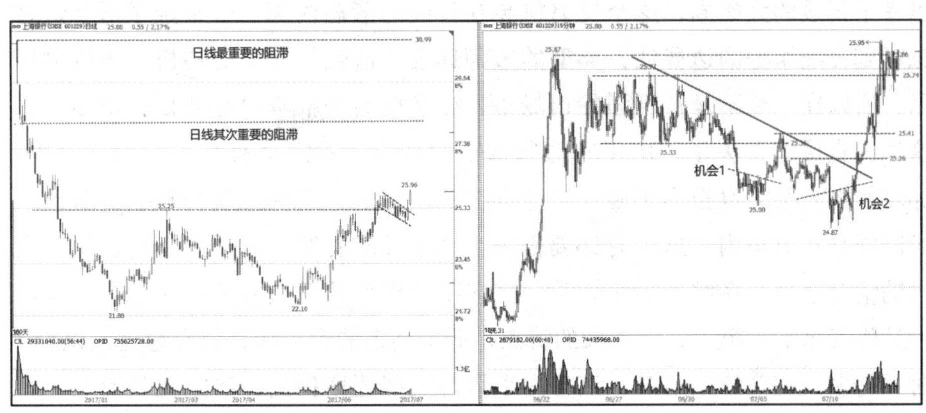

图 10－8　日内阻滞的虚实（上海银行）

图 10－8 中的例子是上海银行在 2017 年 7 月 12 日收盘时的图表，左图为日线行情，右图为 15 分钟线行情。我们先来看日线的阻滞，以此时的视角看，最重要的阻滞再日线的最高点处，此处是成交量最大，套牢盘最多的位置，实际上，最高点那天的 K 线最低点，收盘价处都是阻滞，只是离得太近，没必要画得星罗棋布。另外一个其次重要的阻滞在两个放量的上引线顿线下面，裂口放量大阴线下跌的 K 线上方，这里是重要阻滞的原因是成交量大、有停顿、裂口。看完上海银行的“中国地图”，我们来看具体的“城市地图”—分钟线图。这段分钟线刻画的是日线上的反扑小形态旗型具体怎么在日内波动的。日内冲高回落后，再次上涨没有过前期高点，连续几日反复震荡形成了一个日内的矩形形态，向下突破，然后做了一个小的喇叭形态，向上突破。此时出现图中标的第一个交易机会。我们这里只标出来了做多的交易机会，没有标出做空的交易机会，事实上这个大形态临近突破时做了个小的箱体蓄势，这种突破充分性很高，这里是可以做空的。但是这里如果要做空，看到日内的阻滞如果没有很顺利地过去，即大涨过后下跌的最低点位置，

就需要立即平仓离场。原因在于这里是反扑，是次低位啊，这里做空是逆势！自然见到风吹草动就要赶紧跑，这种位置的做空更多的是战术上作为对持仓部位的保护，而非应以盈利为主要战略意图。而机会 1 这里适宜做多嘛？这个其实要看大市环境，如果市场处于牛市流畅的上涨阶段，这里怕错失机会，这里就该做进去。但是 2017 年中的 A 股显然不是这样的情形，如果这里做多，到了 25.35 附近的阻滞要不要平仓呢？这里我们是事后看的，这波行情到了 25.35 附近就戛然而止了，并且后续还创出了新低。哪里出什么错了嘛？**思考下日线的大格局，这个交易机会在日线的形态内嘛，价格走了那么远才触碰到日线旗型的边界线，典型的劳师远征。**这就是这个交易机会不好的原因，所以在一个不是特别强的市场里，交易机会 1 根本没必要做，即便它在这里真直接涨上去了，由于它劳师远征的特点，一定会有再次的形态整固，那时候再去跟进也根本不晚，毕竟日线的阻滞还远着呢。交易机会 2 呢？这里同样是在形态内，这个有必要做嘛？这个标准答案，需要读者自己根据自己的情况来找。在编者看来，第一，它距离旗型的上边界线一步之遥，容易一鼓作气拿下；第二，这一天的特点是低开高走的大阳线，成交量远比机会 1 时大得多，有气势；第三，该日内小形态底部逐渐抬高，防守比较有利，止损不大。另一种选择是大形态的斜边突破时开仓做多，这就看每个交易者的习惯方式了。这次做多进去后，面临的日内阻滞更多了，25.26，25.41，25.74，25.86，层层阻滞，我们还需要考虑嘛？当然是不需要！为什么？因为这个日内交易拿到当天收盘时，一定变成了日级持仓，因为日级的反扑形态突破了，所以再看阻滞应该以日级阻滞为主了。如果说有一个日内阻滞还需要稍微留意，那它就是前高 25.86 附近，但是即便如此，也应该更大胆一些，**不要轻易丢失了自己的优势部位。**通过这个例子我们在说什么？阻滞的虚实其实与趋势、位置、形态都有关系，并且日内的阻滞什么时候可以忽略，什么时候需要小心是要因时因势而决定的。

引申一步，日级的阻滞重要程度都相同嘛？当然不是，历史的顶部，底部，大形态的颈线或边界线，上挤下压的位置，成交量密集的区域，这些位置的阻滞自然更加重要。而孤零零一根线，又没什么特别大的量当然就没那么重要了。我们来看一个例子，如图 10－9 所示。

我们看图 10－9 中，中国建筑 2016 年底部涨起来的过程，初始的立足点为底部 W 形态刚突破，图中把做多所面临的阻滞依次标识出来了，分别记为阻滞 1－5。首先要提醒大家的是，现实的市场交易中，没有那么多教科书式

图 10－9　日级阻滞的虚实（中国建筑）

的走势，这里的例子重在说明原理，而并非表示拿起一个标的就能简单生搬硬套。我们先看阻滞 1 这一最近的做多阻滞。阻滞 1 是参考类似矩形的两个触点加上一个放量的反 V 形凸起点这几处触点确定的。阻滞 1 同时满足了形态的边界线（矩形上边界线）、上挤下压、有量（反 V 处的量能十分明显），所以阻滞 1 是个相对重要的阻滞，而实际的走势在此处停顿时间也较长，做了一个大约 2 个月的旗型。再上去面临的是阻滞 2 和阻滞 3，阻滞 2 参考图中 A 点凸起和小矩形 B 的下边确定，满足上挤下压，但是 B 形态没有量，A 是孤零零一个点，所以阻滞 2 是相对次要的阻滞。阻滞 3 与阻滞 2 类似，B 形态上端一个孤零零的点加上上方无量的小矩形确定，也是个次要的阻滞，从实际的行情看，价格直接穿过了阻滞 2 和阻滞 3，然后回落几个交易日做了个 N 形直接就过去了。阻滞 4 是大形态的颈线、上挤下压、放量最大的顶部区域的叠加，可谓是重要阻滞。实际的价格走势过这个阻滞的方式还是比较强势的，但是也是耗费时日，首先在阻滞 4 的下方做了一个历时两周的道氏轨，注意这里的成交量是非常大的（以当时的视角看，此时的成交量是高过之前上涨的成交量的），然后道氏轨向上突破，这里又做了一个历时一周的小型上升楔形，这时的成交量已经是巨量了，用这种放巨量拉升硬接套牢盘的方式直接攻击到阻滞 5。因为是事后分析，这时候市场参与者都知道是保险资金在大举买入中国建筑，而此时证监会也发声警示险资不要做“野蛮人”，中国建筑在这里开始大幅回落，然后高位横盘。事实上，到达阻滞 5 处时，中国建筑自下面形态突破点处已经涨了 1 倍了，面对顶部重重套牢盘，自然有调整的压力，只不过叠加了监管层的干预，来得或许更加猛烈一些。

10.5 阻滞的消化

阻滞不是铜墙铁壁，都是有办法可以消化的，当然这是对于作市的机构来讲的，对于公众交易者，了解这个原理，做出正确的应对就很不错了。阻滞消化的原理很简单，就是成交量的兑换。以做多为例，比如某股票顶部形态套牢的比例为 50%，那么消化这个阻滞至少要 50% 以上的换手才是现实的，因为解套不卖的投资者比例是极其低的。那么，这 50% 以上的换手可能有几种形式实现呢？其实只有两种：第一种用趋势走势消化阻滞；第二种用形态消化阻滞。用趋势消化阻滞一般情况下发生在套牢盘不是特别重的情况(没有大的顶部形态和超级大的成交量)，特点就是放量硬攻，连续大线。用形态消化阻滞则通常是在套牢区域下方（先过了顶部区域后消化阻滞的情况也时常发生，但通常发生在有重大事件或者大牛市行情里）做形态震荡，震荡的形态千变万化，但是其量能特征通常是存在前大后小，涨大跌小，脉冲放量的情形。并且在震荡形态结束进攻发起之前的临界状态，通常都是明显缩量的。请一定注意，套牢区域特别是历史大顶部区域下方做的震荡形态未必一定是在消化阻滞，也有可能是新的派发过程，甚至过了历史大顶部区域的震荡形态都有可能是新的派发过程，这要通过形态的特点（不是形态的类型，同一个形态可以是底部，可以是中继，也可以是顶部，区别在于其特点，需要读者自行总结和发现)、成交量特点等来综合判断，另外，止损是不能少的。我们来看一个例子，如图 10 - 10 所示。

图 10 - 10 中我们可以看出，方大碳素前期有两大套牢区域，第一个套牢区域是图中最左侧标有 1 的圆圈处上方的套牢区域，这里是 2015 年中，由于股灾的突然爆发，可以看出来这里也没有什么正经形态，虽然放量但是不密集，这是当时的机构明显对股灾没有预期，反映不够充分。第二个套牢区是主套牢区，即图中标 A 的方框所示的次高位顶部区域，这里做了一个大的 M 形态进行了相对充分的放货，然后 2016 年初的熔断就紧接着发生了。然后价格先做了一个熊旗，跌破后一个反扑，都没什么量。这里照说是没跌透的状态，因为没人这里进场。然而由于中国建筑为代表的中字头股票在 2016 年中

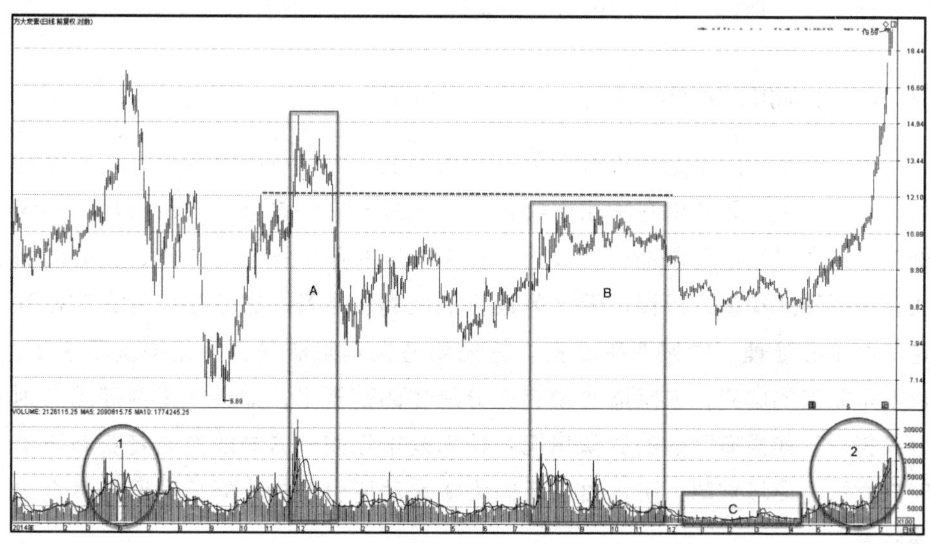

图10－10　阻滞的消化（方大碳素）

发起了一波凌厉的涨势，带领指数也大幅上涨，所以有人开始被迫在高位开始拿货，方框B中价格突然突破了熊旗的高点，并且成交量开始堆积，这个位置拿货的好处是不仅能拿到下方抄底的很多公众投资者的筹码，也可以拿到方框A区域中套牢的很多筹码，不解套不卖的绝对是少数人，多数人会被眼见得到又失去的行情折磨得失去耐心和信心，加之市场上的一些噪声，就彻底交枪了。我们可以看出来，方框B处的三角形随着时间的推移成交量是递缩的，但总成交量水平依旧比较高，总体的换手率看看图就知道肯定超过方框A所在的区域。这里拿货也有一个坏处，就是成本太高了，这一段的价格中枢在10.8元左右，万一抛盘压力大，容易崩盘。这个作市机构智慧的地方在于很懂得审时度势，由于证监会对险资的喊话，市场出现了一波急跌，B处消化完A处的阻滞后，没有直接硬拉或者横在那里，而是顺势来了个无量急跌，方框C处时对方框B处的补充，利用全市场恐慌的氛围继续进行吸筹，这里的特点是一没有创新低，二下跌不放量，每天很小的波动悄悄地吃进廉价的筹码，此为作市者“因势”而动的典范。历经4个月的蓄势之后，标的发起总攻，注意启动之前W右肩位处即开始脉冲式放量。成交量随着价格上涨开始放大，然后行情加速，放巨量大涨，圈2处的总成交量远超过圈1中套牢区域的成交量，此例为综合利用形态与趋势行情消化阻滞的典范，值得交易者仔细思考和回味，当然，上述内容皆是作者的主观分析，正确与否还需要读者自行判断，重点的内容在于盘理，而不在于故事是否完全是事实。

10.6 正确的处理阻滞

如果一个标的不退市连续交易，大概率上来讲所有的阻滞都是要被突破的，换句话说：**阻滞就是被用于突破的，但是却未必是这一次价格打到阻滞处突破**！所以当面对阻滞时，并没有什么标准答案应该怎么操作，正确的做法就是**根据成交量，行情已经流畅运行的距离、准备的充分性程度在攻击到走势时小心处理，做好两手准备。首先要考虑到阻滞是否消化得差不多了，也就是阻滞的虚实，在阻滞是没有充分消化的前提下，如果放量突破阻滞则继续持仓，如果有明显的异常情况，特别是市场同一方向的交易者获利不小时应立即先离场观望，防止由于反向大幅波动所引发的大幅获利回吐甚至由盈转亏。**

第 11 讲
裂口分析

开篇明义

故备前则后寡，备后则前寡，备左则右寡，备右则左寡，无所不备，则无所不寡。寡者，备人者也；众者，使人备己者也。

——《孙子兵法》

在牛市里，利空的消息被忽视，利好的消息被夸大其词，反之亦然，这也是人的天性。

——《股票大作手回忆录》

所谓的裂口是某个交易日开盘价距离前一个交易日的价格区间有了一定的间隙的现象。裂口可以是向上跳空出现的，也可以是向下跳空出现的。裂口的出现往往会打破交易者既定的交易计划。

裂口理论也称为缺口理论，同样是理查德．沙贝克先生的主要贡献。裂口可分为普通性裂口、突破性裂口、持续性裂口和衰竭性裂口四种。其中，普通性裂口发生在市场（交易标的价格）所形成的形态之内，一般没有具体指导交易方向的特别意义，所以也就无须劳心费神的去分析研究它了。

裂口通常是掌握较大资金的机构投资者合力交易的结果，裂口出现的位置如果和自己所持仓部位的方向相同，则会造成浮盈，而一旦裂口出现的位置和自己所持仓部位的方向相反，则会造成浮亏，特别是反向裂口很大时，这时候甚至可能直接越过了自己的止损线。所以，虽然裂口现象并不是每天都出现的，但我们在日常交易计划的制定中，需要每天都考虑一旦出现裂口怎么办，因为这涉及了风险控制和资金管理的决策，需要慎之又慎，决不能等反向的裂口真实发生时自己突然感觉手忙脚乱，甚至忙中出错。

11.1 裂口的类型

突破性裂口通常是以有效突破市场（交易标的价格）所形成的形态的边界线（颈线、阻力线或者支撑线）的形式而形成的，即在市场（交易标的的价格）移动出其所形成的形态时所产生的。突破性裂口对指引交易方向具有极其深刻的现实意义。下面的实例展示了一个突破性裂口和众多普通性裂口，如图 11 -1。

持续性裂口及衰竭性裂口均与形态无关，它们产生于市场（交易标的的价格）快速运动的阶段中，相当容易辨认。

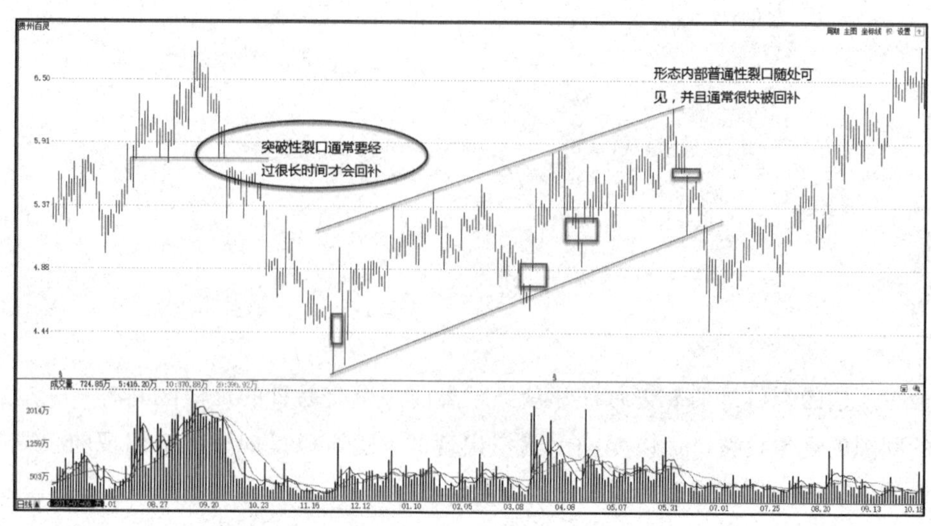

图 11-1 普通性裂口和突破性裂口（中工国际）

普通性裂口及衰竭性裂口大多数会于短时间内被完全回补，而突破性裂口和持续性裂口大多数则需要用较长的时间才可能被完全回补掉。综合而言：在一个趋势性行情中，裂口出现的越多，则表示趋势可能越快接近于终结！下面的实例中展示了行情运行之中的持续性裂口和衰竭性裂口，如图 11-2 所示。

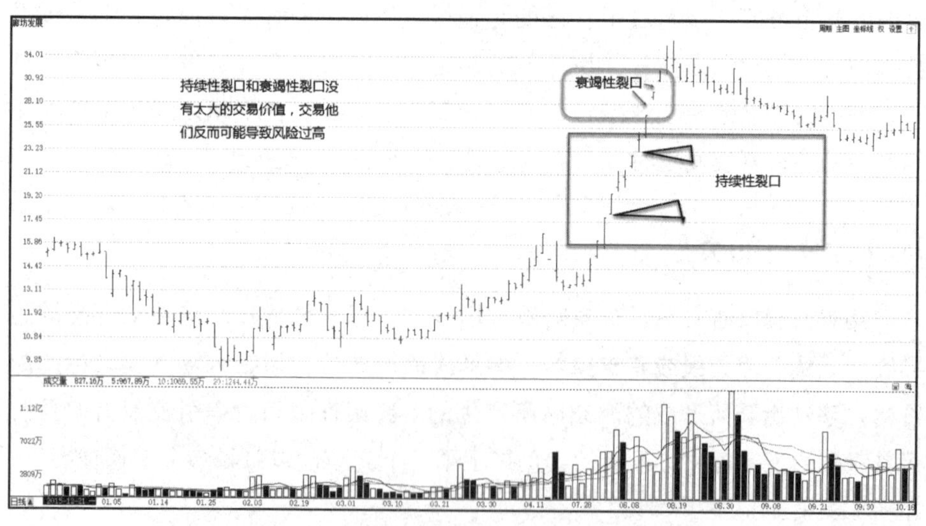

图 11-2 持续性裂口和衰竭性裂口（廊坊发展）

11.2 如何运用裂口理论

成功运用裂口理论的关键有两点：**第一点是要识别出突破型裂口并且勇于根据突破的方向交易突破性裂口**。这一点本质是要求交易者能够准确地识别形态并准确地找出其边界线或者颈线。**第二点是要有针对性地做好交易计划，做好不同交易制度、交易情境下的具体详尽的买卖计划**。比如A股是T+1交易制度，以一个突破性裂口为例，突破边界线或颈线百分之几以内开盘就追进去？是否要集合竞价开进去？高开超过多少先等一等？如果突然接近涨停怎么办？追不追？裂口高开不同的位置开几成仓位？分批建仓还是一次建仓？另外就是每天都要做好出现各种方向、各种形式裂口的交易计划，不能等到裂口出现时现去思考如何交易以及仓位配置、止损位置等问题。所有这些问题都要在开盘前考虑清楚，而不能盘中茫然无措。要做到盘中机会出来时照方抓药，无须考虑和犹豫。

第 12 讲

风险控制

开篇明义

投之亡地然后存，陷之死地然后生。夫众陷于害，然后能为胜败。

——《孙子兵法》

从摇篮到坟墓，生命本身就是一场赌博，因为我没有未卜先知的能力，因此我可以承受自己碰到的事情，不觉得困扰。正常的商业风险不会比出门上街或坐火车旅行还危险。

——《股票大作手回忆录》

身处资本市场之中要时刻面对着各种风险，比如大到经济生活中的经济风险、社会风险、自然风险等各类风险，小到金融市场之中的信用风险、市场风险、利率风险、在投资风险等等。然而，交易之中这些或许都只能被称为不确定性，而非风险。为什么呢？交易是可以做多也可以做空的，假如你持有的是股指期货的空头，此时正好来了所谓的市场风险，甚至股灾了，这对你的持仓而言是一种风险么？恐怕这种情况下，持空头都可以笑出来了吧。交易和通常意义上只知道买的投资是两回事的，从这个意义上讲，交易中的风险只有一种，就是价格波动的方向和你所持有部位的多空方向相反，即价格风险。而造成这种风险的原因难以尽数，因此我们的关注点应该主要放在价格潜在的变动方向上。不是说我们不需要去考虑市场中各种情况的变化，只是古人云："智者千虑必有一失，愚者千虑必有一得"，毕竟价格的变动的方向无非就三种：上涨、下跌和震荡，思考起来应对策略简单得多。

当然，2015 年的股灾惊醒了每一个交易者，市场上还有另一种风险会极大地放大交易中潜在的风险，这种风险就是流动性风险，也就是说想平仓时却没什么交易对手方来接盘，这也是交易过程中除了价格因素之外需要考虑的最大的风险。

考虑风险时不能只向外看，多数时候，我们自己往往才是最大的风险源。小到操作失误下错单，大到逆势重仓不止损，这些都是自己成了真正的风险点。本章内容将由外而内分析交易中所面临的各种风险及其控制策略。

12.1 价格风险

任何标的未来的价格都是不确定的，这种应该被称为价格的不确定性。至于交易中的价格风险，则是在交易中开仓之后才会存在的。比如，一个交易者在场外畅谈某股票的要如何如何大涨，但是后市却是该股票正好因为各种原因大跌，而这个交易者其实只是在侃大山，根本没有任何该股票的多头，那么他在任何时刻因为该股的走势造成任何风险了么？显然没有。而如果这位交易者嘴上畅谈该股票要大涨，结果却融券做空了该股票，那么后市的该股票下跌不仅没给他带来风险反而给他带来了浮盈，这里把浮盈的不确定性叫作风险似乎也不是太合常理。所以，真正的风险是，这位交易者做多了该股票，然而该股票后市却下跌了，这才是真真切切的风险事件发生了。

所以，我们在谈及价格风险时，一定是指开仓之后，交易者用自己的资金确立了明确的多空立场时，价格风险才会出现。看多看空，口头宣称这些行为根本导致不了任何价格风险。要明确的一点是，只要交易者一开仓，无论多头还是空头，都会立即面临着价格风险，也就是价格走势未来和自己开仓方向相悖的风险。一种情况是自己做了多头，价格持续大幅下跌，这显然是价格风险事件。但是，由于未来的价格走势是不确定的，这里就有一个微妙的情况，还是以多头为例，假如自己做了多头，然后价格就在自己的开仓价格附近上下震荡，那么这种算是价格风险么？我的答案是这种也算价格风险，哪怕价格保持在开仓价格之上不远的地方震荡，依旧算价格风险，直到价格脱离开仓价格区域一段安全距离之后，我们才可是视其为“无风险”。多远算安全距离呢？这个不同的品种、不同的时期秉性不尽相同，通常起码要离开2倍的平均真实波幅（ATR）的距离才比较安全，因为这时价格再回到你的开仓位置，你确实该考虑保本平仓离场了。

12.2 流动性风险

流动性风险是指没法以当前的市场价格平仓的风险，往往伴随着价格风险一同出现，比如A股中常见的跌停现象，对于多头而言就是一种典型的价格风险+流动性风险，当然，如果多头面临涨停时就不是什么流动性风险了。但是，流动性风险并不仅仅发生在股市、期市之中。债券、地产、网贷、P2P等市场更是流动性风险高发地区。由于本书的核心内容是交易，所以我们只谈股市和期市中的流动性风险。

由于流动性风险发生时往往比较具有杀伤力，因此应该预防为主，尽量不要让自己陷入流动性风险的危局之中。简单分类来看，流动性风险主要包括：

（1）反向涨跌停板。

（2）反向价格跳空裂口。

（3）成交不足导致对市场价格冲击过大。

（4）停牌。

12.3 用止损控制风险

我们认识到标的价格波动的不确定性以及交易中时刻面临着价格风险以及流动性风险，那么我们怎么去控制风险呢？止损就是最好的控制风险的方法。止损即预先设定一个距开仓价格一定距离（方向与开仓方向相反）的价格标准，当市场价格触及该标准时即平仓认亏。为什么止损是控制风险的最佳方法呢？不是说止损是万能的，每次都一定是对的。相反，多数时候，止损事后看都可能是错误的。也就是说，你开仓了，浮亏了，不认错，死扛，多数时候是能扛回成本价甚至还有利润的。既然这样为什么还要止损呢？问题的关键是一旦遇上不回头的行情没止损就亏光了。截至2018年7月10日，2018年已经有5家A股上市公司退市，随着退市机制的不断完善，买中退市股的概率是在逐年提升的。即便不退市，遇上异常的“黑天鹅”个股，比如遭遇贸易战的中兴通信，比如爆出疫苗事件的长生生物，很多投资者都是准备长期持有这些个股的，这些股票未来如何不知道，很多持有者当前已经亏了超过50%，再要赚回来，可是需要翻倍的。所以，止损又叫止损海琴，是保护交易者不遭遇重大亏损的最后防线。本书一开篇就把止损海琴作为基础知识提出来，是希望每一个严肃的交易者都要记住这一个个别的交易者血的教训，牢记止损的重要性。

前面提到过，止损业界通行规范为不能超过交易本金的10%。你买一个股票用20%的止损行不行？当然可以，只要不是满仓买的这个股票。假如你是买了五成仓位的该股票，20%的价格回撤作为止损，即便真止损了，交易本金的损失依旧只是10%，没有超过止损的最大限度。这里衍生出一个问题，我们应该如何适配仓位和止损，这里有四种可能性，我们分别讨论下，如图12-1。

轻仓小止损是很多人推崇的模式，这种交易方法对交易者的压力比较小，止损了也不感觉心疼，重要的是这样感觉可以比较好的发挥统计上的大数定律，进而让交易取得概率优势，所以不少交易者比较喜爱这种模式。然而，**这种模式的一个问题往往是导致交易者的开平仓都比较随意，主观性比较强，**因此最终根本发挥不出来所谓的正向的概率优势，反而因为止损相对比较小，

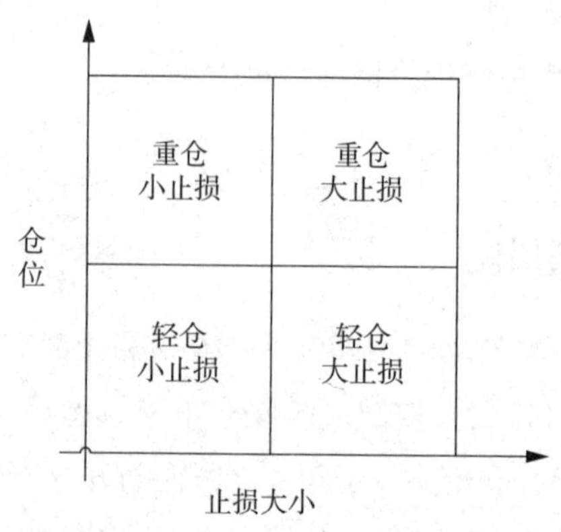

图 12－1　仓位与止损

而随意性过大又造成了连续不断止损，最终账户资金被慢慢“凌迟”，造成“损之又损”，以至于爆仓的结局。**轻仓小止损比较适合自律性比较好的交易者或者算法交易使用，**这样比较容易不带有过多感情色彩，能冷冰冰地执行策略，哪怕连续止损时也不会有任何改变。

轻仓大止损的追随者就更多了，特别是股票上面，很多交易者都喜欢结合价值投资，成长投资等思路，用比较大的止损去博一些“确定性”的行情。其实基于技术交易，在行情确定性不高时，用轻仓大止损的方式也是非常适合的。因为道氏理论告诉我们，趋势更容易延续，而非逆转。在交易趋势逆转的情况时，往往形态会变化莫测，开始一个“逆转形态”突破后，很快价格可能就回到形态范围之内，原来认为的所谓的“逆转形态”变成了更大的形态的一部分。诚然，多复盘，多提升自己的技术可以很大程度上避免这种问题，但简单地将止损放得大一点，仓位轻一点，就很容易解决这种情况。有人会质疑轻仓大止损一方面获利能力有限，另一方面盈亏比不合理。这可能是对轻仓大止损的使用不够了解。**轻仓大止损不是单独使用的，而是作为后续的加仓的先遣队**。在交易形态突破，特别是逆转形态突破时，如果再加上形态不够平衡或者不够充分，后续的反扑往往非常剧烈，但这并不妨碍趋势的运行。此时小的止损往往挺不住这种程度的反扑，因此，轻仓大止损安然度过反扑阶段后，可以相对重仓加仓，而轻仓大止损获得的盈利只是作为重仓资金的安全垫。因此，组合使用而言，其获利能力其实远比表面看到的要强得多。而关于盈亏比的问题，**一方面轻仓大止损本身交易起来胜率相对就高一些，弥补了盈亏比的劣势。另一方面，大止损所交易的必然是大趋势，**

不可能为了日内的一点利润用这么大的止损去博，所以本身轻仓大止损的盈亏比也不差的。所以，交易者必须要善于在需要的时候使用轻仓大止损的风控策略。但这里有一个陷阱需要注意，特别是很多股票的交易者，他们认为每个个股都轻仓大止损，都博取长线收益，既控制了风险，又合理地运用了资金。但是，股市之中所有的个股是分享着一个共同的风险的，即金融学教科书中所谓的"市场风险"。简单说就是当指数大跌时，多数个股都也是随着大跌的，这样每个个股轻仓大止损，整体资金却变成了重仓大止损，遇到这种市场下跌时就是个糟糕透顶的风险控制策略了。

重仓大止损这种风险控制策略只能说与赌博类似，当然，交易就是要冒风险的，如果交易者真的确认有那么大的行情，并且自己交易的方向也没错。那么就用重仓大止损或者干脆不止损吧，这种策略林广茂在交易棉花时曾经用过，还成功了。作者并不擅长此道，只知道这种办法的结果就是成者王侯败者寇。但无论如何，重仓大止损这种大招，可能每个交易者一生最多用成功一两次就可以了。因为没有人总有那么好的运气的。

重仓小止损又是一种充满了争议性的风险控制策略。很多人质疑说都重仓了还那么小的止损，这不是找死嘛？的确，有很多交易者处于失控的状态时，经常使用重仓小止损在那胡乱交易。然而，厉害的交易者是可以自如地在合适的行情时使用重仓的。重仓这种交易行为本身就是极其危险的，要特别慎重对待的。**我们说重仓大止损通常是不可行的，那么重仓小止损也就是重仓模式下唯一可行的方案了。这就要求交易者的日内交易技术比较精湛，能够大概率地抓住一开仓进场就立即有浮盈的机会**。这种能力只能靠交易者自己对行情的结构有充分了解、对行情的大局有充分把握的前提下，反复复盘，不断总结，才能够积累出来的经验。重仓毕竟不能是交易的常态，好比真正厉害的剑客不能总是亮剑走江湖，而是应该拔剑之后快速解决战斗。发起重仓交易之后，通常应该选择在重要的阻滞处或者临近收盘时，即可能发生危险的地方主动将仓位降下来只保留适当的隔夜仓，哪怕浮盈巨大。待再次出现好的日内机会时，可以再把仓位短暂提升至重仓。

总之，**交易之中没有死板不变的止损策略，止损的运用也要贴合行情波动的规律，也要去"顺势"，不光要顺涨势和跌势，更要学会顺震荡势**，在合适的时候，根据自身的能力选择合理的仓位和止损，这才是真正好的止损策略。

最后，要清醒地认识到，如果可能面临流动性风险时，止损或许并不能很好地控制风险。

12.4 用多市场多品种控制风险

很多交易者都知道一句谚语："不要把鸡蛋放在同一个篮子里。"对这句话正确的理解应该是多市场、多品种，不同方向进行交易，从而达到分散风险的目的。而不是买一个股票投资组合，全部都是股票多头，这样本质上还是没有分散风险，一旦市场大跌，这个篮子连同里面的鸡蛋就都完蛋了。

不同市场之间的相关性是相对较低的，同时交易股票市场和商品期货市场比单纯交易股票的风险是低的，因为股市不赚钱时，商品期货市场的交易可能是赚钱的，反之亦然。举个极端的例子，2015 年股灾时，只交易股票的投资者往往比还同时交易期货的投资者损失惨重得多。而衍生品市场本身又是既可以做多，也可以做空的。根据不同的品种走势同时进行着相应的多空交易，自然风险抵御能力更强，哪怕出现了来自央行变动利率这种事件，同时建立了不同品种的多头和空头部位的组合一定比所有开仓方向都是单边的组合风险小得多。特别是在遇到极端情况时，多市场、多品种、不同方向的组合交易可以避免单一品种的极端行情冲击，比如严重的流动性风险等，对整体资金造成致命打击。

12.5 内在风险分层与控制

前面提到的风险相对直观，都是源自于市场本身，也就是交易者或者交易系统外部的风险。但风险并不仅仅来源于市场或者说交易者之外，交易系统甚至交易者本身也是风险之源。本部分内容主要参照网络文章《德州扑克的辉煌与幻灭：人性风险博弈论》，作者不详，在此对原作者表示感谢和敬意。

这一部分内容，我们重点向内审视风险，分析交易系统和使用交易系统的人，即我们自身存在的风险以及应对策略。在开始之前，请确保自己在交易之中已经有足够的能力和经验使用止损和分散化等方法去应对市场的风险。

向内审视，**风险的第一个层次是与交易系统伴生的风险**，就是说只要你使用交易系统，就一定会存在的风险，因为任何的交易系统都不可能百战百胜，总归是有亏损的时候的，所以它是不可规避也不需要规避的。很多交易者在不停地完善自己的交易系统，妄图消灭交易系统伴生的风险，比如多指标结合，找各种指标共振、技术面和基本面共振、长短周期共振等等。但是这些努力往往是徒劳的，因为这些交易者往往忽略了一个重要的问题，即盈

亏同源。过度地去追求胜率损失的必然是盈利能力，在规避交易系统所伴生的风险的同时，你也在规避它所伴生的获利能力。因此，作为交易者，**我们能做的就是选择或者自己定制一套自己满意、与自己性格等各方面比较适应的交易系统，然后经过严格、海量、反复地测试（对，这是特别重要的步骤），接受和包容它的优点、缺点，坚定不移地使用它，不去怀疑它的。**把所有严格执行交易系统所产生的亏损都当成从事交易事业所必需的投资成本，用严格执行交易系统所带来的盈利来覆盖这部分成本。所以，一定要先对交易系统利用历史和实盘的动态行情来人工海量复盘，熟知你所使用的交易系统的一切，唯有如此，**你才能真正从心底接受与交易系统所伴生的风险。**

第二个层次是交易者带来的主观风险，即由于交易者主观的各种错误，导致在执行交易系统时发生错误或者无法严格执行交易系统所带来的风险，长期来看这类风险不会带来任何收益，因此必须规避这类风险。每个交易者都是人，都会犯错的，比如下错单，比如交易系统提示我们不能平仓但自己却患得患失只赚了个小钱，等等。每个交易者都是要从初学者不断走向成熟的，在这个过程中我们需要接受自己会犯各种主观的错误，但是这绝不代表这些错误都是应该的，我们绝不可以反复去犯同样的错误。**正确的态度是要积极地记录错误，总结错误，改正错误，让自己快点成长，避免这些无谓的主观风险。**另外，**我们也需要关注自己的交易心理，避免由于失控等原因造成毁灭性的主观交易风险。**

第三个层次是博弈风险，即交易对手强加于我们自身的风险，这类风险相对比较复杂，没有统一的模式，要具体情况具体分析。我们举个例子来了解下什么是所谓的博弈风险：大家都知道股票市场之中有资金比较大的市场参与者（通常被称为“主力”），他们会刻意误导其他市场参与者，比如明明要拉升个股，但是偏偏先来个大跌，让很多公众交易者看不清楚市场的方向，从而买在局部最高价，卖在局部最低价，这就是典型的博弈风险。博弈风险是我们必须清晰认知的一种风险。典型的例子是20世纪90年代，海龟交易系统盛行于商品期货市场，然而随着使用海龟交易系统的人越来越多，很多交易者就打上了这部分海龟交易者的主意，创造出了所谓的“龟汤交易系统”，也就是每次海龟交易者刚一触发信号入场时，行情就反向大幅波动，并最终触及海龟交易者们的止损，之后行情再次延续原有格局。连续被博弈风险打击的交易者还容易造成心理崩溃，进而交易失控，额外造成更大的主观风险。这也是为什么众多从事金融交易的人最终走向破产的很重要的原因。如何应对博弈风险呢？靠机械交易系统是根本没有办法来应对博弈风险的，海龟交易系统的例子就是很好的证明。所以，这就需要在自己的交易系统之中融入一些主观的有针对性的应对策略。而**这就要求交易者一方面每天都对当天的市场行情进行复盘，研究其走势，发掘各种博弈风险带来的走势陷阱的模式，为日后可以成功识别这些走势陷阱奠定基础；另一方面要多学习和研读军事以及心理学著作，交易时多换位思考，尝试在每天开盘前多预想几种剧本，并在之后的走势中检验自己的思考，从而提升自己对交易对手的判断能力。**当然，**如果你开始时没能力做这些，就把它当做交易系统所伴生的风险接受和包容了吧，万不可因小失大，走向另一个极端，即乱改自己的交易系统。**

第 13 讲
资金管理

开篇明义

善用兵者，役不再籍，粮不三载，取用于国，因粮于敌，故军食可足也。国之贫于师者远输，远输则百姓贫；近师者贵卖，贵卖则百姓财竭，财竭则急于丘役。力屈财殚，中原内虚于家，百姓之费，十去其七；公家之费，破军罢马，甲胄矢弓，戟盾矛橹，丘牛大车，十去其六。故智将务食于敌，食敌一钟，当吾二十钟；萁杆一石，当吾二十石。

——《孙子兵法》

如果你只是在赌，我能给的唯一建议就是：永远别赌！

——《股票大作手回忆录》

交易不是在比较谁的观点正确，也不是玩剪刀石头布，交易不是儿戏，而是真金白银的生意。所以，这不是单纯的对与错的问题，其中的关键在于：当你看得对时你赚了有多么多，而当你看错时你亏了有多么少。这也是乔治·索罗斯先生一再强调的。

单纯的交易技术只告诉我们应该在哪里进场、哪里离场还有哪里止损出局，但并没有说应该开多少仓，或者平多少仓。这些都是需要交易者自己来把握的。我们知道，开的仓位越大，盈利的数量就可能越大，当然其中伴随的风险也越大。有两个算例告诉我们控制风险很重要：第一个是说无论你赚多少个百分之一百，你只能亏一个百分之一百；第二个是说如果你亏损了一半，那么你需要赚一倍才能回本，如果你亏损了 9 成，你需要赚 10 倍才能回本。所以，从这些事实中我们可以认识到，风险管理是交易的重中之重。而资金管理则是控制风险的关键。

资金管理的目标就是上面提到的那句话：当你看得对时你赚了有多么多，而当你看错时你亏了有多么少。然而，不同的交易技术、不同的交易者的性格特质决定了每个交易者有着特有的适合自己的资金管理方案。本章只是为大家指引一个大的方向，具体的方案还需要读者根据自己的交易技术不断地尝试修改和优化以便真正找到适合自己的资金管理方案。交易之路上唯有实践出真知，千万不要简单地照本宣科。

13.1 一个蓝本：凯利准则

凯利准则也被称为凯利公式，是约翰·拉里·凯利 1956 年提出的在赌博中取得最大期望收益的一个下注比例准则。在赌局中，如果一个参与者有正的期望值，那么其单次投注的比率计算公式如下：

$$f=\frac{b*p-q}{b}$$

其中，f 为投注比率，b 是赔率即盈亏比，p 为胜率，q 是败率即（$1-p$）。凯利准则可以运用于交易之中，举个例子。一个交易者平均胜率为30%，平均盈亏比为4∶1即4，那么，他理论上期望盈利最大的投注比例为：（4＊30%－70%）/4＝12.5%，即单次止损比例应该为12.5%（注意，不是开仓比例，因为通常交易是不可能亏光所有开仓的本金的）。

我们来回过头看一下凯利准则本身在说什么，$b*p-q$ 代表了什么呢？b 是盈亏比即赚钱时赚了 b 份资金，q 其实等于 $q*1$，其含义为亏损时亏掉1份资金，这样，$b*p-q$ 计算的是总体的期望收益。所以，凯利准则告诉我们盈利最大的下注比例应该等于期望收益除以盈亏比。下注比例与期望收益呈正比，与盈亏比呈反比。前一点很好理解，期望收益越大，我们当然应该多下注。但是为什么盈亏比高反而要少下注呢？原因在于盈亏比与胜率是天然的反向关系，行情走势里胜率超级高，盈亏比还超级大的机会有嘛？当然这是不存在的。我们代入另一种盈亏比和胜率来计算下，看看其最优开仓比例。另一个投资者平均胜率为95%，平均盈亏比为1∶10即0.1（胜率这么高，通常一般是因为止损比较大造成的），那么他理论上期望盈利最大的投注比率为：（0.1＊95%－5%）/0.1＝45%，即单次止损比例应该是45%！虽然有些反直觉；但是重仓死扛是有理论依据的。

这里头有什么问题么？我们先简单地算下，假定连续亏损两次，那么剩余的资金应该是（1－45%）＊（1－45%）＝30.25%，没错，只剩下3成了，请问有多少交易者扛得住这样的损失？要挽回这么大的损失，需要多少笔成功的交易呢？因为盈亏比是1∶10，所以，单次盈利就是4.5%，作者利用Excel的单变量求解计算得出来，回本需要28次成功的交易；而即便只遇到1次亏损，要想回本也需要14次成功的交易。这就是问题的关键，多数人根本无法执行这样的系统。

另一方面，真实的交易世界远比赌马、赌21点这样的赌局更加复杂多变，充满了更大的不确定性。严格准确的盈亏比和胜率都是很难确定的，而且每一次交易进场之后，谁又能准确知道这一笔交易的盈亏比呢？谁又能知道这笔交易有多大胜率呢？

我们唯一可知的一件事实是，如果你亏损一半，那你要翻一倍才能回本。而翻一倍比亏一半实在难太多！而如果你亏掉了九成，那么你要翻10倍才能回本，这简直是一个太难的任务了。所以给我们的启示是什么呢？坚决摒弃大止损小盈利这种看似高胜率的交易！不过事分两面，有其弊自有其利，在确定性程度相对高的套利交易上基于凯利准则试算的标准作为参考或许不失为一个好的策略（作者不擅长套利交易，一切还需要读者自行摸索和总结）。

凯利准则可以作为我们交易的参考准则，我们借鉴的是它的思想，但一定不要生搬硬套。另外，在运用凯利准则作为资金管理方案时，可以考虑使用风险准备金，这部分资金平时不动用，而在出现了连续的止损情况时，补充进交易本金来防止因为交易开仓量过低而动不动需要翻倍才能回本的情况。

最后，读者请一定要注意：不要生搬硬套凯利准则，不知其害者无法尽用其利，思考一下它对资金管理的启示并加以细化方为稳健之道。

13.2 基于止损的策略

凯利准则的目标是最大化收益，对本金的保护考虑得并不太多。基于止损的策略则是以保护本金为目标。基于止损的资金管理策略十分简单，即控制单次损失不高于交易本金的一定比例，这个比例不能大于10%。举个例子，假如我们的资金管理策略为单笔损失不超过2%，盈亏比为3∶1，按照这个比例，单次亏损控制在2%以内，假定单次盈利都是6%，作者在Excel里作了30次蒙特卡洛模拟，同样28次交易之后，平均盈利71%，最小盈利0.03%，最大盈利130%，具体的统计信息如表13－1所示。

表13－1　固定2%止损盈亏比3∶1的交易策略蒙特卡洛模拟

蒙特卡洛模拟描述性统计	
平均	0.72
标准误差	0.07
中位数	0.70
众数	1.20
标准差	0.40
方差	0.16
最小值	0.00
最大值	1.37
求和	21.45
观测数	30

从表13-1中的统计信息中可以看出，中位数与平均数是大致相当的，标准差是0.4左右，按照正态分布的假设推论，大约有95%的概率按照该系统交易28笔可以将总损失控制在0.7-0.4*2=0.1=10%以内。要注意，这里我们没有考虑任何胜率的情况。即便在胜率只有28.5%的情况下，也就是28笔交易中有20笔都是错的情况下，依然可以取得保本的收益。另外，在整个交易过程中，本金损失几乎不太会超过10%。这就是这种方法相对比单纯使用凯利准则对本金保护的强大之处。

所以，如果采用这种基于止损的策略，我们可以从两个方面来进行优化：一个是提高胜率，另一个是提高盈亏比。胜率的提升要靠技术系统的优化，比如更多考虑充分性之类。而盈亏比的提升则是应该从让盈利奔跑的角度来着手，我们只需要控制好亏损，让盈利尽可能地放大，从而提升交易的整体表现。

13.3 考虑行情的发展格局

金融市场的波动并非是布朗运动，历史行情信息是绝对有信息含量的。动量现象和趋势现象就是最好的例证。既然价格的波动存在着趋势现象，那么我们就可以按照趋势的不同阶段进行简单的划分。用最简单的方法，一个趋势可以分为新形成、确认和运行三个阶段（当然，使用行情的结构会更加精细化和结构化，为了讨论思想，我们用最简化的概念模型）。

趋势新形成阶段的特点是还不够稳固，容易反复甚至失败，交易这个阶段风险相对较高。以多头行情的新形成阶段为例，交易这个阶段常常被称为抄底，我们需要注意的是，一个下跌趋势中，真正的底部只会有一个，即便技术再过硬，我们也没有办法保证自己所抄的“底”不是一个下跌中继，事实上，很多下跌中继是很具有欺骗性的，它可能在局部有反向向上的形态突破，甚至成交量也放大（比如上下箱体式中继结构），这也是它风险相对较高的原因所在。但是趋势新形成阶段还有另一个特点，就是一旦抓住了这样的机会，潜在利润往往也较大。所以，这个阶段适合的策略不是重仓做，也不是不做，而是轻仓做。轻仓做的好处是既可以控制风险，做错时不会损失太大，又可以在交易成功时获得还不错的收益（也就是很多人所谓的轻仓长线）。更为重要的是，行情形成初期即正确介入可以使自己保持对这波行情的持续关注和思考，更可以让自己在未来加仓时保持一定的心理优势，因为自己账面有浮盈了。那么轻仓用多大的仓位合适呢？这需要交易者根据自己的具体技术方式来进行适配，一般不要超过三成交易本金。

行情的确认阶段的特点是行情反复震荡，甚至会回到行情新形成的区间范围内（也就是顶部或者底部形态范围之内），而确认的结果无非只有两种可能性：第一种是新的趋势形成失败，行情回归原有走势。此时是不能进行加仓或者开仓的，因为这样做很可能就逆势了。而我们能做的，也不过是将之前在行情新形成阶段建立的部位进行止损离场，甚至在各方面条件具备的情况下反向开仓，此时无非也只是损失了部分浮盈以及轻仓部位的止损金，这对于一个资金账户而言是相对容易承受的代价。而当确认的结果是第二种时，即新形成的趋势得到了确认，我们此时应该做的是进行加仓。此时从统计上来讲，这里新增加的部位和初始建立的部位不是同等概率了。假如在行情新形成阶段初始建立的部位胜率为 20%，盈亏比为 5∶1，那么在行情确认完成时新建立的部位胜率可能就会高达 60% 甚至更高，而盈亏比也许也同样能够达到或者接近 5∶1（之前所举的例子，不是说每个趋势盈亏比都这么多）。先说为什么胜率会高这么多甚至超过 50%，这里从统计上讲实际上是一个条件概率，即当一个趋势形成的前提下，后续的确认如果依旧成功延续该趋势的方向突破，那么此时这个趋势继续延续和强化的概率则大大增强，远不是一个扔硬币的随机波动了。这说的是条件概率，当然更是道氏理论所阐述的核心思想之一！而为什么此时的盈亏比还能接近或者达到和之前一样的 5∶1 呢（之前所举的例子，不是说每个趋势盈亏比都这么多）？虽然行情的确认往往要消耗一定的行情空间，也就是说最大盈利区间（假定我们事先可以知道）可能已经降低了，但是，此时同时降低的还有需要使用的止损，因为我们加仓的假设是趋势确认会继续延续，所以此时没必要再用很大的止损去博这笔交易（在行情的结构中，此时事实上趋势线形成了，这里不需要下浮 10% 这么大的止损了，只需要守趋势线即可）。这里，要再提醒读者，行情的确认是需要时间和空间的，而且通常确认的过程不会是一帆风顺的，需要忍受行情的反复。以底部做多为例，行情的确认多数时候并不是简单的回撤之后创新高，很多行情的确认过程会以月计，甚至会持续半年以上，行情底部突破、回落、创新高之后，一定要自己思考下：这是个合适的、足够充分的确认过程吗？不要盲目地认为确认过程成功结束，太多的初学者在这上面犯错误，导致好好的部位全数止损出局，然后目送行情走远。而确认过程到底多长，多大的范围才合适，每个行情都不一样，一定要多观察、多复盘、多总结，没有一定的标准答案，都要因时因地制宜，切不可鲁莽草率。那么加仓加多少资金呢？这也要根据交易者的具体技术情况进行适配，但总体的原则是至少要增加和初始部位等量的头寸，甚至倍比、多倍加仓，请读者一定使用模拟盘反复测试调优，找到适合自己技术和心理的加仓方案。

行情的运行阶段即行情的稳步发展甚至加速阶段，总体而言，行情稳步发展阶段可以持仓也可以进行加仓，而加仓一般结合 N 形突破完成，特别是当出现大形态与小 N 形结合的情况时值得进行加仓。但是行情的运行阶段加仓通常不太适合过于激进的加仓方式，比如遇到一个 N 形突破就加两倍，这实在太冒险了。因为行情走得越远，出现调整甚至逆转的概率越高，所以此时适合少量加仓。当行情出现加速现象时，是严禁加仓或者开仓的，一波趋势性行情往往在此时终结，行情加速时我们不应喜悦，而是要克制，随时准备离场。

13.4 加仓模式

交易的目的是为了来市场中赚钱的，虽然少赚也是赚，但这并非善之善者。交易和竞技体育很相似，没人可以说处于顶峰，每天我们都要提醒自己多努力，尽量做到“更快、更强、更高”。这里不是单指更快、更多地赚钱，而是更好地提升自己，让自己合乎于市场之道。这一节内容是没有标准答案的，我们来探讨几种典型的加减仓模式，看看其利弊，留给读者自行思考如何设计自己的加减仓机制。

13.4.1 不加仓

很多交易者是不进行加仓的，不加仓就完全避免了加仓失败导致的潜在损失，但也同时失去了加仓成功带来的盈利可能性。这里面又分为两个流派，第一种流派是轻仓不加仓，讲究轻仓长线。这样的优点是止损时不心疼，还有盘中上下波动比较拿得住单子，不容易丢了持仓，可以更好地捕捉大周期的行情。缺点自然就是获利能力相对有限。这里的有限不代表赚不了多少钱，而是相对于重仓而言的。很多轻仓长线的交易者可以年均做到 50% ~100% 甚至更高，所以，千万不要觉得这种方法一无是处。第二种流派是重仓不加仓，讲究出手要稳狠准。这样的优点是初始部位一旦正确，并且行情有利时，容易赚取特别大的盈利，而缺点在于开仓如果连续不顺手，资金回撤会比较大，容易给交易者造成较大的资金和心理压力，所以这个开仓那一下的胜率也就十分关键了。这种重仓不加仓的模式有一个变种，就是重仓开仓，中途减仓。这里的思想逻辑是，好的日内交易机会很多，但是真正能发展成大的日级行情的机会相对有限。因此，这种做法是在重仓开仓后，获得一定盈利后（可以是自己统计测算的一定比例，也可能是到了阻滞等技术位置等等）先平掉一部分仓位，剩下的资金去博取更大的行情，然后最多保本出局，当成是做了一次日内或者短线交易。这样做的优点是每次初始开仓正确时都能有赚头，可以弥补止损的损失，而缺点是真来比较凌厉的行情时，仓位反倒跟不上了，爆发力不足。

13.4.2 等量加仓

等量加仓即每次加仓时和初始加仓的量一致。这种加仓方式通常选择在盈利达到一定幅度后或者走势突破一个新的技术位之后来完成。比如，行情每涨40%加仓一次，背后的逻辑是追随动量，另外，至于是40%、20%还是别的数字要根据市场标的的综合统计分析来得出。突破技术位也同样离不开针对特定市场特定标的的统计分析。而一旦加仓错误，之前的浮盈可以覆盖加仓失败的损失，最多是少赚或者白忙了。这种方式的优点是直观，容易理解，最麻烦的工作在加仓时机的统计上，而一旦形成一种有优势的机制，剩下的就是机械执行来博取大的行情。等量加仓开仓部分吸取了轻仓长线的优势，加仓部分又能提高仓位，一旦遇到大行情还可以收获不错的盈利。然而，其缺点在于随着行情的展开，走得越远的行情越容易终结，所以在走多远加仓一次的问题与盈利可能性的问题上是存在冲突矛盾的。比如一波行情一共盈利空间60%，如果40%加仓一次，那么只能加仓1次，如果30%加仓一次就能加仓2次，然而第二次加仓基本是副作用的，10%加仓一次就可以加仓6次，最后一次加仓是副作用的。很明显，加仓次数越多越容易获利更大，然而，加仓次数多意味着加仓距离相对比较近，这种时候会有两个后果，一个是行情的持续性存疑，另外一个是一旦加仓转圜空间比较小，可以保本的空间就有限了，这就额外要求对加仓位置胜率有更高的要求。

13.4.3 减量加仓

减量加仓即初始开仓规模最大，随着行情的发展、盈利的增大，每过一定的盈利阈值或者突破某一技术位置就进行加仓，加仓量比前一次开仓量小。

比如说初始开4成仓，第一次加仓加3成，第二次加仓加2成，第三次加仓加1成。或者初始开仓开4成，第一次加仓加2成，第二次加仓加1成，第三次加半成。具体的比例不一而足，初始开仓也有人开的是重仓，有人开的是轻仓。关于初始开仓轻重的优劣前面已经分析过了，我们来看下加仓部分。与等量加仓一致，减量加仓也是依赖于精细、完备的统计分析和总结，不同市场、不同标的具体多远加仓一次都有着其特殊的较优值。然而由于是减量加仓，其优点在于加仓的仓位止损可以比等量加仓的情况下放得大一些，这样有利于捕捉到大的行情。另外，减量加仓的距离可以放得比等量加仓小一些，特别是第一次加仓之后，因为加仓量越来越小，所以止损对浮盈的影响也是快速减少的，所以即便间隔小一些，仍然可以有相对大的转圜空间，从而以类似“微积分”的方式来通过小量加仓完成仓位的提升。并且这种方式下，还有的交易者在后续加仓失败时，只减掉最后的加仓部分，初始的持仓继续持有，坚守原始的止损，因为这样对浮盈的冲击其实并没有多大。后续找到合适的机会，并且没有击穿之前加仓部位的止损时，继续尝试加仓。这种方式的缺点在于，出现大行情的爆发力不足，另外，因为很多交易者如此加仓时频率会相对较高，这对交易技术也提出了更高的挑战，如果一加仓就错，虽然减量带来的损失不大，但总失败积累起来对账户和心理的冲击也比较大。

13.4.4 增量加仓

增量加仓与减量加仓正好相反。增量加仓也称为金字塔式加仓。即初始仓位相对比较少，然后通常倍比加仓，每一次都是前面一次的倍数。增量加仓通行的惯例是最多加两次。因为即便初始只开一成仓，二倍加仓量，第一次加仓就是两成仓，第二次加仓就是四成仓。合计起来已经是七成仓位了。实际交易中，很少有交易者是每天保持满仓状态的。增量加仓初始开仓通常是轻仓的，多数情况下不超过3成仓位，初始开仓时止损通常也放得比较大，而加仓同样是基于盈利幅度或者技术位置。只不过增量加仓通常第一次加仓往往距离初始开仓的位置并不远，因为是倍比加仓，走太远了很难确定未来行情的范围，而且即便行情还会延续，中间的大幅震荡调整（中继形态）也往往让后续加的仓位难以承受。另外一个特点是加仓的仓位止损一定是小于初始开仓的，不然的话就变成了重仓死扛了。所以，通常增量加仓的模式很少有基于盈利幅度来构建的，多数是根据技术走势。而且加仓通常都是选择在行情确认完成时做的，因为此时一个是行情大概率得到确认，另外价格走出去也没有太远。这样做的优点在于初始开仓时保证了轻仓，错误时损失不会太大，而重仓加仓保证了爆发力。然而其缺点在于，加仓的时机选择是极其需要经验的。太多人盲目地认为创新高就是行情确认，以至于好好的交易死在了加仓上。因为是重仓加仓，所以事实上，这种方法既需要对大局有着良好的把握，又需要日内技术细节比较过硬，而且对心理的考验也比较大，所以新手最好不要上来就用这种模式加仓交易。

13.4.5 菱形加仓

菱形加仓综合了各种加仓理念，是最为复杂的加仓模式。其特点是初始开仓为轻仓，同样一般不超过三成，第一次加仓是倍比加仓，然后后面的加仓为减量加仓。菱形加仓本质上是对增量加仓的后续完善，优缺点和增量加仓大致相当，只不过第一次加仓之后就改成减量加仓模式了。通常能够把增量加仓做好的交易者，只要明白了菱形加仓的理念和方法，勤加统计和研究通常就能掌握菱形加仓。菱形加仓的缺点在于不太容易经常用得出来，而且有些复杂化，后续加仓虽然仓位低，但是如果一旦连续失败，也会影响到对之前持有的重仓的信心。

13.4.6 哪种加仓模式最优

事实上，加仓模式是随着交易者的技术、心理成熟度而演变的，每个人都有适合自己的最优加仓方式，不存在绝对的优劣，交易者也不必过度追求所谓的最优加仓模式。总体而言，一个老练的交易者是要掌握好某种加仓模式的，不加仓的方法虽然也不是说不行，但是也不够好。交易心态是需要成长的，特别是作为专业交易者，不能总靠轻仓长线来保护自己的心态。

另外，我们不是总有机会在自己最理想的位置开仓的，比如像美股，自2008年以来，牛市行情可能走了几年了你才接掌某一基金账户，难道就继续看着嘛？如果熟练加仓操作的话，事实上，加仓的位置也是可以变成自己开仓的位置的，这可以让自己保持对市场的适应性，从而更加从容不迫地应对各种市场变化。

13.5 减仓模式

减仓并不是简单与加仓对应的，也不是一种对称的行为，即并不是我们塔型加仓减仓就是反向的塔型减仓。加仓的目的是为了获取更多的利润，减仓的目的是控制风险。因此，思考清楚什么时候容易产生利润多，就在这种时候加仓；什么时候风险容易大，就在这种时候减仓。什么时候是风险最大的时候呢？我们逐一来分析。

13.5.1 隔夜减仓

多数交易标的不是 24 小时交易的，中间就有停顿，再次开盘时就面临高开或者低开的情况，极端情况下，从涨停收盘变跌停开盘都是时有发生的。因此，隔夜，或者说停盘的时段都是风险点。当然，如果短时间停盘，并且停盘时段内没有什么可以预见的重要事件或者数据的话，比如股市中午的休息，这种可以视其为连续的交易。隔夜风险是一种比较大的风险，为了防止隔夜风险，是需要根据具体的趋势、位置、形态格局来确定是否减仓以及减仓多少的。对于日内交易，特别是比较好的日内机会，我们是可以重仓出手的，但是当天收盘时，必须要根据具体的情况进行减仓，防止满仓隔夜所面临的风险。

13.5.2 加速减仓

趋势末端，行情往往会出现加速的情况，行情加速不是适合开仓或者加仓的位置，恰恰相反，这里是适合减仓甚至平仓的位置。特别是发生连续的放量大涨或者放量大跌之后，急剧的反拉往往随时可能会到来。所以，需要建立一定的标准，在反拉可能到来触及该标准时立即减仓甚至平仓。这里还要特别提醒一点，通常，这种反拉并不一定适合反手。

13.5.3 目标位减仓

行情的发展往往是超出所有人的预想，所以，通常不应该主观设置平仓目标位，而是应该用止盈海琴对浮盈进行保护，让利润奔跑。但是，在面临重要的阻滞，形态高度对称的位置等统计上行情容易戛然而止的位置还是可以进行减仓的，特别是行情加速打到这些位置时，进行减仓可以有效进行利润保护，当然这些都应该经过大量的复盘测试。

13.5.4 风险事件减仓

一些大的风险事件来临时，如果重仓或者满仓持仓只会有两个结果，大赚或者大幅减少利润甚至亏损，这种情况就是类似在赌了。一方面，之所以叫风险事件，是因为事件的结果是未知的。另外，有些风险事件结果通常是可以提前知道的，但是行情的走势却未必和预期的情况一样。也就是所谓的 Buy gossip，Sell fact 的情况。因此，不宜重仓甚至满仓去赌风险事件，通常应该将持仓降为合理水平。

第 14 讲
交易系统

开篇明义

昔之善战者，先为不可胜，以待敌之可胜。不可胜在己，可胜在敌。故善战者，能为不可胜，不能使敌之必可胜。故曰：胜可知，而不可为。

——《孙子兵法》

等你知道不该做什么才会不亏钱时，你才有可能开始学习该怎么做会赚钱。

——《股票大作手回忆录》

前面章节系统阐述了形态、阻滞、趋势线、价量、裂口等一系列交易的技术点。本章将会把这些技术点用交易理论统一串联起来，形成一条交易的“流水线”。这条流水线成为交易系统。

交易系统是用以判断是否可以进行交易、进行什么样的交易、交易多少的一个系统。交易系统并非唯一，而是种类繁多如夜空之星瀚。每个交易者都应该有自己用至得心应手的交易系统。注意，交易系统一定要是自己的才有用，因此本章所列示的交易系统仅仅是示范如何使用本书中之前阐述过得技术工具，具体的系统设计、回测、改进都需要读者自己结合自身特点自行进行。交易者一定要对自己的交易系统有足够的信心方可使用，不然别人的系统再好，不明就里自己套用结果多半是惨淡的。

14.1　交易系统是什么

交易系统是系统交易思维的物化。系统交易思维是一种理念，通过某一种主观的方式来解读市场行情波动，并据此制定交易策略。

一个完整的交易系统包含了成功的交易所需的每项决策：

A. 标的——买卖什么

B. 头寸规模——买卖多少

C. 入市——何时买卖

D. 止损——何时退出亏损的头寸

E. 离市——何时退出赢利的头寸

F. 策略——如何买卖

技术分析也好，基本面分析也罢，独立的分析都是没有任何价值的。重要的不是你是否看对了行情，而是你做到了你看对的行情了么？引用索罗斯的话讲："判断对错不重要，重要的在于当你对的时候赚了多少钱、错的时候亏了多少钱。"交易系统首要的任务就是要解决这个问题。现在很多投资者包括分析师，基金经理都不知交易系统为何物，讲数据，讲逻辑都是一套套的，滔滔不绝，动不动就是低估、高估、有价值、有成长、有安全边际。然而谈及具体交易执行，基本都是不屑一顾，好像这些事情太低端，"好的"标的随时可以买，甚至还要越跌越买坚定持有。试问连风险控制都不知道怎么做的人如何能赚钱？市场上目前比较流行相对收益，特别是公募基金，讲究所谓的 alpha，就是自己的基金收益率比对应的指数收益高多少。所奉行的风险控制办法是"不要把鸡蛋放在同一个篮子里"。然而他们就不知道篮子下面还有一艘船，当船在沉没时，所有的篮子都会沉入水中（譬如股灾、大的熊市来临时）。

没有交易系统，空谈多空逻辑的行为都是幼稚可笑的。没人可以准确预测未来的行情走势，不然只需要几天他就可以富可敌国。交易的真相是：成功的交易完全不依赖于预测，只需要相时而动，控制风险就足够了。

14.2 交易系统案例——海龟交易系统

为了讲清楚交易系统是什么，需要包含哪些关键的要素，我们需要分析一个交易系统的案例，即海龟交易系统。海龟交易系统来源于一场伟大的实验。1983 年年中，著名的商品投机家理查德·丹尼斯与他的老友比尔·埃克哈特进行了一场辩论，这场辩论是关于伟大的交易员是天生造就还是后天培养的。理查德相信，他可以教会人们成为伟大的交易员。比尔则认为遗传和天性才是决定因素。为了解决这一问题，理查德建议招募并培训一些交易员，给他们提供真实的账户进行交易，看看两个人中谁是正确的。海龟成为交易史上最著名的实验，因为在随后的四年中海龟交易员们取得了年均复利 80% 的收益。理查德证明了交易可以被传授。他证明了用一套简单的法则，他可以使仅有很少或根本没有交易经验的人成为优秀的交易员。

海龟交易系统本质是一个突破交易系统，至今也有着比较好的适用性。海龟交易系统规则相对简洁，学习起来相对容易。但海龟交易系统对所有的标的采用同样的模式进行交易，缺乏针对不同品种自身价格运行特点的应变，并且初始时需要的资金量也相对较多方可保证良好的资金风险控制。遵循海龟法则是非常困难的，因为海龟法则依赖于捕捉相对罕见的大级别趋势。结果是，两次赢利之间可能会经过许多个月份，有时甚至要经过一两年。在这期间，很容易找到理由来怀疑这套系统，进而停止遵循法则。

因此，本节重点是通过分析海龟交易系统来引发读者的思考，了解清楚什么是一套合格的交易系统，即对于交易员在交易中必须制定的每项决策，交易系统都会给出答案。该系统使交易员更容易进行**一致性**的交易，因为有一套明确说明应该做什么的法则。**自信、一致性**以及由彻底检测过的由交易系统所保证的**纪律**，是交易者能够赢利的关键。

海龟交易系统的原则

A. 标的——买卖什么

海龟交易的是在美国芝加哥和纽约交易所交易的具有流动性的期货。

B. 头寸规模——买卖多少

海龟每次交易所冒的最大风险为交易资金的2%，而为了达到单次亏损最大1%的风险控制目标，每个交易标的具体的开仓量是用总资金的2%除以该标的一定天数内的真实波动幅度的平均值（ATR，本节只是分析交易系统要素，关于海龟交易系统中 TR、N、ATR 这些概念具体请参考《海龟交易法则》一书）。

C. 入市——何时买卖

海龟用两个相关的系统入市，这两个系统都以唐奇安的通道突破系统（Donchian's channel breakout system）为基础。突破的定义为价格超过特定天数内的最高价或最低价。海龟系统有两套开仓规则，短期的为 20 日突破系统，长期的为 50 日突破系统，二者除了参数不同，原理完全一致。本节为了案例的简洁性，只列举了 20 日突破系统，即系统一。

系统一——以 20 日突破为基础的偏短线系统（价格超过前 20 天的最高价或最低价）

D. 止损——何时退出亏损的头寸

长期来看，不会止住亏损的交易员不会取得成功。

关于止损，最重要的是在你建立头寸之前，你已经预先确定退出的点位。如果市场的波动触及你的价位，你就必须每一次都毫无例外地退出。在这一立场上摇摆不定最终会导致灾难。

海龟以头寸风险为基础设置止损。任何一笔交易都不能出现2%以上的风险。

E. 离市——何时退出赢利的头寸

系统一离市对于多头头寸为10日最低价，对于空头头寸为10日最高价。如果价格波动与头寸背离至10日突破，头寸中的所有单位都会退出。

对于大多数的交易者，海龟系统离市或许是海龟系统法则中唯一最难的部分。等待10日新低出现通常可能意味着眼睁睁地瞅着20%、40%甚至100%的可观利润化为泡影。人们具有一种想要早点离市的强烈倾向。你需要极强的纪律性才能为了继续持有头寸直到真正的大幅波动到来而眼看着你的利润化为泡影。在大幅赢利的交易中，遵守纪律和坚持原则的能力是成功老道的交易者的特征。

F. 策略——如何买卖

买强卖弱：

如果信号突然出现，我们总是在最强的市场买入，在最弱的市场成批地卖空。同时，我们也会只在一个市场上建立一个单位的头寸。例如，我们会挑选最强的具有足够的成交量和流动性的合约月份，而不是同时买入2月份、3月份和4月份的原油。这是非常重要的！在相关的一组中，最佳的多头头寸是最强的市场（该市场在同一组中几乎总是要胜过较弱的市场）。相反，空头方面最大的赢利交易来自于相关一组中最弱的市场。

海龟交易系统以善于把握大级别行情闻名于世，我们用一个例子来展示海龟交易系统的运用。图14－1中有上下两条实线，上下两条虚线。上方的实线是过去20天最高价的连接线，下方的实线是过去20天最低价的连接线，用于确定海龟系统一的买卖开仓点。上方的虚线是过去10天最高价，下方的虚线是过去10天最低价，用于确定海龟系统一的买卖平仓点。图14－1中，标买的位置当天最高价超过了上方实线的20天最高价线，此时买入做多。而标卖的位置当天价格直降处于下方虚线过去10天最低价之下，触发卖出平仓条件，卖出之前的多头平仓，整个交易获利超过1倍。

图14－2中的标的依旧是中信证券，图中的线条含义与图14－1中完全一致，但这次换成了平衡市。图中只显示了禁止融券做空，只能单边做多的几次交易。可以发现，在平衡市中，由于行情比较反复，这几次交易基本都产生了亏损，这也是海龟交易系统相对难于被使用者坚持的原因之一。

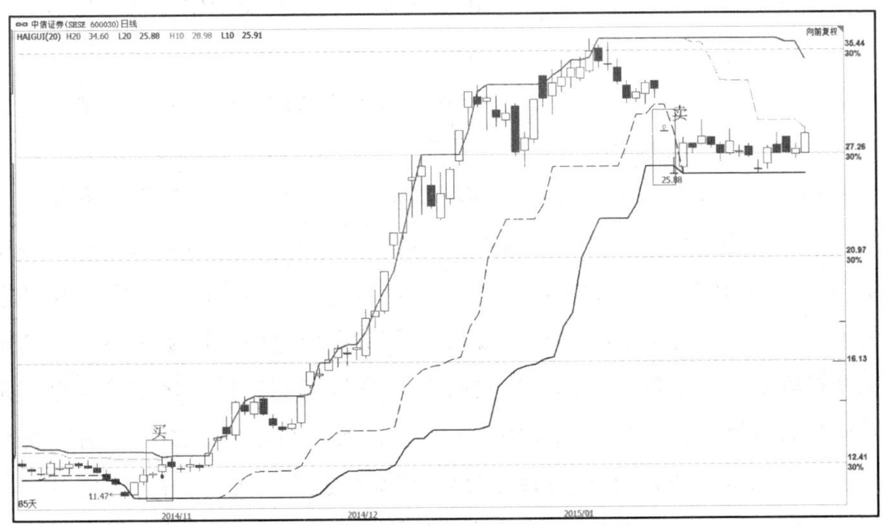

图 14－1 海龟交易系统应用示例（中信证券牛市行情）

图 14－2 海龟交易系统应用示例（中信证券平衡市行情）

虽然图 14－1 和图 14－2 中没有办法展示清楚实际交易时的开仓量，但是海龟系统使用的是固定金额止损原则，即单次交易最大亏损为 2%，所以先用 20 日 ATR 的数值（图 14－1 中买入点当天 20 日 ATR 约为 0.33）除以买入开仓当天中信证券的价格（图 14－1 中买入点当天开盘价约为 12.2）得到真实波动幅度的百分比数值（图 3-1 中买入点当天真实波动幅度百分比数值为 2.7%），然后用 2% 除以该真实波动幅度百分比数值（2.7%）就可以得出该股票的最大开仓量（约为 74% 的总资金，即买股票的仓位不超过七成四，而一旦买入之后价格没有上涨而是下跌了 2.7%，则应该立即止损离场）。

交易系统存在的意义在于用铁的纪律坚持执行，保持一致性。不能因为遇到连续的亏损而放弃坚持交易系统。当然从事物的另一面来讲，我们要所要坚持的是经过实战检验的能产生正的期望利润并且不会产生过大风险和回撤的交易系统，即好的交易系统。像海龟交易系统这样的机械交易系统是可以完全排除人为因素的，因而可以用计算机程序来实现程序化交易。也正是由于海龟系统被大规模程序化应用，一种专门针对海龟系统的“龟汤”交易系统也应运而生，即利用海龟系统的交易规则制造假突破（长钉），使其反复止损。当然，海龟交易系统还有一点不好的是在行情加速时开、平仓反应相对较慢。通俗地讲容易产生耗子都拐弯了，猫依旧跑直道的问题。

虽然海龟交易系统由于使用者和知情者过多而遇到了种种问题，但海龟交易系统的思想却是闪光的，这种突破交易的方式与道氏理论有着惊人的相似之处，可以认为海龟交易系统是一种对道氏理论的简化和模式化版本。每一个初学交易的交易者都值得好好学习海龟交易系统的整体设计，借鉴其框架以及优点来构建和完善自己的交易系统。

14.3 交易系统不是交易指标

多数交易软件中都自带了很多交易指标，常见的三大件是均线组合、MACD、KDJ。很多投资者交易过程中同时参考均线、MACD、KDJ，比如有的投资者在同时满足 MACD 金叉、KDJ 低位金叉、均线多头排列时买入，等待出现死叉或空头排列时卖出；有的投资者只参考均线进行交易，只要价格在某条均线上就买入，反之卖出。

诚然，交易系统可以依据交易指标进行设计，作者也曾进行过这方面的尝试。但既然是交易指标就可以进行计算机回测，通过计算机程序对所设计出来的交易系统进行全面系统的测试，即用不同类型的行情进行测试，如牛市、熊市、平衡市、牛熊快慢速转换，反复出现跳空裂口等各种各样的情境，另外测试时要充分考虑交易成本，一方面是佣金，更重要的是滑点等交易过程中的市场冲击成本，很多投资者测试指标时忽略了交易成本，往往会发现很多收益率惊为天人的系统，然而自己实盘一用，直接就天渊之别了。图 14－3 是作者用 R 语言编写的针对 20 日均线应用于上证指数多空交易的回测结果，考虑了交易成本，可以看出来严格按照 20 日均线去操作一定是稳亏的。

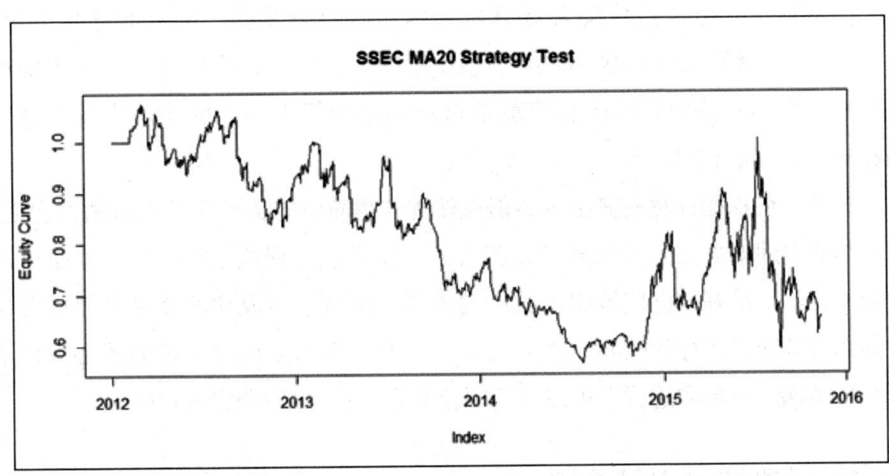

图 14－3　单条 20 日均线系统上证指数回测（考虑交易成本）

交易指标多数都是基于价格和成交量计算出来的，因为当天我们所拥有的价格信息更多是历史信息，而不可能有未来信息，因此交易指标都是滞后的（有些看起来不滞后的交易指标可能用到了未来函数，即回测过程中引用了交易发生后的价格信息，很具有欺骗性）。大量交易指标都是在均线的基础上进行 2 次平均，KDJ、MACD 等全都如此（感兴趣的读者可以打开交易软件的指标管理，看看交易指标的源代码是不是如此，有能力的读者可以用交易软件或者 python 等程序进行回测，看看是不是指标组合比单条均线更差），因此在面临价格波动时一定是严重滞后的。从这个意义上讲，单条均线线上买线下卖的交易模式相对滞后性最低，作者针对众多交易指标测试过程中，单条均线的回测结果总体相对最好，甚至超过了考夫曼发明的自适应均线。然而，如图 14－3 所示，一旦考虑了交易成本，相对短的均线交易系统往往因为交易次数频繁而积聚的大量交易成本而出现严重亏损。而相对较长的均线则过于迟钝，在震荡行情中会反复穿越不停开平止损，在快速波动的行情中则如一只瞎猫，完全跟不上老鼠的节奏。

总而言之，市场波动虽有模式，但并非过于简单的抽象（指标）就能良好刻画的。市场上也有些指标卖得很贵，比如 Bloomberg Terminal 中额外出售的 Demark 指标，由于该指标并不开源，作者也无从了解其具体原理。但无论如何，简单对历史数据进行计算来指导交易很难逾越之后这道鸿沟，还有另外重要的一点，很多交易指标往往是与道氏理论背道而驰的，逆势的，因此在应用技术指标时更应该慎重。

交易指标的出现是伴随着计算机和网络的快速发展，至今不过几十年，然而有史料记载的之前 400 多年的现代资本市场交易历史中涌现出了不知道多少交易大师，特别是杰西利弗莫尔这样的宗师级交易大师却从未使用过任何指标，值得我们认真反思。

当然，交易指标也有其模式，但往往并非是简单的金叉死叉或者角度变化，也不是简单地增加几个过滤器可以解决的，如果能发现这些模式，一样是可以盈利的，不过最好自己应该明白其中的道理。也有很多成功的交易者使用交易指标作为其交易系统的核心，比如斯坦利·克罗就用多均线系统为核心设计了其交易系统。有兴趣的读者可以自行阅读其著作:《克罗谈投资策略》。

14.4 经典技术交易系统

经典技术系统源自于道氏理论和逆转与持续理论。其思想很简单：基于形态突破捕捉潜在的趋势性行情。此处所谓的趋势性行情即是纯粹的价格相对流畅的上涨或下跌。回顾逆转与持续理论所阐述的行情的结构，趋势性行情都是在形态突破之后到下一个形态出现之前的一段距离。当然，市场行情千变万化，有时行情的确是形态连接形态，中间并无趋势性行情。但行情走势不可能全部由形态构成，就好比北极也不可能全部都是黑夜，极夜再长也终有竟时。如此来看，形态的突破点则可能是趋势的起点。为什么这里说可能是趋势的起点？第一，前文已经提到了，形态突破后可能是一个新的形态，未必会出现趋势性行情；第二，形态也是在不停地发展和变化的，一个看似突破的形态后续可以随时发展演变成新的形态。因此，交易时应做好应对行情各种变化可能性的准备，不可执着于己见。读到此处，读者应该已经明了交易的开仓点和平仓点了，即形态突破时开仓，趋势性行情结束出现新的形态时平仓。那么在盘中价格的波动过程中，什么情形才是趋势性行情结束新形态形成呢？这正是趋势线破位之时！

上述分析还告诉我们，形态突破开仓时应该控制仓位，防止因为形态变化，假突破等因素导致的损失。但我们不能为了怕损失而永远轻仓交易，那样账面上永远闲置着大量的资金，这就失去了交易的意义了。交易是必须要适时承担一定的风险才会有大的收益的。我们在形态突破时轻仓跟进，轻仓代表不超过三成仓位。此时后面可能会有五种情形：第一，大形态突破时我们跟进，然而之后价格没有继续朝突破方向运动，止损出局；第二，大形态突破时我们跟进，然而由于我们止损设置不合理，止损出局，然后价格继续朝着原有突破方向运行；第三，价格直降按照突破方向一路走出流畅的趋势行情；第四，价格突破后出现反扑但并未触及止损，后来反扑形态继续朝着形态突破的方向再次突破，形成趋势性行情；第五，价格突破后出现反扑但并未触及止损，后来反扑形态继续朝着形态突破的方向再次突破，然后开始大幅反向波动。我们来分别分析：第一种情况无话可说，这就是趋势跟踪交易系统的成本，必须得接受。第二种情况我们要做两种处置，盘中的处置是找机会再次跟进，因为一次趋势性行情来之不易，放弃了可惜，此时不是追悔莫及的时候；盘后的处置是要总结如何合理设置止损，既不过多放大风险，又要使得价格相对不容易轻易触碰到止损，这个就是需要读者自行进行复盘回测解决的问题了，但是无论怎么设置止损机制，大的原则不能逾越，就是单笔损失不能超过所投入的交易本金的10%，这是铁律。第三种情况，简单的处理方式是享受利润，当然缺憾是形态突破时仓位较轻，赚得不够多；复杂一些的处理方式是待有一定的利润之后，找日线上小的停顿，同时日内走出一个相对充分的形态突破时加仓，这个技巧性较强，这里仅提供思路，具体的细节还有待读者自行完善。第四种情况，这里最“教科书”式的走势，形态突破开仓并设置止损后，在反扑形态再次突破时倍比加仓（金字塔加仓），即此时根据反扑形态的充分性和防守的便利性等因素增加2~3倍于原有持仓的仓位，此时已经无须再守原有的止损了，而是应该守新的止盈标准，即刚形成的趋势线。第五种情况，直到加仓都与第四种情况一致，只不过刚加完仓就遇到趋势线被跌穿，此时的处理方式也只有平仓离场，等待下一次机会，此时虽然是倍比加仓，但是其损失通常十分有限，因为底仓此时往往已经有一定的利润，此时无非是把这些利润回吐回来而已。

至此，我们总结一下经典技术交易系统的一个范本。

经典技术交易系统的原则

A. 标的——买卖什么

各类交易类标的如：股票、期货、现货、外汇、期权等。

B. 头寸规模——买卖多少

每次交易所冒的最大风险为所投入交易资金的10%，形态突破开仓量为总资金的30%，如此单笔最大损失为总资金的3%。为了控制单次交易风险不超过所投交易资金的10%，这里需要用仓位来控制，也就是说如果某标的开仓所用的止损如果需要超过所投入交易资金的10%，此时应降低仓位，使用的交易资金量需低于30%。

C. 入市——何时买卖

入市采用突破交易方式，可以交易的突破点为：大形态突破点，反扑形态突破点，趋势性行情中的日内形态突破点。

进行突破交易时应该考虑形态的充分性，交易劳师远征式突破应该注意量能和持续性。

D. 止损——何时退出亏损的头寸

长期来看，不会止住亏损的交易员不会取得成功。

止损采用突破点（不是我们的开仓点）反向浮动10%来确定。比如股票形态突破点在10元，那么止损应该设置在9元；衍生品则是按照满仓开仓从突破点反向浮动10%的资金变动，比如假定做空螺纹钢的突破点在3000元，满仓开仓1手的保证金假定也是3000元，此时为10倍杠杆，10%的资金变动为300元，折算螺纹钢合约的波动为30点，即最大止损应该使用30点。如果交易者认为30点止损过小，则需要降低仓位。假如需要60点作为止损，初始开仓就不能使用30%的总资金，而应该使用15%。所以，交易时止损的设置与交易时所选择的具体防守位置密切相关。

E. 平仓——何时退出赢利的头寸

退出赢利的头寸的情况有两种。第一种是最常用的方法，即趋势线破位。第二种是不适宜使用趋势线的情况，即形态反向突破时。

退出赢利的头寸时应该了结持仓的全部头寸，而不是平仓一部分留一部分。有一种情况除外：了结当天的日内部位是不应该影响日间持仓部位的。

F. 策略——如何买卖

选择期望利润大的标的进行交易。

期望利润的大小取决于两个主要因素：第一是期望河宽，第二是期望胜率。拿到标的后，分析日线上的重大阻滞，确定标的阻滞之间的河宽，也就是经常听到的最小阻力路径。期望河宽大的标的自然比期望河宽小的标的更容易走出大的行情，当然，前方没有任何阻滞，“海阔天空”的标的的期望河宽是最大的。期望胜率这个事相对而言比较难以三言两语说明，虽然它是个概率问题，但是具体什么样的形态胜率高，难以一言以蔽之，这需要读者自己根据品种大类（股票、期货、外汇、期权各自相同形态的胜率是不同的，A股的股票和港股、美股的股票相同的胜率也是不同的）、形态的类型，形态的充分性、形态所处的位置情况分门别类地进行统计，只有大量的统计，读者才能知道到底什么形态期望胜率高。

另外，有时交易者交易衍生品时找不到期望河宽大的标的，往往是忽略了大形态中的小形态交易机会。大形态也是可以用阻滞划分成不同的箱体然后进行交易的。另外，阻滞有虚实之变，形态有消化之用，这就需要读者做好功课，仔细研究如何综合审时度势的寻找和捕捉交易机会。

我们来看一个使用经典技术交易系统进行交易的例子。图 14 -4 中所示的标的为中国交建 2013 年至 2015 年的行情走势。底部头肩形态突破时初次建立多头部位 B1，B1 的仓位为 30%，当行情完成反扑形态再次突破时再次加仓建立多头部位 B2，B2 为 B1 仓位的 2 倍即 60%，此时我们持有了 90% 交易本金的中国交建多头部位，到了跌破加速线时了结所有部位 S。图中为对数等比坐标，每一格为 10%，所以，我们建立的 B1 仓位获利约 110%，B2 仓位获利约为 90%。综合获利约为 0.3 * 1.1 + 0.6 * 0.9 = 87%，这样的获利水平应该是令人满意的，并且这样交易的好处是其风险也是可以得到充分控制的，即便在 B2 处的加仓头寸失败，总资金的损失也不会超过 8%，是可控的。

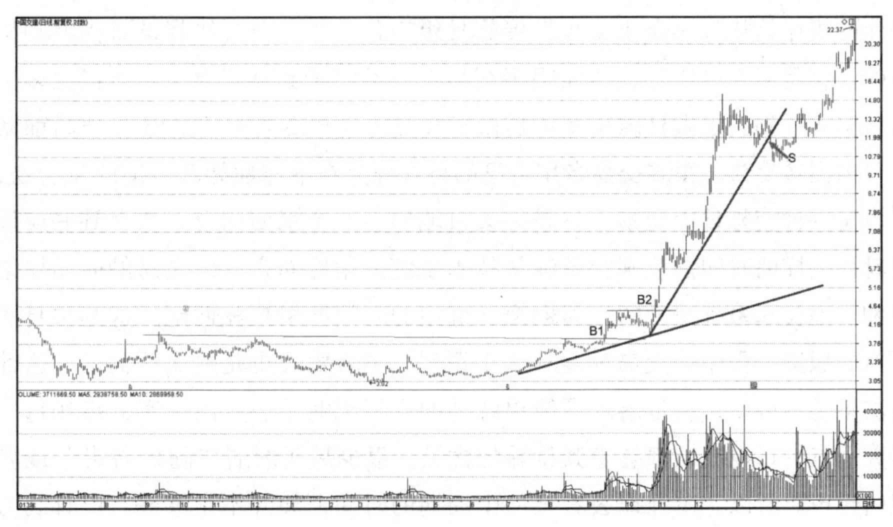

图 14 -4　经典技术交易系统使用示例（中国交建）

14.5 系统设计的思考

交易系统规定这么多条条框框到底是为了什么？答案是为了立好规矩，约束交易者一切照章办事，不要有自己的主观思想。那么交易系统本身不就是一个主观的东西么？的确，每个人设计的交易系统都会有自己主观思想的影子，但是应该注意的是，成功的交易系统都有着其共性，即符合市场走势的客观规律。很多人的交易系统完全是盲目自信，未经过任何测试，或者测试并不全面完整即拿来使用，用其交易的结果就可想而知了。交易系统之于修行，好比治贪嗔痴的戒定慧，由戒生定，由定生慧。按规矩办就一心不乱，一心不乱就能慢慢做到不被行情变化的表象所迷惑，超然于行情，超然于账户，乃至超然于人生。

回到交易上来，很多人都在说自己也使用着交易系统，为什么照样亏呢？首先，任何交易系统都有其适应范围或弱点，这需要交易者有充分的认知和心理准备，不然交易过程中有了错误的心理预期，交易时就心乱了，心乱则急躁，急躁则方寸乱，这还能正常的执行嘛？交易系统的存在就是让你亏损的，只不过是它能让你合理地亏损，而不是胡乱亏损！

14.6 交易的时间框架

交易的时间框架只有两个：日内交易和日级交易（隔日交易）。行情发展变化的规律是从日内变化逐步发展到日级变化，每一个日线都是日内波动构成的。这看似人尽皆知，然而很多交易者却不明了其真正含义，所以很多交易者陷入了到底是做日内交易还是做日级交易的纠结之中，虽然 A 股目前禁止日内回转交易，很多交易者用自己的持仓部分在不停地做着所谓的 T 交易，这也是一种变相日内交易，只是一天只能出手一个来回而已。那么到底应该交易什么样的时间框架呢？单纯从技术系统的角度而言，你交易的时间框架要和你的技术系统回测的时间框架（好用的时间框架）相匹配。这是很自然而然的想法，程序化交易就是这么个逻辑，笔者曾经也是这么认为的。这种做法不是不可以，只是落入了简单统计的思想范畴中。然而真实的市场每一次大一点的日内波动都有着其特殊的含义，很少是所谓的“随机游走”或者说白噪声。所以，单纯地去看某一个周期的时间框架并不足够好。以日线为例，假如你的技术系统都是以日线行情为基础进行回测的，无论是手工回测还是算法回测，那么你入场的时机都应该是日线收盘，不然的话你的回测结果可能被人为地夸大了。为什么呢？以最简单的一条均线为例，假如你回测时是以价格穿越信号的价格为信号点，那么实盘交易时，价格真触碰到均线时，你是否开仓呢？你是否要考虑如果这是假突破，你得明天才能卖出去，这可能导致很大的损失？而期货虽然是可以日内回转交易，但情况一点没有变简单，价格触碰到均线时你到底开不开仓呢？价格在均线上下反复震荡怎么办？来回反手么？

更好的办法是结合两个时间框架一起看审视行情的变化。通常用日线结合某种级别分钟图来配合使用，如图 14 -5 所示。

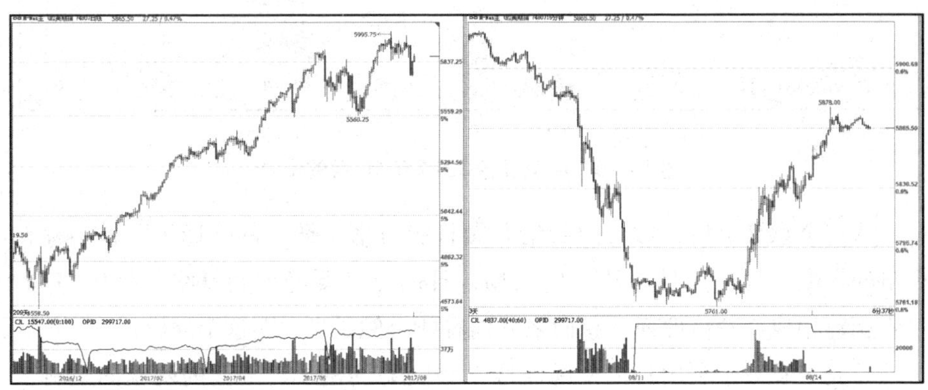

图 14 -5　结合日线和 15 分钟线的时间框架

为什么用两种级别的时间框架一起使用是更佳的选择呢？从盘理说，行情的结构有不同的趋势、不同的位置、不同的形态，不同的形态内部还有不同的结构。所以，价格在不同的位置呈现出的波动形式和幅度都是不一样的。比如反扑的位置，通常很少是行情的逆转。而具体什么情况下是逆转，什么情况下不是逆转，就要综合考虑行情的趋势、位置、形态、阻滞这些因素。所以，从统计上讲，行情的波动并不是简单概率，而起码是条件概率！图 14 -6为中信证券 2014 年 10 月的行情为例，在这种相对底部位置而言，上方一个小的形态向下突破构成行情终结的概率多大呢？还有，这种情况下日内的走势通常是什么样子？这时候应该顺什么势？涨势？跌势？日线走势？日内分钟线走势？如果这些问题没有思考过，那交易起来一定是经常感觉事后看图诸葛亮，盘中看图全变样。

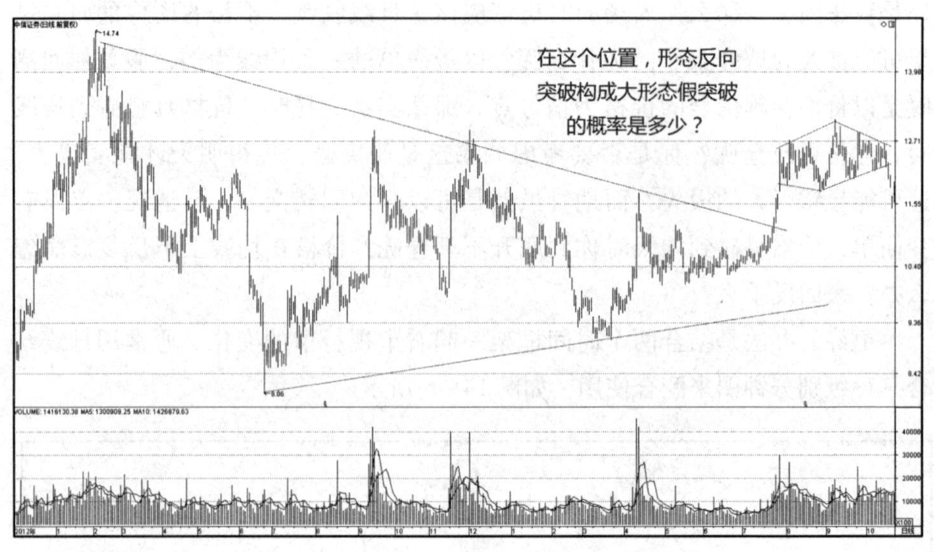

图 14－6　中信证券 2014 年 10 月的反扑

从这个意义上讲，做日内行情和做日级行情是统一的一回事，并不存在严格的界限。日级交易要从日内入场，日内交易要考虑到日线所处的格局，二者相辅相成，一体两面。我们来分别看两个例子来说明这个问题：

首先来看一个利用日内交易完成日级交易的例子，上面的两幅图是科大讯飞在某一日的走势，图 14－7 为其日线走势图，图 14－8 为其 15 分钟线走势图。如果只看日线，我们从哪里入场呢？或者是平边或者是形态的上斜边，那如果一旦是假突破，就止损相对较大了。而从日内走势图看，这个日内的格局就很清晰，一个头肩形态的调整，突破后做了一个三角的反扑形态，早上开盘后就以裂口形式突破了三角形态的边界，可以直接追单开仓，此时的止损只需要 3% 就足够了，而如果在日级形态突破处追单，止损则要扩大到 7% 左右。

再来看一个日级行情格局对于日内交易做法的思考案例。图 14－9 中的标的物天坛生物在历史高点附近震荡形成一个上倾楔形走势，我们知道，一个上涨市场中上倾颈线或边界线的形态等于在向市场宣示行情已经走向极端，或者会继续发力大涨，或者是强弩之末，很快将“亢龙有悔”。标的在突破这个上倾的楔形时，没有量，这就有点不对，但是这里还是要将其视为多头，因为这种位置可能会小的震荡后再次放量突破。参考图 14－10 中天坛生物突破后局部的大图来看，突破后连续几天缩量震荡，并且回到了形态内部，这

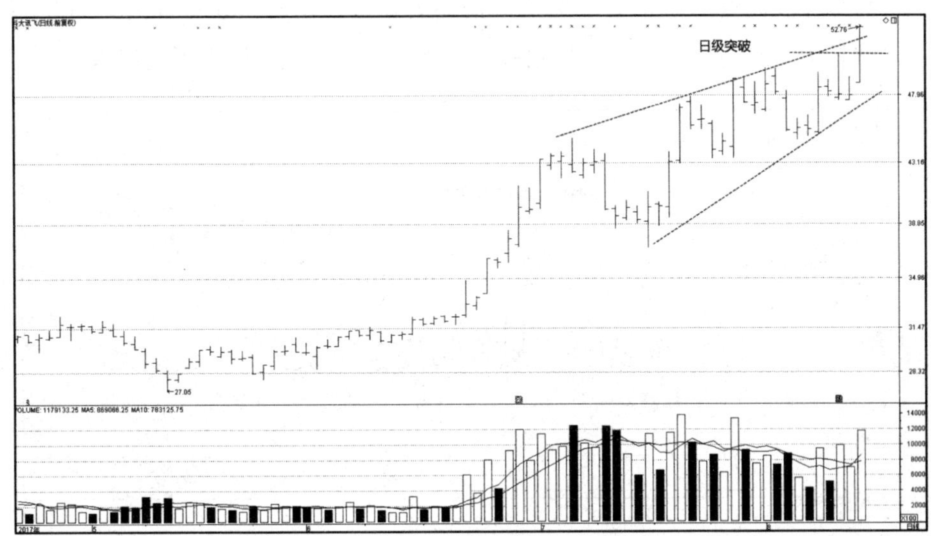

图 14－7　科大讯飞某日日线走势图

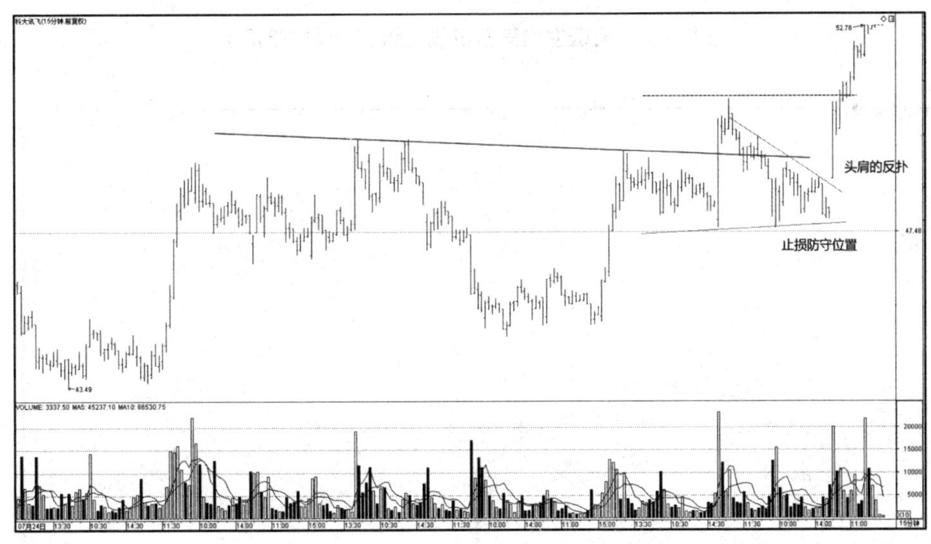

图 14－8　科大讯飞某日 15 分钟线走势图

就更不对了，这个小的震荡区间形成了一个小的道氏轨，此时我们在做日内交易计划时，就要考虑到这种变化，准备好日内交易的空头计划可以大胆一些，不要太在乎小的日内阻滞，而是观察下边界线处是否有买盘。另外，如果空单浮盈较大，可以留仓一部分作为日级单，行情有可能会跌到到上冲楔形下边界线的低点甚至是整个多头行情的启动点。当然，多头日内计划要注意的就是历史最高点的阻滞，打到哪里如果没放量过去可以先平仓出来看看。

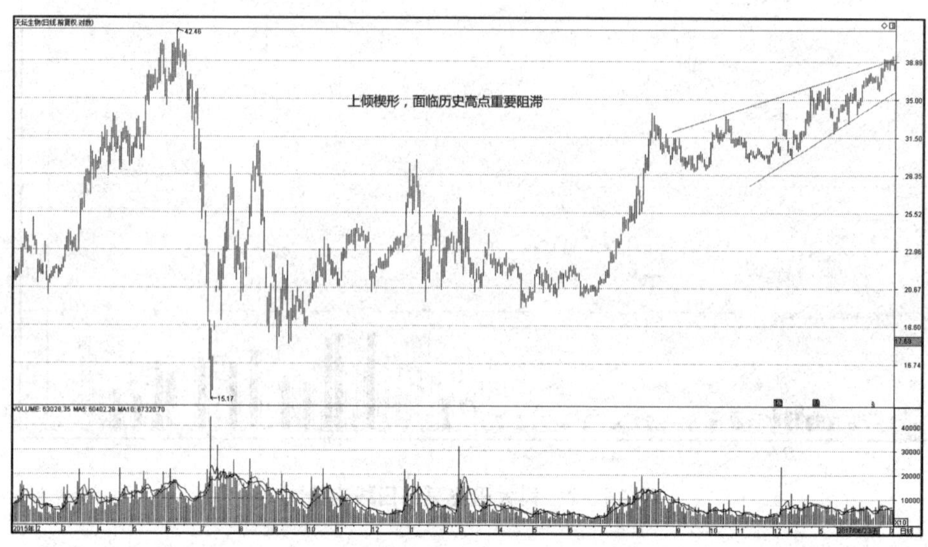

图 14－9　天坛生物某日日线走势图（整体格局）

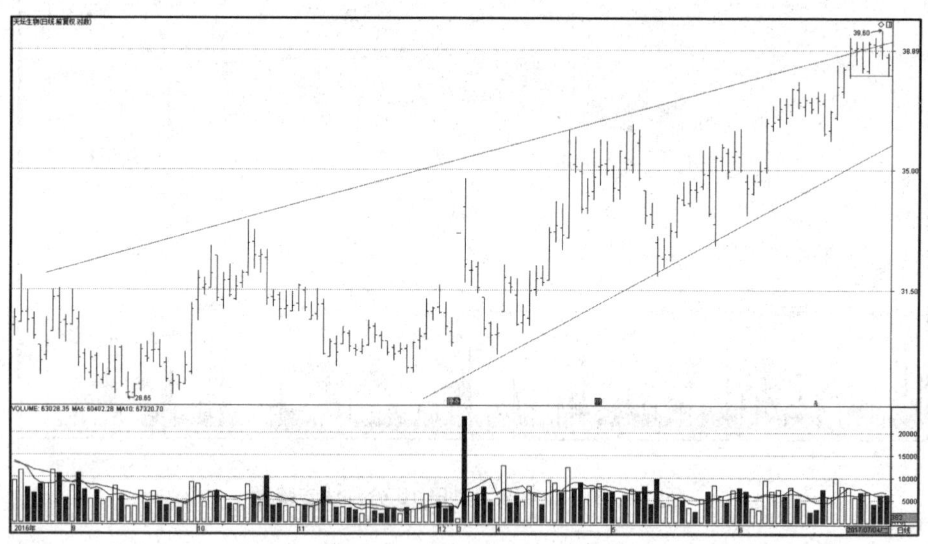

图 14－10　天坛生物某日日线走势图（突破点处的细节）

14.7 交易者与交易系统的适配

交易者是要对交易系统根据自己的心性、特质、偏好等方面进行适配的，什么样的人使用什么样的交易系统其实本来就是个缘分，没有一定的优劣之分。但是有些交易者随便拿来书本或者别人的交易系统即来使用，自己没有经过严格系统的复盘回测和模拟盘测试，对系统的各项特性完全无知，比如最大连续亏损次数、最大回撤、盈亏比、最大亏损、最大盈利这些特性如果心里完全没底，很难想象交易者能够严格按照这个系统进行交易。一个必须要做的事是：按趋势、按位置、按形态、按照形态内的不同位置做好分门别类的统计，每一种情况统计100次以上，并据此根据自身特点进行系统的适配和修正。

从哪些角度适配呢？比如说是作突破还是作震荡？做指标还是作形态？正金字塔加仓还是倒金字塔加仓？如何平仓？风控是直接用最大的10%还是5%还是其他数字？这些问题都是值得深入研究，反复测试的，不要轻易进场交易，如同不要随便看几页步枪操作手册就上战场一样。

第 15 讲
交易戒律

开篇明义

故用兵之法，十则围之，五则攻之，倍则分之，敌则能战之，少则能逃之，不若则能避之。故小敌之坚，大敌之擒也。

——《孙子兵法》

绝不要摊低亏损的头寸，一定要把这个想法深深地刻在你的脑子里。

——《股票大作手回忆录》

交易系统本身是内含了交易纪律因素的，比如出现开仓信号应该开多少仓，出现了止损信号应该止损等等。为什么还要额外用交易戒律来辅助交易进行呢？这个问题好比释家修行有性、相、台、贤、禅、净、律、密八大宗派，而每个宗派都要求修行者持戒律，而不仅仅限于律宗。先贤有云：归元无二路，方便有多门。戒律即是辅助我们走向交易大道的一种方便法门。另外，很多交易者特别是初学者的交易系统也许并不成熟，很多细节很不完善，戒律也可以作为辅助交易者完善交易系统的指南。

交易界最好的讲戒律的两本书是杰西·利弗莫尔《股票大作手回忆录》和威廉·江恩先生著的《华尔街45年》。杰西在其口述的一段段回忆叙事中陈述了很多好的和不好的交易行为，需要读者们自行发掘和总结。江恩先生明确地总结出了二十一条戒律，后经月风先生补充和完善形成了如今交易界通行的二十八条交易戒律。

15.1 二十八条戒律

二十八条戒律由月风先生在江恩先生的二十一条戒律基础上扩充而来的，字字珠玑，是先驱者们亏损、汗水乃至生命代价的结晶，诸位交易者一定要常记心头，并在交易过程中信受奉行，才能不至付出致命的代价。

（1）每次交易的风险决不能超过交易本金的10%，严禁不设止蚀（止损）。

（2）入市后绝不可因为缺乏信心和耐心而盲目平仓。

（3）谨慎地使用止蚀盘以降低操作的频率。知识判的设置是需要技巧的，而技巧来源于经验和所谓的技术。

（4）决不可过量交易。过量交易不是频繁交易，而是超过自身承受能力的放大交易。假设家里有 100 元，你只能用其中的 1/3 来交易，绝对不能动用养老钱、看病钱、上学钱。否则稍有风吹草动你就会因为输不起而发疯，输光了只有寻死。绝对不要去借钱，更不要借高利贷。

（5）避免发生获利回吐现象，要用技术和经验进行适当的调控来保护浮盈。

（6）决不可逆大势进行交易。

（7）市势不明则立即停止操作。

（8）只在活跃的市场进行交易。

（9）只可同时进行两到三个品种的交易。风险的控制不是交易标的的分散程度，而是对资金回撤的控制，这才是风险控制的根本。

（10）关键时刻绝不可以限价交易，否则会因小失大。

（11）获利后要将部分利润抽走备用。

（12）交易正确且有了利润之后，切不可随意平仓，可用止盈盘作为保障，放胆去盈取更加丰厚的利润，直到趋势改变。

（13）不可为了蝇头小利而随便入市，如下跌的抢反弹。

（14）绝不可以追加死筹，即将成本进行平均化。套了就斩仓，没有补仓一说，因为当第一笔交易亏损的时候，即出现了死码，说明你对市场的趋势判断是错误的，继续加码只能招致更大的损失。

（15）胜少负多的交易方式应该彻底摒弃。

（16）入市后不可以随便取消止蚀盘。

（17）交易次数不可过多，因为一个趋势性的行情展开需要一个与之对应的形态，这就需要时间，行情的次数是非常有限的，所以不宜过多地进行操作。

（18）顺势操作即按市场的变化进行交易，市场变化了你就得因时因势地改变。

（19）不可因贪低而买入亦不可因恐高而卖出，一切都应以趋势和阶段的特点而定，价格的高低是由市场决定的，是我们日后才能发现的，所以不能主观臆断。

（20）避免在交易顺利后追加成本，即避免追加仓位。

（21）选择趋势凌厉的产品进行塔式加仓操作。

（22）出错时应立即平仓，切忌锁仓操作。

（23）不可以随便由好仓转为淡仓。每次交易必须经过周密的计划，谋定而后动，待理由充分且条件具备后方可进行操作。

（24）买卖得心应手时切忌随意加码。交易顺手时就为所欲为，这时候出错的概率非常大，因为你麻痹大意了。

（25）切莫预测市场的顶和底，一切皆有市场自行来决定。

（26）不可轻信他人的意见，因为市场是瞬息万变的，一个没有主见的人是不适合在市场中生存的，更何况他人的意见未必就是正确的。

（27）入市出市皆错固然不对，但是买对卖错更是不应该的。

（28）出错时认真查阅以上 27 条戒律并能一次为戒，你的交易技巧必将进入一个崭新的境界。

15.2 八项注意

不过自己和所见的很多交易者身上还往往有一些额外的“不专业的”问题，需要额外提醒自己保持注意，诸位有则改之无则加勉：

（1）每天盘前应做好功课准备好完备、详细、可行的交易计划。

（2）盘中应该坚守阵地，如非必须，任何人、事都不应该干扰自己盯盘，除非今天没有任何交易计划。

（3）盘后做好当日交易总结，记录好交易的时间、当时的图表、交易的原因，然后进行归档以便每周进行统计。

（4）每天收盘后都要抽时间适当运动锻炼下，反思下今天的行情走势和操作，然后清空身心，看看景色，保持健康的心理和生理状态。

（5）每周末都要全面审视一下世界各大股市指数、商品指数、外汇汇率、重要的大宗商品、利率衍生品等的行情走势，研判当下大势有无改变。

（6）每周末都要对本周所有的交易进行分门别类的总结，分趋势、位置、形态、阻滞、开仓方式等情况进行总结分析并更新历史统计。

（7）每个月都要审视一下全球各国的 GDP、CPI、失业率、利率、贸易、天气、政治和军事情况，不要忽视了大势的变化。

（8）每个月都要根据每周的数据统计情况思考并记录是否有对交易技术和交易系统改进的可能方案，并利用交易练习者等模拟软件进行测试验证。

虽然交易不是生活的全部，但是交易是神圣的，不容马虎对待的、专业性极强、处处充满挑战的一项工作，所以我们必须全身心的对待交易。保持对市场的敬畏之心，任何时候都不要忘乎所以，平常心方是真。

第 16 讲

大局观和交易计划

开篇明义

故知战之地，知战之日，则可千里而会战。不知战地，不知战日，则左不能救右，右不能救左，前不能救后，后不能救前，而况远者数十里，近者数里乎?

——《孙子兵法》

不理会大波动，设法抢进抢出，对我来说是致命大患。没有一个人能够抓住所有的起伏，在多头市场里，你的做法就是买进和紧抱，一直到你相信多头市场即将结束时为止。要这样做，你必须研究整个大势，而不是研究明牌或影响个股的特殊因素，然后你要忘掉你所有的股票，永远忘掉！一直到你看到——或者你喜欢说，一直到你认为你看到——市场反转、整个大势开始反转时为止。

——《股票大作手回忆录》

很多读者或许感觉度至此处，这本书除了多了几句古文，内容也是平淡无奇，就是市场上谁都知道的技术形态之类的，指标和蜡烛图都没怎么讲明白。“归元无二路，方便有多门”，采用什么样的技术，什么样的“法门”去执行交易的确都有成功之士，我们必须清楚地认识到：并不是因为使用了某种特定的技术才导致了这些成功者交易上的成就，真正起决定作用的是他们有着良好的大局观，能够很好地把握比较大的行情（当然，这里的比较大并不刻意指行情的时间框架，日内交易同样也有大的行情），他们之所以能把握住这样的行情是由于“知战之地，知战之日”，当然，这绝非一日之功，也不是靠看几本书就能得来的，这需要长期刻苦地训练和交易经验教训的积累。交易如同行军打仗，如果一个将军到了一个地方四处探看后，根本不知道如何构建防御工事，从哪里防御敌人，何时何处适合对敌展开进攻，胜了怎么追击，败了如何退守，而是到处找高参（分析师）听观点（研报、论坛、网站），甚至不惜听取“蒋干”所盗之书（内幕消息），如此作战焉能不败？

16.1 没有大局观的问题

初学交易，重在形成和熟悉系统，练习纪律，保证不犯重大错误。所以这个阶段好比按照技战术对垒作战，一阵一阵地打出去，保证最终统计上是敌人挨打挨得重，自己挨打挨得轻，也就是说能不赔了或者能赚钱了。能做到如是程度，才有思考大局观的必要性。毕竟多数带兵打仗的将军元帅都是从基层磨炼出来的，孔明、陆逊这样的书生元帅，而且是直接就能带兵打仗的厉害角色毕竟是少数，百年难遇。我们多数人不可妄自比拟，还是踏踏实实地从基本功做起。

在说大局观之前，我们先说说没有大局观时经常遇到的问题：严格按照系统去开平仓，结果平完行情停顿了一下继续延续原有趋势，有时系统有入场信号可以追，有时候没出入场信号只能眼看着行情走远，把一波大行情做得支离破碎；有时候按照系统做进去，发现刚浮盈一点就开始亏损，甚至很快止损了，甚至经常买在天花板价，空在地板价上，就是经常吃长钉，或者说叫被毛刺“扎到”；交易时不知道什么时候该轻仓，什么时候该重仓，经常是重仓止损，轻仓持盈；等等。这些问题可以说是交易系统不完善的问题，但是不带着大局观来思考行情的演化，你的交易系统或许只能永远停留在机械交易系统的层面，当然，机械交易并不是不好，机械交易做到极致的也有西蒙斯这样的大师，但这似乎不是多数人的强项，更多的是计算机算法的天下（郑商所有很多炒单的前辈不在此列，他们的人工高频交易技术令人叹为观止，盈利能力也是十分之惊人，但这是另一种交易方法论，作者不懂也难以和大家分享什么）。如果想要让自己的交易水平更上一层楼，能够把握住大的行情，就要从大局观入手思考行情的波动和演化。

16.2 什么是交易的大局观

交易的大局观是从全局，即国内外各市场大势，经济、政治、军事、天气、其他自然因素、人口、技术等各方面大因素的格局中来思考自己所交易标的所处的趋势、位置、形态以及未来可能的各种变化。而不是孤立地只看系统信号去机械买卖。注意，本书讲的是交易学，不是如何作基本面分析，所以这里所有的这些因素都不是让读者去作为基本面研究的，而是应该要有基本的常识，这些常识未必要通过高校或者理论教材来习得，相反，多读读金融、经济相关的历史，以及古典书籍会更加有帮助。比如《金融投机史》《左传》《战国策》《三国志》《国富论》《金融炼金术》《货币、信用与商业》，等等。

读书要多思考，不要死记硬背其中的知识，也不要把什么都当成教条，所谓尽信书不如无书，就是这个道理。常识是最重要的，千万不要胸中数理模型万千，而发生大地震了或者战争了就不知道该怎么处理持仓，有知识没常识是十分可怕而又致命的。现实世界是没有人和你讲什么 Assumption 以及 Ceteris Paribus 的，甚至原因都完全不重要，你如何知道你所认为的涨跌原因或者公众口口相传的涨跌原因就一定是客观的、正确的呢？引用马未都先生节目中常说的一句话：“历史没有真相，只残存一个道理。”在资本市场里这个道理就是顺势而为！研究昨天为什么涨、今天为什么跌的真相并不重要，如同研究昨天为什么晴天、今天为什么下雨一样毫无意义。真正重要的事是，下雨时赶紧找地方避雨，别傻呆呆地站在雨里思考："这是为什么呢?"

另外，交易的大局观从单纯的技术角度而言也不能只着眼于小处局部，而是应该着眼更长的周期，更大的格局来思考局部格局的可能演化及其意义，并据此进行有针对性的准备。作者没有能力教会读者如何分析和思考各方面因素以及各种常识，这些都需要读者在盘外积累，勤学苦练，用心思考。本书只能用几个行情的实例来给大家示范如何从技术上做到思考的大局观。

16.3 适合大局分析的行情图表

既然是交易技术相关的问题，自然离不开行情图表，而大局观自然是要使用日线图表分析了。为什么不使用周线和月线甚至年线?作者曾经也有过这种疑问，师父的答案是因为现在行情软件已经十分发达，用日线压缩图表已经可以看到所有的历史走势，使用周线甚至月线已经没有意义了（用直尺铅笔绘图的年代，是没有办法保持那么久远的日线数据的，而行情软件最初也仅仅能显示数十根K线而已，这是当时使用周线和月线分析的主要原因）。**那么我们要压缩图表看多久的日线数据呢?答案是观其前世今生，也就是说看到其上一波相反的完整行情通常就可以了。**如果你理解了行情的结构中所谓的生住异灭，到这里就自然会明白为什么看到上一波行情就可以了。简单解释一下，比如现在你在做多头行情，那么你要做的就是压缩图表，看你交易的标的之前是怎么跌下来的，前面我们讲过，这是为了分析阻滞。再久远的行情通常是没有太大参考价值的，有一种情况除外，还是以刚才做多头的行情为例，如果上一波高点并非该标的的历史高点，而一旦该标的上涨越过了上一波涨势的高点之后，我们就需要继续压缩图表找更久远的高点作为参照。

我们用图表演示一下，以四川长虹的前复权图表为例（一定要用前复权图表，别用除权后的图表，一次和一位挚友聊股票，他提及伊利股份每次跳空大跌很多后都会涨回来回补缺口，我一看图，这不是没复权的原因所致嘛，虽然他听了我的劝打消了因为这个原因买伊利股份的想法，但是这次伊利又一次上涨回补"跳空大跌"的缺口，狠狠地打一把我的脸，真是对不住自己朋友了^-^)，我们先看全部的历史行情，如图16-1所示。

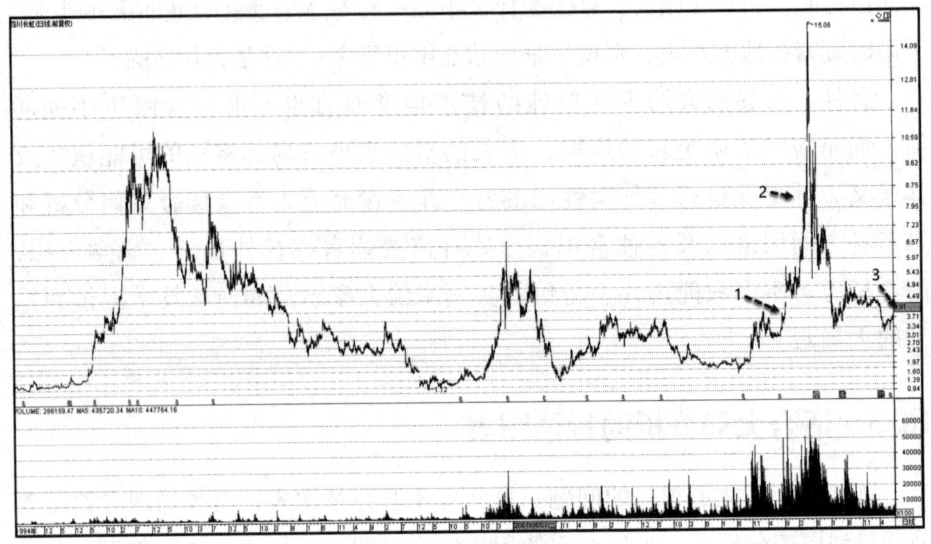

图16-1 四川长虹全部行情走势图

这里我们要再次用到阻滞章节中立足点的概念，在不同的立足时点演示给大家合理的图表压缩水平。图16-1中标示了3个立足点，我们来依次看一下。

（1）立足点1，2014年8月，如图16-2所示。

图16-2 四川长虹立足点1时的图表

温习一下形态和阻滞，立足点1这里四川长虹是突破了一个大的马鞍形态，多头可能形成，紧接着面临的上一波行情的高点是2007年牛市的高点，这里有两处重要的阻滞。因为行情还没过去这两个阻滞，所以看更久远的行情是没有任何意义的。

（2）立足点2，2015年5月，如图16－3所示。

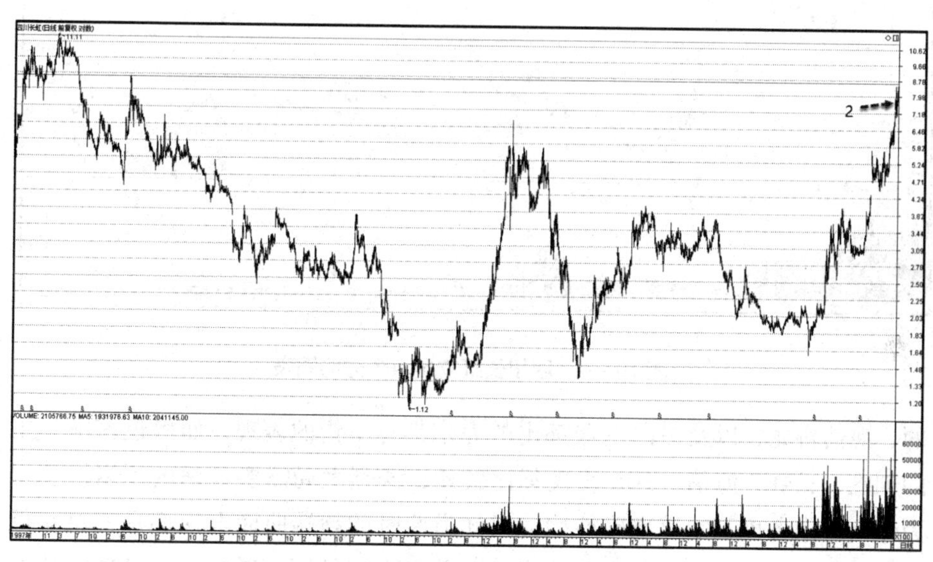

图16－3　四川长虹立足点2时的图表

在立足点2时，随时市场的上涨，四川长虹在了8年之后，终于越过了2007年的高点，此时就需要继续压缩图表找更久远的高点作为参考，四川长虹这个例子的高点是1998年，试想如果1998年被套牢在高点上，到2015年才能解套，这期间房价涨了多少倍，从曾经的万元户还很牛早到了大城市大学毕业生很常见就月入万元的时代了。过了所有历史高点并且走势依旧向上，这样的股票就是海阔天空了，因为所有的人都不可能被套，此时唯一的敌人就是和自己一起作战的多头了，谁最后没跑了，谁就是最后的接盘侠。这里再次提醒读者，掌握较大头寸的交易者一定要趁着市场火爆，放量大涨时离场，真等开始下跌时再卖，你就是最后的接盘侠了。

（3）立足点3，2017年8月，如图16－4所示。

严格地说，四川长虹在这个位置做多是很不合适的，因为它之前刚创出了新低，即便这里可能形成一个马鞍形态，也是比较弱势的，何况这里成交量也乏善可陈。另外，从此时的行业热点来看，白色家电企业比如格力、美

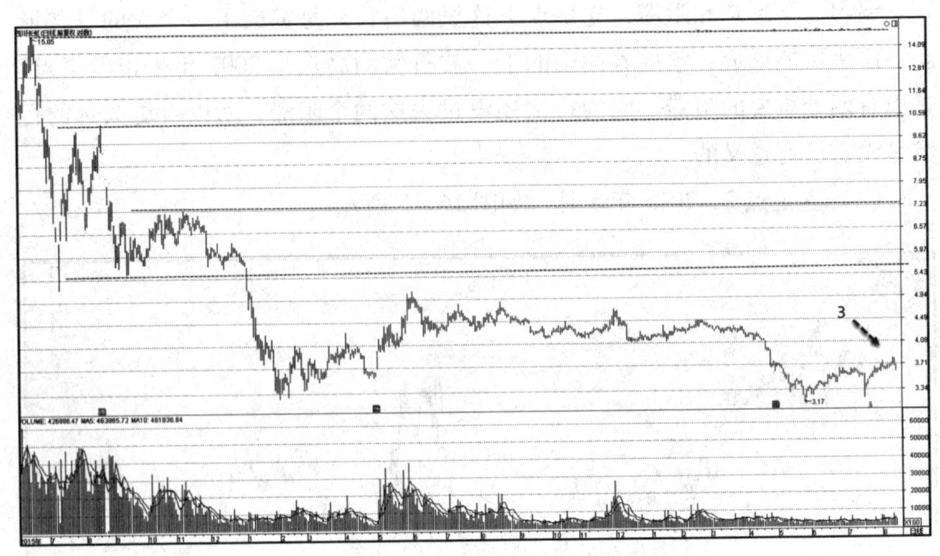

图 16 –4　四川长虹立足点 3 时的图表

的、海信科龙，以及黑白电器都出的海尔都有不错的表现，而黑色家电为主的创维、长虹、海信、TCL 表现都比较差，这是大局需要考虑的因素。至于为什么？作者也不知道准确原因，只知道此时的高端曲面电视都是三星卖得好，普通的电视小米很厉害，连索尼夏普做电视都不太赚钱，而且现在从大人到小孩，多数人有个手机就够用了。还是那句话，大局观不是基本面，但不离基本面，亦不是涨跌的原因。回归正题，此时假定我们就要在这里做多了，图表压缩到上图的样子就可以了，之前的所有的走势都不重要了！为什么？因为之前的高点盖住了所有过往的高峰，也就是说该标的上一波行情已经是过往的历史了。我们光以它为蓝本去一级一级往上做就可以了。股票做多就是通过中继形态消化抛盘的过程，抛盘或者来自于阻滞处的套牢盘，或者来自于一起做多的获利盘，不一而足。直到最后一个顶部的形态完成派发，多头死，新的空头生，如此循环往复。

16.4　技术视角的大局观

技术视角的大局观是以日线总体走势为分析对象的，强调无论做日级交易还是日内交易，都要以日线总体的大势格局作为首要的考虑因素。好比作战时，具体抢占哪个山头要看这些小山头对于整体的全局战役的作用，而不能是如马谡一般死板教条地照搬兵书上的“高陵勿向，背丘勿逆”，却忘却了街亭之处的山岭根本不是个必争的要道，而且水源在外。所以，重要的事情说三遍：大局为重！大局为重！大局为重！

这里我们又要再一次重温行情的结构，如图 16 - 5 所示，到底什么是大局？日线行情在行情中结构中的趋势、位置、形态、趋势的位置、位置处的趋势、位置处的形态、形态的位置、形态中的小趋势、这些都是需要考虑的大局观因素。比如上面行情结构的图 16 - 5 中，B 位置适合怎么交易？A 位置呢？E 位置呢？每个大的形态，也是可以拆分成至少上、下、左、右的，每个流畅的趋势，也可以区分为慢、中、快三类状态的，每个位置，也可以分为相对的高低平险。如果这些因素你在交易系统中还有交易计划中还没有充分考虑到，那这就是大局观的欠缺。

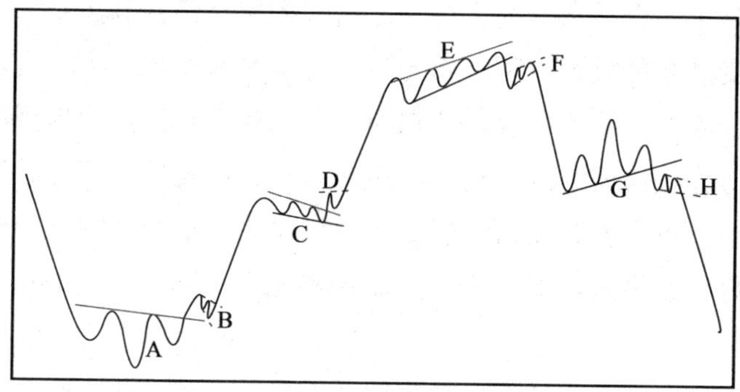

图 16 - 5　行情的结构

不仅日级行情要考虑大局观，日内交易同样要考虑到大局因素。同样一个日内形态，以日线涨势中的一个日内矩形为例，虽然说往那边突破就应该往那边做，可是这成功率是一样的么？确实日线涨势中日内形态也经常反向突破，但是盈利预期能一样么？有多少矩形反向突破然后震荡，变成了延伸 V 或者上下箱体中继？另外，什么样的日内形态突破最有气势？日线形态同样临界，日线趋势线临界，日线临界过箱体阻滞……这些问题都需要读者自行进行详细的统计和总结，并非书本能讲明白的。只有自己对这些都比较清楚了，你才能在盘前作交易计划时很有信心地确定自己多数情况下可以捕捉到当天的龙头，即爆发力最强的品种。

另外，大局观还牵扯到了日内和日级交易的协同。一个好的交易系统一定是自上而下的，就是先大局整体，后局部细节。**从大局的角度思考日内应该怎么做，而做日内交易的目的最终是为了日级交易服务的。**因为大行情才容易赚大钱，好的日内交易技能水平可以让你在突破的交易日内先人一步，拿到位置有利的部位，从而可以有力地提升整体的仓位，同时却丝毫不会放大交易风险。所以，一个好的交易者应该是日内和日级交易都比较擅长的，并没有什么严格的界限将来自己一定是日内交易者还是日级交易者，日内交易都做不好，日级交易就能手到擒来？同样，日级行情都分析不清楚，日内（炒单交易除外）能交易得飞起？将二者割裂来看终归是要造成失调的。

而从更大的格局来说，如果对日线大局分析比较精到，你同样可以在日级行情中领先市场多数人一大段发掘机会并提早布局，当然这不是让大家抄底摸顶，而是合理地寻找安全地进攻位置。特别是一个大形态，往往行情突破之时，却是很多提早布局的人离场之时，人家已经获利了结一次了，然后你在其中忍受满仓的反扑过程，要知道，特别是形态比较大，之前交易者获利比较多的情况下，反扑一般都特别凶猛，这就是我们前面提到的所谓的形态不充分。等你止损离场时，或许这些交易者又如秃鹫一般机警地捕捉到了新的入场机会，再次发起攻击，想一下自己是否一次次止损又止损？不是你的心态不够好，是你的技术系统和大局观都还太不到家，交学费当然是应该的了。

关于大局观，本书能说的也只是阐明方向，点到为止，因为一千个人眼里可能有一千种大局观，这是与自己的技术系统，交易习惯，性格特征都密不可分的，希望每一位读者都能慎之再慎之，仔细分析，认真总结，充分考虑这些因素。

16.5 热点板块的重要性

综合指数代表了市场的整体方向和强弱，而板块指数则代表了某一板块的方向和强弱。市场进行炒作时，往往是按照板块或者行业来进行布局的，所以大家经常可以听到板块轮动或者行业轮动，而很少听说个股或者个期货轮动。这背后的原因是因为同一个板块或者行业，往往共享着一些共同的基本面因素，而且这些因素往往是决定性，也正是这样才会被划入同一个板块或者行业。举例来说，农产品期货共同的关键影响因素是天气和病虫害，基本金属共同的关键影响因素是建筑、电力等方面的需求，贵金属共同的关键影响因素是美元和避险需求；股市之中更是如此，房地产行业共同的关键影响因素是利率和房价，钢铁行业共同的关键影响因素是钢材价格和基建需求，特斯拉概念板块的共同影响因素是新能源汽车的需求，苹果产业链概念板块的共同影响因素是苹果手机的预期销量等等，本书不是一本行业分析的指南，只是尝试从纯技术视角，即价格和成交量的视角出发，来让读者无须了解基本面也可以在相对合适的时机介入马上爆发的板块个股。

从大格局讲，应该怎么选择交易标的和方向呢？**第一就是要看综合指数，要明辨指数的大的趋势、位置、形态、形态内部所处的格局，未来可能的演变情况。**尽量做与指数方向一致的交易，注意，这里是要看交易的期限的。如果专注于大的趋势，那么指数的趋势则相对比较重要，位置形态以及形态内部演变这些问题可以作为风险因素想家考虑，据此设计好对冲方案。如果是在做日内交易，那么指数所有的细节都需要仔细思考下，并不是指数大势向上，日内就要每天做多的，向上的大势中也可能有回调，此时日内的交易方向一定应该是空头。所以说，日内交易的水平决定了对持仓对冲保护的水平。看什么指数呢？国际商品看 CRB 指数；国内商品看文化商品指数；外汇看美元指数；美股看标普、道琼工业和纳斯达克三大指数，根据自己标的所在的市场；A 股看上证综指、深证综指和成指、中小板指、创业板指、沪深 300 指数、中证 500 指数、上证 50 指数，总之各个指数都要看一下，特别是自己选择的标的属于哪几个指数，都要观察思考下。另外，看指数还要学会在指数之间进行比较，哪个指数走得强？哪个指数代表的标的是目前的风口或者是未来的火车头？看得方法我们前面技术部门已经讲过，回顾一下，简单说就是：突破的比没突破的好，反扑突破的比大形态突破的好，趋势走了一段的比刚反扑突破的好，中继突破的比底部或者顶部突破的好，海阔天空的比阻滞重重的好。**第二就是要看板块指数，**比如黑色系可以看文华的黑链指数；农产品可以看农产品指数；当然，原油、黄金这样的商品之王看它们自己就可以了；股市里买房企要看房地产指数；买新能源个股要看新能源指数；买高铁个股需要看一带一路指数。看板块指数的方法和看市场指数的方法一致，还是要仔细思考其趋势、位置、形态、形态内部的格局等各方面因素。额外需要做一下板块指数与市场指数的比较，这样可以防止建立日级战略部位时选了一个吊车尾而忽略了龙头，另外板块指数与市场指数的比较也对分析板块轮动的格局有着重大的帮助，比如市场指数向上，假定 10 个板块中有 5 个在震荡，有 3 个在下跌，那么剩下的 2 个板块一定是推动市场上涨的龙头板块。**第三就是要打开准备交易的板块标的，逐个翻看，这个是要防止出现平均数偏误。**就是板块内一共5个标的，其中一个涨停了，其余基本没涨没跌，平均板块涨幅2%，而如果那个涨停的标的是受到一些自己特有的情况的刺激涨停，那么这种情况下就出现了平均数偏误，这时候板块指数的上涨通常反映的并不是真实的板块基本驱动因素的变化。那么什么样的情况下能印证板块指数的走势呢？比如说，板块指数临界突破，而翻看板块中的标的，多数也是临界突破，甚至有的已经在反扑的位置临界突破，那么这个板块很可能就是这个交易日最具爆发力的板块，而如果这个板块之前很多交易日涨幅都居前，其中经常出现涨停或者大涨的标的，那么这个板块就更有可能是未来一段时间的龙头板块了。最后就是精选标的了，精选标的就一句话，选板块中的龙头！至于怎么选本书已经反复提过多次，具体的执行和优化还有待交易者自行统计和完善。

市场中具体技术是变化的，而这套思想体系是不会发生改变的，因为它反映的是自然的规律。尽信书不如无书，真正的交易技术应该让市场教给你。

16.6 充分性、平衡性和有效性

价格按照某种形态震荡完，总是要突破原有的震荡区间的，根据逆转与持续理论，我们应该将突破的方向视为趋势延续的新方向。然而，一个形态突破了之后，最终的走势可分为如下三种：第一种，直接按照突破方向运行（也包括小幅回踩之后继续突破方向），这也是我们最希望看到的。第二种，突破后很快就打回形态内，然后反方向突破，这就是假突破现象，包含行情末期的长钉或者正常行情运行过程中的上下箱体结构的中继。这个很容易被坑一次，但这还不坏，朝形态另一边突破时反手再建立反向的部位，也还可以接受。第三种，突破后很快回到形态内，然后朝某一方向再次突破，然后又很快回归震荡。这个或许是多数突破交易者最反感见到的，这种情况通常是没有考虑到充分性、平衡性和有效性这些概念。

充分性、平衡性与有效性都是与突破密切相关的重要概念。**充分性是指突破前的局部区域准备的充分程度。充分性越高，突破到来时通常越凌厉，越不容易马上反拉。平衡性是指大形态的构成是不是完整，通常好的形态都具有比较优美，往往是平衡的，不会左右两边相差太大，这里不是说左右必**

须是对称的，而是指差不多大小。有效性是指事后来看突破发生后突破是不是“靠谱”，是不是真构成了形态的突破。通常大形态比较平衡，突破前准备比较充分的突破有效性往往比较高。因此，充分性重点在于分析局部小形态的准备情况，平衡性则是考量从大形态全局来看，如果这里形成了突破，这个大形态是否完整和平衡。有效性则是看突破后成交量是不是合理，是不是突破出去的距离足够大，是不是很快回来等。

16.6.1 充分性

为了减少止损交易的比例，提升交易的胜率和盈利水平，交易形态突破时需要考虑形态的充分性，即尽量抓住第一种突破，快速脱离成本。如何做呢？简单而言：**震荡时间长者充分，振幅比较小者充分，临界突破时大小形态越复合者充分，突破时形态对面边界线处开仓的人获利小者充分。**我们结合实例来分别看一下充分和不充分的突破准备，图 16－6 为充分的突破准备实例。

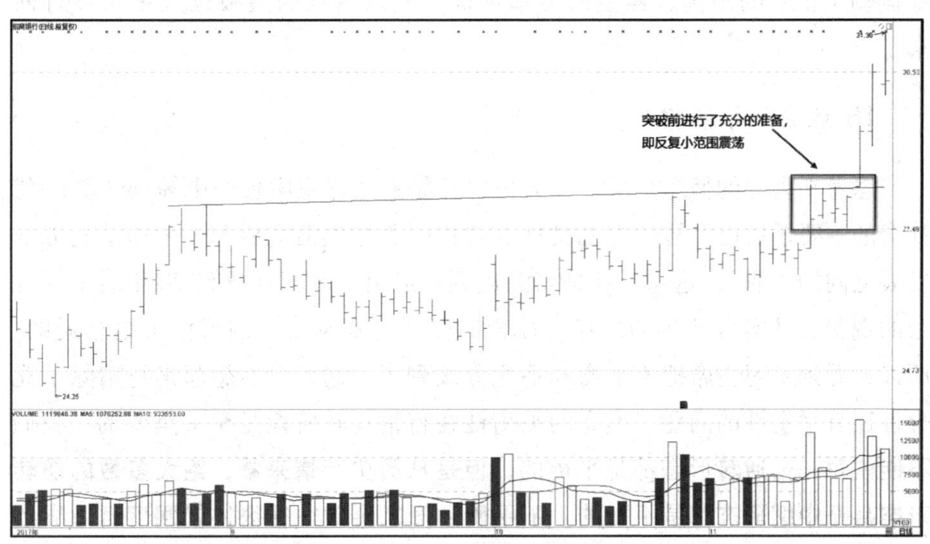

图 16－6　充分的突破前准备（招商银行）

图 16－7 为不充分的突破前准备实例：

对比上述两个图可以很容易对比出区别，图 16－6 中招商银行的例子里，在边界线附近进行了四天的小范围震荡，然后突破时力道就比较大。而图 16－7 中江西铜业的例子里，价格从前一个密集波动区域到图中边界

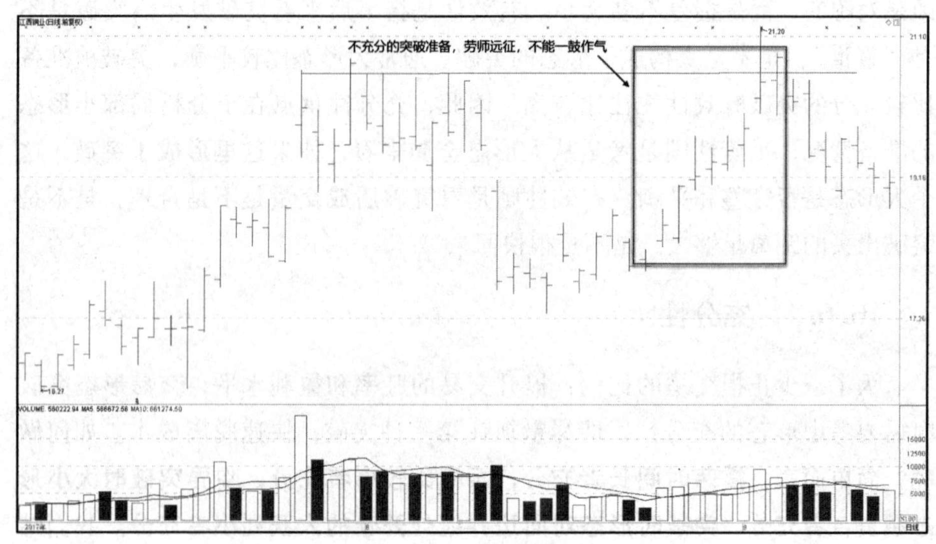

图 16－7　不充分的突破前准备（江西铜业）

线运动了很长的距离，典型的劳师远征，所以后续的突破也就很快被打回来了。

16.6.2　平衡性

思考平衡性的概念是从十九大报告开始的。习主席报告中提到“新时代社会的主要矛盾已经转化为人民日益增长的美好生活需要和不平衡不充分的发展之间的矛盾”。这句话真是高瞻远瞩，道出了改革开放 30 多年后中国社会的现状。其实自然界的规律，社会的变迁与资本市场的行情都是相通的。所以，看到了习主席把不平衡和不充分放到了一起，自然想起来行情除了充分性还有平衡性的问题。形态的平衡性在行情逆转阶段是至关重要的，我们不能说每一个逆转形态都是平衡的，**但是从历史行情来看，绝大多数的逆转形态甚至中继形态都是平衡的。不平衡的形态突破往往很快就回落到边界线或者颈线之下，继续构筑形态，直至形态走得平衡。**我们来看一个平衡的大形态的例子，如图 16－8 所示。

我们还是看同一个标的中国重工的一个不平衡的大形态的实例，如图16－9。

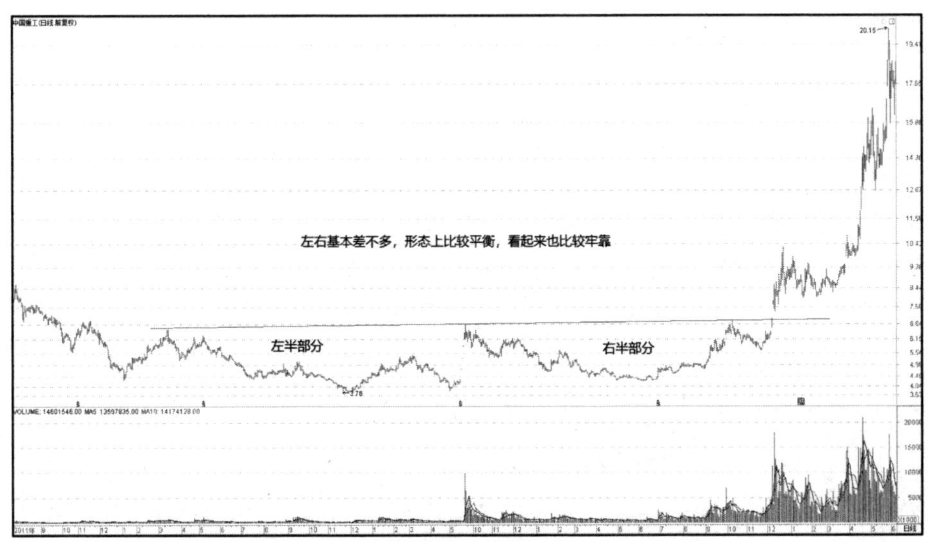

图 16 - 8　平衡的底部逆转形态（中国重工）

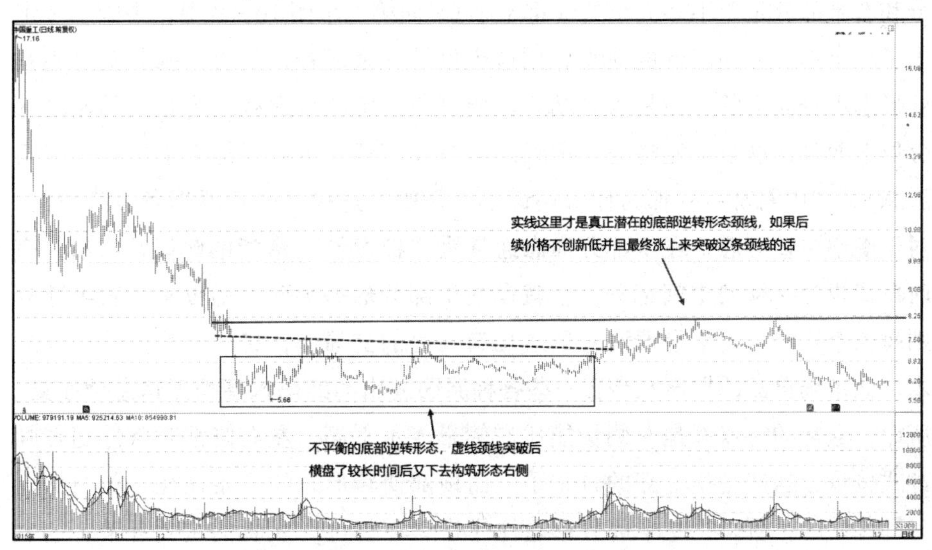

图 16 - 9　不平衡的底部逆转形态（中国重工）

当然不是说所有的不平衡的形态突破后续都一定没有行情，我们来看一个不平衡的形态突破，后续行情却不小的例子，如图 16 - 10 所示。

前两个例子都是中国重工，第一个图 16 - 8 中，中国重工平衡的底部逆转形态时 2014 年牛市时的大底部，可以看到持续的时间相当长，并且左半部

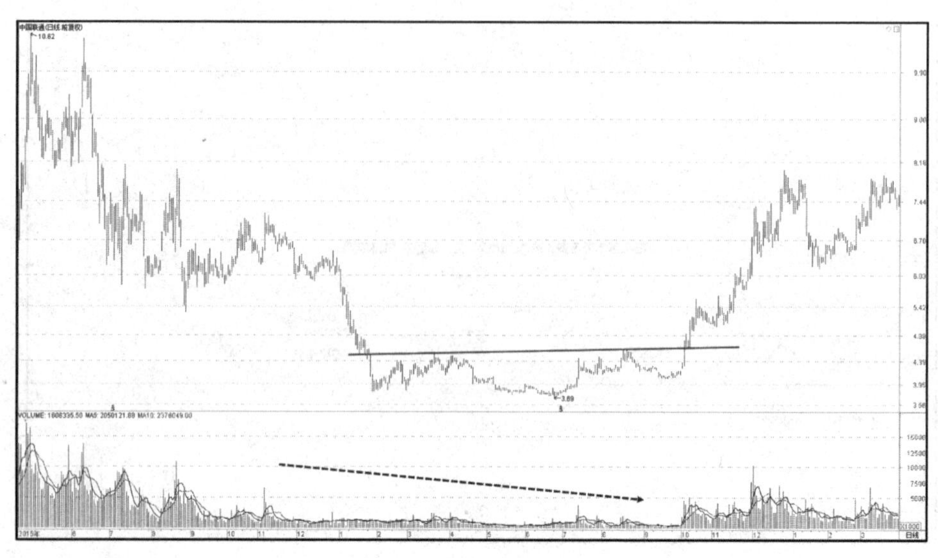

图 16 - 10　不平衡的底部逆转形态（中国联通）

分和右半部分是差不多大小的（都不小）。而第二个图 16 - 9 中，中国重工走出了一个不平衡的底部的典型，用这个例子是来阐释，是否平衡其实并不是就形态本身而言的，而是需要结合经验判断。单纯从虚线作为颈线的左半部分形态而言，这是个完整的三重底部形态（当然，也可以加上下边作为三角形态），左中右都有，那为什么还说不平衡呢？**这是从作盘原理角度来看的。对于底部逆转形态，左半部分形态通常是“批发价”拿货的阶段，当然，有时拿货也会持续到中间部分，也就是左半部分形态突破后的位置。右半部分则是两个目的，一个是清洗左侧进场有利润的交易者，另一个目的是控制成本，让市场自然的抛压来带出一些各种原因抛出的筹码以便悄无声息地收集。**所以，通常的特点都是左侧量能比右侧量能水平高，左右侧都时常伴随着脉冲式放量，当然是指上涨的日子了。而顶部逆转形态的开始往往是行情加速时即开始的，所以，左半部分形态往往是“零售价”卖货的主要环节，这也是市场里公众交易者买兴最浓的时空，所以这里成交量往往是井喷的，各种利好消息和故事自然也是爆发的。那么如果多数的筹码左半侧都卖得差不多了，右半侧自然会出现一个现象，就是成交量跟不上了，当然，右半侧价格还是有可能会创新高的，甚至创新高那天也会放量，然而，右半侧整体成交量的衰竭通常是不可避免的。而且右半侧的一个特征是涨跌成交量开始都很均匀了，波动幅度也开始衰竭，因为原来做市的人，已经离场了，靠公众交易者能弄出多大的浪花，无非是些涟漪而已。所以，无论是顶部还是底部的逆转形态，平衡性都是一个至关重要的考量。

第三个图 16－10 的例子是中国联通 2016 年的底部，从经验上来看，这个底部逆转形态是谈不上什么平衡性的。但是这并不妨碍它成为当时的热点龙头标的之一。这是因为当时的混改被市场知悉，所以大家顾不上什么平衡性了，先抢筹再说，所以形成的奇怪的现象是所谓的底部区域是缩量的，而突破后的确认和拉升都是放量的。当时，类似的标的还有中国建筑，万科等被保险公司盯上的标的。兵无常势，水无常形。虽说我们通常只做自己熟悉的走势，但这种走势我们至少应该明白是怎么回事，特别是要知道之后可能发生什么，以及如何介入。图 16－11 是中国联通后续的走势。

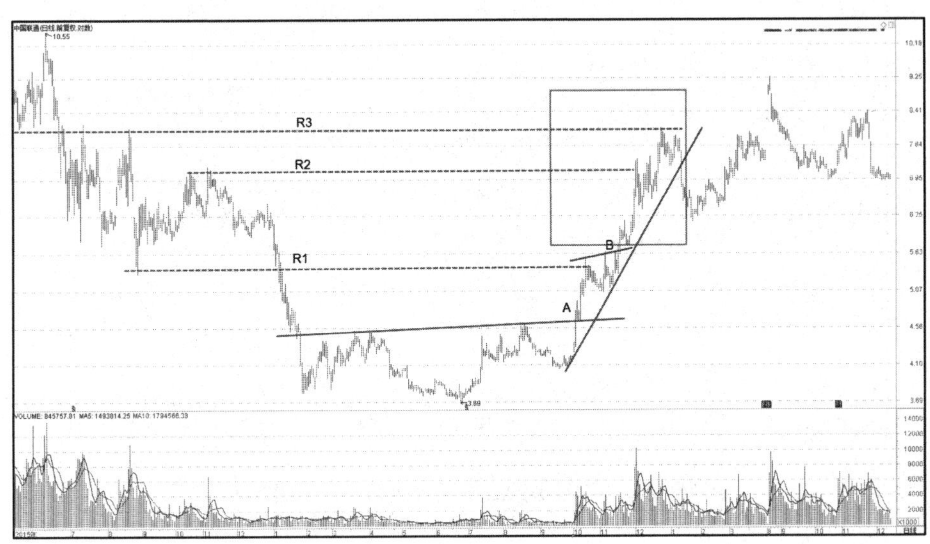

图 16－11　不平衡的底部后续走势（中国联通）

先说后续走势的特点，无论是图 16－11 中的中国联通还是图 16－12 中的中国建筑，在经历了一波猛烈的上涨之后，就开始了长时间大幅的震荡。所以说，做这种走势一定不要追高，因为它底部不平衡，里头的参与者成本都很高，都在等着下一个接棒的，所以它这种先天不足注定了往往一旦行情不能延续，则会见顶或者形成超级大一个中继形态来充分换手，等待局势明朗，从而弥补底部的先天不足。那么这种标的交易如何来做呢？第一，左侧突破点位置 A 处一定要注意成交量，以及突破的力道，然后见到最近的阻滞 R1。只要不是放量大涨直接过去就先出来，不要犹豫，赚到多少是多少，因为万一行情在此停止，走成中国重工那样的走势开始走右半侧形态，利润不仅付诸东流，还可能从赚变亏。等它再走出新的形态，在突破点 B 处如果成交量和力道依旧正常，可以继续再做一次，此时可以守这趋势线作为离场标准，在到达阻滞 R2 时至少要进行减仓，因为短期内利润已经不少了。到了重要的阻滞 R3 的位置，可以考虑完全清仓，或者大幅减仓，等待趋势线破位时离场。我们可以用中国建筑的例子来套用一下上面的交易模式，看看行不行。简单总结一下：底部突破有量，打到第一阻滞先跑。再有形态再做，开始守趋势线，并且见到小阻滞减仓，大阻滞清仓。再有形态重复上述步骤。一旦在重要的大的阻滞附近大幅回落开始震荡，就不要回头继续做了。

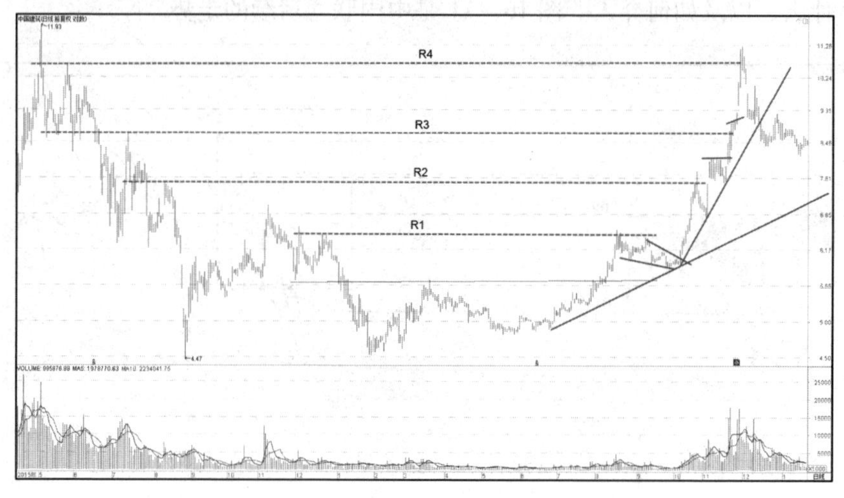

图 16－12　不平衡的底部后续走势（中国建筑）

16.6.3　有效性

形态的充分性和平衡性是我们做交易计划时就应该注意的，也就是交易实际发生之前，我们就已经可以考虑到的。突破的有效性是事后验证形态突破是不是靠谱的一种办法。所谓验证突破的有效性，通常就是要在突破之前设定好什么是有效的突破的假设，也就是确定好这个位置正常的突破应该是什么样子的标准，等到突破真实发生后，根据当天收盘后或者几天之后的图表来印证当时的假设，来确定这个突破是不是有效，做出是不是要马上出来或者继续持仓的决策。有效性在形态的充分性和平衡性不好的情况下，行情持续了很久可能到了末期，以及趋势逆转的关键节点都是至关重要的。我们先来看看无效突破的例子，如图16－13所示。

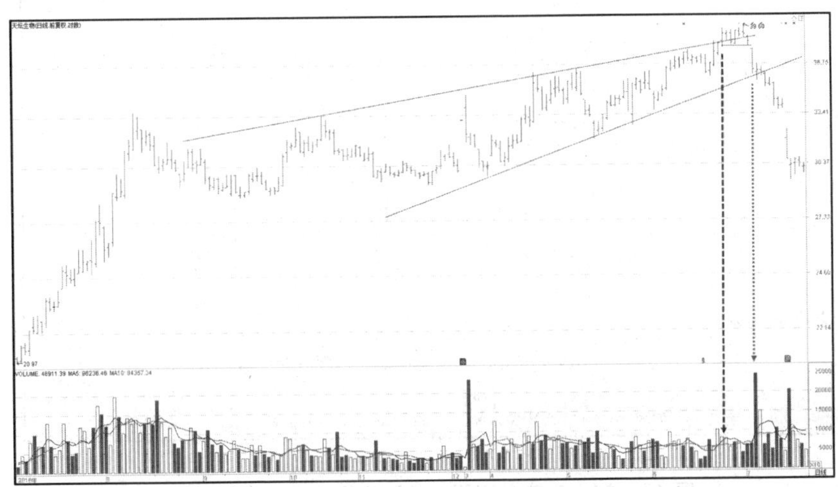

图16－13　行情末期上冲楔形无效突破（天坛生物）

图16－13为典型的行情末期的假突破，其特点是突破边界线时成交量比较小，和周围比没有什么明显放大；突破形成后价格走得也没什么力道，还是在边界线附近；过了几天依旧没有形成像样的同向突破，反倒形成了一个小形态反向突破回到形态边界线内部。这个例子比较极端的一点是，这个小形态反向突破时伴随着裂口和成交量的放大。这种情况可以考虑制定反向的交易计划，即反手做空。

16.6.4　不充分不平衡可以弥补么

形态不充分或者不平衡直接突破启动无非是两种结果，一种结果是假突破（也可能是错看了形态的边界线或者颈线），然后回到形态内继续震荡甚至反向运行；另一种结果是真突破，行情按照或快或慢的速度向着突破的方向进行。既然在形态不充分不平滑的前提下真突破的结果也是广泛存在的，我们就需要思考这种前提下什么样的突破是可以做的。

先给出明确的答案，不充分不平衡的形态突破是可以弥补的，即是可以交易的，但是这样的机会的特点往往是爆发力有余而持续性不足，我们来看一个实例，如图16－14所示。

像图16－14中的紫光国芯这种走势形态十分不平衡，并且突破前准备也没什么特别的充分性可言。如果要做这种交易机会，单纯从技术上看只能形

图 16－14　不充分不平衡的形态突破（紫光国芯）

态突破的位置硬做进去。**而做不做的关键就在于气势，即成交量和价格波动幅度。也就是放量大幅突破才比较靠谱**。需要注意的是，交易这种机会时最后有事件驱动或者板块联动，比如说新出政策、新产品、新热点、天气变化或者比如芯片板块在整体成为热点等等。另外，气势型标的的特点是波动的幅度和速度都比较有劲道，所以，为了规避过大的风险，通常不要重仓去交易这样的机会。如果一个不充分不平衡的机会没有放量，则是需要特别小心的。我们来看一个这样的反例，如图 16－15 所示。

图 16－15　不充分不平衡的形态突破（智慧农业）

在图 16－15 中智慧农业的例子里，一个上倾的形态加一个无量毫无气势的突破，结果呢，后续的走势是快速地的崩盘。

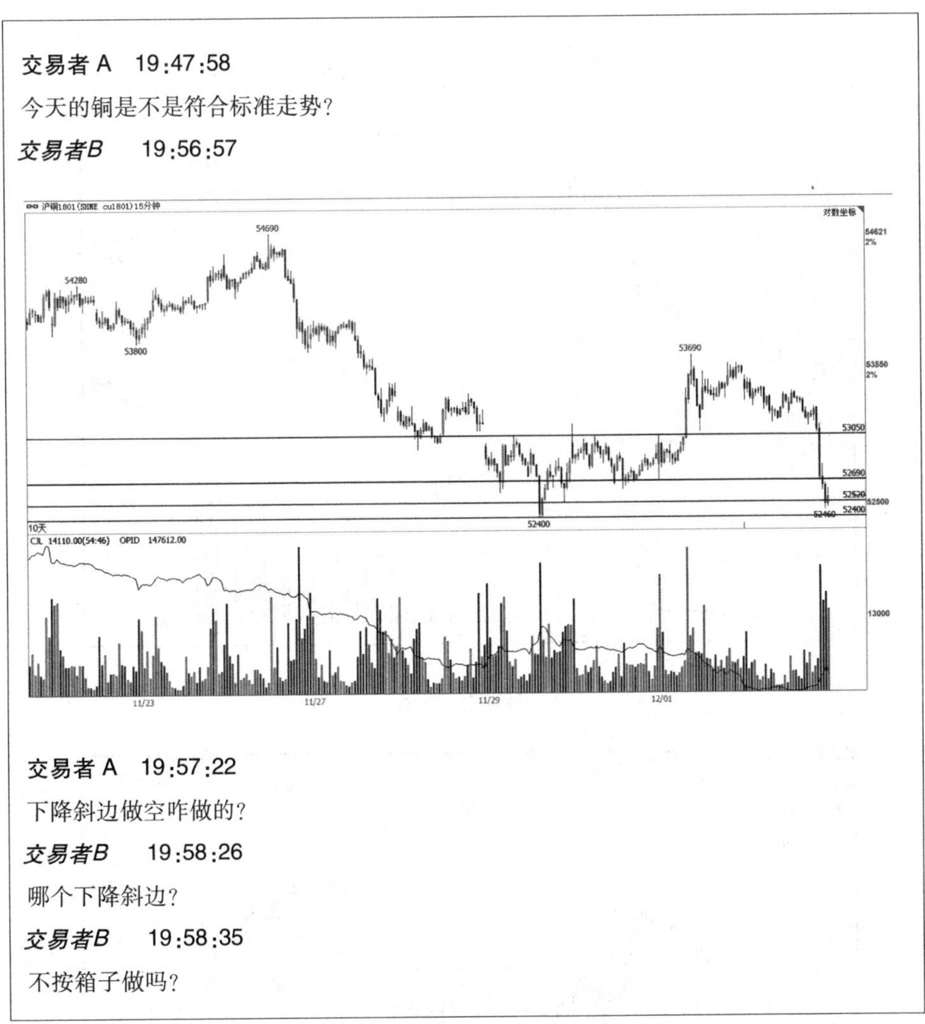

交易者 A　19:47:58

今天的铜是不是符合标准走势？

交易者B　19:56:57

交易者 A　19:57:22

下降斜边做空咋做的？

交易者B　19:58:26

哪个下降斜边？

交易者B　19:58:35

不按箱子做吗？

16.7　形态突破与阻滞的讨论

交易者 A　19:59:15

立足日线，期望目标位是日线颈线位阻滞。

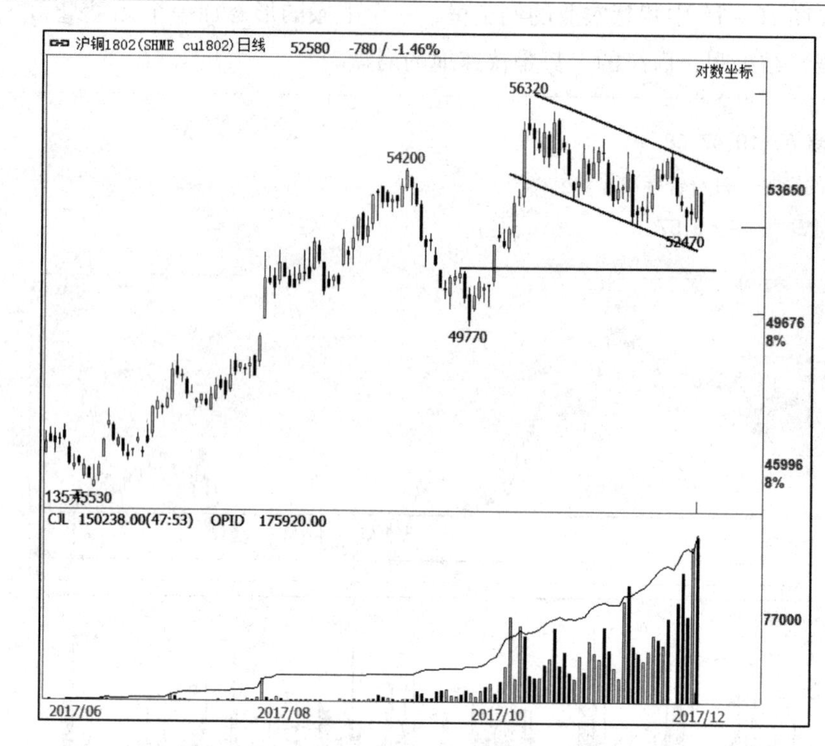

沪铜日线走势

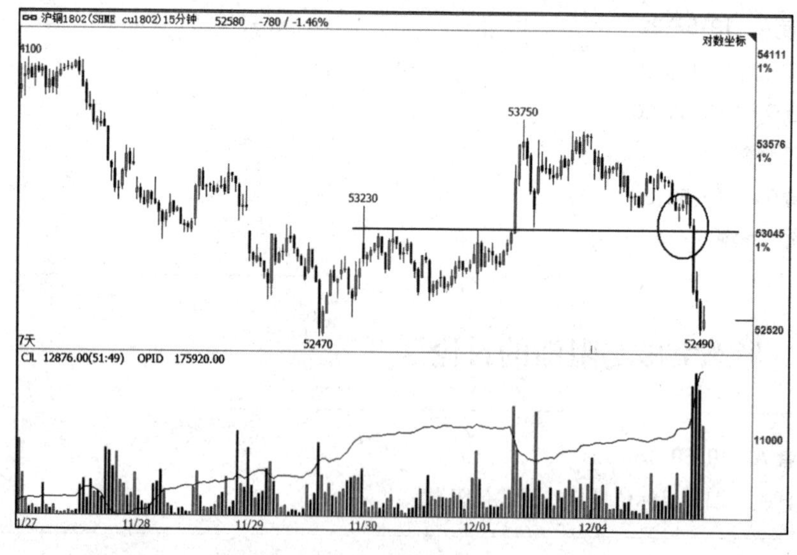

沪铜日内走势

交易者B 20:03:40

所以这个地方开空，然后拿单？

交易者 A 20:03:46

对。以日线思路做单，以日内标准入场。

交易者 C 20:08:16

学习了，不过这个日内，感觉充分性一般。这种咋判断适不适合做？

交易者 A 20:09:21

这个点提完，充分性已经差不多。另外，这是下降斜边做空的标准做法。我自己的标准。

交易者 A 20:10:36

也就是，一般给你一个相对高点形态，你就要开始考虑做空。

因为首先**日线是下降斜边**，而且，**就目前的低点来讲，可以认为是前次下跌的反扑。**其实，最大的理由也许就是下降斜边。**因为做得实在太多了。直接就考虑到他会这么走。剩下就是开始考虑 15 上面的充分性问题。**

交易者 A　20:15:02

这个假突没开。理由有 2 个：一个是当时整体大势是涨的。另外一个这个形态也不太完整。所以没进去。

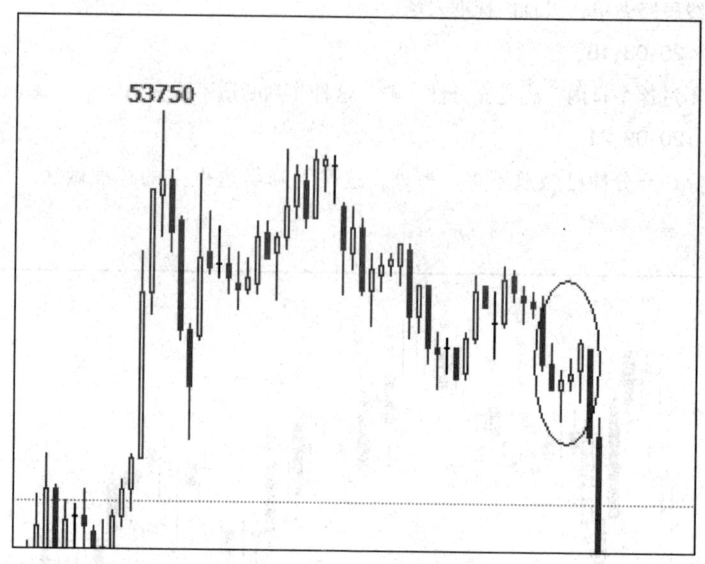

***交易者B*　20:17:37**

前面这儿也是直接下来的，我老犯这毛病。

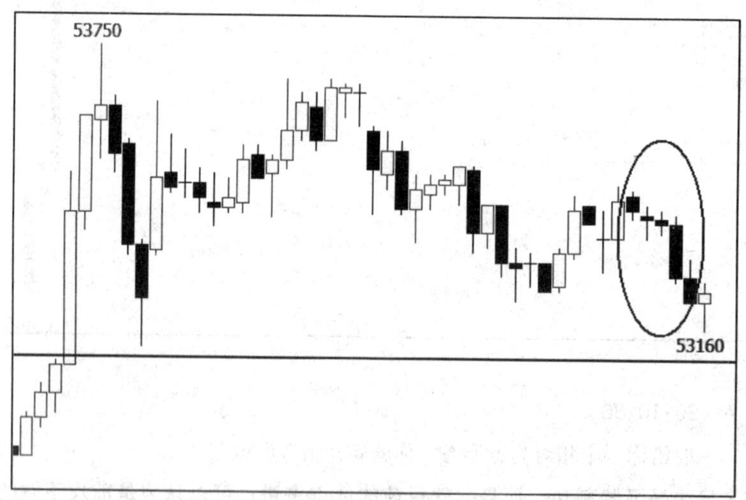

交易者 A　20:19:04

对。这就是他的不完整处。

交易者B　20:22:10

我现在得过这儿才敢开。

交易者 A　20:22:36

这不对。

交易者 C　20:22:48

那其实晚了。开仓是基于形态的，不是阻滞。

交易者 A　20:24:07

这里由于阻滞线和形态边界线差别不大，形成“翻箱”。但是**如果阻滞线与边界线当中有一段区间，往往会是到阻滞之后回拉**。放一张图做示例：

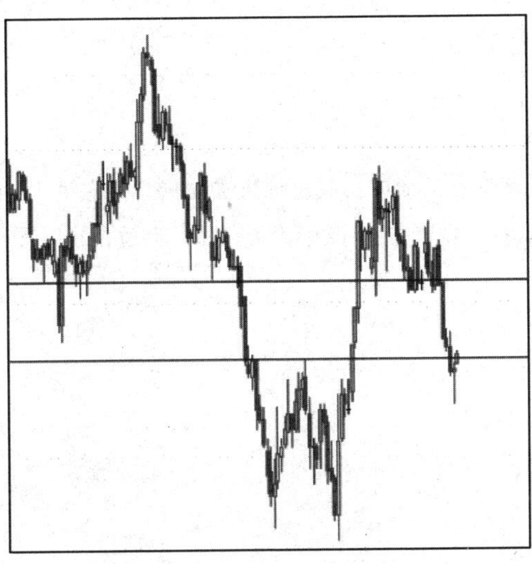

交易者A　20:27:44

过阻滞开，此时正是它反扑的时候。近年来，完美流畅区间出现的次数越来越少了。**一般遇到完美流畅区间，都是到阻滞就平。因为太流畅了，后面的反向动作也可以很大、很急。***多复盘吧，自己复复都会清楚的。*

交易者A　20:41:00

下降斜边做空最蛋疼的地方在于。很多时候不充分，行情加速。然后呢，有的时候瞅着充分进去了，结果反扑很凶。总之，**在低点附近，开仓点不规则，很不好把握。**再者，**下降斜边一般真突破对应的都是最快速的下跌。**那么，在此段下跌完成的时候，如果没到目标位，就涉及一个持仓的问题。而此时，**你的开仓点一般是相当差的。一波反扑利润打光，甚至亏损，然后行情继续，所以一定要学会在形态内进行把握。**

交易者B　20:45:40

过箭头处的低点开空行不？

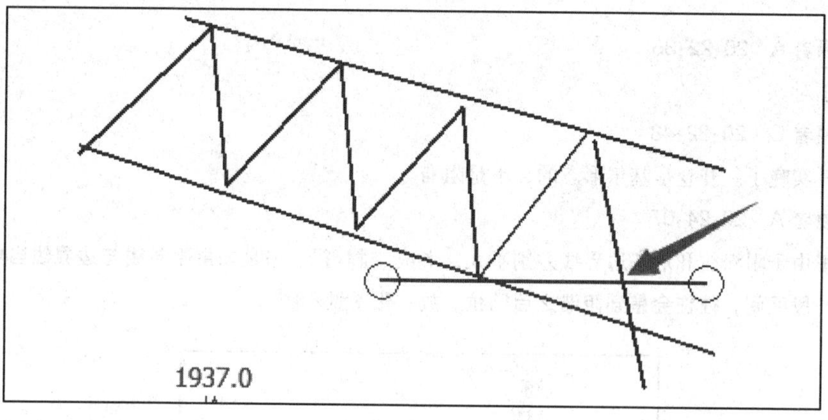

交易者A　20:45:54

不行。你看看前面几个低点的形成。假设你进去时候，是它第3、4个低点呢？顺势，不只是顺上涨趋势或者下跌趋势，平衡市也要顺。也就是说，顺应形态的形成规律去做。

交易者B　20:49:07

平衡市就看着它。

交易者 C　20:49:30

股市可以，但期货往往行情在平淡中爆发。就说铜，等趋势出来，已经没好的位置进了。

交易者 A　20:49:52

对。假设它今晚低开，你却没有持仓，那就很尴尬了。**所以我们现在基本上已经不在形态突破的时候开仓了。甚至说，形态突破，我平仓。**

交易者 A　21:00:41

找到适合自己的，千锤百炼复盘加以验证。然后才可以说，根据盘面思考。不然被情绪遮盖，根本无法思考。

交易者 A　21:09:31

这个图，看懂了，功力就能大增。

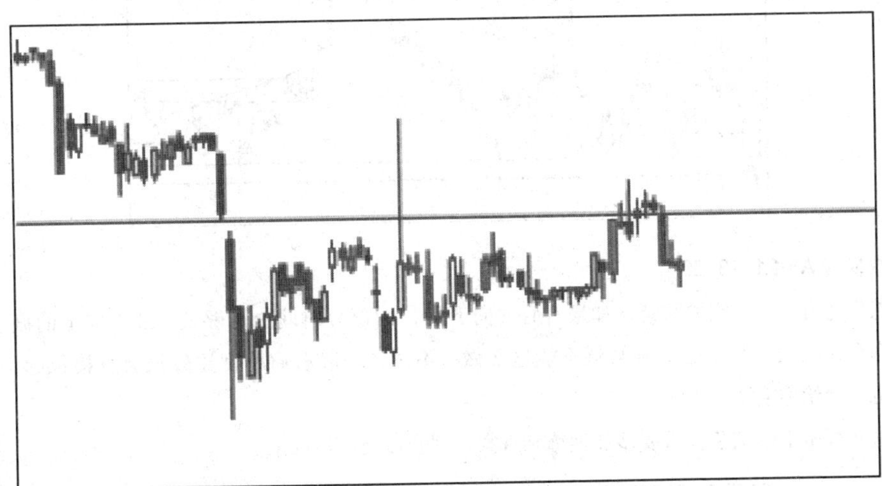

交易者 C　21:10:31

下跌中继，上下箱体结构？

交易者 A　21:11:16

这个一般空下来，目标位在哪儿？

交易者C　21:11:43

最低点。

交易者A　21:11:48

对。

交易者A　21:12:08

这是下跌中继中最凶残的一种。因为前面反扑还向上假突了。结果这边三下就给摁回原型。

交易者A　21:13:15

所以说，反扑向上突破做多一定是以日内为主。这图是出现在下跌中继，还有常出现在一个地方，就是所谓的头肩顶右肩处。一旦出现，只要发现充分性的开仓点空下去，就是一个绝佳的形态内狙击点。一个例子：

交易者A　21:18:26

然后还有一点一定要注意。如果右肩（向下的）的部分时间上足够长，那么向上的概率会比较大，所以这个时候就不能这么做。不过，一般右肩跨度比较长会直接拉起，也不会给你混淆什么。

这些都是术的细节，只要多加训练和观察，都会慢慢积累起来。

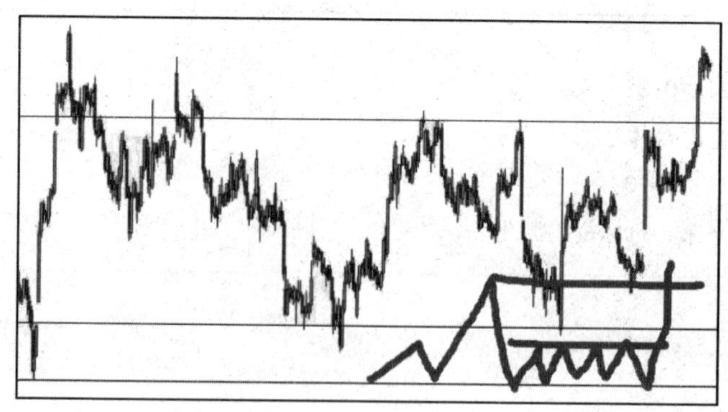

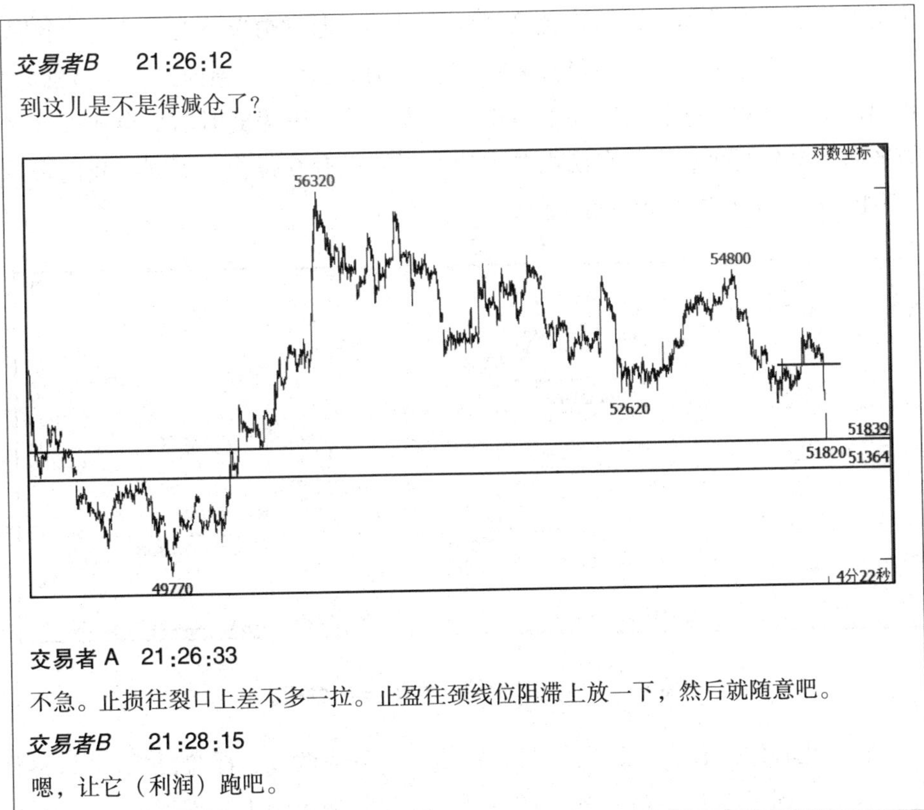

交易者B　21:26:12

到这儿是不是得减仓了?

交易者 A　21:26:33

不急。止损往裂口上差不多一拉。止盈往颈线位阻滞上放一下，然后就随意吧。

交易者B　21:28:15

嗯，让它（利润）跑吧。

16.8　投机交易VS对冲交易

本章前面讲到了很多关于充分性、平衡性和有效性的话题，这些内容都是为了更好地提升交易的胜率而服务的。也就是说，为了让交易者学会选择好的投机交易机会的（投机英文为Speculate，意思是看准了再下手）。投机交易是服务于从没有持仓只有资金的状态的。但是如果我们已经有了持仓，如何对冲呢？还是要考虑充分性，平衡性和有效性么？这里就牵扯到对冲交易的概念了。对冲交易与投机交易相反的是，对冲交易是服务于有持仓也有资金的状态的。对冲交易的目的是降低持仓反向波动的风险的，而通过对冲交易来获利只能算是副产品或者次要目的。因此，进行对冲交易时首先要考虑的是持仓的风险，而怎么判断持仓风险的高低呢？以多头持仓为例，所持的品种已经涨了多少了？是不是涨了很多甚至已经加速了？是不是面临着重要的日级阻滞了？是不是在临界跌穿上涨趋势线的位置？如果下跌，下面的河宽是不是很大？搞清楚这些问题，我们就可以决定是否对冲，以及对冲多少比例的问题。通常而言，风险越高越应该对冲，通常情况下对冲比例应该低于所持的隔夜仓位，但是，如果这笔对冲交易恰巧也是不错的投机交易机会，我们甚至可以对冲仓位开得高过所持的隔夜仓位，因为此时的机会或许恰好既平衡又充分，面对这种交易机会为什么不敢提升仓位作一下呢？我们来看一下图 16－16 中苹果 1901 的例子。

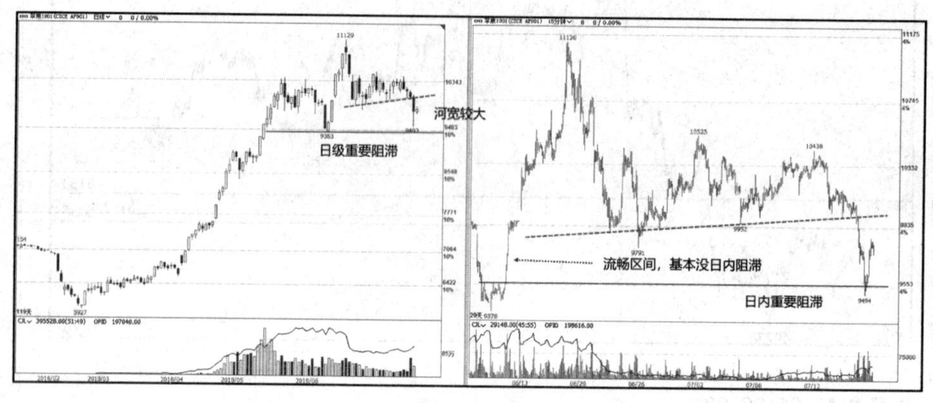

图 16－16　对冲交易（苹果 1901 合约）

假定此时你持有底部建立的多头部位，仓位为四成，浮盈巨大，保持持仓，但是遇到了图 16－16 中所示的行情，这里日级走势上局部形成了一个右延伸反 V 的形态，并且下一个日级阻滞相对比较远，有比较大的河宽，这里形态也比较充分。日内的走势在突破之前同样比较充分。此时苹果期货向下突破是必须要进行对冲的，因为如果不对称，这个河宽的距离大约为 7%，算上杠杆对总盈利影响十分巨大。那么对冲多少合适呢？在这种河宽、充分性都比较好的情况下，至少应该进行完全对冲，即对冲仓位也开四成，完全对冲掉下跌带来的盈利减少，或者直接开五成甚至接近六成空头仓位，对冲交易的同时附带部分投机交易。为什么这里可以这么激进？我们来看看图 16－16 右侧的日内图表走势，这里所需要用的止损是特别少的，即便做错了，止损也仅仅只需要 0.5% 左右的波动，即便算上 9 倍杠杆（交易所保证金为 11%），六成仓位止损对总资金的损失只有 2.7%，这并不是一个太大的损失。并且这里头有四成仓位本身就是为了对冲风险而不是投机交易，所以，实际上，因为额外的两成投机部位带来的潜在风险只有 0.9%。而潜在的收益呢？降低的潜在风险是 5% 的波动，交易成功对总资金的增益是 27%，其中投机收益 9%，对冲降低的浮盈回撤是 18%。当然，不是每一笔对冲交易都会这么幸运，很多对冲交易最终往往是亏损出局的。为什么呢？因为对冲交易往往考虑充分性，平衡性这些因素相对较少，而考虑的是风险较多，自然胜率会有所降低。但是，好的交易者应该学会用类似炒单的模式来对冲风险，即用很少的止损来防止持仓品种快速大幅反向波动的风险，对冲错了立即止损解除对冲，当然，这并不容易，并且是个体力活。但是，如果交易品种的分散程度相对较低时，选择对冲交易不失为一个相对不错的风险管理方法。

一个额外的问题是，对冲交易应该是日内交易还是持隔夜仓呢？这个问题的答案是日内交易。对冲交易是在确认自己的持仓是顺势因此选择不平仓的前提下才去做的，对冲交易必定是有代价的，不可能完美地对冲掉所有的风险。因此，我们做对冲交易的底线是至少不能变成每天在锁仓，以至于让本来大好的顺势仓位变成不产生利润只占用资金的无用交易。

16.9 交易计划的制定

再怎么强调交易计划的重要性都不为过，相信多数交易者都听过“计划你的交易，交易你的计划”这句话，但是真正做到的人却是寥寥无几，因为多数交易者都自视甚高，觉得自己看一下图表或者其他数据临场就能做出正确的决策。然而，没有交易计划临场决策增加了太多随意性，很多交易决策都是未经过深思熟虑就做出来的。这好比临上战场不看地图或沙盘，不提前想应对策略，结果敌人出现时就手忙脚乱，甚至昏招迭出。一个典型的情形是没经过计划开仓进场后，后续行情出现了没有预料到的变数后，有些交易者会出现生理或者心理的一系列问题，比如心慌、瞌睡、呼吸困难、压迫感、精神高度紧张等，这就是产生了所谓的应激反应（正前方，2014）。这时候交易者是很难继续进行后续的交易了，往往会被迫自行立即平仓来缓解这些应激反应症状。而交易计划是可以很好地解决类似问题的有力工具。

制定交易计划可以参考孙子兵法中的“道、天、地、将、法”这五大标准。首先就是道，也就是自己今天的计划考虑了顺势了么？考虑了大局了么？风险控制和资金管理计划符合当前的行情走势么？其次是天，也就是说交易计划需要考虑大局，所在市场的大势是什么样，所在版块的大局是什么样，哪几个版块是最强或最弱的。再次是地，也就是每个版块的龙头标的是什么？做多做什么标的，做空做什么标的？每个标的开盘后会不会跳空？跳空多少？之后的走势有几种可能的剧本？标的的日线走势是什么格局，日内走势有合适的攻击点么？然后是将，即自己在交易不同的标的、不同的走势时怎么防止内心起伏太大？如果连续止损几次强制休息？如果连续盈利几次减量交易或者停止交易？最后是法，如果断电或者断网了怎么保证交易继续执行？如果盘中有其他的事是暂停交易还是保证交易优先？

想清楚上面的问题，交易计划的框架就不会有大的问题。剩下的就是自己不断优化调整，让交易计划既全面、可操作又尽量简洁明了、一目了然。一个建议是尽量多使用图表，并且可以把相关的计划和想法直接在图表中标注出来，一是比较直观，二是将来回头总结和改进交易计划时也有好的参考依据。

第 17 讲
交易心理

开篇明义

兵非益多也，惟无武进，足以并力、料敌、取人而已。夫惟无虑而易敌者，必擒于人。

——《孙子兵法》

投机客的敌人总是从内心里冒出来，希望与恐惧同时出现。如果按普通人一样在股票上赌博，那绝对是错的。

——《股票大作手回忆录》

交易心理是很微妙的东西，看不见，摸不着，确直接决定着一个交易者每一笔交易甚至整个职业生涯的成败。行为和心理活动是紧密相连的，甚至可以说交易行为的具体表现是交易者内心的写照。当然，交易行为也会对交易心里产生反馈作用。比如，持续获利的交易行为自然会让交易者心理充满了自信，反之，屡战屡败的交易行为也必然让交易者心生挫败感。如果想深入研究提升交易心理素质的方法，推荐读者阅读以下两本书：第一本是正前方所著的《交易心理学：投资者执行技能培训》，这本书引经据典，借用了大量古文和正前方先生及其学生的交易实例，来剖析交易者在市场中交易所面临的各种心理波动。并结合运动心理学给出了一个交易心理学的框架和相应的各种心理问题的解决方式，可以说内容十分之精彩。第二本是马克·道格拉斯所著的《Trading in the Zone：Master the Market with Confidence，Discipline and a Winning Attitude》，该书则强调正确的世界观和认知方式（市场的不确定性）以及正确的信念对于交易成功的关键性作用。本书是关于交易学的导论式的介绍，无法和专门阐述相关话题的著作就内容的丰富程度和深度相比，本章只是给出了作者对于交易心理的关键点的分析，内容借鉴了这两本书中的思想，但更主要的是基于网络文章《我不是教你赌》改编而来。这篇文章的原作者不详，也没发表在像《Journal of Finance》这样的顶级期刊上，但其对于交易心理的提升确实大有裨益，故此借用之作为本章的主要内容，在此感谢没有具名的原作者对大家的贡献。

17.1 什么是交易心理

交易心理指的是一种决定证券交易成败的情绪和心理状态。交易心理源自个人性格和行为的各个方面，影响着交易者的交易行为。交易心理和交易中的其他相关技能一样重要，如知识、经验和技术等，是取得交易成功不可或缺的关键因素。最常见的与交易心理相关的情绪是希望与恐惧，交易者通常因为希望而开仓交易或者坚定持仓，因为恐惧而不敢交易或者平仓离场，这些情绪左右的是每一笔的交易，希望或者恐惧情绪是不利于交易的成功的，让交易者没有办法取得一致性的交易结果，进而导致该赚的钱没赚到，不该亏的钱却亏损了。交易心理的训练是为了让交易者可以形成坚定的信念和钢铁般的纪律性，从而在交易中可以冷冰冰地执行交易策略或是交易计划，而不会因为心生妄念而胡作非为。

17.2 为什么要关注交易心理

决定交易成败的因素可以用一个倒金字塔来比喻，最尖端的是技术，这里的技术是泛指的概念，不是特指技术分析，哪怕用基本面或者算法等进行交易，也都是一种技术手段。技术是用于应对市场变化的，每个严肃的交易者都必须有过硬的技术，谚语中所谓的“没有金刚钻，不揽瓷器活”很形象地说出了过硬的技术对于交易成败的关键性作用。对于技术的要求在于专精，而不在于多而泛。一个交易者精通一种技术即可，而不应该是样样都懂却样样稀松。经过市场验证的靠谱的技术是交易成功的基础，但交易者不能钻进去一门心思只研究技术。德鲁肯·米勒表示，索罗斯给他上的最重要的一课是：“问题不在于你是对是错，关键在于你对的时候赚了多少钱，错的时候又亏了多少钱。”这句话直接体现出了资金管理的重要性。资金管理的作用是应对交易中可能遇到的各种风险，保证在即便发生错误时也不会破产或者让资金遭遇大的滑坡。每个交易者往往都有自己独特的资金管理模式，并没有统一的标准，有的交易者喜欢一直轻仓长线，也有的交易者喜欢重仓出击，但是真正卓越的交易者却是可以做到很好地拿捏仓位的轻重，在其确定大行情到来时可以用疯狂的仓位来顺应行情，而在把握不大的行情中只会轻仓试水，索罗斯这种资金管理模式是值得我们每个交易者去学习的。仓位的轻重是与技术密不可分的，不同的交易技术很大程度上影响了交易者的资金管理模式。精准的择时技术可以让交易者更激进地进行资金管理，但是这只是决定了资金管理激进程度的上限，至于交易者能不能适应激进的资金管理方式，这就取决于交易心理了。交易心理是交易者控制自己人性本能的一面，好的交易往往都是反人性的。交易心理是最看不见摸不着的抽象因素，但是却是对交易成败起着最大作用的因素。一个交易者技术再过硬，资金管理水平再精到，可是如果交易心理存在问题，交易技术和资金管理根本无从发挥，好比一个精妙绝伦的电钻，似乎可以钻透一切坚硬的墙壁，但不幸的是电源坏了。没错，良好的交易心理是交易者持续保持正常交易行为的动力，故此，每一个交易者都应该重视交易心理。

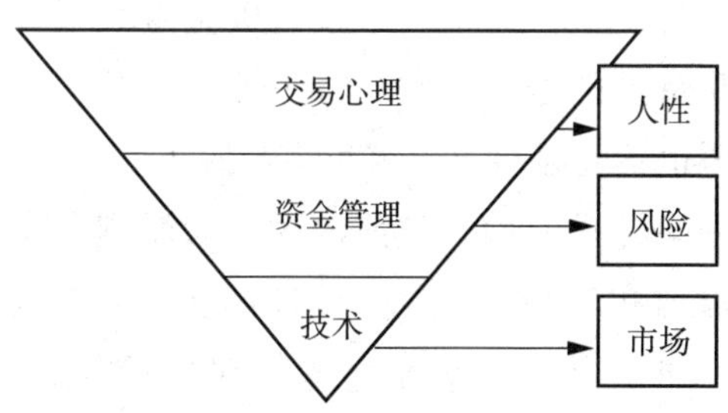

图 17－1　交易成败的决定因素

17.3　常见的交易心理问题

交易心理问题不胜枚举，可以说每个人因为经历不同、背景不同，往往都有自己特有的问题，这里对相对常见的交易心理问题进行总结，如果出现类似的问题，一定要停下来，先解决问题，然后再恢复交易。

第一种交易心理问题也是最可怕的交易心理问题应该就是失控。交易者失控时是很可怕的一件事，明明知道自己在胡作非为，毫无章法的交易，但是就是红了眼停不下来，可能非要重仓赚个一两个点的利润，哪怕此时亏损是十倍的代价都在所不惜。这种状态下甚至旁边有个人劝阻都很可能是没用的。失控的时候容易去做“报复性交易”，从这个品种上亏的钱必须从这个品种上赚回来，在螺纹上做多 1 手，亏了 20 个点，立马反手做空 2 手，希望赚 10 个点就能回本，再亏了的话立马再次翻多 8 手，试图赚 5 个点就可以回本。如此循环往复，完全不是根据市场走势在交易，只是为了满足内心狂暴地想立即赢回来的欲望。

第二种与失控对应的交易心理问题就是畏缩。畏缩的心理状态是不管看到什么交易机会，哪怕心里觉得这个机会再好，也都不敢开仓了。或者敢于开仓，但是开仓量却远远不足，比如本来这个机会自己平时应该开半仓，但是畏缩的状态下可能就开了一成不到的仓位，开仓后还提心吊胆的，根本无法不理会行情的哪怕在正常范围的波动，甚至没等到止损或者止盈的计划位置就难以控制地平仓出场了。畏缩这种交易心理问题往往是因为之前的失控造成的，亏怕了，发毛了，从而失去了再次开仓的勇气，此时内心在乎的根本不是这个机会是不是应该交易，而是充满了对再亏一次的极大的恐惧。畏缩的另一种表现是频繁地检查自己的资金余额或者浮盈浮亏，最后决定交易决策的不是预定的交易策略或者计划，而是心理承受能力的极限，很多交易者平仓往往并不是因为止损，而是由于畏惧资金继续损失或者利润得而复失而导致内心无法承受带来的心理崩溃，那一刻，他觉得平仓了损失就再也不会扩大了或者盈利再也不会减少了，就可以解脱了。

第三种交易心理问题是懊悔。与前两种相对激烈的交易心理问题相比较而言，懊悔属于相对温和的心理问题。懊悔的状态就是无论开仓与否，持仓持得久一些或者短一些，什么时候平仓等，都会后悔当时如果怎样就好了。懊悔导致的问题在于让交易者所有的交易都偏离既定的章法，全凭内心斗争的结果或者是别人的一句话，看到的一条消息等来决定交易的执行。造成懊悔的原因主要有两种：第一种是过度追求完美主义，总想着尽量在最低点买，接近最高点卖，或者试图捕捉每一次波动的机会等等。市场是充满不确定性的，历史也不会简单地重复，没有人有能力做到完美，过于追求完美只会让交易系统的适应性大打折扣，甚至产生越完善效果越差的情形，所以不可避免地让交易者产生懊悔情绪。第二种是交易系统或者交易技术不够细化，遇到交易机会时没有明确的答案，都是大概能做吧这样模糊的结论，甚至部分交易者同时用着多套交易系统，又看均线、又看 MACD、又看 RSI、又看形态、甚至还看着消息，这么多系统都同步发出一个方向的交易信号是极其罕见的，这就直接导致了交易的执行本质上是靠交易者的自主发挥来决策，主观性高，也就意味着交易者根本不知道长期坚持这么做会是怎样的结果。这也就自然容易盘中产生懊悔，进一步加大的交易的主观性。

第四种交易心理问题是固执。固执这种问题可能是与生俱来的性格因素。交易中固执的表现是坚持某种特定的行为，甚至可能是固执地坚持自己的交易系统。坚持某种特定的行为比如坚持持有某品种的多头，甚至越跌越买，倍比加仓，完全不管市场的走势，坚定地认定自己是正确的。凡事有两面，任何一次坚持己见带来的未必是坏的结果，甚至可能是赚得盆满钵满。但如果拉长到职业交易生涯来看，这种固执地坚持己见可能带来毁灭性的结果，特别是在有杠杆的市场中交易，这种固执越发危险。另一种不太明显的固执是不管交易股票还是期货，都只做多。A 股中没法做空，只做多也无可厚非，但是期货本来就是个多空双向的市场，只坚持做多容易眼里看不到大的行情的结局。因为此时交易者看到的只是什么时候可以抄下底或者做个反弹，脑子里想的都是便宜抑或是价格合理与否。这种时候，交易者往往想得是市场如何不合理，自己如何有远见，而此时的一次大意往往就可以让固执的交易者付出惨痛的代价。也许有人觉得坚持自己的交易系统应该是好事，然而，这里必须要提示读者要辩证地看待这个问题。交易系统是用来适应市场行情从而盈利的，行情波动的模式、节奏、规律等发生了变化就要适时调整交易系统跟上市场的变化。固执地坚守自己的交易系统，认为其是颠扑不破的这本身就是很盲目和危险的，是一种典型的执于法的行为。一个典型的例子就是海龟交易法则曾经在20世纪90年代无往而不利，但是新千年后在很多市场中却渐渐失去了光彩，此时继续刻板地坚守这套法则显然是交易者不能够及时从心理上接受市场变了的现实。

第五种交易心理问题是混乱。混乱的交易心理体现在想的是一出，做的是另外一出。比如交易者可能宣称，某某标的未来要大涨，他要长期持有。行情初期的发展也符合他的预期，但是好景不长，很快标的的价格就陷入了震荡或者回撤，也许此时标的只是进入了反扑，但是交易者此时却受不了了，直接平仓离场了，并且宣传行情可能不对了。另一种典型的混乱交易心理是明知道自己所使用的交易系统最大回撤可能要40%，心理上也认为自己接受了这个系统，但是在系统连续亏损个10%～20%时，往往仅仅因为连续亏损次数过多就放弃坚持所使用的交易系统，又去不停地找优化方案。难道，不应该先优化明白了再去使用交易系统么？混乱的交易心理往往是一时冲动所导致的，交易者往往宣称自己是冷静、理性的，实际上内心却根本没想清楚，完全是混乱的，这样的交易结果一定也是很惨淡的。

第六种交易心理问题是自大。自大这种心理问题往往是交易比较顺手后的一个致命问题。交易者进入自大或者说自我膨胀的状态后往往会忽略很明显的风险，并且容易听不进去劝告，认为别的交易者只是外行。对于期货交易者，这种问题发生的概率相对较小，因为期货市场自带杠杆，可多可空的特点让多数投身其中的交易者都会不自觉的变得谨小慎微。但是很多股市交易者在牛市的狂热阶段，往往都进入了自大的状态而不自知，此时心里想的往往不是怎么计划好后面的交易，而是怎么指点别人，显摆自己的本事，计划买什么奢侈品豪车，这时候往往毁灭性的结果也就离得不远了。

第七种交易心理问题是多疑。带有这种心理问题的交易者或多或少都会信奉"阴谋论",总觉得国家或者某些机构是幕后操纵市场的"黑手",是这些所谓的"庄家"在决定着行情的起伏。因此,多疑的交易者往往是怀疑一切的,他们既想听到所谓的"内幕消息"又要不停地关注其他各种信息,还会看盘中行情走势的变化。走势的一点风吹草动都要和各种信息结合起来进行联想。多疑的结果往往是明明挺好的行情也拿不住单子,根本没法执行任何交易策略。多疑这一心理问题的根源本质上是没有根深蒂固的交易世界观以及由此衍生出来的交易信念。

这里只是列举了典型的七种交易心理问题,请读者们自己比照着看看自己是不是在哪些时刻也有类似的问题。交易心理问题难以穷尽,每个交易者都可能有自己独特的心之炼狱。或许这一切都是由于希望和恐惧这些妄念造成的,唯有放下妄想执着,才能真正解脱,成为真正觉悟的交易者。

17.4 交易心理的飞跃

在讲如何让交易心理飞跃之前,我们首先要明白,交易中所有交易心理问题导致的严重后果都是不能坚持自己既定的交易策略或交易系统,而不是说由于交易心理问题仅仅带来了什么情绪上的不悦之类的问题。所以,解决交易心理问题,走上交易心理的飞跃不能从每一个交易心理问题出发去分门别类的解决,而是要树立一个正确的通往良好交易心理的大道,依法奉行,从而化解问题走上飞跃。所以,从行为上而言,我们要解决的关键环节是违反策略。存在交易心理问题的完整链条是:盈利—违反策略—亏损—沮丧—巨亏—调整—再盈利。这个循环在心理学上被称为自我破坏。如果不打破这个循环,陷入自我破坏中的交易者如同永远处于炼狱之中,根本没办法提升自己的交易业绩。并且此时交易者通常会找出各种理由为自己开脱,暗示自己只是一时疏忽或者忘记了,甚至会向外寻找借口,但绝对不会认为是自我控制能力的问题。与自我破坏对应的健康的心理状是自我实现,就是交易者可以很好地约束自己,表现得十分自信,可以严格地执行交易策略,而交易策略又帮助交易者持续获利,即便遭逢亏损时,交易者强大的自信心仍旧会保证自己的行为受到控制,这种自我控制带来的自豪感和持续获利带来的成就感又会促进交易者的自信,让其更加坚定地执行交易策略,形成了:自信—自律—获利—自豪—自信的自我实现循环,拥有自我实现状态的人无论做什么事都会是佼佼者。因此,实现交易心理的飞跃就是要让自己进入自我实现的状态。

几乎每个处于自我破坏状态中的交易者都曾经尝试走出这种糟糕的境况过，可是绝大多数人最后都没有坚持到底，从而半途而废，而这种不了了之的挫败感又滋养了自我破坏行为。怎么做才能真正摆脱自我破坏的循环呢？如果你真的想要改正，那必须投入深入骨髓的情感。举个例子，很多人都想减肥，不少人也有减肥的具体行动，有的花钱针灸，有的吃药，有的报健身课，林林总总，然而最终却很大部分减肥者失败了。但是，如果这时医生告知这个减肥者的身体出现问题，如果不减肥，可能只能活个三五年了。这种情况下，他极有可能迅速减肥成功。为什么呢？这就是投入的情感足够深刻，以至于让他体验到了死亡的来临。基于这个例子的启示，应该如何走出自我破坏的状态呢？

首先，体验足够深的情感投入！拿出半天时间，关掉手机、电脑脱离网络以及和外界的任何联系，自己关在家里，静静地思考，头脑风暴一下，如果交易失败，你将面临最糟糕，最凄惨，最落魄的样子是什么？要从衣食住行到别人的眼光、评论，家人的态度等等，每个方面都要涵盖，一定要动手记录在本子上。然后在另一页上写下如果交易之路大获成功后的情境。完成之后，每天开盘之前一定要读一遍。失败的样子是要让你时刻警醒如果继续处于自我破坏的状态时，等待你的人生尽头是什么。而成功的样子是让你可以憧憬自我实现状态下的美好生活。每天盘前阅读一次，可以为自己提供从自我破坏状态到自我实现状态的内在动力。

其次，保持专注！交易或许简单，但绝不容易。这或许是世间最有挑战的工种之一了，很少有工作会让从业人员每时每刻都要面对着自己的缺点，甚至是成倍放大后的弱点。并且，交易这份工作几乎不太受到外在条件的限制，所有的环境都是由自己来把控的，这一方面要求交易者具备专业的知识技能，另一方面要求交易者有着超乎常人的纪律性。回过头来看看你对交易这份工作的付出有多少？你把交易当成毕生的事业了么？还是仅仅当成业余爱好？你对交易的态度是严肃的么？或者换个简单的问题，你凭什么认为自己有资格超越众多名校出身、受过系统金融学教育的基金经理？你越是将交易作为严肃的事业，就越有可能成功，因为你没有退路，也就是说你专注了。那么到底该专注什么呢？

很多交易者给自己设定了目标，每笔交易平均盈利多少，或者每个交易日平均盈利若稍，然后复利一计算，得出一个很有激励的目标，多数都会超过巴菲特老先生的业绩吧？更加稳健的交易者可能设定周期更长的周目标或者月目标，然后专注于实现这样的目标。这样不错，很多交易者也做到了专注和自律，然而，每当目标接近时，你会发现自己越发在意每一笔交易的盈亏，同样是浮盈1%，此刻内心的紧张程度和刚开始是完全不同的，自己的弦越绷越紧，内心的波动也越来越大，每天就算收盘后也总会莫名其妙地感觉到压力。这就是自我破坏的临界点。如果下面的交易实现了既定目标，你会继续保持自信，甚至自负，之后的目标将更加“宏伟”也就意味着难度更大，需要的开仓量也更大。总有一刻，自己在接近实现新目标时遭遇回撤，反复亏损几次，自己就会突然失控，胡乱交易，此刻又进入了自我破坏的状态了。你专注了，也付出了心血，为什么会是这样的结果？那是因为你专注了一个完全不正确的方向！

利润是或然的，是不可预测和掌控的。你将所有的心血专注于不受自己掌控的事，却试图达到由自己能够掌控的期望的结果，这显然是不可能的。所以，专注的重点应该是过程，而不是自己无法掌控的结果。也就是努力提高自己的专业技术能力，更好地做好自律，控制好自己的情绪，类似这些可控的事情。但是纯控制过程也容易出现不好界定过程是不是做好的问题，因此，可以采取一个变通的方式，先从结果入手，但是不是利润结果，而是过程结果。比如，专注于自己连续做了多少笔完美的交易，记录并且积累这个数据，它未来可以给自己提供强大的心理能量。让自己更加从容地飞跃到自我实现的状态中。记录上的每一个数字都代表了新的一笔完美自律地执行了自己的策略和交易计划的交易（如果你做完一笔交易都不知道是否符合自己的交易策略或者交易计划，还在后悔技术上应该怎么处理的话，那你当务之急应该是提升自己的专业技术水平，而不是盲目地来解决所谓的“心理问题”）。只有一笔交易做得完美，才可以记录积一分。不断地积累这个分数，只要有一笔交易不符合交易策略或者交易计划，积分立即清零，从头来过。

最开始的一段时间是最难熬的，很多交易者在开始积累积分的时候容易或者坚持不下去，几天就放弃了，或者直接就放松了标准，最终导致依旧轮回在自我破坏的循环中。另一部分交易者直接对这严苛的要求逼得绝望了，进而再次陷入失控的状态，导致积分刚积累起一点，可能几十分乃至十几分时就清零了。做出改变的初始阶段要对自己多加鼓励，不要气馁，每一次跌倒了都要重新站起来，逐渐地你会发觉，自己积累起来的分数即便还是会清零，也会一次比一次高。而当分数积累到一定程度的适合，比如说一千分，或许就是见证奇迹的时刻了。你所积累的分数会给自己的内心带来一种全新的、强大的力量，自信、自律、坚定。当自己下次面临交易机会时，这种力量会让你轻松地做出正确的选择，你会自己暗示自己："我都做了超过1000次完美的交易了，这状态真棒，自己可以继续作完美的交易，没必要为了这么一次冲动毁掉好不容易积累下来的1000多分！"这就是所谓的正能量，是自我实现的动力。在这种正能量的催化之下，你会更加严格地遵守交易规则，而不是去关注自己控制不了的交易结果，这也会反过来促进分数的不断飞升。飞升的分数又反过来带给自己强大的自信心，而这又会更好地约束自己自律。恭喜你，这就是自我实现的循环！

再次，改变自己的观念！观念来自我们对世界的认知，也同时会左右着我们对世界的看法。因此，同样的一件事，不同人的观点和感受是并不相同的。陷入自我破坏循环中的交易者会发现自己有很多缺点和问题并会拼尽全力去消灭这些缺点，然而结果往往是徒劳无功的。因为我们必须首先接受缺点，才有可能改正缺点。那如何才能算接受缺点呢？这就涉及观念了。接受并不等于认同。接受是一种更高的层次，全新的视角，完全理性的审视自己的缺点的心理状态。我们来看两个交易中缺点的例子：

第一个缺点的例子是害怕亏损。交易的结果必然是或然的，没有谁可以预知每一笔交易的盈亏。所以，害怕亏损，厌恶亏损毫无疑问是交易中很大的一个缺点。厌恶亏损直接会导致的心理问题是畏缩，很多交易者或者是不敢开仓，或者是频繁地检查自己的资金波动。深入地剖析下，厌恶亏损会让自己特别在意价格到底是怎么波动的，比如自己做多了一个标的时，会在意每一条K线的走势，看到上涨的K线就会感到高兴，看到下跌的K线就会不安，甚至立即去查看自己的账户资金。这样的情绪变化是很可笑的，市场短时间内的涨跌根本说明不了什么，但是很多交易者都忽视了这样情绪的存在，甚至觉得这是正常的，认为这是人的本能反应，而这样的反应却是限制你交易水平的关键障碍。成功的交易者可谓百里挑一，几乎每一个成功的交易者都有处变不惊这一特质。对于每一笔交易的结果如何，他们不只是表面上轻松，而是内心里同样轻松到不起涟漪。要想改变自己成为成功的交易者，首先要转变观点。亏损真的有那么可怕么？如果交易只是你平时无聊时打发时间的一个游戏，不涉及任何金钱相关的东西，比如你在网上玩足球或者打牌之类的游戏，输赢也只是游戏积分。你会怕输么？你不仅不会怕输，还会担心如果总是赢，这个游戏就没意思了。同样，从事交易从心理学角度来分析是因为交易者对不确定性的偏好！而我们之所以害怕亏损并不是害怕不确定性本身，而是将亏损与太多金钱、价值之类的交易之外的事务捆绑在一起了。所以，从另一个角度来看亏损就是，亏损也是不确定性的一部分，因为我们喜欢不确定性，所以我们该喜欢亏损，因为亏损的存在让交易成了充满奇幻的旅程。另外，我们还要感谢亏损，因为亏损让我们有机会施展自我控制能力，而这是成功的交易者与普通交易者的最大不同之一。上面的转换把害怕亏损这样的缺点转换成提升自己自控力的动力，很多缺点都可以找到类似的转化途径。但是转化的初期是最困难的，虽然我们知道这个道理，但是固有的习气还是根深蒂固，交易中的关键时刻还是会干扰自己。但是必须要坚持住，心绪随着行情波动的每一刻都要转化一遍，对自己进行心理暗示。慢慢地你会发现自己真的变了，会有山崩于前而色不变的气度，每个人都能从你的表现看出来你的气度不凡。

第二个缺点的例子是消极情绪。消极情绪让交易者很容易产生懊悔的心理问题，做什么交易都患得患失。很多交易者在发现自己消极时会强行告诉自己开心起来，或者强装开心，但这并不能让自己走出沮丧。因为沮丧就是心理现实，用逻辑现实去否定心理现实会失去自我和当下的意义，自己的潜意识是不可能接受的！所以这一定是徒劳的。但是你却可以用另外一种情感去替代它。这就是为什么 2007 年美国次贷危机中的大空头约翰·保尔森在危机爆发之前房价继续上涨时，为了缓解压力每天都到纽约中央公园跑步的原因。亏损后，走在公园的小径上会突然感觉好起来，因为另一个新的情感体验产生了，此时好比一个装满了污水的瓶子被新注入的自来水充满，污水也被稀释排空。负面情绪自然而然的转化了。当负面情绪产生时，最好的办法就是不要理会它，转而立即寻找新的能有更愉悦的情感体验的事去做。当你心神不宁，情绪低落时，先控制自己的呼吸，深呼吸，让自己平静下来，然后试着听听自己喜欢的音乐，或者看电影、电视剧，看比赛，阅读，诵经，甚至旅游等等沉浸其中，联想下生活的精彩，直至彻底放松。多练习一段时间，你会发现自己完全有能力转化消极情绪。再从自我实现的角度品味消极情绪，当消极情绪产生时，说明事情发展得不太对了，此时应该听下手中的行动，这样有助于自己不会进入失控的状态而胡来。而每次消极情绪产生时都相当于一次避免更大问题的警报，这体现了你的卓越自控能力，这就是自我实现的良性循环。

针对上面两个缺点，每个缺点都换个积极的角度去转换观念，思考自我实现的循环中应该怎么思度缺点，并且日常的交易过程中不断强化，不断自我暗示，从而从心底实现观念的转化。

最后，发现并发挥自己的优势！自己的优势是什么这个问题的答案只能自己来回答。回答这个问题时不能骗自己，比如动不动就感觉自己智慧超群，文成武德，还是要问自己的内心，到底哪些是自己实实在在的优势，也可以找自己的知心朋友确认下自己的答案。找到后写下来，每天收盘后看一下，并在写当天的交易日志时记录下来，包括自己的内心活动，回顾今天交易过程中是否完美发挥了自己的优势，发挥了加一分，积累这个分数，明天继续发挥，直到形成强大的力量。这样，你可以看到自己一步步的成长，还有走过的弯路，最终让你自己的优势反复得到证明和强化，你能清楚直到自己独特的价值，这又是一个自我实现的循环。

世界上确实没有什么好的诀窍或者秘法，能让您只通过简单的学习背诵就能在心态上做到宠辱不惊，笑看风云。一切都需要自己一步一个脚印的实修。上面的文字无非是帮助您尽量少走弯路而已。如果您的交易策略是明确的经过验证的，技术是过硬的，不会在盘中还要犹豫如何进行交易决策的话，坚持不懈地得做好这四步，真的可以让自己实现交易心理的飞跃。

第 18 讲
交易总结和交易信心

开篇明义

知吾卒之可以击，而不知敌之不可击，胜之半也；知敌之可击，而不知吾卒之不可以击，胜之半也；知敌之可击，知吾卒之可以击，而不知地形之不可以战，胜之半也。故知兵者，动而不迷，举而不穷。

——《孙子兵法》

我花费了几百万美元，学到交易者另一个危险的敌人是：可能被心思敏捷、魅力十足、能言善道的人打动。你不能说服一个人违背他自己的信念，但是可以游说他进入犹疑不定、优柔寡断的状态，这种情形更糟糕，因为这样表示不能够有信心而轻松地交易。

——《股票大作手回忆录》

我们要时刻牢记，市场的走势才是唯一的准绳，什么基本面，什么消息，什么事件都是主观的东西，是否能发挥作用要看是否迎合了客观的价格走势。多数技术交易者会说这些当然都记得了，而你是否还记得，自己的交易系统其实也是主观的呢？你所坚持执行的，只不过是一个主观的系统！这一点一定要牢记。市场不同，时间不同，系统的具体细节，具体如何开平仓，这些可能都会发生变化，不变的是一条：你的系统永远要和市场走势相适配。交易的总结即是这样一种纠错机制，一方面保持自己与系统的对齐，防止自己的操作偏离了系统的规范。另一方面要保持交易系统与市场风格的对齐，防止自己的交易系统跟不上当下市场的运作规律。

很自然的，交易计划也是交易系统的一部分，也是交易系统最综合应用的部分，是交易总结的一个重要内容，盘中执行再好，如果每天的交易计划都抓不住当天的行情热点，每天一交易就是坑，那自然就是太大的问题了，也是需要进行改进的。

18.1　一段对话

这段对话是作者参与的一段群聊，交易者 A 是主要讲述者，阐述的是他近一年来的总结和感悟，这里面包含了很多充满智慧的闪光点，也告诉了大家交易总结到底应该怎么做，好的交易总结能给自己带来什么样的成长。

交易者A　15:17:34

我忽然间悟出一个道理!

交易者A　15:22:19

额，我说一点最近的深刻感悟……

交易者A　15:23:02

交易初期是大杂烩，中期开始就是私人订制。

交易者A　15:23:15

我目前应该只是中、前期……

交易者A　15:23:50

交易质量提高的前提：良好的交易体验。

交易者B　15:24:31

良好的交易体验是什么?

交易者A　15:24:36

良好的交易体验才能形成良性循环，自信心才能自我强化，才能慢慢雕琢精细化。

交易者A　15:24:52

（良好的交易体验是）你交易的过程是很自然、舒服的，当然结果肯定是赚钱的。

交易者A　15:25:40

如果是自己劝自己入场，即使所谓的客观看上去对了，但是心理层面没有接受，这对于后面想提高交易质量是很难的。

交易者C　15:26:39

大杂烩是啥?

交易者A　15:26:59

1. 能持续盈利，风控关一定要过。

2. 精简交易，剔除小打小闹。

3. 不断反复积累信心，提仓位。

交易者A　15:27:19

大杂烩就是尝试各种交易，什么类型的都想做。

交易者A　15:27:24

也能赚钱。

交易者B　15:27:46

上面123条就是私人订制?

交易者C　15:27:56

看准下死手。

交易者A　15:28:08

但是做得很泛，赚的是概率的钱，但我认为赚大钱赚的是信仰的钱。

交易者A　15:28:59

私人订制也就是因人而异，技术学到一定阶段，怎么学也就那些了，什么量能走势充不充分这些都不重要了。

交易者B　15:29:01

如何赚信仰的钱？

交易者C　15:29:58

我的信仰是少亏钱。

交易者A　15:30:45

对于某个逻辑无比的相信，当然这个逻辑结论一定是自己思考得出的，而自己思考的模式一定要是经得起市场推敲的。

交易者A　15:31:26

那么在控制风险的基础上，就去赚逻辑兑现的钱，持仓的过程也就是对信仰的坚守。

交易者A　15:33:03

我好像什么卵也没说……

交易者C　15:33:24

持仓真的难。

交易者A　15:35:54

你的持仓应该是按技术走势的吧。

交易者B　15:35:55

这个怎么能无比的相信？

交易者A　15:36:18

同样的模式反复做，盈利多了，相信程度就会加深。

交易者A　15:36:43

或者你大赚一笔，你对那种模式就非常自信。

交易者B　15:39:47

唯有多做真实不虚？

交易者A　15:40:04

不是。

交易者C　15:40:11

我是大赚一笔之后，就会亏个几笔。

交易者C　15:40:21

还是做太少了。

交易者A　15:40:49

建立信心和信仰的过程，也是有筛选放弃的过程的。

交易者A　15:43:45

把自己的所有交易都记录下来。

交易者A　15:44:05

过程舒服还是不舒服自己的体会是非常明显的。

交易者C　15:44:47

不舒服的还是之前没做过的。

交易者C　15:44:57

赌的成分比较大。

交易者A　15:45:08

把舒服+赚钱还不少的交易反复总结，寻找共同点，然后思考如何去复制。

交易者C　15:46:29

嗯，然后得等市场再给这样的机会。

交易者A　15:46:40

不舒服的交易也要总结，找原因，当然，可能现在觉得是这个原因，过段时间又会觉得是另外的原因，可能看起来好像都对，但是只要你没找到根本原因，这类不舒服的交易就很难根除……

交易者A　15:47:02

这个过程我持续了很久。很苦恼，很痛苦……

交易者B　15:47:36

来个例子吧。

交易者A　15:47:38

主要是不舒服的交易，可能总体也能赚钱，难以割舍。

交易者A　15:48:28

我想想。

交易者C　15:48:59

其实做少一点，只做舒服的就好了啊。

交易者C　15:49:05

到这就很难。

交易者A　15:49:13

不会的

交易者A　15:49:23

除非你生活很轻松，没有资金压力、赚钱压力

交易者A　15:49:32

想做就做，等得起

交易者C　15:49:54

嗯，就难在这儿了

交易者C　15:51:03

否则自己觉得不舒服的，还要做，就是赌了呀

交易者A　15:53:43

举个我自身的例子，不同的交易模式毛病也是因人而异，比如我看好某只股票，但是启动之初我没有做到，然后就打算回调买进，但内心想要入场，等走势并没有给舒服的位置，就有点急切地买进去，同时对自己说，预期空间挺大，差这么点调整应该没事

交易者A　15:54:06

但同时入场仓位又不多，因为要控制止损，所以仓位比正常仓位可能又偏小

交易者A　15:54:40

如果这笔交易最后是亏损的，就会马上反思说，都怪自己心态太急了

交易者A　15:57:19

“耐心等到市场给机会，从容入场”这个其实不容易做到，我们经常说市场从不缺少机会，缺少耐心，但是你方法不对，你就会觉得机会好少，然后看到某个感觉差不多的机会，就想要扑上去，这个质量就是不高的

交易者A　15:59:22

方法对了，“市场从不缺少机会”这个理念深深地贯彻到交易当中，心态就比较轻松，不给舒服的位置就不做

交易者A　16:01:45

我之前是每天收盘后，翻涨幅榜，翻3%以上的，每天翻250~300只……满市场找机会，赚的也是概率的钱，将信将疑

交易者A　16:03:12

现在我专做板块，一个板块几十只股票，加到自选里，就盯着它们，我对板块共振就不是将信将疑了，而是非常相信

交易者A　16:03:41

几十只股票，这只不给位置，总会有给位置的，不让我上车拉倒

交易者A　16:05:16

不同的板块弄一个文件夹，每天晚上翻板块里面几只，这个板块是不是被激活了或者说临近爆发，只要你技术过关，很容易看出来

交易者A　16:07:37

最好的老师真的就是自己的交割单

交易者A　16:08:10

因为入场理由自己知道，过程当中的心理状态自己清楚，为什么离场自己也明白。
路漫漫其修远兮，吾将上下而求索……

交易者A　10:16:58

我考上同济之后，复读班的恩师让我去给下一届的做个小指导……

交易者C　10:17:13

咋说?

交易者A　10:17:29

置之死地而后生……

交易者A　10:18:11

我第一次高考，英语90分……第二次高考，130分。

交易者C　10:19:40

这咋弄的

交易者A　10:20:10

而且我作文是不好的，也就15～16分那种，也就是说，其他的我只扣了10分左右

交易者A　10:20:16

就是拼命做题

交易者A　10:20:34

一天一套英语题

交易者C　10:20:47

和炒股一样！

18.2　另一段对话

交易者C　10:21:02

要是都有你这精神，肯定赚钱了

交易者A　10:21:04

书店出一套模拟题一两周就做完了

交易者A　10:21:24

那一年，我估计做了400～500套英语卷

交易者A　10:21:42

做是一方面

交易者A　10:22:30

做完之后要对答案，错题记下来，最初每天记错题都要记好久

交易者C　10:22:34

你这方法可操作性最强，然而能操作的人也最少

交易者A　10:23:17

还有做卷子的时候，阅读会有很多单词，我也会记下来，然后每天早上读错题还有记单词

交易者A　10:23:36

这种模式，我坚持了一年，我现在想起来都是比较恐怖的……

交易者A　10:24:21

到后来做英语卷，听力基本全对，单选基本全对，完形错一两个，阅读错一个两个

交易者A　10:24:59

110多分的选择题总分，这里我能拿100多分，高考我拿了107分

交易者A　10:25:31

我这方法真的就是笨人的方法，但是需要毅力，长期坚持

交易者C　10:26:21

这是聪明人的方法！

交易者A　10:26:31

……

交易者C　10:26:56

小聪明人的方法是找到一个好方法，可以包治百病

交易者A　10:28:48

正是有高考复读这一次的经历，所以，我交易上也是用这种方法……

交易者C　10:29:10

所以，真正的大道是相通的！

交易者A　10:29:21

有些东西，确实是相通的

交易者A　10:31:29

交易上也是把做得好的和不好的交易都记录下来，反复思考当中可取的和有问题的地方。

交易者A　10:37:07

1.可取的交易
2.正常的止损交易
3.有问题的交易
4 放弃不好的交易机会，提升交易质量
5.金融市场一切皆有可能
6.趋势终结的标志

道本无言，因言见道。如果你还不明白如何学好做交易，那思考一下自己是否付出的足够多、足够到位吧。市场才是永恒的老师！

18.3　如何做好交易总结

交易总结是对当天交易计划、交易执行以及交易心理的一个系统、全面的记录和分析。所以它至少包含以下内容：

（1）当天的交易计划以及当天所计划标的实际走势。

（2）当天实际的交易，每笔交易，每个品种的盈亏情况。

（3）是否留有隔夜持仓，以及持隔夜仓品种的交易 | 对冲计划。

（4）盘中或者交易持仓中内心的想法或者心理变化情况。

（5）对当天交易执行的分析，好的方面和需要改进的方面。

（6）当天表现突出但交易计划中没有的品种，交易计划需要怎么改进？

当天的交易计划也是交易总结必不可少的一部分内容，只有记录清楚当天的交易计划，才有可能分析自己交易计划的水平是否足够好，存在哪些问题，以及如何改进等。当天实际交易以及盈亏情况则是日后综合分析自己交易执行水平的重要依据。再好的交易计划，交易执行一塌糊涂的话，也是没有任何意义的。留有隔夜仓通常都是博大行情，因此需要格外谨慎对待，也就是不能仅仅在第二天或者夜盘的交易计划里体现隔夜持仓品种的交易计划，而是应该收盘后立即研究和制定隔夜持仓品种的交易以及对冲计划（对冲交易开仓和投机交易开仓的方法是完全不同的）。我们在盘中或者交易持仓中，或多或少总会有思想波动的，一定要回想并记录下来自己当时的内心想法或者心理变化，只有经过长时间记录和积累，才会清晰地知道自己到底是否存在心理问题，以及自己所尝试的解决方案是否有效。对当天交易执行的分析是为了发现突出的问题并且立即找到解决方案，以免这个问题持续影响近期的交易。总结当天表现突出的品种也是十分重要的环节，每天分析所有当天表现突出的品种可以让自己不断地加深对龙头品种走势的印象，并且可以提高自己制订交易计划的能力。如果自己交易执行没什么问题，但是交易计划却总是抓不住重点，就需要好好看看自己的交易计划在制订时到底有什么问题，是不是缺少大局观？是不是对平衡性和充分性的理解不够到位？是不是自己过于追求完美的走势？如果发现存在类似的问题，一定要潜心研究解决方案，提高自己制订交易计划的能力。

18.4 交易信心源自哪里

没有人是天生自信或者真正是越挫越勇的。一个信心满满的交易者如果不是刚入行，那么就是靠不断的盈利堆积起来的信心。而盈利从何而来呢？首先需要有过硬的技术。不管使用技术分析还是基本面分析进行交易，这些都是具体的技术，如果技术不过硬，每笔交易的随意性都很大，没做的交易自己都感到懊悔，当时做了就好了，而真正做了的交易又往往是坑，或者不是坑的也当成坑草草平仓离场，这种都是典型的技术不过硬所造成的困扰。记住，出现这种情况不要先去找心理问题，先把技术做到尽善尽美，起码一个机会拿到手上，能不能做以及做多少都应该是明确的，而不应该是含糊的。交易技术过硬了之后，就该提升自己的交易心理素质，保证自己的执行力以及抗打击能力，不会因为市场的变化导致自己内心波澜起伏过大，从而影响正常的交易甚至导致失控。这些都做好了，盈利自然就不断地积累，自己的交易经验越来越多，交易中遇到的教训也会越来越少，慢慢地，自信心自然就建立起来了。所以，**这里再次奉劝初学者，一定做足5000笔模拟交易，并且认真做好交易计划和交易总结，做好综合的分析，先把技术练过硬了，再去实盘交易也不迟。**交易的世界里，慢就是快，少即是多。

第 19 讲

《长短经》中看做盘

开篇明义

凡用兵之法，将受命于君，合军聚众。圮地无舍，衢地交合，绝地无留，围地则谋，死地则战。涂有所不由，军有所不击，城有所不攻，地有所不争，君命有所不受。故将通于九变之地利者，知用兵矣；将不通于九变之利者，虽知地形，不能得地之利者矣。治兵不知九变之术，虽知五利，不能得人之用矣。

——《孙子兵法》

要是有人告诉我，说我的方法行不通，我反正也会彻底试一试，好让自己确定这一点。因为我错误的时候，只有一件事情——就是亏钱——能够让我相信我错了。只有赚钱的时候，我才算是正确。这就是投机。

——《股票大作手回忆录》

本书每一章都有一个开篇明义，初学交易的人可能觉得都是废话，或者是用来凑数的文字。请不要着急，慢慢品读这些经典内容，或许交易了一段时间是之后，您就会突然发现也行开篇明义才是本书中最精华的部分。我们开篇名义主要引用的是《孙子兵法》和《股票大作手回忆录》，这两部典籍可谓国内外交易界的圣经，请大家一定找时间“精读之，品味之，思考之，践行之”。

古圣先贤留书于世是让我们后世晚辈用于实践的，而非当作小说抑或是诗词来欣赏解闷的。读书百遍其义自见，就是让我们带着生活中的感悟来重新进入圣贤的思维世界，力图有所证悟。对于交易这一全世界精英云集的行当，除非是杰西·利弗莫尔，理查德·沙贝克这样的天才，多数普通交易者仅凭一己的智慧投身其中，多半是落得人财两空，满心伤痕。

本章以白话的形式对部分古圣经典的节选进行解说，并非作者自认为有博古通今的能力，主要目的是在于为读者做一个导读，将读者带到这些经典之前，让大家更有机会品读到这些历史文化的瑰宝。与此同时，能够在交易实践中体会、参悟、践行古圣之思想，提升大家的交易水平和盈利能力。

本章不对所引的古文进行字面意思的解释，而是简单节说对我们做交易时的参考，希望大家多去研读原文，多自己进行思考。

19.1 正确看待财富

《大体》节选：

昔者周厉王好利，近荣公，芮良夫谏曰：“王室其将卑乎？荣公好专利而不知大难。夫利，百物之所生也，天地之所载也；而有专之，其害多矣。天地百物皆将取焉，何可专也！所利甚多而不备大难，以是教王，其能久乎？”

后厉王果败。

白话捷说：资本市场是这个世界上最五光十色的名利场，天下英才莫不为之折腰。很多有胆识、有本事的交易者在这个市场中积聚了令人艳羡的财富。本书最开始就分析了资本市场的本质：财富发生转移而非创造的场所。少数可以从资本市场中大量获利的投资者也往往容易成为风口浪尖的人物。天才投机大师杰西·利弗莫尔曾经拥有过亿万美元的财富（相当于今天千亿美元的购买力），然而却挥霍享乐、纵情声色，最终几近败光家产，最后在郁郁寡欢中饮弹自尽画上了生命的句号，一代天才就此陨落。杰西四起四落，并非穷困致死，而是失去了继续战斗的信念。同时期的大师伯纳德·巴鲁克却各种捐献，为国效力，为后世所敬仰，并且这种奉献精神为其后继者所继承和发扬。当今，无论是价值投资的沃伦·巴菲特先生还是宏观交易的乔治·索罗斯先生都是响当当的慈善大家。我们进行交易积累财富，不是为了享乐挥霍，出人头地。正如《大体》所云：利是天下公器，何可专享。我国古代的巨富石崇，当代的富商刘汉最终结局又如何呢？

财富非是恒久之物，生不带来，死不带去。在资本市场中所获之利都是他人的亏损，甚至是建立在输家生命代价的基础上。如果我们有机会暂时控制大量的财富，请务必记得它并非属于我们自己的，应当将其捐助给国家和需要之人，用于兴办教育、治疗疾病等事业。吃一餐动辄万元，又能怎样？可知万元足以帮助一名贫困儿童上两年学了。

财富也不该都留给子孙后代，每一代人都应该有自己的路要走，应该自己去奋斗。出生时即坐拥金山银山未必真是好事。生来就仿佛已经到了人生终点。莫怪子孙挥霍，没什么可奋斗的，不去挥霍又奈之若何？别把祸患留给子孙后代。

19.2 交易成功的要素

《霸图》节选：

论曰：干宝称："帝王之兴，必俟天命；苟有代谢，非人事也。尧舜内禅，体文德也；汉魏外禅，顺大名也；汤武革命，应天人也；高光争伐，定功业也。各因其运而得天下。隋时之义大矣哉。"范晔曰："自古丧大业，绝宗禋，其所以致削弱祸败者，盖渐有由矣。三代以嬖色取祸，嬴氏以奢虐致灾，西京自外戚失祚，东都缘阉尹倾国。"成败之来，先史商之久矣。自秦汉迄于周隋，观其兴亡，虽亦有数，然大抵得之者，皆因得贤豪，为人兴利除害；其失之也，莫不因任用群小，奢汰无度。孔子曰：‘以约失之者，鲜矣。’又曰：‘远佞人，去僻恶。’有旨哉！”

昔秦王见周之失统，丧权于诸侯，遂自恃任人，不封立诸侯，及陈胜楚汉咸由布衣，非封君有土而并灭秦。高祖既定天下，念项王从函谷入，而己由武关到，惟修关梁，强守御，内充实三军，外多发长戍。及王翁之夺取，乃不犯关梁，而坐得其处。王翁见以专国秉政得之，即抑重臣，收下权。及其失之，又不从大臣生焉。更始见王翁以失百姓心亡天下，既西到京师，恃人悦声，则自安乐，不纳谏臣。赤眉围于外，近臣又反于城，遂以破败。由是观之，夫患害非一，何可胜为防备哉！贾谊曰：“夫事有招祸，法有起奸，唯置贤良，然后无患耳！”

白话捷说：常言道，生死有命，富贵在天。这绝不是一句空话，交易能否成功这个事，一分技术，一分风控，一分资金管理，三分情绪管理，三分心性，一分运命。前面三分其实都是交易系统的成熟和细化程度。

有的交易者技术不够细化，自认为能够处理一切行情，比如以最简单的单均线系统为例，线上多，线下空容易吧？历史回测，结果完美，直接实盘上！运行一段，Perfect！加大资金，结果盘中给打蒙了。为什么呢？回测是静态的，没有考虑到盘中在均线上下穿越的问题，回测怎么能测出来几分钟内价格上下穿越均线的问题呢？所以必须一会儿多，一会儿反手空，一会儿再反手多。而如果真等到穿越突破所在的线收盘，又没那么赚钱了。这个问题怎么处理呢？(其实这是作者曾经的亲身经历，说来与大家分享，引以为戒)。

在风控这个事上栽倒的交易者也数不胜数，风控也是交易系统中不可或缺，嵌入其中的核心组成部分。风险控制到底控制什么？是市场风险吗？是在险价值吗？还是财务造假风险？对于交易者而言，最大的风险就是持有的部位和市场价格走势相反的风险！所以这里又可以分为连续价格反向波动的风险和裂口跳空价格反向波动的风险。连续价格反向波动指的是价格一直连续波动，市场在每个价位的挂单都很多，成交也很大，并且交易不停止。对于开盘时段，除了部分不活跃的股票或者期货、期权等标的外，多数标的在多数时候都是价格连续波动的。这时候的风控办法反而简单，就是触发了预设止损水平就离场，与市场风险如何，公司是否财务造假没太大的关系。另一种裂口形式跳空的反向波动则比较棘手，第一它不容易被提前预知，往往具有突发性的特点。我们来看一个例子。

图 19－1 是一个相对极端点的例子，发生在 2015 年 6 月，标的从一字涨停瞬间变为一字跌停，由于 A 股采用 10% 的涨跌停板制度，所以连续的一字涨跌停板应该合并视为同一个裂口。这个例子里，这个裂口大致为 50%，考虑到之前有两个一字板涨停，冲抵一下也还是有 30% 左右，不可谓不惨烈。常在河边走哪有不湿鞋，没有好的风控制度，有多少人遇到这种行情时是手足无措？再犹豫下？结果是从第一次打开跌停开始标的又下跌了 40%。如何预防、应对这类极端风险都是要经过周密、审慎的思考的。

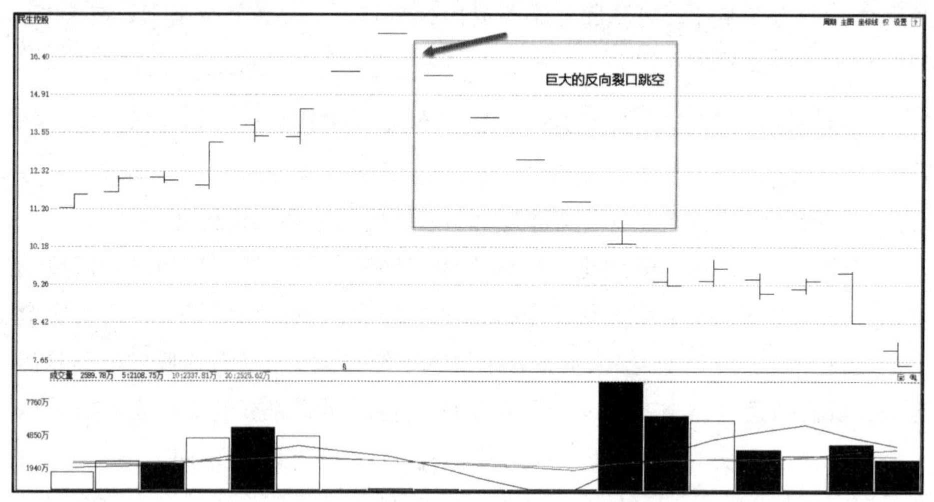

图 19－1　反向裂口跳空（民生控股）

很多初学者就完全没有资金管理的概念，不管做股票还是期货上去就是满仓。这是典型的只要钱，不要命。虽说富贵险中求，然而总要给自己留有余地，即便失败后也要有再翻身的机会。很多交易者比较强调轻仓交易，讲任何时候都要轻仓长线交易。这样确实能最大限度地规避风险，但是却也可能失去了赚取巨大利润的机会。所以，资金管理与交易技术、风险控制是纠缠在一起的，如何合理地设计资金管理系统，什么时候仓位轻，什么时候重，怎么加仓，怎么减仓都是需要仔细考虑和细化的问题，绝不是简单粗暴的统一标准就可以的，当然更不能想起开多少就开多少。举个典型的例子，交易期货所有的合约都按照同样的手数开，一手橡胶的波动对资金的影响能和一手玉米的波动对资金的影响画上等号吗？如此就失去了多品种交易的意义了。

情绪管理是最难以量化的一个方面了，并且难以自己察觉，即便察觉了也不容易及时自我控制。然而情绪管理水平对于交易的成败远比上述任何一条都重要。交易是个残酷的职业，往往每天都可能面对止损、回撤、多空两边都被止损“打脸”等一系列容易对心理产生负面影响的事。最开始接触交易的人往往是什么都不怕的，此时的情绪往往还是比较容易受到控制的，而一旦交易时间略微长一点，经历几次大的亏损的痛苦之后，一切就不一样了。各种想法、各种情绪都会在盘中随着行情的波动而起伏。并且这种情绪的波动经常与是否持仓关系不大：错过了，苦；做错了，苦；点位差，苦；对了开少了，苦；错了开多了，苦；没发现机会，苦；别人做得好，自己做得差，苦；看到战友亏了，苦；看到别人晒单，苦；犹豫是否该做，苦；犹豫是否该砍，苦……太多的交易者每天在苦痛中挣扎，容易走上两种极端。第一种极端是冲动交易，看到价格波动就红了眼，追涨杀跌，这种追涨杀跌是失去理智地盲目追放量加速的行情，而这往往是行情末期的市场激活阶段。这时候冲进去追单，多数是很快就浮亏，即便最终行情的确朝追单方向发展，中间也往往需要承受巨大的回撤，止损吧，亏；抗住一两次吃到甜头了，下次再追可能就是万劫不复。更有甚者，还有可能产生复仇交易的心理，就是今天必须要赚回来多少，挽回多少损失，就不信了，必须要和这个品种死磕，这就彻底演化成了一场灾难。第二种极端是犹豫不前。明明想好了什么品种怎么做，等交易机会真的到来时，不是胆怯了不敢下手去开仓，就是本来该开 10 个结果最后开了 1 个。更麻烦的是，也拿不住单子了，稍微有一点浮亏明明没到预设止损水平，盘面也没有什么异常可就是忍不住要止损了。有时候刚砍仓止损，行情却又恢复了原有的走势，再去追，一追，结果又震荡，继续砍，恶性循环。或者是稍有一点浮盈，就赶紧平仓，生怕再亏了。这种心态下是没有办法做好交易的，每个交易者都需要仔细审视自己，是否发生了这些问题，如果有这些问题需要立刻停下来及时想办法调整。故此，模拟盘只能提升技术层面的问题，解决不了这些潜在的心理问题，真用能影响自己生活质量当量的真金白银下场了，特别是再有点杠杆，怕是很多平时习惯了用别人钱投资的基金经理都能手抖。所以，应该鼓励研究员、分析师或者投资顾问走上工作岗位之前首先应积累比较丰富的交易实践经验。

心性这个东西谈起来容易像在说玄学，然而它确是客观存在的东西，西方的心理学研究也把它称为科学，提出了以五大人格理论为代表的性格分析框架。外向型人格、神经质人格、开放型人格、宜人型人格和尽责型人格。龙生九种，各有不同，五大人格只是一个缩影，每个人都有自己独特的心性，父子，兄弟往往也心性各异，实难以用五大人格概况，何况每个人往往同时表现出五大人格中的多种人格。心不是心脏的意思，也不是大脑的意思，而是心念，何为即心即性呢？我们当下这一念，皆是我们心性的反映。借用禅宗的一个典故来说：大文豪苏东坡总爱和佛印禅师谈论佛理禅理，但总落下风。一天，他从外面兴高采烈地回来。苏小妹问道："何事这么高兴？"东坡答："这次总算赢了佛印一次。"苏小妹问："怎么讲？"东坡说，今日我和佛印大师骑马游玩，他说我像一尊佛，我说他像一堆牛粪，他笑了笑，没有说话。苏小妹说："你输了！"苏东坡不解。苏小妹说："你傻呀，他心中有佛，看谁都像佛，你心中有大粪，当然看别人就像大粪了。不是你输是谁输?!"回归正题，对于每个交易者，亦是一般，每个交易者心中都有一个自己的资本市场，同样一个行情即便同一个师父教出来的徒弟看在眼里也往往感受不同。同样一个交易日下来，有的人感觉放眼望去全是机会，而有人则感觉全是陷阱，这还是大家用得同一套交易系统，同一个分析框架。《海龟交易系统》一书中也提到，当时学习该系统的人那么多，而最终能掌握并熟练运用的却屈指可数。是这个系统难学吗？非也。首先，不是每个人的心性都适合从事交易工作，胆小、冲动、易怒、粗心等这些特质都是交易的天敌，会被金融市场这面镜子无情地照出原形。另外，不是每个人的心性都适合使用这套系统。自己是什么心性，只有自己最清楚，探寻和设计符合自己心性的交易系统，只交易符合自己心性的行情。

最后一分就是运气了，运气非是迷信之命定说，可以将其理解成机缘。目前A股3000多只股票，牛市来临时，不管你根据基本面还是技术面、资金面、情绪面选出来适合做多的股票都至少数十只乃至上百只，人的精力有限，最终还是要有所取舍，选哪个，不选哪个，或者是采取全都买成投资组合，每一种抉择最终的结果都是不同的，在满足交易技术、风险控制、资金管理的前提下，最终做出的抉择所产生的后果，不是运气，又能用什么形容呢？当然，如果有人一选股就选出来的唯一或者唯二唯三的最大牛股，这也可以理解为其运气爆棚，惊为天人吧。

19.3 交易系统的重要性

《理乱》节选：

何谓“四乱”？

管子曰：“内有疑妻之妾，此家乱也；庶有疑嫡之子，此宗乱也；朝有疑相之臣，此国乱也；任官无能，此众乱也。”

凡为人上者，法术明而赏罚必者，虽无言语而势自治；法术不明而赏罚不必者，虽曰号令，然势是乱。”

是故，势理者，虽委之不乱；势乱者，虽勤之不治。尧、舜拱己无为而有余，势理也；胡亥、王莽驰骛而不足，势乱也。

商子曰：“法令者，人之命也，为治之本也。一兔走而百人逐之，非以兔可分以为百，由名分之未定也。夫卖兔者满市，盗不敢取，由名分之定也。故夫名分定，势治之道也；名分不定，势乱之道也。故势治者，不可乱也；势乱者，不可治也。夫势乱而欲治之，愈乱矣；势治而治之，则治矣。故圣人治治、不治乱也。圣人为人作法，必使之明白易知，愚智遍能之。故圣人立天下而天下无刑死者，非可刑杀而不刑杀也，万人皆知所以避祸就福而皆自治也。明主因治而治之，故天下大治也。”

故曰：善者，求之于势，不责于人。是故，明主审法度而布教令，则天下治矣。

白话捷说：虽说交易是一门艺术，然而其更是一门严谨的科学。作为一名合格的交易者，所有的交易指令以及后续的交易结果都不应该是杂乱没有章法的。简单而言，面临市场中任意一个时点，交易者都应该明确地知道这个点能不能开仓交易？是开多仓还是开空仓？开多少资金比例？止损应该设置多少？这是个日内交易还是有可能是日级交易？这些问题都不应该看到行情时还狐疑不定，犹豫不决。盘中还在思考这些问题，手足无措即为势乱，势乱则心乱，体现在交易结果上一定是不尽如人意的。

解决势乱问题的关键在于制定一套细化的交易系统，让所有的关于交易的细节问题都得到妥善考虑，然后仔细复盘测试，完善规则、熟悉规则。一位师兄曾说过：“多数心态问题并非真是自己的心态不好，而是交易系统太粗糙，不够精细，所以交易的结果是亏多赚少，如此如何还能心态好?”

《道德经》云：上士闻道，勤能行之。制定一个适合自己的，精细地考虑到所有细节的交易系统是个费时费力的工作，需要下苦功，多翻盘，多思考，多记录，多总结。没有任何人能替自己设计一套适合自身的交易系统，一切都要靠自己在干中学。本书后面的章节会带领读者从公开的经典交易系统开始学习，在这个基础上提出一些有意义的问题或者思考方向，留给每一位读者去认真仔细思考，脚踏实地践行。

19.4 交易系统要自己量身定制

《任长》节选：

《淮南子》曰："天下之物莫凶于溪毒（附子也），然而良医橐而藏之，有所用也。麋之上山也，大章不能企；及其下也，牧竖能追之。才有修短也。胡人便于马，越人便于舟。异形殊类，易事则悖矣。"

魏武诏曰："进取之士，未必能有行。有行之士，未必能进取。陈平岂笃行，苏秦岂守信耶？而陈平定汉业、苏秦济弱燕者，任其长也。"

由此观之，使韩信下帏，仲舒当戎，于公驰说，陆贾听讼，必无曩时之勋，而显今日之名也。故任长之道，不可不察。

白话捷说：每个人的性格、学识、背景、家庭都不一样，因此在市场之中也没有什么万能公式或者圣杯可以让所有交易者都能按图索骥轻松获利。首先要明白的一点是：并非每一个人都适合从事交易。一个人不能在交易中取得成功既不代表自己不聪明，也不能说明自己不优秀。长期资本投资公司的几位创始人都是顶尖聪明的专家学者，还包括诺贝尔经济学奖得主，最终不也折戟资本市场了么？所以我们要知道交易失败黯然离场并非什么耻辱的事情，最多只是说明自己不适合这个行当罢了。

验证自己是否适合交易非一日之功，往往需要多年的苦工外加可观的资金去"交学费"。在这个过程中，市场上有通过各种各样的方法成功的交易者。我们要学习这些成功者，特别是像查尔斯·道、杰西·利弗莫尔、理查德·沙贝克这些大师的思想和技术，但我们也需要在交易实践中，结合自身的特点为自己量身定做适合自己心性的交易体系。记住，再怎么学习大师的技术，我们也不可能成为另一个大师。大师之所以成为大师，均是有自己的思想，进而基于自己的思想创作出适合自己使用的技术。在交易的过程中，一定要及时反观自己内心，通过自己做的各种正确的、错误的、冲动的、冷静的、漂亮的、丑陋的交易来内视自己是什么样的人，充分认识自己的基础上，才能够客观地根据自己的优点、缺点制定符合自己心性的交易系统，发挥自己的长处，克制自己的短处，用其所长。这样才能掌握自己称心应手的“兵器”在资本市场中征战。

19.5 交易技术应与时俱进

《适变》节选：

昔先王当时而立法度，临务而制事，法宜其时则理，事适其务故有功。今时移而法不变，务易而事以古，是则法与时诡，而时与务易，是以法立而时益乱，务为而事益废。故圣人之理国也，不法古，不修今，当时而立功，在难而能免。

秦孝公用卫鞅。鞅欲变法，孝公恐天下议己，疑之。卫鞅曰：“疑行无名，疑事无功。夫有高人之行者，固见非于世；有独智之虑者，必见傲于人。愚者暗于成事，智者见于未萌。人不可与虑始，而可与乐成。论至德者，不和于俗；成大功者，不谋于众。是以圣人苟可以强国，不法其故；苟可以利人，不循其礼。”孝公曰：“善。”甘龙曰：“不然。圣人不易人而教，智者不变法而治。因人而教，不劳而功成；缘法而理，吏习而人安。”卫鞅曰：“龙之所言，世俗之言。常人安于习俗，学者溺于所闻。以此两者居官守法可也，非所与论于法之外也。三代不同礼而王，五霸不同法而霸。智者作法，愚者制焉；贤者更礼，不肖者拘焉。”杜贽曰：“利不百，不变法；功不十，不易器。法古无过，修礼无邪。”卫鞅又曰：“治代不一道，便国不法古。故汤武不循古而王，夏殷不易礼而亡。反古者不可非，而循礼者不足多。”孝公曰：“善。”遂变法也。

白话捷说： 投机像山岳一样久远，历史总会重演，然而却未必是简单的重现。只要人类的贪嗔痴慢疑不除，趋势永远不灭。但是随着现代信息技术的快速发展，各种高频交易、量化交易、大数据交易方法层出不穷，如果一个方法人尽皆知，并且使用的人过多的话就往往容易形成一种可以“套利”的机会，有心人很可能反其道而行之，利用资金、信息、速度等各种优势来引诱使用该方法的人上钩，然后反向交易逼迫其止损。一个有趣的案例是著名的《海龟交易法则》广为人知后，与之进行反向对手交易的龟汤交易法则却获得了巨大成功。毫无疑问，海龟交易法则的思想是与道氏理论相契合的，并且加入了很多资金管理和风险控制的细节，是一套很科学的交易系统。然而，我们反复在强调，交易之中最重要的是古圣、大师们的思想，而非具体技术。

因此，在一个技术快速变革、信息高速传播的时代从事金融交易，必须要不断学习，不断总结，与时俱进。不仅我们所持有的部位要顺势，我们自身的交易技术也要顺应潮流，顺应市场。当我们的技术或者交易系统不能适应最新的市场变化时，我们就要及时调整我们自己，以市场为师，不断改进我们的交易系统。这才是真正的师古而不泥古。但是要切记：变化的永远只是具体技术，而不是交易之道！另外，交易技术也不应该三天两头盲目变化，变化也要是个渐进的过程，需要有依据，并且这种变化是自己所能习惯和接受的。

19.6　考虑时宜的技术才是真技术

《时宜》节选：

初，诸侯之叛秦也，秦将军章邯围赵王于钜鹿。楚怀王使项羽、宋义等北救赵。至安阳（今相州安阳县也），留不进。羽谓义曰："今秦军围钜鹿，疾引兵渡河，楚击其外，赵应其内，破秦军必矣。"宋义曰："不然。夫搏牛之虻，不可以破虱（虻喻秦也，虱喻章邯也。喻今将兵，方欲灭秦，不可尽力与章邯即战也。）。今秦攻赵，战胜则兵疲，我承其弊；不胜，则我引兵鼓行而西，必举秦矣。故不如斗秦、赵。夫击轻锐，我不如公；坐运筹策，公不如我。"羽曰："将军戮力而攻秦，久留不行，今岁饥民贫，士卒食半菽（士卒食蔬菜，以菽杂之半。），军无见粮。乃饮酒高会，不引兵渡河，因赵食，与并力击秦，乃曰：'承其弊'。夫以秦之强，攻新造之赵，其势必举赵。赵举而秦强，何弊之承？且国兵新破，王不安席，扫境内而属将军。国家安危，在此一举。今不恤士卒而徇私，非社稷臣也。"即夜入义帐中斩义。悉兵渡河，沉舟破釜，示士卒必死，无还心，大破秦军。此异势者也。

（荀悦曰："宋义待秦、赵之弊，与卞庄刺虎事同而势异，何也？施之战国之时，邻国相攻，无临时之急，则可也。战国之立，其来久矣，一战之胜败，未必以亡也。其势非能急于亡敌国也。进则乘利，退则自保，故蓄力待时，承弊然也。今楚、赵新起，其力与秦势不并立，安危之机，呼吸成变，进则定功，退则受祸，此事同而势异者也。"）

韩信伐赵，军井陉，选轻骑二千人，人持一赤帜，从间道升山而望赵军，诫曰："赵见我走，必空壁逐我，若疾入赵壁，拔赵帜，立汉赤帜。"信乃使万人先行，出背水阵。平旦，信建大将之旗鼓，行出井陉口。赵开壁击之，大战良久。于是信弃旗鼓，走水上军。水上军开入之，复疾战。赵空壁争汉旗鼓，逐韩信。韩信等已入水上军，军皆殊死战，不可败。信出奇兵二千骑，共候赵空壁逐利，则驰入赵壁，皆拔赵旗，立汉赤帜二千。赵军已不能得信等，欲还归壁，皆汉赤帜，而大惊，以为皆已得赵王将矣。遂乱，遁走，赵将虽斩之，不能禁也。于是汉兵乘击，大破之，虏赵军。诸将效首虏，皆贺信。因问曰："兵法：背右山陵，前左水泽。今者反背水阵，然竟以胜，此何术也？"信曰："兵法不曰：'陷之死地而后生，置之亡地而后存？'且信非得素抚循士大夫也，此所谓驱市人而战之，其势非置之死地，使人人自为战。今与之生地，皆走，宁尚可得而用之。"

又高祖劫五诸侯兵，入彭城。项羽闻之，乃引兵去齐，与汉大战睢水上，大破汉军，多杀士卒，睢水为之不流。此异情者也。

（荀悦曰："伐赵之役，韩信军泜水，而赵不能败。何也？彭城之难，汉王战于睢水之上，士卒赴入睢水而楚兵大胜，何也？赵兵出国近攻，见可而进，知难而退，深怀内顾之心，不为必死之计；韩信孤军立于水上，有必死之计，无生虑也，此信之所以胜也。汉王制敌入国，饮酒高会，士众逸豫，战心不同。楚以强大之威，而丧其国都，项羽自外而入，士卒皆有愤激之气，救败赴亡，以决一旦之命。此汉所以败也。且韩信选精兵以守，而赵以内顾之士攻之；项羽选精兵以攻汉，而汉王以懈怠之卒应之。此事同而情异者也。"

故曰：权不可预设，变不可先图。与时迁移，应物变化，计策之机也。）

白话捷说：有些交易者喜欢机械地执行交易，上线买，破线卖，所以其交易战绩也往往是起伏不定。逆转与持续理论为我们刻画了行情的结构，它指明了形态有效突破的方向即是趋势延续的方向。那么每次形态（或者有的交易者使用的均线、布林通道等）突破之后，我们都去严格得追对不对呢？这个答案是对也是不对。对的一面是或许你的交易纪律就是如此，严格执行纪律怎么能说错呢？不对的一面是行情并非按照我们的交易系统严格地走！所以这个问题的关键在于你如何看待顺势交易。如果你认为系统化的严格交易即是大道，也不能说错，这就是执于法了。

同样的形态，在底部出现，跟进做多，很棒！第二次在中继位置出现，继续做多还是很好。第三次又出现，这时候我们就要停下来思考下这时候所处的位置和价格了。标的从底部起来涨了多少了？是不是已经几倍了？上面面临的是不是最重要的历史大顶了？行情是不是已经加速了？对类似这些问题有了通盘考虑之后，是否继续做多，以及做多时下多少仓位，都将会有个更清晰的答案。交易中，思维定式是最可怕的，作势者正是利用思维定式来与跟势者周旋的。上涨之后下跌，抄底，涨了赚了，卖出；再下跌，又抄底，涨了又赚了；再下跌，又抄底，涨了再次赚了；当交易者心中暗想：自己真是股神级操作啊，不禁都要佩服自己时，再一次的抄底，恐怕等待你的就是连续的跌停。我们来看一个例子，如图 19－2 所示：

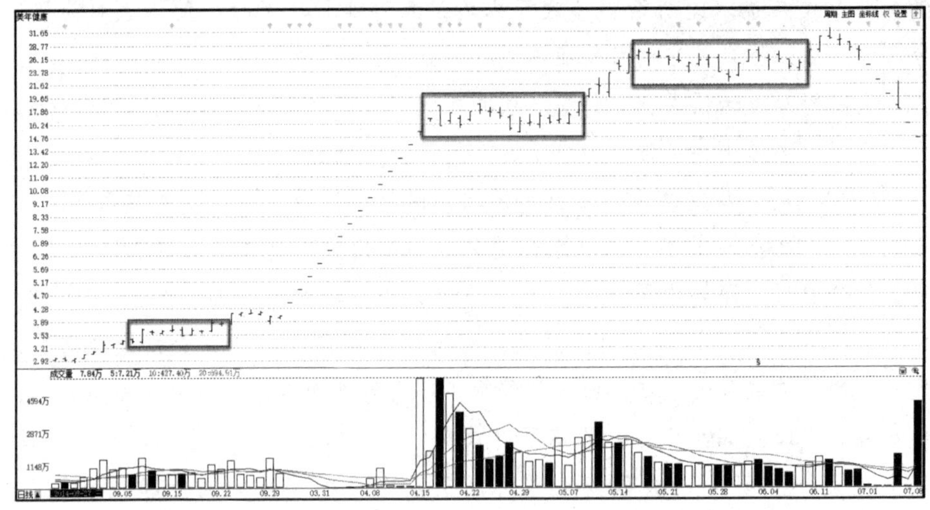

图 19－2　事同而势异（美年健康）

图 19－2 中似曾相识的模式一次又一次地出现，第一次出现在相对低位，震荡之后向上突破一涨，没敢跟。第二次又来，这次估计是假的了吧？不跟，又是差不多 50% 的涨幅，真是肠子都悔青了。第三次又来了，可是不能错过了！进去就有盈利，怎么样？此时一首歌在盘面上响起《终于等到你》，等待着你的就是漫漫长路远。这个故事可能讲成这样比较悲惨，但是真的没人这样操作吗？同样的背水阵，你以为看错了大不了止损，然而，这次却几乎没给你背靠形态下边界线止损的机会。

另外，大市之势也是重要的时宜因素。所谓“木秀于林风必摧之”讲的就是这个道理。一个下跌的大市氛围中，明明众多绩优蓝筹股都跌得惨不忍睹了，却总是有些特立独行的股票喜欢任性地逆市上涨。如果真的是有惊天动地的题材或者卓尔不群的业绩也就是了，偏偏是各方面都平平庸庸，却总喜欢西北望射天狼。我们来看一个例子，如图 19－3。

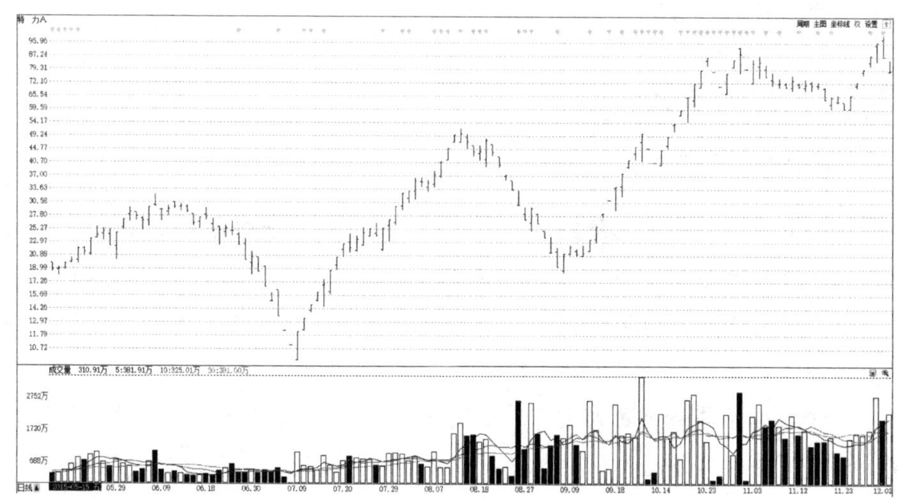

图 19－3　不合时宜的炒作（特力 A）

特力 A 总股本接近 3 亿股，2015 年 6 月时最高价约为 30 元，总市值 90 亿。2015 年报每股收益 0.15 多一点，2015 年营业总收入 3 亿元左右，营业总成本 2.7 亿元左右。2014 年营业总收入 4.6 亿元左右，营业总成本 4.8 亿元左右。2015 年增发了股票，换了很多负债，增加了很多投资到在建工程。存货周转率在 2014 年为 7，2015 年为 6.7 下降了一些。2015 年净利润约为 4000 万，2014 年净利润约为 800 万，这差额里，财务费用下降就占了 1300 万，管理费用下降又占了 1000 万。这是一个比较有趣的财务数据，我们看到净利润的增加来源于省钱。应该说这家公司的财务做得是相当稳健的，根据自身和市场的情境及时增发融资，还贷，进行投资扩张。但看报表也只能说这个行业也就一般吧，根据披露的财务报表计算，其借款利率约为 7%，而 2015 年总资产收益率约为 4.3%，赚的钱都不够给银行打工的。这本书不是财务报表分析的教材，这方面作者也非专家，简要的分析是给大家一个基本的情况说明。2015—2016 年的 A 股大市走势想必不用多言，我们看看该公司的股价走势，可谓天马行空。的确，交易这行就是讲究兵无常法的，乱拳打死老师傅也是常有之事，不过大家也别忘了，交易这行比的不是一两次成功的爆赚，而是谁活得更长久。这个前提下，不管市场大势，不顾标的具体情况，龙飞凤舞一顿乱做，最终的结局就是被证监会抓个操纵市场的现行，铩羽而归。这里说的是作势者的得失，广大跟势交易者也不要觉得事不关己，参与这种标的的交易，就不怕突然第二天开始就崩盘跌停么？时刻都要问自己一句：现在大市是什么大势？

19.7 善借势者胜

《七雄略》节选：

武安君破赵长平军，降其卒四十余万，皆坑之。进围邯郸，而军粮不属，乃遣卫先生言于秦昭王曰："赵国右倍常山之险，而左带河漳之阻，有代马车骑之利。民人气勇，好习兵战，常会诸侯而一约为之纵长，明秦不弱则六国必灭。秦所以来得志于天下者，赵为之患也。今赖大王之灵，赵军破于长平，其信臣锐卒莫不毕死。邯郸空虚，百郡震怖，士民咸怨其主。诚以此时遣转输、给足军粮，灭赵必矣！灭赵以威诸侯，天下可定，而王业成矣！"秦王欲许之，应侯妒其功，不欲使成，言于秦王曰："秦虽破赵军，士卒死伤亦众，百姓疲于远输，国内空虚。楚、魏乘虚为变，将无以自守，宜且罢兵。"王从之。

后三年，复欲将白起伐赵，起不肯。王乃使应侯责之曰："楚地方五千里，持戟百万，君前率数万之众入楚，拔鄢郢，焚其郊庙，楚人震恐，东徙而不敢西向。韩、魏相率兴兵甚众，君所将不能半，而破之伊阙，流血漂橹，韩、魏已服，至今称东藩。此君之功，天下莫不闻。今赵卒之死于长平者，已十七八，是以寡人愿使君将，必欲灭之。君常以寡击众，取胜如神，况以强击弱，以众击寡乎?"

武安君曰："是时楚王恃其国大，不恤其政，而群臣相妒以功，谄谀用事，良臣疏斥，百姓离心，城池不修，既无良将，又无守备。故臣得引兵深入，多倍城邑，发梁焚舟，以专人心；掠于郊野，以足军粮。当此之时，秦之士卒，以军中为家，以将为父母，不约而亲，不谋而信。一心同力，死不旋踵。楚人自战其地，咸顾其家，各有散心，莫有斗意，是以能有功也。

伊阙之战，韩孤顾魏，不欲先用其众；魏恃韩之锐，欲推以为锋。二军争便，其力不同。是以臣得以设疑兵，以持韩阵，专军并锐，触魏之不意，魏军既败，韩军自溃。以是之故，故能有功，皆计利形势自然之理，何神之有?

今秦军破赵军于长平，不遂以时，乘其震惧而灭之，畏而释之，使得耕稼以益蓄积。养孤长幼以益其众，缮理兵甲以益其强，增浚城池以益其固。主折节以下其臣，臣推体以下死士。至平原之属，皆令妻妾补缝于行伍之间，臣民一心，上下同力，犹勾践困于会稽之时也。以今伐之赵，必固守；挑其军战，必不肯出；围共国都，必不可克；攻其列城，必不可拔；掠于郊野，必无所得。兵久无功，诸侯生心，外救必至。臣见其害，未睹其利，又病不能行。”应侯惭而退。秦乃使王龁将伐赵。楚、魏果救之也。

白话捷说：武安君白起是一代战神级名将，熟知兵法，太史公对其的评价甚高：“料敌合变，出奇无穷，声震天下。”这一段并非《七雄略》的主旨，但是作者却认为其与交易的关系比较大，我们需要透过史料好好学习武安君的作战思想，特别是这个故事所说的时宜对作盘生死成败的重要性。

交易这个事和带兵打仗一样，都是讲究因时、因地制宜的。以图 19 – 4 中所示的走势为例，通常选择突破点 A 点去跟进做多都是对的，因为这满足了道氏理论对上升趋势的定义。但是之前的高点如同敌军的城池，能否一举攻下来，适不适合直接攻城，都要根据具体的情况来看。总体而言，守城池的属于以逸待劳的一方，而攻城的一方则要看具体从哪里发兵，是不是劳师远征，兵疲将乏？另外攻城的兵力（成交量）如何？与守军力量的对比呢？这些都要综合考虑，忽略这些，就容易产生无谓的止损，当然，有交易者不认输死扛，殊不知，很可能扛在了顶部长钉假突破上，这样就相当于被敌军以城为饵，围而歼之了。通常我们说在 B 点去做多是不好的，这是因为 B 点处局部的势是向下的，对于多数资金不大的公众交易者，逆着敌军的兵峰而上自然是不智的，很有可能出现图 19 – 4 的情况，这种情况对于风险控制和资金管理都是极其被动的。当然，如果作为作盘的机构而言，韩信的背水阵未必不是破敌良策。回归正题，至于在 B 点抑或是 C 点能不能抄底做多，也是需要具体情况具体分析的，我军可有集结？冲锋若不利能否找到防守之处顺利抽身？敌军兵力部署情况又如何？而我军进行集结是要撤退还是要进攻？这些问题不搞清楚，单纯讨论某个位置适不适合去抄底根本没有任何意义。我们的交易从根本上说是基于势的，某一个具体价格是势的重要考虑部分，但并非全部。历史上在计算机技术还不够发达的年代，单纯以近似道氏理论定义的价格突破为判势标准的唐·奇安通道曾经盛极一时，然而对于今天而言，这种朴素的判势标准则实在是显得有些过于简单了，所以也很少看到有人使用了。交易不是玄学，而是科学地对市场、对自己的交易计划进行分析，但要切记无论兵法还是交易法则都不是死板的教条，严格按照某个死板机械交易系统进行交易取得成功的交易者大家又听说过几个呢？交易本身就应该是灵活的、因地制宜的、相时而动的，这样才合于真正的交易之道，才是真正的顺势交易。

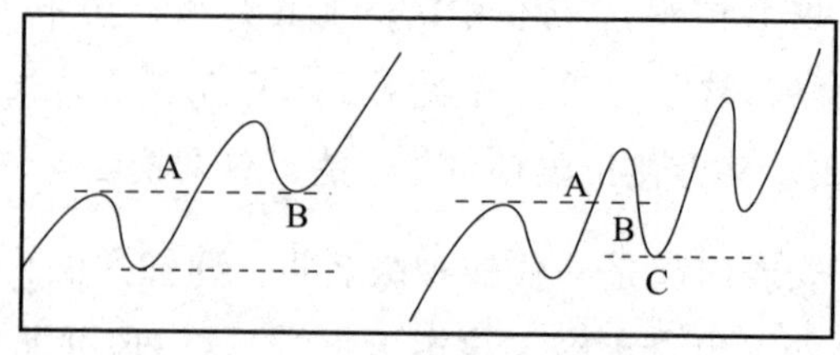

图 19－4　做多点的选择

19.8　势的种类

《势略》节选：

故兵有三势（夫兵有三势：一曰气势，二曰地势，三曰因势。若将勇轻敌，士卒乐战，三军之众，志励青云，气等飘风，声如雷霆，此所谓气势也。若关山狭路，大阜深涧，龙蛇蟠磴，羊肠狗门，一夫守险，千人不过，此所谓地势也。若因敌怠役饥渴，风波惊扰，将吏纵横，前营未舍，后营夹涉，所谓因势者也。），善战者，恒求之于势。势之来也，食其缓颊，下齐七十余城；谢石渡淝，摧秦百万之众。势之去也，项羽有拔山之力，空泣虞姬；田横有负海之强，终然刎颈。

故曰：战胜之威，人百其倍；败兵之卒，没世不复（永挫折也。言人气伤，虽有百万之众，无益于用也。）故“水之弱，至于漂石”，此势略之要也。

白话捷说：我们反复说作盘与行军打仗并无二致，交易时也有着三势。第一，气势，交易中的气势即是价格波动的速度与成交量。交易之中“气等飘风”表现在盘口上就是成交价格突然急速地朝某个方向运动，而“声如雷霆”则是伴随着价格的波动，成交量急剧地积累。相信有过一段时间盯盘交易股票、期货等金融工具的交易者一定见识过此等情形。我们来看个例子，如图 19－5 所示。

图 19－5 为上证指数 1994 年 8 月 1 日从绵延下跌之中拔地而起的走势图。经常做交易的人都知道：不要轻易抄底，底是不是一个具体的点位。没错，

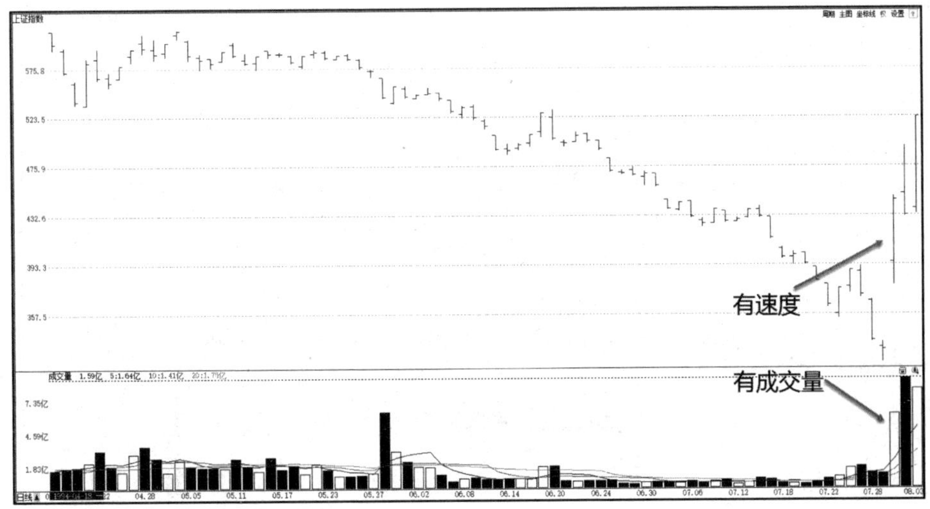

图 19－5　做盘之气势（上证指数）

特别后半句更是真知灼见，一轮行情底部最低点的确只有一个，所以根据点位去猜底的胜率是极低的。而根据“势”去交易底部，则大为不同，即是常言道的顺势而为。那么顺什么势？这个例子告诉我们，气势若磅礴，有何不可顺之！至于怎么才算气势磅礴，这就要读者自己在盘中总结和体会了，总体原则就是速度和成交量，具体判断实无定法可依。

依气势交易并非简单之事，首先要确定此处真有气势，特别是在盘中要进行准确地判断，实属不易。对于股票，判错了气势无非两种后果：一种是本无气势，却视之为磅礴，结局可能就是暴跌不止。另一种是本有气势而盘中狐疑，结果直接涨停一路冲天。所以特别对于初学者而言，我们宁可犯第二种错误也不要犯第一种错误，这种错误代价太昂贵。另外，气势之势，至刚至强，刚则易折，如没有气吞万里如虎，则往往结局是烟花易冷。我们来看个例子，如图 19－6 所示。

图 19－6 中的标的为广州发展在 2017 年的一段走势，头一天显示巨量涨停，第二天却直接巨量跌停，这如果还看不出来是咋回事，还要抱有希望，的确是后知后觉了。第一天的放量涨停，相比较之前的很长一段时间成交量实在放得太大了，如此之势身处其中不能盲目乐观，而应谨慎关注第二天的走势，如该标的一般第二天开盘则放量下跌，早盘起码也要砍一半，以观后效。选这个例子是要告诉读者，风险控制远比赚钱来得重要。

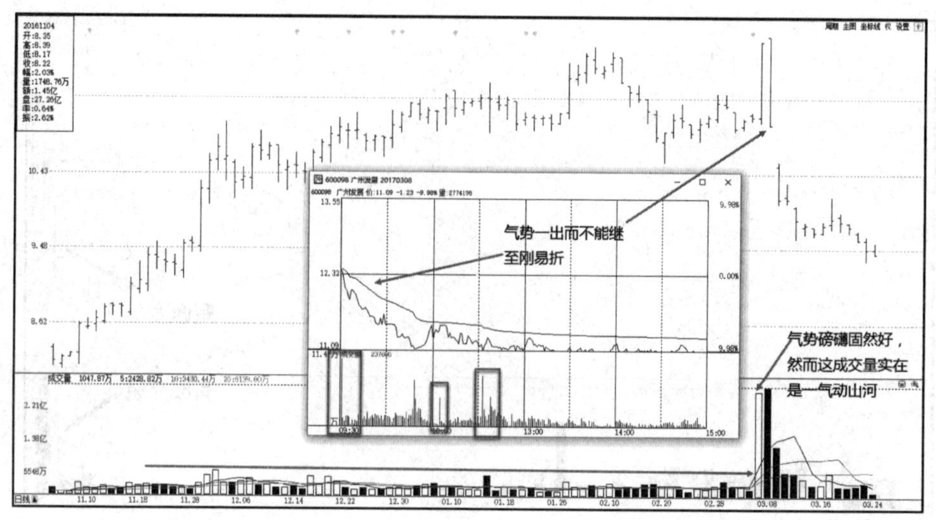

图 19-6　难以为继之气势（广州发展）

地势是多数交易者最常借助的势，即根据形态突破进行开仓交易。所谓万仞山上滚圆石，自然势不可当。交易地势其中的关键则是发现高山的地势何在。交易之中的地势即是逆转与持续理论中所讲的形态。背靠形态做交易应该是多数交易者最开始学习的技术，却也是最难掌握的技术之一。形态与指标不同，怎么画边界线或者颈线，就好比勘察地势，不同的人有不同的看法，往往很容易带有很强的主观色彩，尤其是在盘中波动的过程中，更是难以冷静客观地思度具体的情势，正所谓："横看成岭侧成峰，远近高低各不同。不识庐山真面目，只缘身在此山中。"这样的一种特点导致了很多交易者有这样的感慨，事后找形态、画边界线真是百试不爽，而盘中怎么就很难做到呢？形态并非死板教条的存在，而是随着行情的发展而不断变化和演变的。或许我们应该感谢这一特点，正因为形态的识别和边界线的画法是一门极具技术含量的手艺活，所以直到目前为止还未听闻人工智能和深度学习算法可以准确地识别形态并通过其进行交易。

因势的"因"字意为"循，根据"的意思。所谓因势即根据敌情而造我之势而乘敌之失势。我们讲了交易是个零和游戏甚至负和游戏，每个市场参与者在不同的时机都可能互为对手，也可能因利而盟。而主导行情发展的往往是掌握资金或部位众多的参与者，通常为上市公司或者机构投资者，这些大的市场参与者通常定期要通过上市公司的报告或者交易所的统计数据向外披露或者传达一部分情报。作为跟势交易者，我们应该与其做对手还是做盟友呢？这个问题的答案其实很明显，除非你真的想“战胜庄家”。掌握大型头寸的交易者的决策都是经过缜密思考和计划的，并且由于他们往往有着公众投资者所不具备的信息优势，所以他们更容易因公众投资者之势而将利益导向对自己有利的发展方向。所以，因势之势通常我们要站在机构投资者或者上市公司的角度去思考，自己买个几万块的股票，还有什么可因势的呢？我们来看一个例子，如图 19－7 所示。

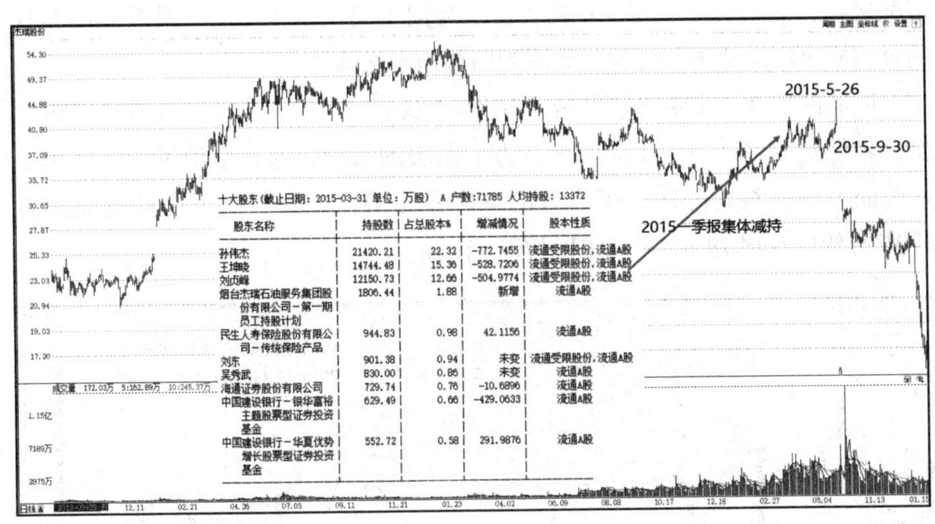

十大股东(截止日期：2015-03-31 单位：万股) A 户数:71785 人均持股：13372

股东名称	持股数	占总股本%	增减情况	股本性质
孙伟杰	21420.21	22.32	-772.7455	流通受限股份，流通A股
王坤晓	14744.48	15.36	-528.7206	流通受限股份，流通A股
刘贞峰	12150.73	12.66	-504.9774	流通受限股份，流通A股
烟台杰瑞石油服务集团股份有限公司－第一期员工持股计划	1806.44	1.88	新增	流通A股
民生人寿保险股份有限公司－传统保险产品	944.83	0.98	42.1156	流通A股
刘东	901.38	0.94	未变	流通受限股份，流通A股
吴秀武	830.00	0.86	未变	流通A股
海通证券股份有限公司	729.74	0.76	-10.6896	流通A股
中国建设银行－银华富裕主题股票型证券投资基金	629.49	0.66	-429.0633	流通A股
中国建设银行－华夏优势增长股票型证券投资基金	552.72	0.58	291.9876	流通A股

图 19－7 因牛市之势出货（杰瑞股份）

图 19－7 为刘光彦教授经常提到的“牛市熊股”杰瑞股份从 2012 年初到 2016 年初的走势。往往看似最不合理的事却都有其最合理之处。杰瑞股份这一段行情的最高点是在 2013 年末 2014 年初创出来的，领先了整个指数，而随着大盘开始走牛，杰瑞股份却开始了缓缓下跌，这里面有很多基本面的因素，比如刘教授讲的张裕市值多大、杰瑞股份市值都比张裕大了等等这些方面的因素，我们先不去探讨太多这些，而把重点放到上市公司高层如何因势而动上。我们看到，在这样强劲的牛市里，2015 年 1 季报时上市公司高层集体减持，随即震荡之后，该标的做了一个形态，放量向上突破，假借“地势”启动，这一天是 2015 年 5 月 26 日。随后第二天，公司公告：“烟台杰瑞石油服务集团股份有限公司正在筹划重大事项……于 2015 年 5 月 27 日开市起停牌。”2015 年 6 月 3 日，再次公告公司拟“筹划发行股份购买资产”，停牌日

期到2015年7月3日。最终，2015年9月30日公告："因标的公司尽职调查结果与拟交易价格存在较大背离，双方未能就合作条款和交易条件达成一致。"开始复牌交易，先补上几个跌停。我们分析这个实例不是在讲阴谋论，也不是在讲内幕交易或者强化投资者保护。这一切进行得都合乎法律，不然交易所和证监会早插手干预了。研究这个例子是为了阐明什么叫作因势。这其实是高明的作盘之道，股价先于大盘达到一个很高的高度，然后趁大盘走强，市场买兴高涨，大家每天被涨停板顶得晕晕乎乎、没人关心公司各方面情况之际，悄然减持离场，并且假借地势向上突破引人参与，最后亦幻亦真的重组则再次因势关门打狗。此堪为因势而动之典范。

因势的另外一个经典战例是2016年"双十一"夜盘商品的集体"闪购"，交易者们要记住这些凝血的时刻，为了图表的清晰，这几个例子特意使用了K线而非美国线，并嵌入了当天的分时图走势，如图19－8中的棉花期货1701合约以及图19－9中的PTA1701合约。

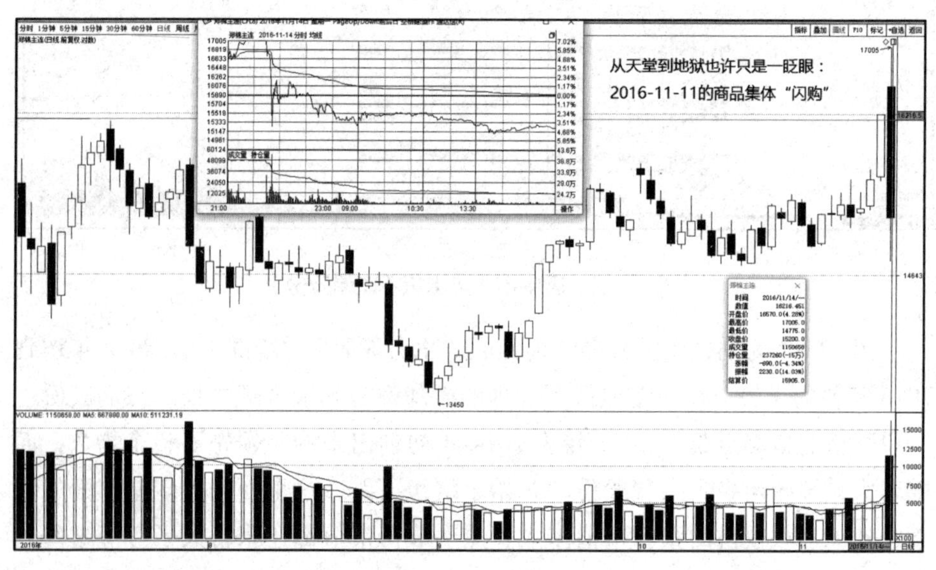

图19－8　因敌之懈怠击敌之劣势（棉花期货1701合约）

这一战也是攻其不备，令其自乱阵脚的经典战役，其精彩程度远胜于杰瑞股份的例子。不过因为交易期货的群体相对较少，所以并没有引起太大的波澜。估计多数股票交易者看到这种例子更会心生胆怯而不敢接触期货了。

月风先生解读此役之始末为：时值2016年"双十一"晚上，淘宝、天猫各大实体店、商城、餐饮和娱乐场所的各种活动正如火如荼地进行着。晚上一开

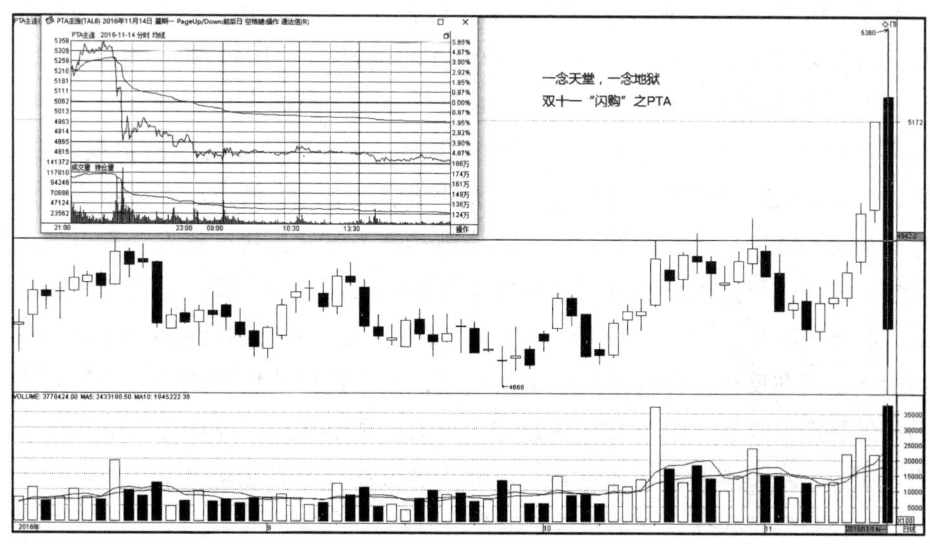

图 19 -9　因敌之懈急击敌之劣势（PTA1701 合约）

盘，不到半小时很多品种已经高开向上涨了很多，像棉花还封住了涨停板。此时买兴浓郁，没人会在意风险心理，只想着消费了，此其一者，心不在焉。多数交易者甚至很多机构中的交易者看到如此巨大之涨幅就下班娱乐消费去了，仅留守少量的值班人员，甚至设置好计算机自动止损指令就全体下班了，此其二者，人不在岗。还有一个十分重要的因素是，夜间银行是不工作的，即便有人愿意调拨头寸来给多头补充保证金，可是银行夜间休息，无法转账，此其三者，友军无奈。有此三者还不够，至关重要的一环是多头自己走上了悬崖：期货本来就是杠杆交易，很多交易者满仓不说，甚至还有很多融资二次加杠杆满仓交易的多头部位，此时略有风吹草动，整个多头军团阵线即不攻自溃。

最终的结局大家都看到了，棉花只是打开涨停板一点，几乎没有停顿，立即引发了崩溃，从涨停到接近跌停只用了一两分钟。这根本不是空头的气势，而是多头自乱阵脚，由于无法补充保证金而被纷纷强行平仓，进而导致"踩踏"很多持有多头的交易者止损平仓所成交的价格极其之差，接近跌停价，因为下面是基本没有买单的。而空头因势而退，在跌停价附近悄然离场而去。此役真是精彩至极，堪为因势而动之典范。

前面讲得两个例子都是机构因势而动，依靠其准确的判断和对人性的把握来获利的典范。其实这样的例子比比皆是，纵观几百年现代资本市场历史，从郁金香狂热到次贷危机，哪一次不是有远见的投资者在公众投资者热情高涨甚至疯狂时讲手里的筹码给到公众投资者进行兑现呢？那么作为跟势交易者是否可以因势交易呢？答案是肯定的。跟势交易的因势最核心的内容即是发现热点。

如何来发现热点呢？每个人都有自己的方式，有的人喜欢看新闻，有的人喜欢看研报，有的人喜欢看涨停板。但是，规范的从交易学的角度来看，首先我们应该对热点有个定义或者说大的轮廓。交易中的热点不是指媒体曝光率最高或者论坛、朋友圈、群里讨论最多的个股或板块。如果一段时间内市场之中某一概念板块或者行业中的个股普遍涨幅领先，成交量普遍较为活跃，在技术特征上领先于市场多数其他板块，比如市场刚刚底部形态突破，该板块已经在反扑位突破甚至中继突破了，那么这样的板块或者行业即是交易中的热点。交易中的热点往往是有了很大的涨幅之后，媒体才会陆续报道出原因，公众关注度往往才会提升。而一旦市场参与者热情高涨，集体杀入时，往往是放量大涨，也是该考虑是否该因势退出之时了。

明白了这个定义和过程，跟势交易者的因势行为就可以体系化的来实现了。首先是正向寻找，翻看各个板块指数（通达信、同花顺、东方财富等各大行情软件里都有），看看当日和近期涨幅居前的板块指数，看看其所处的格局并与市场指数所处的格局进行比对，如果市场指数底部突破，该板块指数中继突破，那这个板块一定是热点，当然，如果市场指数进入中继，该板块指数正在突破中继形态，同样也表明了该板块的强势。其次是反向印证，利用条件选股或者人工翻看的方式，寻找技术上处于涨势并且适合交易的个股，然在结果中根据行业或板块分类，哪个行业或者板块的个股多说明哪个是热点。为什么既要正向寻找又要反向印证呢？正向寻找是自上而下的，从宏观视角入手，让我们可以发现市场上所有可能的热点板块，并且此时我们不必去过多关心具体的个股标的，而是将注意力集中再板块或者行业之上，然后思考热点板块之间的联系，比如上下游？比如价格传导？比如共同受某一因素的影响，等等。充分思考清楚这些问题，有助于辅助我们判断热点的可持续性。而自下而上翻看则是完全集中于个股的技术走势，此时我们完全不去考虑市场热点，而是集中精力在找出潜在的好的交易标的，一方面我们能通过这一过程够清楚地了解市场短期的强弱，另一方面翻看具体标的多了自然会对真正的热点板块或者行业有感觉。最后一步是板块或行业指数与具体个股相印证，找出最适合交易的个股标的，即热点板块中的潜在龙头个股，个股的选择考虑什么呢？无外乎于地势和气势，即充分性如何，河宽多大，成交量堆积如何，等等。当然，期货交易也是适用于这一过程的，只是期货相对品种比较少，可能挨个翻看一次也并不花费多少时间，而且很容易记住哪个板块比较强。

一个标的好不好，一定不能单纯依赖一个图表看看就下结论。要综合考虑地势（技术充分性）、气势（买兴力道）和因势（热点还是市场情绪兑现），并且考虑市场大势，才能相对稳妥地给出相对靠谱的答案。另外，地势上大形态不平衡，需要用大的反扑来弥补，地势不足需要气势来弥补。既不平衡，也不充分，往往需要用浅碟走势来化解。

19.9 交易你的计划

《料敌》节选：

夫两国治戎，交和而舍，不以冥冥决事，必先探于敌情。故孙子曰："胜兵先胜而后战。"又曰："策之而知得失之计，候之而知动静之理。"因形而作胜于众，用兵之要也。

白话捷说：在市场中交易，绝对不能依靠算命占卜。很多交易者采用的是买入并期待的策略，听个消息或者看个新闻，想起来买入什么标的，然后每天占卜吉凶，如此行事又怎能成功呢？交易需要有周密详细的计划，而且这个计划是需要盘前就做好的。绝对不要盘中突发奇想进行交易。提前制订计划不代表盘中不能变通，绝大多数时候，交易计划在盘中是应该不需要太大的调整的，否则应该反思的是交易计划制订得是否详尽。价格波动有其一定的规律，而这种规律也是随着时代演变的，并非完全一成不变但万变不离其宗。所以，为什么有的交易者总能捕捉到市场的热点？特别是日内交易者，优秀的交易者每天总会捕捉到当天波动的龙头，这绝非靠运气或者龟卜，而是依靠盘前计划已经明确了克敌制胜之道，盘中只是从容地执行罢了。只有周密的计划方能知道胜有何得，败有何失。总不能什么都不想一头扎进去冲动交易，每每做失败大亏、获胜小利之事吧。而盘面波动的规律也是需要长期的观察和等待方能了悟的。

交易计划制订时需要根据大的格局而综合考虑，要有一定的前瞻性和预判性，善于计利形势远比资金多寡重要得多。何时需要按照大形态交易，何时将大形态分解寻找小形态的战机，何时可以将一个日内部位转换为日级部位，大形态突破后如何来对冲反扑过程，这些因素都需要思考清楚，绝非盘中来个线上买线下卖那么简单。

第 20 讲
基本面与量化交易

开篇明义

兵法：一曰度，二曰量，三曰数，四曰称，五曰胜。地生度，度生量，量生数，数生称，称生胜。故胜兵若以镒称铢，败兵若以铢称镒。胜者之战民也，若决积水于千仞之溪者，形也。

——《孙子兵法》

我总是从我观察到的事实中找出我自己的结论，这是我得到结论唯一的方法。我不能从别人叫我看的事实中找到结论。那些不是我自己的事实。

——《股票大作手回忆录》

量化交易又称为量化投资，是从学术研究中发展出来的一套投资交易体系。其核心思想是斯蒂芬·罗斯的套利定价理论（Arbitrage Pricing Theory）。这套理论的主要思想是认为股票的价格是由很多基本面的因素决定的，比如宏观的经济因素、中观的行业产业因素、微观的财务因素等。每多发现一个因素，股价的波动就少了一种其他的解释，也就更加不容易被其他人利用这个因素来套利了。看了这段介绍读者会发现量化交易与本书其他章节所阐述的方法正好是背道而驰的。那么，为什么要专门介绍量化交易呢？

一个人的精力终归有限，当资产规模大到一定程度时，少量的投资标的已经难以满足交易的流动性需求了。此时再去进行主观交易就不是一件简单容易的事了。比如盯着一个几十只股票的投资组合，关心每一只个股的走势变化以及相关信息实在是一个相当劳神的工作。一个不错的替代方案就是使用量化交易的方式，完全让程序来决定交易什么以及买卖方向，定期进行组合的再平衡即可。而交易者可以将解放出来的精力用于研判大市整体的情况，适时进行对冲或者仓位调配。这样既轻松，又可以牢牢地抓住主线。毕竟，大型投资组合追求的已经不是暴利，而是稳健的投资收益，量化交易可以很好地满足这种需求。

本章对如何进行量化交易，量化交易中常见的基本面因素（因子）以及量化交易中需要注意的问题进行分析，为读者提供一份简明扼的进行量化交易的指南。

20.1　基本面与主动交易

本书的主要内容是通过分析价格与成交量进行主动交易，不过，不可否认的是，基本面是价格背后的推动因素，有的基本面信息影响所有金融市场以及所有资产大类。董华平和干杏娣（2015）提出“中央银行能够通过货币政策工具操作有效地影响整个银行系统的信贷量”。而银行的信贷最终流向哪里，哪里就是一波热潮，2015 年，银行的信贷资金通过伞形信托源源不断地流入股市，造就了惊人的涨幅，就是一个典型的例子。另外，金融本身还有溢出作用，李建伟（2017）提出“城乡收入分配差距和普惠金融发展在我国不同省域之间均具有显著的空间正相关性，周边省域普惠金融的发展对本省域城乡收入差距的改善存在溢出效应”。最近互联网金融在东部省份的兴盛也算是溢出效应的一个佐证，见表 20－1（李建伟，2017）。

表 20－1　2014 年我国各省份普惠金融发展指数（李建伟，2017）

地区	省份	IFI	地区	省份	IFI
东部	北京	0.3592	中部	湖北	0.0442
	天津	0.2867		湖南	0.0399
	河北	0.0608		江西	0.0429
	山东	0.0939	西部	内蒙古	0.0115
	江苏	0.1348		四川	0.0399
	浙江	0.1485		重庆	0.0682
	辽宁	0.0791		广西	0.0282
	上海	0.9241		贵州	0.0327
	福建	0.0614		云南	0.0203
	广东	0.1146		西藏	0.0202
中部	山西	0.0530		青海	0.0175
	安徽	0.0579		宁夏	0.0383
	黑龙江	0.0238		陕西	0.0396
	吉林	0.0359		甘肃	0.0229
	河南	0.0699		新疆	0.0130

另外，马宇（2017）认为人口老龄化、产业结构不合理、福利制度不科学容易导致一个国家的债务危机。这些宏观的基本面信息潜移默化地影响着股市、商品、外汇以及楼市，其影响力十分重大深远。有的基本面信息仅影响部分板块或者行业，比如银行业的产业结构反向影响银行信贷投放，进而可能影响到银行的业绩（董华平、干杏娣，2015），这对整个银行业的估值都产生了很大的影响。有的基本面信息仅影响个体的企业，比如长春长生的问题疫苗事件，直接导致该公司股价暴跌。

如何分析基本面信息并辅助交易决策呢？首要的一点是注意常识的重要性。我们作为交易者需要知道常见明显的基本面信息变化的“好”与“坏”，即对大市什么影响，对行业什么影响，对具体标的什么影响都要心中有数。比如地震了市场会怎样，比如战争了各个市场会怎样，比如降息降准了通常处于不同位置的市场会怎样（这种事件一定要结合市场运行的具体趋势、位置、形态来判断），比如天气恶劣导致虫害减产可能会影响什么，具体怎么个走法？类似这种问题是必须要心中有明确的答案。其次，要明了市场上买消息，卖事实这样的行为。举一个笔者亲身经历过的例子，如图 20－1 所示，2012 年 8 月 10 日，美国农业部 USDA 定期公布作物产量信息，由于当年天气炎热叠加病虫害，USDA 的报告内容披露玉米大幅减产，美玉米当时瞬间冲高，美玉米指数刷新当年高点，844.6 美分/蒲式耳，然而几秒钟之后，巨量的卖单砸了出来，价格急速下跌，速度快到笔者当时使用的行情软件已经卡住了，看不到价格是怎么变动的了。最终，当天美玉米指数价格收在 806.8 美分，接近日内最低点 804.7 美分。而当天的最高价 844.6 美分成了近年来美玉米指数的最高价。这是一例典型的买消息、卖事实的例子，美国天气不好、虫害这些信息所有市场参与者都知道，当最终的答案揭晓时，市场再也没有新的炒作点了，此时行情就逆转了。

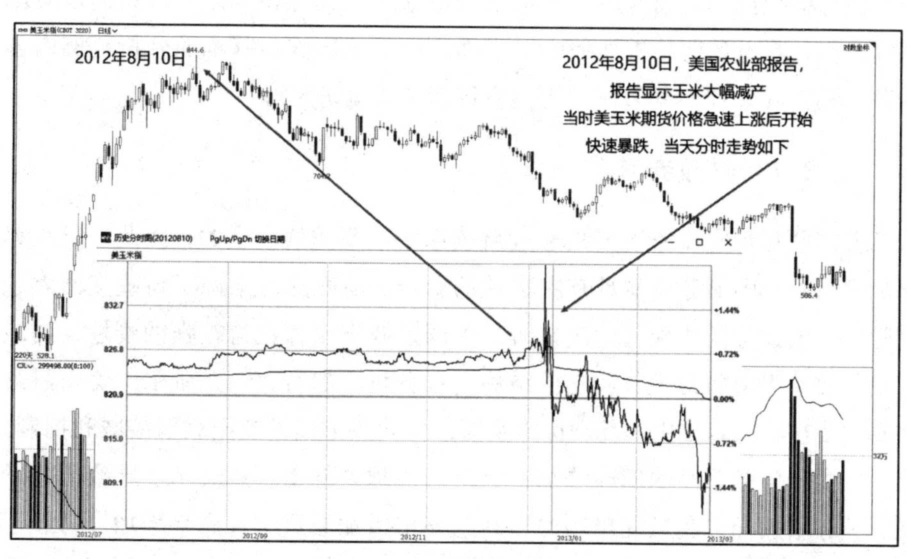

图 20－1　美玉米 2012 年 8 月 10 日 USDA 报告走势

最后一点是，分析基本面需要考虑这些信息是否已经被市场定价过了，还是这些信息具有长期、深远的影响，会慢慢发酵，甚至这些信息本身也是在慢慢发展的。比如，马宇（2017）提出，贸易保护主义愈演愈烈、国际利率提高导致债务负担加重可能造成新兴经济体的债务危机。这种过程必然是缓慢的而又持久的。

总之，在主动交易中，基本面信息应该是起到辅助持仓或者研判大局的作用，而不应该是简单地根据基本面信息去开仓交易，毕竟基本面信息的时效性往往相对较差，具体标的实际走势情况也不一定立即反映基本面的变化。一切仍应该在做好风险控制和资金管理的前提下进行。

20.2 国债的基本面分析

当一个交易者做得足够大时，资产就需要进行分散配置。不仅仅配置在各自权益或者衍生品市场上，为了资金的安全和收益的稳定，往往也需要进行固定收益市场的投资，而这其中很大的一块就是投资国债。债券投资是个典型的投资市场，而不是交易市场，因为债券买到手里之后流动性往往比较差，想出手交易往往要付出很高的流动性溢酬，也就是说往往得打个狠折。所以，买卖国债就不是个单纯分析价格和成交量的工作，而是要对基本面有个比较好的把握。美国的国债市场是全球最大的债券市场之一，我们以美国国债为例，看看如何分析国债的基本面。以下美国国债基本面分析范例内容转载自马宇（2017）的著作《美国主权债务风险研究》。

20.2.1 财政赤字

美国联邦政府债务主要是通过财政赤字不断积累产生的，因此，财政赤字的多少对美国债务风险具有决定性的影响。财政赤字来源于财政支出大于财政收入的部分。从现实情况来看，美国财政支出存在着很强的刚性，削减支出的政治阻力非常大。从支出结构上来分析，如表 20 - 2 所示，美国财政在军费支出、利息支出和社会保障及医疗保险等方面的支出难以缩减和控制。第一，由于债务总额的不断增加，利息负担越来越重，财政赤字导致债务增加，债务增加导致利息支出增加，利息支出增加导致财政赤字增加，已经形成了一个恶性循环。目前美国利率处于历史上最低水平，一旦将来利率水平上升，则利息支出会大幅增加。第二，美国为维持在全球的军事霸权，必须保持一个庞大的军事开支，占到财政支出的20%左右，很难缩减。第三，美国联邦财政支出中的社会保障及医疗健康保险支出难以削减。2007 年为 15939 亿美元，2009 年为 19806 亿美元，2011 年为 22530 亿美元，2012 年为 21874 亿美元，占财政支出总额的 60% 左右，是最大的支出项目。尽管近几届政府都力求缩减此项开支，但是由于国会和普通选民的反对，难以真正缩减此项开支。公众选举出来的政治人物为获取选票，削减社会福利开支方面只能是说得多，做得少。由此可见，美国财政支出具有很强的向上刚性，政府削减预算支出的实际操作空间很小。

表 20 –2　美国财政支出结构　　单位：10 亿美元、%

年份	总支出	军费支出		利息支出		社会保障、健康、医疗保险支出	
		金额	占比	金额	占比	金额	占比
2007	2728. 7	551. 3	20. 2	408. 1	13. 5	1593. 9	58. 4
2008	2982. 5	616. 1	20. 6	387. 8	11. 7	1719. 7	57. 6
2009	3517. 7	661. 0	18. 8	353. 4	9. 6	1980. 6	56. 3
2010	3456. 2	693. 6	20. 1	380. 4	9. 8	2149. 6	62. 2
2011	3818. 8	768. 2	20. 1	422. 3	10. 8	2253. 0	59. 0
2012	3728. 7	737. 5	19. 8	420. 3	10. 8	2187. 4	58. 6

数据来源：①赵平：《美国债务违约风波的深层次原因探析》，《经济与管理》2012 年第 3 期，第 29 –35 页；②国务院发展研究中心信息网。

从增加财政收入方面来看，美国联邦政府的能力很有限。财政收入主要来源于税收，而经济增长乏力又使得税收总额难以大幅增加。另外，通过增设税目和上调税率可以很快增加财政收入，但是这要承担政治失败的风险，政治人物往往都是通过减少税务负担来获取选民的支持，增加税后的政策会受到来自各方面的压力和限制，最终都很难实现。从实际情况来看，近年来美国政府为促进经济增长，主要实施的是削减税负的政策。减税政策是美国政府的主要政策，这样就造成一方面支出难以缩减，呈现向上刚性，另一方面不断推出税收减免政策，财政收入增加困难，由此必然出现持续的巨额财政赤字，并导致联邦政府债务快速增加。

20. 2. 2　经济增长

美国经济能否快速健康发展是美国主权债务风险的重要影响因素，如果 GDP 增速高于债务增速，那么随着时间的推移，债务负担率会逐渐下降，债务风险降低，反之，如果经济增长长期乏力，债务负担率就会上升，风险随之上升。如果从财政收入和支出的角度来考虑，快速的经济增长一方面能够增加税收，另一方面也可以减少失业保障等支出，从而缩减财政赤字。因此，经济增长状况对美国联邦政府债务风险具有很大影响。

美国虽然遭受了金融危机的冲击，但是企业仍然具有较强的活力，保持着良好的创新能力，再加上完善的市场经济机制，美国经济在未来仍有很大的增长潜力。虽然，美国的传统制造业和房地产业在衰退，但是在航空航天、网络通信、生物医药和新能源等领域都保持着强大的竞争优势，因此，美国未来经济增长的潜力不可低估。快速的经济增长是降低美国债务风险的最重要因素。

20.2.3 老龄化与隐性债务

美国联邦政府显性债务占 GDP 比重已经超过 100%，但是这只是美国联邦债务的一部分，还有巨额的隐性债务没有计算在内。隐性债务主要来自于社保基金、医疗保险和医疗补助的巨大缺口，这些债务在近期不会变为现实的债务，但是随着时间的推移，如果不能采取有效措施，这些债务最终会变为现实债务。

美国社会老龄化使得社保和医保支出额迅速扩大，超过了 GDP 的增长速度。2012 年美国社保医保占财政支出的比例已经超过 60%，而且随着人口老龄化的发展，社保医保的支出还将持续增加。美国审计总署分析的结果认为，美国债务与 GDP 之比到 2040 年会翻一番，到 2060 年会再翻一番。美国国会预算办公室认为 2038 年美国债务占 GDP 比例将达到 180%。Laurence J. Kotlikoff（2011）认为美国非利息支出和预计收入之间的财政缺口高达 211 万亿美元。

我们可以看出，如不能进行根本性改革，因社保医保缺口造成的支出会持续扩大，美国财政在未来的某一天必然无法负担，靠发行国债也无法解决这一问题。因此，美国巨额的隐性债务将给美国联邦财政的可持续性带来巨大挑战，如果此问题处理不好，美国主权债务风险会大幅上升。

20.2.4 或有负债及意外冲击

现代市场经济中，一国政府既要承担维护公共秩序的社会责任，又要通过自身收入支出及资产负债的变化来调节经济，以解决市场失灵带来的问题，在这一过程中，政府通过为市场主体提供显性和隐性担保，从而构成了政府的或有负债。这些或有负债不是由法律确定下来的，无法计算出或有负债的数量，因为或有事项是不确定的，风险大小及政府需要出资的数量也是不确定的，因此，隐性的或有负债对财政具有巨大影响，一旦出现经济危机或遇到一些意外的冲击，或有负债就会转变为现实的财政支出。例如，在国际金融危机爆发的初始阶段，2008 年 10 月美国财政部用 2500 亿美元资金购买问题银行股票，增加其放贷的资本金；11 月又向美林公司、花旗集团、摩根大通银行、高盛公司等 9 家大型银行注资 1250 亿美元；同时美国财政部又通过购买优先股的方式注资 19 家地方金融机构；此外，还拿出 900 亿美元救助 AIG，并通过贷款形式出资 174 亿美元救助困境中的美国汽车制造公司。

当爆发金融危机或经济危机时，一些大型企业或金融企业的风险上升为影响社会安全的公共风险，政府就必须出面救助，从而使或有负债转化为政府的现实负债。在危机条件下，或有负债导致政府财政的非正常支出大幅增加，形成巨大的财政赤字，可能出现财政危机和主权债务危机。

美国国债具有众多投资者的主要原因是美元是国际货币，而美元之所以能够成为国际货币，主要原因就是美国是世界第一经济强国，无论在经济规模还是在经济质量及创新能力等方面都居于世界领先地位。在当今时代，新技术革命推动世界经济快速发展，各国都努力发展经济，由于基础条件不同、制度及方式方法不同，各国经济发展速度差别巨大，因此，从中长期来看，各国经济实力对比将不断变化，现在实力最强的国家并不代表其在未来很长时间内都是最强的。随着欧盟、中国等经济体相对实力的增长，一旦美国的相对经济地位有所下降，甚至失去世界领先的地位，那么就有可能出现可替代美元的货币和替代美国金融市场的市场，将给美国主权债务带来巨大风险。

20.2.5 利率上升

美国联邦政府债务数额巨大，每年需要支付的利息也是一笔巨大的开支，具体数据如表 20－3 所示。目前美国联邦债务已经超过 17 万亿美元，利率水平处于历史最低点，未来利率有很大的上涨空间。如果利率上涨 1 个百分点，每年就要增加 1700 亿美元的利息支出。美国联邦基金利率历史走势如图 20－2 所示，历史平均利率水平在 4% 以上，如果美国联邦基金利率从目前的 0.25% 上升到 4%，那么美国政府就要每年再多支付利息 6375 亿美元，这只是静态的计算。从动态角度来看，美国联邦政府债务还会因巨额财政赤字而不断增长，再加上利息的利息，在不远的将来，美国联邦政府每年需要支付的利息很可能接近或超过1万亿美元，如图20-3所示。因此，沉重的利息负担将有可能使美国陷入“庞氏融资”的困局之中，给国债持有者带来极大风险。

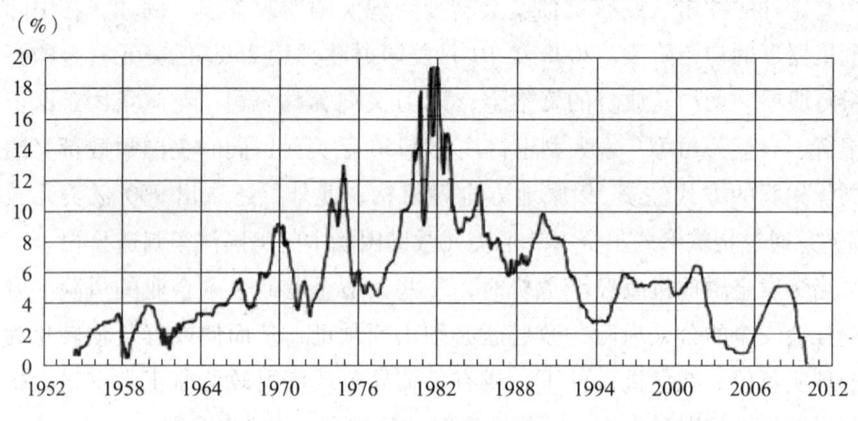

图20-2　1954年以来美国联邦基金利率走势图

数据来源：数据简报：美国联邦基金利率过去六十年走势图，中国经济网。

另外，利率的变动将会对资产价格产生巨大影响。国债利率的上升会压低国债的市场价格，从而给那些持有美国长期国债的投资者带来损失。例如，中国持有1.6万亿美元资产证券，如果市场价格下跌10%，那么中国就直接损失1600亿美元。

表20-3　美国联邦政府利息支出占当年财政收入比例

年份	利息支出占财政收入百分比（%）
2010	11.6
2011	12.8
2012	14.6
2013	14.9
2015	14.8*
2019	19.80*
2020	20.8*

注：带*数据为估计值。

20.2.6　通货膨胀与债务货币化

一国政府欠债过多时，往往求助中央银行通过增发货币来最终解决债务

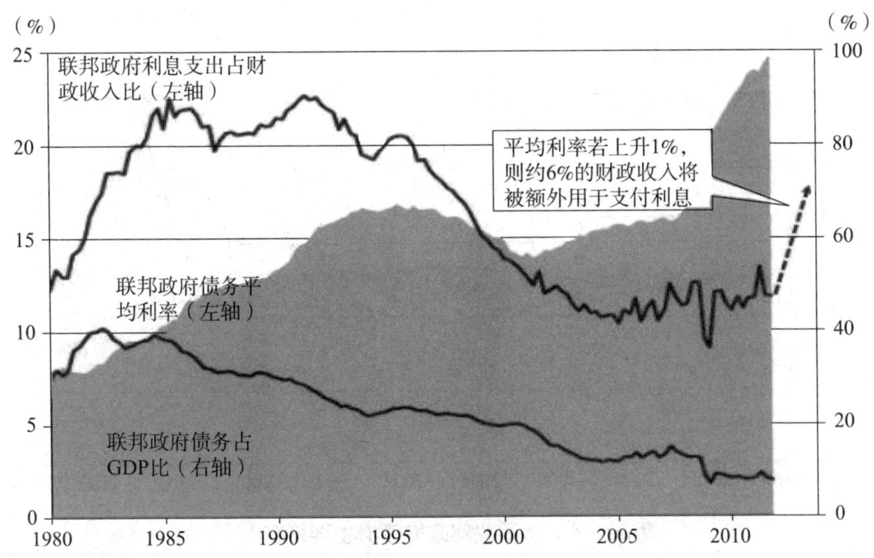

图 20－3　美国联邦政府债务平均利率和利息支出率

数据来源：Congressional Budget Office.

问题，结果可能是形成通货膨胀。美国政府巨额国债的发行也是通过美联储的配合，才能在市场平稳的情况下获得融资。美国政治体制的特殊之处在于美国联邦政府不能直接向美联储融资，必须通过发行国债的方式融资，而且发行国债有一个法定的上限，这个上限是国会立法设定的，更改上限也必须得到国会的批准，因此，才会出现美国国债触及上限的问题。

美国联邦政府通过发行国债向市场融资，当国债数额过大，而市场缺少购买力时，美联储就会通过增发货币收购政府国债，也就是美联储实行的量化宽松货币政策，从而使国债可以顺利发行。这一过程实际上是美国联邦政府债务的货币化。当美联储购买国债达到一定数量时就会出现货币发行过多、通货膨胀和美元贬值的风险，从而给持有美国国债的国外投资者带来风险。2010 年以来美联储的资产购买计划强有力地支持了美国政府发行国债。2011 年美联储持有美国国债的数量超过中国政府，成为美国国债的最大持有者，如图 20－4 所示。

美联储通过大量收购美国国债的方式压低了市场利率，为美国政府低成本融资创造了条件，同时带来的通货膨胀也会稀释美国政府债务。在第二次世界大战期间，为降低政府筹集战争经费的成本，短期国债利率水平被美联

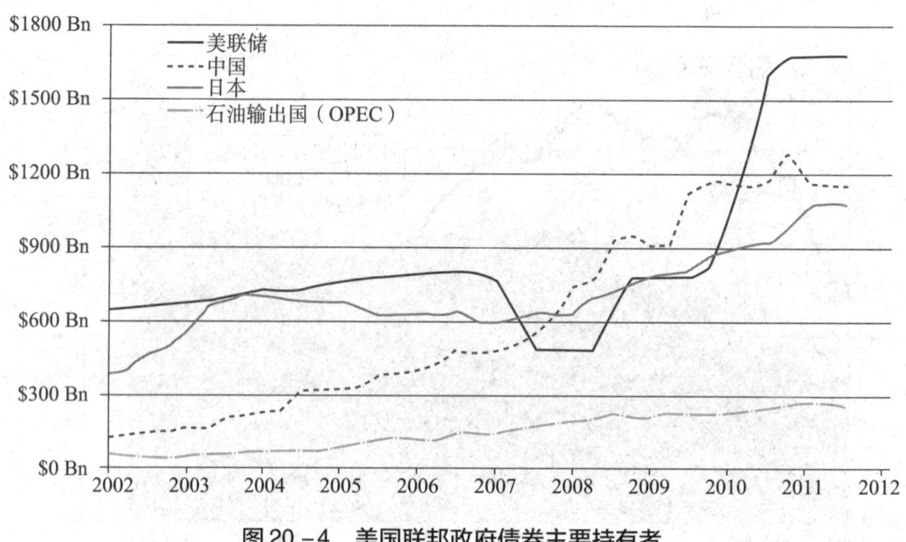

图 20－4　美国联邦政府债券主要持有者

数据来源：U. S. Treasury Department.

储压低到 0.5% 以下。战争结束后，美国债务总额达到 GDP 的 1.2 倍，为解决债务问题，美联储干预货币市场，压低利率，任由通货膨胀率上升，1947 年达到 14%，1948 年达到 8%。通货膨胀在造成物价上涨的同时也稀释了实际债务，减轻了美国政府的债务负担。从 1946 年到 1980 年期间，美国年平均通胀率达到 4.5%，再加上较稳定的经济增长和持续的财政赤字，政府债务比率在这 30 多年间迅速下降，如图 20－5 所示。

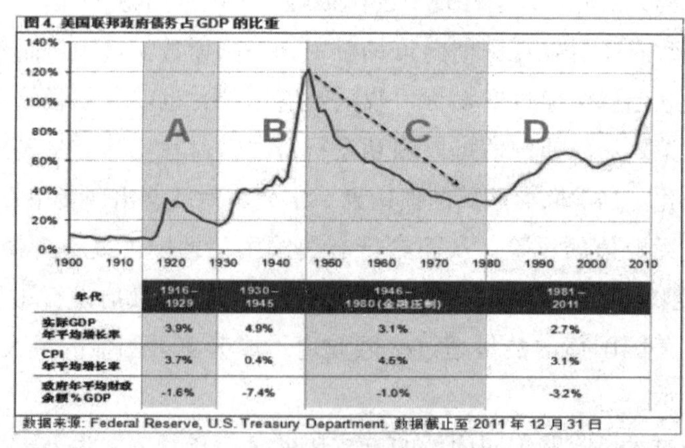

年代	1916－1929	1930－1945	1946－1980（金融压制）	1981－2011
实际GDP年平均增长率	3.9%	4.9%	3.1%	2.7%
CPI年平均增长率	3.7%	0.4%	4.5%	3.1%
政府年平均财政余额%GDP	-1.6%	-7.4%	-1.0%	-3.2%

数据来源: Federal Reserve, U.S. Treasury Department. 数据截止至 2011 年 12 月 31 日

图 20－5　美国联邦政府债务占 GDP 的比重

数据来源：Federal Reserve，U. S. Treasury Department.

20.2.7 国债上限与党派政治斗争

美国主权债务的主要风险之一是两党斗争导致的国债技术性违约风险。债务违约威胁成为政治斗争的一个筹码，这也是美国政治体制自身运行的结果，不是由于市场本身出现紧急情况引发的，而纯粹是一场政治游戏，但对市场造成极大破坏，并带来巨大风险。

美国小政府大社会及两党互相制约的政治制度决定了政府的借债行为受到限制，同时由于竞选者拉选票等因素，绝大多数政治领导人都会选择减税、增加财政支出等刺激经济繁荣的政策，从而不断加大美国联邦政府债务，一次次提高国债上限。

美国国债上限需要得到国会审批，而每隔一段时间美国国债就会触及上限，因此，每隔一段时间就会出现围绕国债上限的政治斗争，虽然每次都能最终达成妥协，让国债市场安然无恙，但是违约的风险始终存在，而且在一定条件下违约也确实会发生。

20.2.8 主权信用评级

主权债务评级是一国主权信用情况的综合反映，但同时主权信用评级也会对一国主权债务的风险带来巨大影响。2011 年 8 月标准普尔公司宣布将美国主权信用评级从 AAA 级下调到 AA +，并将其展望调整为负面。标普将美国主权债务评级下调，对市场心理和资金流向带来影响。摩根大通公司报告称受美债“降级”影响，美国国债利率会上升。这会导致先前买入美债避险的投资者遭受明显损失。因此，美国主权信用评级下调进一步加大了美国主权债务的风险。

历史数据表明，一国一旦失去 AAA 级的主权信用评级，短期内恢复的可能性很小，从而给美国国债带来一个长期影响。目前，世界三大评级机构中的惠誉公司和穆迪公司还维持着美国的最高信用级别 AAA，将来如果这两家公司也下调美国主权信用评级，美国主权债务的风险会进一步增大。

20.2.9 美元国际地位与世界金融格局

由于美元的国际货币地位，很多国家中央银行和政府都大量持有美国国债，并形成了美国发债给新兴市场国家，新兴市场国家输出商品给美国的这样一个格局。美国通过债务关系已经绑定了主要债权国，债权国和美国之间非对称的依赖关系，使得债权国不敢轻易抛售美元资产，如果抛售的话，债权国首先遭受损失。另外，美债作为一个低风险资产的地位在短期内不会改变，而它的替代投资品在短期内也难以出现，其他投资品在各方面目前都无法与美债竞争。从主要竞争对手来看，欧洲在主权债务危机的影响下一直不景气，日本更是债台高筑，其主权债务风险甚至超过美国，而包括中国在内的金砖国家的金融市场还发育不够成熟，很难获得投资者青睐。

从长期来看，美元的国际货币地位是否会受到削弱呢？其实目前已经出现了美元地位被削弱的迹象，例如，中国与很多国家避开美元结算，使用双方国家货币进行结算；很多国家外汇储备进一步多元化，增加了其他货币比重；人民币国际化的步伐正在加快，人民币已经在一定国际范围内被使用和流通。如果在未来某一时刻，美元国际货币地位真的受到挑战，那么很可能出现 20 世纪 60 年代末到 70 年代初美元危机的情形，即美元被大量抛售，投资者抢购其他货币资产，到那时美国国债的价格就会大幅下跌，投资者必须承担巨大的风险和损失。

以上的内容是一个典型的基本面分析框架，这种分析虽然看起来泛泛而谈，实际上是要有明确的中心主线的。从分析的过程中需要归纳总结出被研究对象的整体格局、可能的变化、主要的驱动力，等等。明确了这些结论之后，再结合图表走势进行分析推演，演绎未来可能的行情走势，以便出现这种走势时有针对性地进行交易。

20.3 量化交易

量化交易的出发点是把定期重复出现的基本面信息进行数量化定义，然后通过一个统计模型研究这些量化的基本面信息与标的价格或者标的收益率之间的关系。量化交易的核心理论是套利定价理论（Arbitrage Pricing Theory），它是关于资产定价的一个通用理论。该理论认为资产的期望收益可以用众多因素以及市场指数的线性函数来解释，每一个因素的敏感性都用 beta 系数的方式来表示。每一期模型计算得出的收益率都应该是正确的定价，如果市场价格偏离了模型的定价，那么套利行为将使其回归到模型的定价中（Stephen Ross，1976）。著名的五因子模型即可以看作套利定价模型的特例（Eugene Fama，Kenneth French，2015）。

自从华尔街的对冲基金 Bridgewater 以及 AQR 等广泛使用量化模型进行股

票交易以来，量化交易在金融交易中得到了快速迅猛的发展，因素（也被称为因子）被分为不同的大类，不同的因素权重代表着组合不同的风险暴露。常见的因素大类有：宏观类因素，价值类因素，动量类因素，基本面类因素，技术类因素，成长类因素等等。我们分别来举例看一下各大类因素都包含什么。

宏观类因素：指的是影响市场整体估值水平的因素，比如国家的 GDP 增长率，居民消费品价格指数 CPI，工业品价格指数 PPI，采购经理人指数 PMI，失业率，利率水平，国际投资净头寸（马宇，2017），区域金融发展不平衡度（李建伟，2017），银行垄断水平（董华平、干杏娣，2015），人口老龄化水平（马宇，2017）等。

价值类因素：指的是影响资产价值高低的因素，比如市净率、市盈率、市销率、Tobin Q、EBITDA 乘数等。

动量类因素：指的是对未来资产收益率起到影响的资产收益率水平的强度，主要包括时间序列动量因素，即过去一个周期内资产收益率的高低水平；界面动量因素，即当期资产收益率的高低在同类资产中的排名情况。

基本面类因素：指的是影响公司整体质量和未来发展、营收状况的因素，比如总资产周转率、净资产周转率、存货周转天数、应收账款周转天数、负债比率、流动比率、投资强度、现金持有比率、商业银行的经营管理水平（董华平和干杏娣，2015），企业所处省份的金融排除水平（李建伟，2017）等。

技术类因素：指常见的技术分析指标类因素，比如均线交叉、突破近期高低点、相对强弱指标、随机指标、成交量、能量潮、背离等等。

成长类因素：指代表公司成长水平的因素，比如销售增长率、毛利率、市场份额增长率、单用户贡献等等。

量化定义好相应的因素后，传统的量化交易模型采用两种方法进行组合构建。第一种方法为打分法，即采用主观为因素分配权重，然后根据这一主观权重计算出每个个股的因素得分，最后排序，选择得分高的进入投资组合。第二种方法为回归法，即按照套利定价理论的原理对因素和个股的收益率进行回归，得到相应的 beta 系数，然后据此计算因子的风险溢酬并为个股进行打分排序，得分高的个股进入投资组合。打分法的操作比较简单，使用 Excel 即可完成，但是主观性比较强，需要打分者有丰富的经验和对市场偏好准确的判断。回归法相对比较客观些，但是由于影响股价的因素众多，容易导致因素不全的情况进而导致回归的可决系数 R – Square 不够高，模型解释度不够好，从而影响最终的结果。回归法涉及的回归数量多，需要自行编写程序。

新兴的因素选股方法大量采用机器学习方法。比如基于贝叶斯先验信息的 BIC - LOGIT 方法的原理是将因素库中的所有因素都代入 Logit 回归模型，然后逐个剔除因素回归，得到每个模型的 BIC 信息，然后判断出近期市场最偏好的因素是哪些，下一期使用这些因素进行选股。支持向量机的方法则是构建超平面，对所有的因素进行选择，看哪些因素比较有解释力，然后代入模型中进行打分选股。由于本章只是提供量化交易的简单入门介绍，不能深入展开进行探讨，有兴趣的读者可以参阅《Active Portfolio Management》等书籍深入学习。

第 21 讲
交易者的成长之路

开篇明义

故曰：知彼知己，百战不殆；不知彼而知己，一胜一负；不知彼，不知己，每战必殆。

——《孙子兵法》

投机客的主要敌人总是从内心出现。人性跟希望和恐惧无法分开。在投机时，如果市场背离你，你希望每天都是最后一天，而且你要是不遵从希望，你会损失得比应有程度还多，强烈到可以媲美大大小小的开过功臣和开疆拓土的豪杰。市场照你的意思走时，你害怕明天会把你所有的利润拿走，因此你退出得太快了。害怕使你赚不到应赚的那么多钱。成功的交易者必须克服这两个根深蒂固的本能。他必须改变你可以称之为天性冲动的东西。他抱着希望时，其实应该要害怕，在害怕时，他应该要抱着希望。他必须害怕他的亏损可能变成更大的亏损，希望他的利润可能变成更大的利润。照一般人那样在股票上赌博，绝对是错误的。

——《股票大作手回忆录》

不管什么原因，你来到这个市场中，成为市场的一个参与者之后，你其余的身份、光环、过往的成败、荣辱就都化作了过眼云烟，变得毫不重要了。哪怕你过往是不可一世的商界巨子，政界巨鳄，明星大腕，到了金融市场里，都要面对共同的、强大的敌人——你自己！

交易者的成长之路就是一条不断挑战自己、修炼自己的道路，这条道路没有捷径，也不是靠学校或者书本可以简单学来的。亏损、心理的折磨、对失去的恐惧、对成功的渴望等都是成长的必经之路。成长非是见闻觉知，而不离见闻觉知，每个交易者的成长之路都不相同，但为了方便刻画不同交易者所处的状况，本章强为之划分阶段，借以辅助交易者的体悟和蜕变。

交易不是一条容易走之路，交易之路即修行之路，只不过修行的场所不在庙宇，而在市场之中。一个交易者通常的成长过程可以借用《论语》中的表述来刻画，子曰："吾十有五而志于学，三十而立，四十而不惑，五十而知天命，六十而耳顺，七十而从心所欲不逾矩。"

交易之路上的每一次提升都不是一件容易的事，没有一定的时间可以作为参照标准，总体而言就是训练多流汗、战场少流血，初学阶段尽量不要心浮气躁，虽然这很反人性，尽量在初学时多下工夫，仔细学习，认真思考，多做练习，全面总结，将来一定少走很多弯路。不要自信满满地扛着枪上了战场，才发现自己竟然连枪的原理、构造、性能、使用方式都不太清楚，那结果就可想而知了。

21.1 十有五而志于学

交易初学者往往没有章法，随着感觉走或者看到什么曾经学到知道的技术点就直接使用，这就好比十五岁志于学习交易的阶段，这个阶段交易者最容易出现的问题就是着急进行真实交易。而此时进行真实交易多数交易者都会或多或少赚上个几笔，岂不知炼狱之门就此打开了。交易这门学科，目前在正统的高校教育中几乎被忽视了，四处都在讲什么估值和投资学，高级一点的讲一下量化投资，可是几乎听不到哪个学校有开设交易学这门课的，从学术界而言，交易目前无论在美国高校还是中国高校都仍算不上是一门科学，因为交易难以有创新之处，体现不出学者的价值。然而交易却是一个真正"实证"的学科，是要靠一单一单在市场中交易出来才能有所体悟的，并且由于它牵扯到交易者的生活，鲜有学者从事交易实务，即便是有些学者也买股票，那充其量只能算是他们自己讲的投资，其方法与炒房子没什么两样，就是买入并期待。而且投资学类课程几乎很少提及如何做空，做空能算是一种投资吗？

总而言之，想要认真学习交易，把交易当成毕生的事业的人不要太多去看高校的教材。作者入门时师父推荐了几本书让大家精读：《技术分析与股市盈利预测》、《股市趋势技术分析》、《股票大作手回忆录》、《股票大作手操盘术》、《趋势跟踪》、《孙子兵法》。其余的书先期不要去读，以免自己缺乏识别能力，读了很多伪书。"真传一句话，假传万卷书"，如果你还处于学习阶段，一定熟读这些经典，并且不要做任何实盘交易！

21.2 三十而立

经历过一段时间的盈亏，不断总结经验教训后，很多坚持下来的交易者多数会走向系统化交易的模式，这一阶段一个是要形成适合自己的成熟的交易系统，以系统为规范进行交易，自然就好比三十而立了，就是在市场里不会死了，可以不会大亏了。不论海龟系统、均线系统、震荡系统、量能系统抑或是经典技术交易系统，均是一种形式的律条，都不乏使用者。从追随感觉、零散的知见走向系统化、纪律化的交易是一个重大的飞跃。

这个阶段遇到瓶颈的交易者可以依旧暂时完全退出实盘交易，首先完善交易系统，做好每个细节，做好人与系统，系统与行情的高度适配。很多交易界的前辈都谈到过："许多交易者总把交易中遇到的问题归结为心态问题，却完全忽视了交易系统是否足够优化足够精细的问题。很多时候根本不是由于心态不好而做不好交易，而是系统很多地方或者不明确或者有问题，因此让交易者在盘中或者犹豫不决，或者连续亏损，这样心态能好得了吗？"我们上一章中也提到过交易者与交易系统适配的重要性，你都不了解你用的枪的各方面性能，只看到优秀的狙击手可以每每一击致命，给你用你能用得那样好吗？“所以，不要讲什么心态问题，先认真地复盘交易个五千次以上，分门别类地做好统计，也许一切心理问题都不是问题了。”做好了复盘练习和统计，完善好了交易系统之后，就要做上千笔模拟盘交易，如果你真觉得交易是个事业的话，你就不会觉得模拟盘没有兴趣或者说没有用。也许做5000笔股票模拟盘太耗费时间了，就用期货日内交易盯着一个品种进行练习，再做好统计，之后你再上战场，那感觉一定是完全不一样的。

21.3　四十不惑

有了交易系统仅仅是刚刚开始，交易者要走的路还很长。一方面，交易者要认识到交易系统是让自己有法可依，能够认识到交易重要的不是一两笔的盈亏，而是一个概率游戏，需要通过不断地交易积累来体现出系统所蕴含的概率以及盈亏比优势，面临所有的交易机会的答案都是依循交易系统，而不去考虑什么谁谁谁、某专家怎么说啦之类的杂音。另一方面，交易者需要实现有法必依，即自律，既然有了交易系统，就要严格按照交易系统去做交易，不能再拍着脑袋胡来了。做到完全的自律就是四十不惑的阶段，即自己不会被市场走势，价格波动所迷惑，也不会被市场其他噪音所干扰。

这个阶段靠模拟盘是完全行不通的了，这个阶段牵扯到很多心理问题。多数好的交易系统都是反人性的，模拟盘中或许很多交易者还能够比较泰然自若，但是考虑到账户里真金白银的波动时，那感受就自然不同了。此时交易系统就不容易被严格的执行。这个阶段就要靠额外的戒律来约束自己了。起码每天盘中要问问自己：“我逆势了吗？我重仓了吗？我不止损了吗？”每天开盘前要检查下自己心态是不是急躁或者疲惫，每天收盘前对照着所有的戒律审查一下自己有没有触犯哪条，触犯了纪律是一定要记录并对自己进行处罚的，比如吃一顿自己最不爱吃的东西，一天不准交易和看盘专心抄经文等等，总之自己越不愿意做的事就越合适，特别是要停止交易。如果没有处罚，戒律就成了空话了，成长也就无从谈起，无非是继续浑浑噩噩地亏损，一定要慎之。

21.4　五十知天命

交易并不仅仅是纯技术加戒律的问题，这里面还牵扯到交易心理的问题，基于系统交易难免会出现连续亏损的情况，很多交易者又会因此陷入新的恶性循环，即：害怕亏损不敢按照系统交易，害怕浮盈得而复失不敢持仓，在希望与恐惧的循环里逐渐亏损，交易系统逐渐沦为了摆设，然后很多交易者又开始去研究学习新的交易系统，如此往复，苦不堪言。因此，可以通过这一阶段的试炼，方为真正的知天命，也就是说你真正做到了按照系统做虽然短期内自己可能面临连续的亏损，但是坚持下去，坚信账户资金曲线的走势终将完美，很多人称之为知行合一。然而死板执着于机械交易系统的执行合一或许并非真知。做过一段时间的交易之后，交易者往往会发现如果仅仅停留在技术层面去分析交易行为，就很肤浅；而单纯一味讲心态又等于什么都没讲。交易技术不是靠认真读书就能充分体会的，所谓的读书百遍，其义自见这句话在交易圈里流传甚广，然而其实却是一句空话。子曰：学而不思则罔，思而不学则殆。一直读死书，而不去基于实际的行情走势练习交易，并反思交易中的问题，这明摆着劳而无功的。交易的进步靠的是做得足够多了对价格的运行模式和轨迹已经非常熟悉了，从而交易时对价格会提前有了预判，能够对未来的多种可能走势中，估计出最大概率的方向。然后你的“心”就变得快了，你会发现你渐渐比行情快一步了，而不是在行情发生之后才匆忙应变。这个进步过程中的难点在于能够不断地去纠正自己，在连续盈利的时候，在连续亏损的时候，不断得纠正，归位。在交易的时候，充分的计划和准备，特别是心理的表象（本书后面在交易心理一章）对交易是有着很大帮助的。然而，这里有一个平衡，有的时候要故意抑制自己的表象，在做趋势持有日级部位的时候，最好要像傻子一样，不要想太多，因为趋势的特点就是超出所有预计，既然已经判断出方向，在持仓过程中最好应该守拙，即止损即可。除了一些极个别的形象，多数时候虽然开仓位置常有类似，但是运行过程是千奇百怪的，很多时候你不能又要求方向，又要求形状，所以，还是守拙为上，而难就难在这个守拙。因为这个阶段你不比之前了，你已经知了，而且知太多了。总体而言，越是日内，技术越是重要的。而越是做大的行情，或许越是如何放下的问题了。

这个阶段可以提升自己的是多研究一下交易心理学，从心理层面提升自己，比如合理做好应对应激反应的预案，保持充足的心理能量，本书后续章节会简要地介绍交易心理学方面的知识，建议大家阅读正前方所著的《交易心理学：投资者执行技能培训》，这本交易心理学书籍比国外的同类书籍要明显更具可操作性。另外，可以总结一下自己的交易笔记、记录，拿出来全面的反思一下，此时容易产生新的感悟。

21.5　六十耳顺

达到知行合一后，账面的资金曲线通常就会呈现出稳步向上的趋势，交易者也往往会在这个时候容易遇到新的心理问题。此时的心理问题往往不是不敢持仓，或者害怕亏损之类的问题了，因为交易系统完全可以内化这些问题，而交易者可以知行合一，自然不会为这些事而劳神。此时的心理问题往往来自于盘外，比如谁谁谁炒什么数字货币，两三个月赚了几百万；谁谁谁几万块梭哈（show hand 就是满仓 + 浮盈加仓）某品种赚了几千万；谁谁谁和别人对赌什么品种能到多少，结果有人跟着梭哈了，赚了几百万；谁谁谁干什么工作，干了三年年薪就几百万了；这个行情我开始就进去了，仓位也挺重，结果涨太急又巨震，我按照系统减仓，结果它超出自己预期，不讲道理地一路上天又涨几倍，一个新手反倒赚了不知道是我的多少倍，等等不一而足。这些问题交易系统和交易心理学是帮不了你的，而一旦解决了这些问题，你就进入了耳顺的状态，也就是盈亏都不会使内心产生波澜，别人的传说也不会影响到自己，自己也不想证明什么，达到不住色生心的境界。

这个阶段，作者的建议就是去读读古代的经典，比如《道德经》、《般若波罗蜜多心经》、《史记》、《战国策》、《资治通鉴》等经典。引用六祖大师的话讲，“经者，径也”。古圣先贤的智慧是指引我们走出迷雾的通路。

21.6　随心所欲不逾矩

最后随心所欲不逾矩的阶段，则是悟道的境界。交易之道不能靠别人讲述和传授而得来，全靠自己个人的修行和体悟。如果谁说能把你教成交易大师，那这一定是个骗局。老师能做的也只是师父领进门，修行还得靠个人。大道无形，本难以用言语描述，强描述一下，就是了悟行情生生不息，却又千人千面，虽千人千面而不坏生住异灭之相，不离色不异空、色即是空之性。用释家的话讲，就是有般若智慧了。那么既然有了般若智慧，交易技术、交易系统还重要吗？重要，也不再重要了。如果对交易大局观有了充分的体悟，每一种交易技术你都能清晰地了悟其长短，也自然知道不同交易技术之间的关系，每一种技术，每一种系统与行情一样，都是有生命的，哪种系统适合什么行情本就是个因缘和合之事，自己要做的，无非就是素位随缘而已，即恪守自己的本分，在缘分到来时随缘而动，内心亦不起波澜。此时交易的特点就是没有特点，可以抄底摸顶，可以突破追单，可以遵循指标，甚至可以不依循什么特定的技术就去交易开平仓，一切看似随心所欲，却在收放自如处处合乎交易之道，处处不违背交易纪律，这不是说怎么做都是赚钱的，因为盈亏也是随缘，该赚就赚，该赔就赔，如此而已。

这个阶段，作者没什么建议，因为作者也远没有达到，只是受授业恩师所感，希望能以自己萤火之光给更多的中国交易者带来一丝温暖和光明，故强自臆测解说，谬误之处在所难免，贻笑大方了，各位前辈姑妄一笑了之。如能对初学者有所帮助，没有产生误导，就算不枉编写此书之劳。

参考文献

[1] Lefèvre. Reminiscences of a Stock Operator [M]. Wiley, 2006.

[2] Schabacker. Technical Analysis and Stock Market Profits [M]. FT Press, 1997.

[3] Edwards, Magee, Bassetti. Technical Analysis of Stock Trends [M]. CRC Press, 2012.

[4] Coulling. A Complete Guide to Volume Price Analysis [M]. Create Space Independent Publishing Platform, 2013.

[5] Douglas. Trading in the Zone: Master the Market with Confidence, Discipline and a Winning Attitude [M]. Prentice Hall Press, 2000.

[6] Malkiel. A Random Walk down Wall Street: The Time－tested Strategy for Successful Investing [M]. W. W. Norton & Company, 2016.

[7] Ross. The arbitrage theory of capital asset pricing [J]. Journal of Economic Theory, 1976, 13 (3): 341－360.

[8] Fama, French. A five－factor asset pricing model [J]. Journal of Financial Economics, 2015, 116 (1): 1－22.

[9] 月风先生．专业投机交易原理 [M]. 大连三合投资，2018.

[10] 陈秋平，尚荣．金刚经　心经　坛经 [M]. 中华书局，2016.

[11] 麦基，非同寻常的大众幻想与群众性癫狂 [M]. 中国金融出版社，2000.

[12] 钱德勒，金融投机史 [M]. 机械工业出版社，2013.

[13] 金融帝国．走出幻觉　走向成熟 [M]. 中国经济出版社，2012.

[14] 周斌．《长短经》校证与研究 [M]. 巴蜀书社，2003：58－59.

[15] 孙子注释小组．孙子兵法新注 [M]. 中华书局，1977.

[16] 正前方．交易心理学：投资者执行技能培训 [M]. 中国金融出版社，2014.

[17] 马宇．美国主权债务风险研究 [M]. 中国金融出版社，2017.

[18] 李建伟．普惠金融发展与城乡收入分配失衡调整——基于空间计量模型的实证研究［J］．国际金融研究，2017，366（10）：14－23.

[19] 董华平，干杏娣．我国货币政策银行贷款渠道传导效率研究——基于银行业结构的古诺模型［J］．金融研究，2015（10）：48－63.

致 谢

本书之所以能付梓首先要感恩月风先生的弘愿。先生曾自喻自己只是一支蜡烛，发出的光芒有限，但是如果这一支蜡烛可以点亮资本市场中千千万万支蜡烛，那么就可以形成一片了不起的光明，为中国的资本市场带来温暖和清净。先生秉性刚直，对国内资本市场的乱象视如敝履，为以正视听，他将资本市场的经典理论引入中国大陆，并致力于投资者教育，以期全面提升市场参与者的综合素质，还资本市场原本清净的本色。

本书大量参考了先生所著的《专业投机交易原理》中的思想，内容主要是作者以及作者身边朋友们对先生所讲授内容以及市场的理解，如有错误，文责自负。另外，要特别声明，作者所从事的交易工作也并没有先生的参与或具体指导，成败皆自负其责。

交易是每一位严肃的交易者毕生的事业，非勤勉刻苦不能成就。本书充其量只能算是交易学的一个入门导论，目的是引导初学的交易者不要走过多的弯路。作者走过一些弯路，所以还要特别感谢一位不愿具名的朋友的引导和指点，本书中有很多思想都是他的贡献。

最后要感谢与我有相同理想和价值观并且一起奋斗在交易事业上的朋友们，你们的信念、坚持和勇气让我时刻都感受到前进的动力。

2018 年 8 月 8 日